Hohenheim

Rainer Barzel

Ein gewagtes Leben

Erinnerungen

Hohenheim Verlag
Stuttgart · Leipzig

Die Deutsche Bibliothek – CIP Einheitsaufnahme
Ein Titeldatensatz für diese Publikation ist bei
der Deutschen Bibliothek erhältlich

© 2001 Hohenheim Verlag GmbH, Stuttgart, Leipzig
Alle Rechte vorbehalten
Satz: Textbearbeitung Häußler, Aichwald
Druck- und Bindearbeiten:
Ludwig Auer GmbH, Donauwörth
Printed in Germany
ISBN 3-89850-041-1

Für Ute

Inhaltsverzeichnis

Vorwort

Dieses Buch erzählt meine persönliche Lebensgeschichte.

Da ich Entscheidungen traf und zu verantworten hatte, die auch für andere wirksam wurden, gibt dieses Buch Einblick in das, was geschah, auch wie vieles geschah und wie ich es heute sehe.

Ich bemühe mich, meine Geschichte offen und ohne Vorbehalt, auch schonungslos, zu erzählen. Es ist, überwiegend, eine Geschichte vom Leben in der Politik und mit der Politik. Persönliche Schicksalsschläge, die nicht ausblieben, sind nicht Inhalt dieses Buches.

Auf diesen Seiten werden die letzten siebzig Jahre unserer Geschichte lebendig. Was war, ist vorbei. Aber wir müssen es wissen und bedenken. Was heute ist, ist gestern geworden. Und was morgen sein wird, wird heute bestimmt.

Das Buch zeigt, wie sehr und wie schnell sich alles verändert. Als wir, die Kriegsgeneration, aus dem Kriege heimkehrten, lag Deutschland in Trümmern. Viele verweigerten die Mitarbeit am Wiederaufbau, sagten „ohne mich!" Wir waren wenige, sehr wenige, die nicht nur „Nie wieder!" riefen – nie wieder Krieg, nie wieder Diktatur –, sondern politisch anpackten.

Als wir begannen, schrieben wir Briefe, konferierten, telefonierten (so das schon ging). Bei unserem Ausscheiden wirken Computer, Fax und Internet, plagen Sorgen vor Umwelt und Klima, vor „Globalisierung", Genen und Klonen und undurchsichtigen internationalen Finanzmärkten mehr als Atom-Energie, fragt die „virtuelle Welt" nach „virtuellen Werten". Die Produktionsgesellschaft der frühen Jahre unserer Republik weicht mehr und mehr der heraufziehenden Dienstleistungs-, Wissens- und Informationsgesellschaft. Die immer mächtiger werdenden Fernsehanstalten sehen sich gehalten, täglich ausgiebig über die Börse zu berichten.

Meiner Tochter konnte ich noch so manches beibringen, was auch sie als hilfreich für ihr Leben empfand. Ihr Sohn, mein Enkel, macht mir heute vor, was man so alles mit dem Laptop anstellen kann. Einige nennen das eine „Revolution". Wie immer: Weil es sich häufig so verhält, lassen sich viele junge Menschen von Älteren nichts mehr „vormachen" – aber die Fakten wollen sie kennen.

Jüngere fragen mich oft, wie man Politiker werde. Ich sei doch im Zweiten Weltkrieg Soldat der deutschen Wehrmacht gewesen – dann zum Demokraten geworden. Wie? Durch „Umschulung"? Mein Buch gibt meine Antwort. „Die" Antwort auf diese berechtigten Fragen gibt es nicht.

Auch die Parteien, die Kirchen, die Gewerkschaften haben sich gewandelt. Wie die Politiker. Beim Nachblättern erscheint mir so manche Seite dieses Buches wie ein Bericht aus einer fernen, manchmal auch fremden Welt. Die Zeiten haben sich verändert: die Säkularisierung der Wertordnung, die weitgehende Abwesenheit von Not, die Beendigung des Ost-West-Konfliktes, die völlig andere Erfahrungswelt der Menschen, die deutsche Einheit, die Wiedervereinigung Europas.

––––––

Ich danke allen, die mir geholfen haben, dieses Buch zu schreiben, durch Gespräche und Erinnerungen, durch Daten und Dokumente; dem Bundesarchiv (Herrn Dr. Real) und dem Deutschen Bundestag, auch den Archiven der Fraktion und der CDU. Vor allem danke ich meiner Frau, die den Anstoß gab, dieses Buch zu schreiben, mich zum Durchhalten ermunterte und mit mir durchlebte, was sie so noch nicht kannte.

Ich habe meine Lebensgeschichte so kritisch geschrieben, wie ich sie empfinde – auch gegen mich selbst. So, wie ich sie jetzt sehe, nachdem ich die Karten offenlegen kann.

Keinem, der politisch anders dachte oder handelte, bestreite ich seinen guten Willen – so sehr wir auch über die

Ziele und besseren Wege gestritten haben. Demokratie ist Wettbewerb, auch der Meinungen und der Personen. Keiner ist im Besitz der alleinigen Wahrheit.

Rainer Barzel

München, 2. März 2001

Kindheit

Ich erinnere mich zunächst an einen riesengroßen sommerlichen Garten, in den „das kleine Rainerchen" – so bezeichnete man mich damals – munter hineinlief, oft hineinstolperte. Meine Mutter meinte auch später noch, ich sei ein kleiner „Hans Guck in die Luft". Voller Temperament sei ich gewesen und drahtig, flink, kampfeslustig; mit einem Lockenkopf, dunkelhaarig über braunen Augen und abstehenden Ohren.

In dieser Erinnerung gibt es viel Lachen, bunte Blumen, große Rasenflächen und immer wieder viele fröhliche Kinder, die einander nachliefen, mit dem Ball und dem Kreisel spielten, sich auch gelegentlich zankten. Vielleicht waren es gar nicht so viele Kinder. Meine Geschwister, sechs an der Zahl, füllten wohl schon diese Bilder.

Heute weiß ich: Es war in Braunsberg im ermländischen Ostpreußen. Dort bin ich am 20. Juni 1924 geboren. In Braunsberg wohnten wir im ersten Stock eines großen Hauses in der Marktstraße. Ebenerdig, „Parterre" genannt, betrieb Herr Fürst ein Geschäft mit Textilien und Schuhen. Das alte Rathaus war nahe. –

Vater und Mutter – wir nannten sie ostpreußisch „Väterchen" und „Mütterchen" – stammten aus den masurischen Orten Lyck und Lötzen. Salzburger sollen die Vorfahren gewesen sein, Emigranten wegen ihres protestantischen Glaubens – ausgewiesen durch Bischof Firmian in den Jahren 1731/32. In den Aufzeichnungen des Regensburger Reichstages kann man diese Ereignisse nachlesen.

Friedrich Wilhelm I., der preußische „Soldatenkönig", hatte – nach Krieg und Pest – diese Salzburger in Ostpreußen angesiedelt. Später wurde die Familie, in Masuren mit Polen nachbarlich verbunden, überwiegend katholisch. Das ergaben Recherchen, die ich zuerst für den „Arischen Nachweis", den die Nazis verlangten, und später (1988) für meinen Ostpreußenfilm im Zweiten Deutschen Fernsehen, anstellte. Barzel – das scheint eine Abkürzung von Bartholomäus zu sein.

———

Mein Vater war Candidus Barzel, geboren in Lötzen im Jahre 1887, Oberstudienrat, Sohn des Lötzener Gärtners Candidus Barzel, katholisch, geboren 1866. Da der Großvater – etwas modisch – die lateinische Bildung, die er selbst nicht erhalten hatte, bevorzugte, nannte er auch seinen Sohn Candidus, ließ ihn so taufen und bestimmte ihn zur klassischen Ausbildung als Akademiker.

Die Mutter meines Vaters, mein „Omichen" – Wilhelmine, geborene Sommnitz, geboren 1862 – habe ich als gütig, schmal und fleißig in Erinnerung. Sie war protestantisch und hat eine Brille getragen. Der Zuschnitt des Lebens und des Betriebes dort in Lötzen bei meinen Großeltern war genügsam und fromm.

Ich fuhr später gerne und freiwillig aus Berlin in die Ferien nach Lötzen inmitten masurischer Seen. Immer wieder sah ich die beiden Großeltern Kränze flechten und diese durch Draht mit Blumen schmücken: Hochzeitskränze, Grabeskränze, Jubiläumskränze. Sie ließen mich zuschauen, auch mithelfen, scherzten und lachten mit mir und ertrugen die Bemühungen meiner ungeübten Finger in ihrem Gärtner-Handwerk.

Ich lernte, aufs liebevollste angeleitet, ihre Blumenbeete zu achten, statt sie zu zertrampeln; ihre Rosen zu lieben. Irgendwie sprach das aus mir, als die „Grünen" – in den Deutschen Bundestag gewählt, dem ich 1983 als dessen Präsident vorsaß – überraschend mit Blumen einzogen. Sie wollten – damals – provozieren, zur Ordnung gerufen und des Parlaments verwiesen werden. Sie liefen ins Leere, als ich erklärte: Ich liebe Blumen, sei der Enkel eines Gärtners … Blumentöpfe freilich werde ich nicht dulden. Schon im alten Reichstag habe man sie – als potentielle Wurfgeschosse ebenso wie Tintenfässer – nicht zugelassen. Und wenn ein Mitglied des Deutschen Bundestages sterben sollte, dann würde ich selbst einen Blumenstrauß auf den Platz der oder des Verstorbenen legen.

Bei unserem Besuch in Ostpreußen aus Anlaß meines 50. Geburtstages, 1974 also, fanden wir – meine Frau Kriemhild, unsere Tochter Claudia und Rudolf Heiliger – das Grundstück der alten Gärtnerei mitten in Lötzen. Ein altes vergilbtes Foto half, weil der Schornstein im Hintergrund noch dastand. Sonst nichts.

Omichen, meine Lötzener Großmutter, ist auf der Flucht vor der Roten Armee 1944/45 irgendwo zwischen Masuren und Haff gestorben. Wo? Keiner weiß es. Tausende erlebten dieses Schicksal. Da gibt es keine Gräber, keine Kreuze, keine Urkunden. Mir gelang es nicht, diesen Schleier zu lüften. – Der Großvater aus Lötzen starb, während ich an der Front war, bevor die Russen kamen.

Meine Mutter, Maria Skibowski, geboren 1894, stammte aus dem masurischen Lyck. Ihre Eltern führten ein bürgerliches Haus, besaßen ein renommiertes Textilgeschäft und eine Färberei – alles in einem Komplex von Gebäuden zwischen See und Hauptstraße gelegen. Ein Mittelpunkt gegenüber der evangelischen Stadtkirche.

Später fuhren wir gerne aus Berlin in Ferien zu diesen Großeltern. Die „Omama" dort, groß und kräftig, herrschte und bestimmte so energisch wie liebenswürdig. Bei der großen Familie und dem vielen Personal mußte das so sein, zumal mein „Opapa" wegen multipler Sklerose an den Rollstuhl gefesselt war.

Ich habe mich so manche Stunde zu seinen Füßen an den Rollstuhl gekauert und ihm gern zugehört, wenn er vom Aufbau der Färberei und von Pilzen und Beeren im nahen Wald sprach. Gesund habe ich ihn nur einmal erlebt, als ich noch ein Knirps war. Beim Abendessen der Großfamilie saß er – ganz Hausherr – am Kopf des Tisches. „Brot ist schwer zu verdienen", hatte er gesagt und sich *eine* Scheibe kräftigen Brotes vollgeladen mit Wurst und Schinken und gekochten Eiern.

Omama brachte uns bei, aufkommende Erkältungen durch Schwitzen im Bett zu ersticken: Kartoffelsack auf die Beine und die Hände, gefaltet, auf die Bettdecke!

Ich war gern dort in Lyck, aber ich liebte die Lötzener.

———

Wenn wir in Lyck waren, in den Sommerferien, gingen wir in die nahe katholische Pfarrkirche. Dort hatte Opapa, Mitglied des Kirchenvorstandes, einen Altar gestiftet. Diesen fand ich unversehrt, als ich dort 1988 meinen Ostpreußenfilm drehen durfte. Unvorbereitet konfrontierte mich der – nun – polnische Pfarrer mit alten Protokollen des Kirchenvorstandes aus der Zeit meines Großvaters. Die polnische Geistlichkeit, durchaus der deutschen Sprache mächtig, hatte Probleme, diese Protokolle zu lesen: Sie waren in deutscher Sütterlin-Schrift geschrieben! Gott sei Dank konnte ich helfen.

Als ich die Protokolle, unterschrieben von meinem Großvater Joachim Skibowski, vorgelesen hatte, erfüllte mich nicht Stolz, sondern traurige Betroffenheit; mir versagte die Stimme: Unübersehbar war die Schrift meines Opapas von Mal zu Mal schwächer, von Sitzung zu Sitzung zittriger und schlechter geworden. Die Krankheit spiegelte sich in diesen Dokumenten, bevor sie so recht erkannt wurde. Mir war zum Heulen. Und in Gedanken saß und träumte ich zu Füßen meines Opapas, suchte seine Füße zu wärmen. – Die

Lycker Großeltern starben während des Krieges, als ich an der Front war.

Eine andere frühe Erinnerung: Masurische Seen im Winter. Zugefroren. Das Eis glitzerte in Sonne und Frost. Manche zogen mit ihren Schlittschuhen anmutige Kurven darauf, gefielen sich, in harmonischen Bögen kunstvoll zu gleiten. Allen voran meine Eltern. Ein schönes Paar!

Wir sollten (und wollten), vierjährig, auch Schlittschuhlaufen lernen. Die Schlittschuhe wurden uns mit Lederriemen unter die Winterschuhe geschnallt. Für die Lernenden hatte der Schlittschuh hinten – eine Neuerung! – drei Kufen, die sollten Halt geben. Das taten sie auch. Nur: Diesen Sport kann man so nicht lernen! Er bedeutet gleiten auf einem Stahl – nicht gehen, nicht stehen –, dann aus dem Knie Schwung nehmen und mit dem Körper bestimmen, wohin die Reise gehen soll – und wie! Auf dem Eis entstehen dann jene Zeichnungen, die Preisrichter bei Wettkämpfen werten. Wenn der Bogen gut gelaufen ist, kann man seiner Spur auf dem Eis nicht entnehmen, ob er als linker Einwärtsoder als rechter Auswärtsbogen gelaufen wurde. Eine frühe Einübung an „links" und „rechts".

Wir standen mit unseren drei Kanten mehr auf dem frostigen Eis und gegen den kalten Wind, als daß wir uns bewegten. Ich fror jämmerlich. In Gedanken schüttelt's mich noch. Später, sehr viel später, habe ich gelernt, solche Bögen zu laufen, auf dem Eis zu tanzen, immer wieder hinzufallen und ebensooft wieder aufzustehen. In Berlin gelang das auf dem zugefrorenen Lietzensee und später im Olympia-Eisstadion in Garmisch-Partenkirchen. Dort stürzte ich 1957 nach einem Sprung auf dem Eis, erlitt eine schwere Gehirnerschütterung. Ein befreundeter Eisläufer, Arzt von Beruf, sah mich liegen und „tröstete" meine Frau: Das sei offenbar ein Schädelbasisbruch. Wochenlang blieb ich arbeitsunfähig. Danach ging ich wieder aufs Eis, wackelig zu Anfang.

———

Unvergeßlich sind mir unsere Ausflüge aus Braunsberg zu Schiff: Die Passarge hinauf, vorbei an Heiligkreuz, übers Haff auf die Nehrung in Narmeln und dann in die Ostsee. Weiße Matrosenanzüge trugen wir. Oft wackelte und schwankte das Schiff bei stürmischer, kabbeliger See – vor allem bei der Rückfahrt. Des Abends lag da ein riesiger Haufen schmutziger Wäsche in der Waschküche.

Irgendwann einmal fuhren wir mit dem Schiff über das Haff, um meinen Vater auf der Nehrung zu besuchen. Er war dort mit seinen Schülern in einem Haus, das man heute wohl Landschulheim nennen würde. Meine Mutter reiste mit, um für die muntere junge Gesellschaft zu sorgen und zu kochen. Ich durfte mit den Schülern Fußball spielen.

Ein anderer Ausflug schält sich aus der Erinnerung: Wir besaßen ein Fahrrad. Mein Vater nutzte es zum Kinder-Transport: einer hinten auf dem Gepäckständer, eine vorne auf dem Lenker. So strampelte mein Vater seine Kinder einen Kilometer der Landstraße nach vorn, dieweil meine Mutter mit den anderen zu Fuß hinterhermarschierte. Vater lud, nach dieser kleinen Wegstrecke, seine Fracht ab, ließ uns weiter vorauswandern, fuhr leer zurück, gabelte die nächste Fuhre auf, radelte zu den Vorauswanderern. So pendelte er, kamen wir alle voran. Er hatte das ausgerechnet – wie den Stundenplan für die Schule. Auf diese Weise kamen wir leichter und schneller eine gute Wegstrecke vorwärts. Das Ziel dieses Ausfluges weiß ich nicht mehr.

———

Die Kreisstadt Braunsberg lag an dem Flüßchen Passarge, das ins Frische Haff floß. Die Kirche Sankt Katharinen, ein

Backsteinbau aus dem 14. Jahrhundert, ragte mit ihrem mächtigen Turm heraus. In dieser Kirche wurde ich getauft. Im Kriege wurde sie weitgehend zerstört. Freunde unserer Familie, die 1955 St. Katharinen aufsuchten, nahmen eine herumliegende Kachel des Fußbodens mit und schenkten sie mir. Ich halte sie in Ehren. Nahe Braunsberg, in Frauenburg, residierte der Ermländische Bischof. Kopernikus hat dort gewirkt. Über dem Eingang zum Haus des Bischofs hält der Spruch „sol omnia reget" (die Sonne regiert alles) die kopernikanische Wende fest.

In unserer Stadt gab es eine katholische Hochschule, ein Priesterseminar, viele Kirchen, Klöster, Schulen, Krankenhäuser. 1944 wußte ich es bei einem Flug über die Ostsee einzurichten, daß wir eine Ehrenrunde über Braunsberg flogen. Die Stadt grüßte unzerstört mit ihrer mittelalterlichen Herrlichkeit.

1974 sah ich die Stadt bei dem erwähnten Besuch wieder – zerstört, traurig, an den Rand gedrängt, nahe der Grenze zum russischen Teil Ostpreußens. Ein Fernsehteam der ARD machte in den Trümmern von St. Katharinen ein Interview mit mir. Da waren Haustiere im Hintergrund zu sehen, auch ein grasendes Reh. Den Polen, die diese Sendung aus Deutschland ansahen, behagte das ganz und gar nicht! Sie begannen St. Katharinen zuerst aufzuräumen, dann aufzubauen. Bald besuchte der Erzbischof von Paderborn, Johannes Joachim Degenhardt, anläßlich einer Visite in Ostpreußen auf meine Bitte meine Taufkirche. Er berichtete vom beginnenden Wiederaufbau. Wir entschlossen uns, das zu fördern. Jahre später dankten Polen für diese Bemühungen, indem sie meine Dreharbeiten mit Wohlwollen unterstützten.

An meine Kindheit habe ich wenig Erinnerungen – so sehr ich mich bemühte, sie zu wecken durch Gespräche mit Geschwistern und Freunden (zu wenige blieben übrig), durch Besuche und Reisen. Zu lange ist das alles her. Zu viel hat sich seither für mich ereignet, zumal meine Kindheit schon von Ortswechseln gekennzeichnet ist.

Schüler

Ich besitze ein Foto aus Braunsberg. Das zeigt meine Schulklasse mit unserem Lehrer Ruhnau. Es ist das Abschiedsbild von der Braunsberger Volksschule für mich, Klasse 2, 1931. Mein Vater wurde nach Berlin zur „Reichsauskunftsstelle für das Höhere Schulwesen" (wohl eine Vorgängerin der heutigen Kultusminister-Konferenz) versetzt und zum Oberstudienrat befördert. So zog die Familie um in die Hauptstadt. Die Großstadt war neu. Sie verwirrte und wurde zum aufregenden Abenteuer: Rolltreppen, Aufzüge, Kaufhäuser, Busse und Straßenbahnen, Verkehr über Verkehr und Menschen, überall viele Menschen. Auch Krach und Gestank und Drängelei. Diese äußeren Eindrücke überwogen: War das die Großstadt? War so die Großstadt? Dieses Häusermeer, die vielen Menschen, die hasteten, sich aneinander vorbeischoben? So fragte ich mich, so erinnere ich mich. Die Eindrücke überschlugen sich – nicht nacheinander, sondern alle zugleich. Ich kam gerne nach Hause.

Nachdem ich die Straßen des Quartiers um unsere Wohnung, nahe der „Kaisereiche", durchforscht und den Plan der S-Bahn, der diese Wirrnis wohlwollend ordnete, begriffen hatte, auch mit ihr gefahren war, wich langsam das Gefühl der Fremde. Ich wurde ein Berliner Junge. Zuerst lebten wir in Friedenau, Saarstraße, später in Steglitz, Filander-Straße, dann in Charlottenburg, Neue Kantstraße. Ich erlebte, wie braun Uniformierte eine Straßenbahn umstürzten, wie Männer mit geballten Fäusten hinter roten Fahnen herliefen, dabei sangen und grölten; sah auch sich Prügelnde in braun und rot, Polizisten mit Helm und Schlagstöcken dazwischen. Oft beschlich mich Angst.

Ich wurde eingeschult in die Volksschule in Berlin-Steglitz, Plantagenstraße. Das war eine Formsache. Und doch kam es mir fremd und neu vor: alles so groß!

Dann kam der Alltag: Meine Mitschüler berlinerten. Ich

verstand sie nicht. Sie konnten mit meinem Hochdeutsch wenig anfangen. Bei uns zu Hause war es verboten, ostpreußischen Dialekt zu sprechen. Das steigerte sich: In der ersten Unterrichtsstunde, in der unser Lehrer, der gerne (und für uns sehr schmerzhaft) die kurzgeschorenen Haare mit Daumen und Zeigefinger faßte, um sie zwirbelnd zu drehen, meinte: Hier in Berlin sage man nicht – hochdeutsch korrekt – Vater oder Mutter, sondern – im Dialekt – „Vata" oder „Mutta". Und er rügte, daß zu viele der Schüler im letzten Diktat „Vata" oder „Mutta" geschrieben hatten. Im Diktat des folgenden Tages kam das Wort Fabrik vor. Brav schrieb die Klasse überwiegend: Ferbrick. Ich hatte Fabrik geschrieben. So war ich nochmals aufgefallen.

Da ich recht forsch und in jeder Hinsicht schlagfertig war, auch gut im Fußball, gelang es bald, diese Isolation zu durchbrechen und zu überwinden. Ich begann mich als Mit-Schüler wohler zu fühlen. Die Volksschule mit ihren Anforderungen machte mir keine Probleme. Ich erinnere mich an fröhliche und streitbare Mitschüler, an Fußball und viel Schabernack, auch an Rempeleien und gelegentliche Schlägereien, an Indianerspiele mit Federschmuck auf dem Kopf.

Eines Nachmittags im Frühjahr 1933 war ich zum Schulhof in der nahen Plantagenstraße gegangen, um andere Jungens zu treffen und Fußball zu spielen. Männer kamen, gestiefelt und mit roten Armbinden über braunen Hemden. Sie verbrannten in heller Freude eine Fahne mit den Farben schwarz-rot-gold. Bald flogen Bücher aus den oberen Fenstern des Schulgebäudes. Auch die Bücher wurden ein Opfer der Flammen. Diese Männer warfen sie und johlten dabei. Ich lief ratlos nach Hause und fragte meine Mutter, was das bedeute. Ihre Antwort habe ich so in Erinnerung: Das seien SA-Männer. Die hätten jetzt das Sagen. Eine neue Zeit beginne. Es könne schlimm werden. Geh' denen aus dem Wege!

1934 wechselte ich zum „Gymnasium am Lietzensee", von Jesuiten geleitet und staatlich anerkannt. Im Sommer des Jahres 1934, ich hatte gerade meinen zehnten Geburtstag gefeiert und war Sextaner, machte die Familie Ferien in Masuren. Eines Tages – wir waren in Lyck – hörte und sah ich meine Mutter weinen. Das Radio hatte vom sogenannten „Röhm-Putsch" (30. Juni 1934) berichtet. Dabei wurde Dr. Erich Klausener von den Nazis ermordet. Er war ein Freund der Familie und führte in Berlin die „Katholische Aktion". Sein Sohn und mein älterer Bruder Werner gingen bei den Jesuiten in die gleiche Klasse.

———

Mein Berliner Schulfreund Werner Beissel schenkte mir zum 75. Geburtstag aus seiner Sammlung zwei Fotos aus diesen ersten Jahren auf der, so hieß das, „Höheren Schule". Auf diesen Bildern konnte ich neben Werner Beissel nur Heribert Hilgert erkennen. Heribert starb bald nach dem Kriege. Die meisten hatte wohl der Krieg sich vorher geholt. Wir, die männlichen Vierundzwanziger, sind ein zerzauster, stark gelichteter Jahrgang.

Noch als Sextaner trat ich aus Neigung dem katholischen Jugendbund „Neu-Deutschland" bei. Er gehörte zur Jugendbewegung. Der Protest drückte sich auch in kurzen Hosen und offenen grünen Hemden aus wie in Fahrten in die Natur, auch in Liedern zur Klampfe. Bald wurde unser Bund, da angeblich „staatsgefährdend", von den Nazis verboten. Wenige, die sich schon näher kannten, trafen sich trotzdem. Pater Bruno Schmidt von den Jesuiten kümmerte sich weiter um uns. Einmal kam es, irgendwo in Brandenburg, zu einer Schlägerei mit der staatlichen Hitler-Jugend.

———

In Berlin ging ich ausgesprochen ungern ins Gymnasium. Vor Klassenarbeiten fürchtete ich mich noch in späteren Jahren. Ich mußte die S-Bahn erreichen, die um 7.12 Uhr vom Bahnhof Steglitz abfuhr, um – mit Umsteigen – zum Schulbeginn um 8.30 Uhr nach Charlottenburg zu fahren. Auf diesen Fahrten zur Schule und zurück verschlang ich einen „Karl May" nach dem anderen. Mein Klassen- und Lateinlehrer hieß Pater Drüding. Er war von energischer Strenge gegen uns. Wenn er einen von uns zu sich in den Keller bestellte, wußten wir: Das gibt Hiebe! Mit dem Rohrstock.

Sport machte mir mehr Spaß als Latein. Die Mitschüler, an die ich mich erinnere, sind alle tot, überwiegend im Krieg gefallen. Feste wie Klassentreffen und Abiturjubiläen kenne ich deshalb nicht. Überlebt hat wie ich: Werner Beissel. Wir saßen in unserer Schulklasse im Lietzenseegymnasium auf der vorderen Bank zusammen, waren so gesetzt worden, weil die Lehrer uns „Schwätzer" und „Unruhestifter" so besser unter Kontrolle zu bekommen hofften. Allzuoft scheint ihnen das nicht gelungen zu sein. Wir waren rundum gute Kameraden, zu fast jedem Streich bereit, sagten einander vor, schrieben vom Nachbarn ab und ließen diesen abschreiben. Der „Numerus clausus" mit dem Zwang zu guten Zensuren (um den Zugang zur Universität zu erlangen) war noch nicht erfunden! Werner wohnte auch in Charlottenburg. Oft holte er mich ab zum Radfahren.

Später, als Soldaten, schrieben wir uns Briefe, hielten Kontakt. Unsere Freundschaft bewährte sich, dauerte an und hält. Werner blieb allzeit treu, hilfsbereit und pfiffig. Wenn wir uns treffen, reden wir über Gott und die Welt. Nörgeln auch an der gerade aktuellen Politik herum. Und immer wieder heißt es dann: Weißt du noch: Wie wir in „Canossa" Fußball, auch Tischtennis, spielten und Eishockey auf dem Lietzensee? Wie schön war das Paddeln auf der Havel – sein Boot an der Pichelsdorfer Brücke und unser Boot am Stössensee. Auch an Schulstreiche erinnern wir einander, an Werners Besuche bei uns, an unsere Treffen in Hamburg, an gemeinsame Ausflüge.

Gerne denke ich an die Berliner Jugendfreunde in Charlottenburg zurück, die nicht mit mir die Schulbank drückten: Hubert Eckervogt mit seinem Gretchen, Gerhard Warner, Erich Keller, Clemens Petzold, Elisabeth Mock, Jupp Gaida – diese fallen mir ein. Einige traf ich nach dem Kriege wieder. Hubert Eckervogt schenkte mir aus seinem Archiv Fotos dieser Jahre – fröhliche Bilder.

Meine Mutter spielte eine Rolle im „Katholischen Frauenbund" und mein Vater im KV, einem katholischen Studentenverband. Er gab das studentische Gesangbuch heraus und verbarg die KV-Fahne bei uns im Keller, als die Nazis sich auf alle Facetten der deutschen Wirklichkeit legten. Aus dieser Zeit sind mir nur wenige Momente bildhaft in Erinnerung geblieben:

Überall, so fühlte ich, ging es nun anders zu. Wenn Tante Hete, die ältere Schwester meiner Mutter – eine der damals seltenen Frauen, die ihren Doktor gemacht hatten –, zu Besuch kam, durfte ich ihr nur „guten Tag" sagen. „Plappermäuler" hätten ihre kritischen Gespräche, auch über Politik, in falsche Ohren weitertragen können ... Das hieß, ich solle nicht zu viel „mitbekommen", hieß auch, ich habe mich da nicht einzumischen. Mir paßte es ganz und gar nicht, wie ein kleiner Junge vor die Türe geschickt zu werden, zog eine beleidigte Grimasse. Heute weiß ich, daß meine Mutter und Tante Hete recht hatten.

Neben dem Telefon lag zu Hause ein Kaffee-Wärmer. Meine Eltern stülpten ihn oft über das Telefon. Als ob das gegen vermutetes Abgehörtwerden schützte! Es war wohl mehr symbolisch und als Warnung gedacht.

Gelegentlich besuchte uns „Onkel Hönneckes", der kärglich mit Wein handelte. Er kam immer wieder, obwohl mit den Barzels gewiß kein großes Geschäft zu machen war. Früher war er, wie ich später erfuhr, Reichstagsabgeordneter für die überwiegend katholische Zentrumspartei gewesen.

Kurzum: Um mich herum wurde viel geflüstert. Der vorsorgliche, ängstliche Blick über die Schulter nach hinten, nach rechts und nach links hielt Einzug. Unser Verhalten offenbarte gelungene Einschüchterung. Und das steckte an. Wir wohnten nun direkt neben dem Gymnasium in der Neuen Kantstraße Nummer 1. „Canossa" nannten wir die Kirche nebenan, die dem Jesuiten Canisius geweiht war. Das Beste an all' dem war der große Fußballplatz der nachbarlichen Schule.

Die Olympiade von 1936 brachte, das war nicht zu übersehen oder zu überhören – Jubel und Ausländer nach Berlin. Ich kam nur – ohne Eintrittskarte – bis zum Eingang des Olympia-Stadions. Die Nazis bemühten sich, der deutschen Wirklichkeit ein besseres, weniger diktatorisches Gewand überzuziehen. Man wollte sogar (es gelang nicht) unseren verbotenen „Bund Neudeutschland" zeitweilig in Berlin wieder im öffentlichen Erscheinungsbild vorzeigen.

Unser Gymnasium paßte nicht in die Nazi-Wirklichkeit. Es galt ihnen als „katholische, jesuitische Elite-Schule". Behörden nahmen Anstoß an der Tatsache, daß die Patres mit uns die Heilige Schrift lasen und unbeirrt Religionsunterricht erteilten. Sie hätten vor allem mit uns Hitlers „Mein Kampf" und Rosenbergs „Mythos des 20. Jahrhunderts" durcharbeiten sollen! Für die Nazis gab es die drei „feindlichen J": Juden, Jesuiten, Juristen.

Mit Schauprozessen wegen angeblicher „Devisenvergehen" verstärkten die Nazis ihre Unterdrückung. Einer der so angeklagt und (zu Unrecht!) von Freisler Verurteilten war Franz Steber, einer der Führer der katholischen Jugend „Sturmschar". 1937 nahm meine Mutter Christine Steber, die Frau des von Freisler Verurteilten, in unsere Familie auf. Eine innige Freundschaft zwischen ihr und meiner Schwester Annemarie entstand und wirkt fort.

Das Gymnasium wurde verboten und in zwei Etappen geschlossen: Zuerst (1938) wurde die Oberstufe, Sekundaner und Primaner also, verboten. Im nächsten Jahr (1939) folgte der ganze Rest. So ergab es sich, daß der weithin anerkannte Germanist P. Heinrich Klein SJ, der – wir nannten ihn „Heini" – den Deutschunterricht in der Oberstufe erteilte, nun uns, Obertertianer und Sekundaner, unter seine Fittiche nahm. Dieser Wechsel, nicht der der Schule, gereichte mir zum Vorteil: Pater Klein zwang uns, *vor* die Klasse zu treten und Gedichte aufzusagen. Diese durften (und sollten) wir nach eigener Wahl aussuchen. Diese Stunde wurde immer mittwochs gehalten. Ich kam ein paarmal „dran" und ahnte, daß das noch vielmals geschehen werde. Wieder saß Klein auf seinem Stuhl hinter dem Tisch, thronte, so schien es uns, putzte seine dicken Brillengläser, bemerkte dazu, nun sähe er wohl aus „wie ein Schuh ohne Schnürsenkel". Wir lachten.

Bald mußte ich wieder vor die Klasse treten, trug die Verse vor. In der kommenden Woche das gleiche. Ich wollte Pater Klein ärgern, ihm die Stunde nehmen. Trotz trieb mich zu dieser Aufmüpfigkeit: Ich lernte den ganzen Monolog aus Schillers „Wallenstein" auswendig und trug ihn vor. Wer den Text kennt, weiß, daß dieser Vortrag weit mehr als 20 Minuten in Anspruch nimmt. Klein putzte nur wieder seine Brille, als ich zum Ende kam.

Am nächsten Mittwoch mußte ich schon wieder „Gedichtaufsagen". Ich hatte die wenigen Verse aus Goethes „Faust", „Das Lied des Türmers", gelernt und trug sie vor. Pater Klein blieb ungerührt, wirkte etwas amüsiert. In der folgenden Woche mußte ich wieder vortragen. Ich hatte ein ganz modernes Gedicht von Georg Thurmeier gelernt, sagte es auf. Klein geruhte anzumerken: „Am nächsten Mittwoch wird uns Barzel wohl ein eigenes Gedicht aufsagen." In den Wochen darauf kam ich zum Gedichtaufsagen nicht mehr dran.

Pater Klein ließ uns Hausaufsätze schreiben, die auch vor der Klasse vorgelesen werden mußten – wenigstens einige davon. Einmal gab er uns das Thema „Das Schloß". Ich schrieb über das nahe Schloß Charlottenburg, ein anderer über das Schloß an seiner Fahrradkette. – Ein andermal hatten wir ein Kunstwerk nach eigener Wahl zu beschreiben. Ich nahm mir – jugendbewegt – den Bamberger Reiter vor, mußte auch vorlesen. Ich bemühte mich, schon das Pferd zu lobpreisen. Klein meinte so enttäuscht wie indigniert: Das Pferd sei doch nur der Sockel. Auf den Mann komme es an, auf sein Gesicht und seine Haltung.

––––––––

Nach dem Kriege wurde mir zugetragen, Pater Klein habe im kleinen Kreise festgehalten: „Deutsch hat er bei mir gelernt." Er hat recht. Danke!

Ich besuchte ihn in den Trümmern Berlins. Er war nun Direktor des Gymnasiums im Wiederaufbau. Im zerbombten Tiergarten bemühte man sich, neu anzufangen. Pater Klein bat mich nach unserer Unterhaltung heraus in den Park mit den zerfetzten Bäumen. „Schauen Sie bitte nach Osten, durch den Park mit seinen Baumstümpfen, und weiter durchs Brandenburger Tor. Wo glauben Sie", fragte er verschmitzt, „liegt, wenn Sie so durchs Brandenburger Tor nach Osten sehen, die nächste Schule gleicher Qualität?" Ich wußte es nicht. „In Tokio!", sagte er (dort arbeitet ein anderes Jesuiten-Gymnasium).

Zurück zur Schulzeit: In den letzten Wochen vor dem Verbot unserer Schule gab Pater Klein uns auf, Lebensläufe zu schreiben. Alle mußten vorlesen. Klein monierte streng: Ein Lebenslauf sei wichtig. Er müsse für den, der ihn schreibe, werben! Ein kluger Rat.

Wir wurden, als das ganze Gymnasium aufgelöst wurde, auf möglichst viele Berliner Höhere Schulen verteilt. So wurde ich Sekundaner am „Staatlichen Luisengymnasium" in Moabit. Zur Begrüßung prangte die Aufschrift an der Tafel: „Vorsicht! Jesuiten unter uns!" Was Wissen und Lernen betraf, waren wir dem Stand der neuen Klasse voraus. Einige der Studienräte trugen das Parteiabzeichen der NSDAP, andere unterließen es, den Unterricht mit erhobenem Arm und dem Gruß „Heil Hitler!" zu beginnen. Werner Beissel, der auch zum Luisengymnasium kam, verzog im Oktober 1940 nach Hamburg. Sein Vater mußte aus politischen Gründen untertauchen. Alsbald nach dem Kriege gründete er in Hamburg die CDU. Auch Werner Beissel war dabei.

Die Judenfeindlichkeit im Alltag war nicht mehr zu übersehen. Und die „ultramontanen" Katholiken wurden vielfach geschnitten. Nach der „Reichskristallnacht" (9. November 1938) fuhr ich, nichts ahnend, mit dem Fahrrad zur Wilmersdorfer Straße in Charlottenburg. Es wurde eine Fahrt durch Glasscherben. Die Straße entlang sah ich verwüstete Geschäfte, SA-Männer taten sich wichtig, stolzierten mit Plakaten wie „Juden raus!". An der Straßenecke von der Kant- zur Wilmersdorfer Straße stockte der Verkehr. „Das gibt Krieg", flüsterte ein Grauhaariger zu seinem Nachbarn. Meine Mutter dämpfte diese Voraussage, meinte aber auch, es rieche nach Gewalt und Bösem. Mir wurde unbehaglich zumute. (Es wäre unaufrichtig, hier Gedanken einzufügen, die mir erst später kamen, als ich begann, das alles zu begreifen und vieles zu erkennen. Ich war ja erst vierzehn Jahre alt.)

Dieses Erlebnis ging mir nach und blieb haften: Ein Junge aus der Neuen Kantstraße Nr. 3, ein Nachbar, der mit uns Fußball spielte, wurde plötzlich öffentlich als Jude bezeichnet. Das wies ihn für jedermann auf einmal als etwas anderes aus. Wir hatten an ihm nie etwas Besonderes bemerkt – nur, daß er ein guter Stürmer war. Nun wurde er ausgesondert, empfand das wohl auch selbst so, ging von sich aus auf Distanz. Aber wir spielten noch für eine kurze Zeit weiter miteinander Fußball auf dem Schulhof.

Bald war er nicht mehr da. Warum und wohin? Diese Fragen ohne Antwort kamen auf. Ohne Abschied zu nehmen war er plötzlich verschwunden. Diese Tatsachen beschweren mich, während ich diese Erinnerung aufschreibe. Von sich aus war er auf Distanz gegangen. Warum gingen wir nicht um so mehr auf ihn zu? Hatten die Plakate „Juden unerwünscht!" auf uns gewirkt? Aus der Schule und aus meiner Familie kannte ich keinen Antisemitismus. Auch nicht von den anderen Jungen, die mit uns Fußball spielten. Aber nun war er – als Fragezeichen – einfach da.

Meine Mutter bat mich, sie „für alle Fälle" zu einem „Spaziergang" zu begleiten. Sie trug einen schweren Korb. Ich wollte ihn ihr abnehmen. Sie wehrte das ab. Ich fragte nicht viel, das hatten wir uns abgewöhnt. Sie ging, sich immer wieder umsehend, zu einem Haus hinter dem Bahnhof Charlottenburg, bat mich, draußen zu bleiben und auf sie zu warten und gegebenenfalls abzuholen. Diesen Spaziergang machten wir nun öfter. Er galt, wie ich später erfuhr, der befreundeten Familie Wolf, Juden aus Braunsberg. Das sei Christenpflicht gewesen, sagte sie, als man ihr nach dem Kriege anbot, in der „Allee der Gerechten" ein Bäumchen in Yad Vashem, Jerusalem, zu pflanzen.

––––––

Ein Klassenkamerad auf dem Luisengymnasium war ein hoher HJ-Führer. Er tanzte gerne und liebte moderne Tanzmusik. „Jazz" nannten wir das. Den zu hören war streng verboten. Wie auch entsprechende Schallplatten zu besitzen. Jazz war offiziell verpönt; er sei „fremdländisch" und „jüdisch", „dekadent". Dieser Mitschüler fragte im Unterricht mit Unschuldsmiene, ob wir nicht einmal – zur Abschreckung – ein Stück dieser Musik hören dürften, um uns damit auseinanderzusetzen. Er wurde dafür beinahe von der Schule verwiesen.

Es gelang, meine Mitgliedschaft in der „Hitler-Jugend" zu umgehen. Ich erklärte und schrieb auf – wie mein Vater im Ersten Weltkrieg –, Flieger werden zu wollen. So wurde ich für Vorbereitungskurse vorgesehen, die aber nicht stattfanden. Berlin hatte auf andere Weise mit der Fliegerei zu tun: Sirenen, Bomben und Fliegeralarm.

Meine beiden älteren Brüder Werner und Klaus erschienen mir wie sehr viel ältere Mitschüler, wie Männer. Sie waren 1917 und 1918 geboren – ich erst 1924. Meine beiden Schwestern Annemarie (1920) und Gisela (1922) waren diesen älteren Brüdern näher. Sie unterstützten meine Mutter auch in meiner „Erziehung". Das war wohl für keinen von uns angenehm. Später habe ich das verstanden und immer wieder erklärt: Annemarie sei „meine älteste Freundin". Sie war es. Und sie ist es. Annemarie verlobte sich 1942 mit Robert, der am 25. Mai 1943 fiel ... Gisela machte 1946 ihren medizinischen Doktor, heiratete 1952 in Köln. Der älteste von den „drei Kleinen", so wurde ich in der Familienhierarchie eingestuft, war ich. Mir folgten die jüngeren Brüder Winfried (1927) und Meinhard (1929).

Welche Zeitspanne unter sieben Geschwistern: 1917 bis 1929! Wir gleichen uns äußerlich wenig. Wir alle liebten und lieben Mütterchen und Väterchen. Demonstrationen dieser Gefühle blieben und bleiben uns in all den Jahren fremd. Aber wir alle sind die „Barzels". Werner und Winfried sind verstorben. Nun gibt es Enkelinnen und Enkel. Wir alle hatten das Glück, den Krieg zu überleben.

Ja, wir waren, was man eine katholische Familie nennt. Wir beteten vor und nach jeder Mahlzeit wie vor dem Schlafengehen, gingen sonntags zur Heiligen Messe und machten nachmittags in der Regel einen Familienspaziergang. „Erste Heilige Kommunion" – das wurde immer ein Familienfest. Wir galten, wie man sagte, als eine geachtete Familie – gut nachbarlich, hilfsbereit, fröhlich, bürgerlich. Die Türe stand offen für viele. Manche suchten den Rat meiner Mutter – der vitalen und klugen Frau mit den sieben Kindern!

———

Mein Freund Ernst Schumacher und ich liebten Berge und Abenteuer, meist zogen wir zusammen mit anderen aus un-

serem 1936 verbotenen Jugendbund „Neu-Deutschland"
los. In der Nacht zum 1. Mai machten wir immer eine
„Fahrt", erprobten dabei zum ersten Mal im Jahr, im Freien
zu schwimmen. Wir radelten durch Brandenburg und nach
Quedlinburg. Ich erinnere mich zum Beispiel an eine Fahrt
nach Rheinsberg, wo der junge Kronprinz Friedrich II., später der „Große", einige Zeit verbracht hat. Dieses Ereignis
der preußischen Geschichte wurde zwar im Schulunter-
richt nicht ausgespart, aber leicht verfälscht: Vorher, 1704,
hatte der Kronprinz der Hinrichtung seines Freundes
H. Katte in der Festung Küstrin beiwohnen müssen! Beide
hatten versucht, „Fahnenflucht" zu vollziehen, also „Hoch-
verrat" zu begehen … Davon war wenig zu hören.

In den Felsen des Elbsandsteingebirges, südlich von
Dresden, machten wir erste Versuche zu klettern. Wir
träumten von mehr: von den Alpen. Ernst und ich benutzten oft die große Charlottenburger Volksbibliothek. Wir lasen über die Berge und vom Alpinismus, kreuz und quer,
was nur erreichbar war. Auch Atlanten und Landkarten studierten wir.

Ich hatte im Sommer 1936 auf meiner ersten Bergwan-
derung zum „Hohen Göll", von Schellenberg bei Berchtes-
gaden aus, ein Edelweiß gefunden! Vielleicht hat mich dieses romantische Erlebnis bezaubert, verzaubert? Ich war
damals erfüllt von Rilkes „Cornett", von jugendbewegten
Liedern und „Blauer Blume", angetan auch von dem anwachsenden Reiz, etwas „Verbotenes" zusammen mit bewährten Freunden „zu unternehmen" (so unser Wort). Ich
bin tief bewegt, wenn ich daran denke, so zurückträume.
Ein Gefühl von Sehnsucht, auch Erwartung, blieb in mir lebendig – auch später, als ich die Ötztaler Berge, die Stubai-
er Gletscher, den Mönch (von hinten) bestieg und mich in
der Silvretta austobte, meine Tochter Claudia und Freunde
durchs „Höllental" auf die Zugspitze führte und – von Grainau aus – zur „Einübung" immer wieder die Alpspitze er-
kletterte. Die „Schönen Gänge" dort – welch Paradies!

Auch Ernst, ein Rotschopf, liebte Berge und Abenteuer. Er war drahtig, zäh und immer fröhlich. Wir wollten damals (1939) für zehn Tage in die „richtigen" Berge. Es traf sich gut, daß Ernst in den Ferien mit seinen Eltern nach Bayern und ich in unser Ferienlager im Allgäu wollte. Unsere Eltern stimmten unserem Vorhaben zu, vorher zu zweit eine Hochtour in den Alpen zu machen und gaben uns Taschengeld für diese Tour.

Bald stand unser Entschluß fest: Die Wildspitze im Ötztal, der höchste Berg Tirols, 3774 m hoch, aus den Gletschern ragend. Da Österreich nun zu Deutschland gehörte, gab es – anders als 1936 – keine Probleme mehr mit Pässen, Visa, Valuta. Wir erinnerten uns, daß wir 1937 – vor dem „Anschluß" Österreichs – aus den Berchtesgadener Bergen einen besonders empfohlenen Abstieg nicht machen durften – er führte ja durchs Ausland, durch Österreich. Und die Erlaubnis dafür war, falls überhaupt, vorher und nur in Berlin einzuholen. Wir planten alles genau, kopierten Karten, studierten Fahrpläne. Die Räder wollten wir mitnehmen. In den wenigen Unterlagen, die ich durch den Krieg und die Ausbombungen gerettet habe, befindet sich eine Fahrkarte Berlin–Innsbruck und zurück; durch „Kinderermäßigung" kostete sie, so steht es da, RM 19,20 – Fahrrad eingeschlossen.

Die Überlegung, die Fahrräder mitzunehmen, erwies sich als Fehler. Wir fuhren mit den Fahrrädern von Innsbruck bis Zwieselstein, quälten uns dann, die Fahrräder schiebend und tragend, bis Heiligkreuz im Ötztal. Dort fanden wir einen Bauern, der uns erlaubte, sie für einige Tage bei ihm unterzustellen. Damals gab es einen Weg durchs Geröll nach Vent, den später Jeeps befuhren. Die Straße gab es noch nicht.

Wir übernachteten in Vent, das aus wenigen Häusern bestand. Es gab kein Quartier für Bergsteiger, keine Scheune, keine Jugendherberge. So mußten wir in ein Gasthaus und waren verärgert, einen unvorhergesehenen Teil unseres Geldes dort ausgeben zu sollen. Vor Sonnenaufgang kletterten wir los, erwanderten zügig die „Breslauer Hütte", nahmen Quartier auf den Matratzen, aßen unser Brot und machten uns Tee. Wir waren nicht allein auf der Hütte, trafen dort auch Bergführer. Wir wollten allein gehen! Ein älterer Bergsteiger bemerkte das und setzte sich zu uns. Wir plauderten, waren alle erregt und freuten uns, die Wildspitze zu besteigen.

Vor Morgengrauen tranken wir fiebrig vor Spannung unseren Tee, aßen ein Stück Wurst, leerten die Rucksäcke von allem, was uns nicht beim Aufstieg zum Gipfel beschweren sollte. Wir waren erfahren genug, nicht loszustürmen, sondern zunächst bedächtig anzusteigen. Der ältere Bergsteiger, der Plauderer vom Vorabend, saß am Rande, freute sich des Lebens. Wir hielten an, um mit ihm zu sprechen. Wir machten das ganz gut, lobte er uns und fragte, ob wir zu dritt aufsteigen wollten; er kenne den Weg, und die Route habe er schon mehrfach gemacht.

Gern stimmten wir zu. Bald überholten wir andere, die vor uns aufgebrochen waren, aber mit offenbar für sie zu hohem Tempo den Anstieg begonnen hatten. Das Wetter schenkte uns azurblauen Himmel, des Morgens noch trittfesten Firn und Sonne, Sonne, Sonne. Kein Wölkchen. Kein Baum mehr. Kein Schatten. Nur Felsen und Eis und darüber strahlte stahlblau sonniger Himmel. Mit dem Weg hatten wir keine Schwierigkeiten. Er war in den Felsen klar markiert, und durch die Gletscher war die Spur gut zu erkennen. Wir keuchten uns empor. Schritt für Schritt. Als erste erreichten wir den Gipfel, hatten keine Rast unterwegs eingelegt. Unser älterer Bergkamerad hatte uns so beraten.

Wir machten die hochverdiente und auch längst dringend erforderliche Pause oben auf dem Gipfel, den ein kräftiges Stahlkreuz zierte. Es glitzerte in der Sonne. Es anzufassen verbot sich, da es eiskalt war. Was ich selten erlebt habe: Wir hatten den Gipfel für eine halbe Stunde lang für uns! Uns war nicht danach zumute, einfach zu reden; wir waren erfüllt von Freude, auch Stolz, und grüßten die umliegenden

Gletscher, so wir sie erkannten, mit einem fröhlichen „Guten Morgen!", zogen dabei die Mützen.

„Es wird Zeit zum Abstieg", sagte unser älterer Begleiter. Er meinte, es sei nun auch an der Zeit, daß wir uns miteinander bekanntmachten. Er machte den Anfang: Er sei Oberleutnant der Wehrmacht. Als wir die Rucksäcke schulterten, drehte er sich, um alles noch einmal zu sehen, rundum, es – so wirkte das – dankbar in sich aufzusaugen. „Auf Wiedersehen", murmelte er zu den Gipfeln. Und zu uns: „Es werden böse Zeiten kommen." Als der Krieg wenig später begann, haben wir uns oft an diesen Berg-Kameraden erinnert.

Wieder unten in der Hütte, fieberte Ernst. Er hatte Schüttelfrost. Ich bat den Hüttenwirt um Hilfe. Er sah zuerst auf unsere Sonnenbrillen und Mützen. „Kein Wunder!" Er maulte mit uns wegen nicht ausreichender Ausrüstung, gab uns Tee und Suppe, Ernst eine Tablette. „Ihren Freund, den Rotschopf", sagte der Hüttenwirt zu mir, „hat es ordentlich erwischt." Ich war in Sorge.

Die Sorge um Ernst erwies sich in der Nacht als berechtigt. Sein Fieber kletterte und kletterte. Er fror unter den dicken Decken. Bald sah er nichts mehr. Die Lippen brachen auf wie die Wangen. Rohes Fleisch! Die Hüttenwirtin brachte eine Mixtur, die sie Ernst auf die Augen schmierte, und kaltes Fleisch in einer Soße, mit dem sie sein Gesicht bedeckte. Später kam sie nochmals, wiederholte ihre Anwendungen, sprach uns Mut zu. Ich fand nur wenig Schlaf.

Morgens beratschlagten wir – die Wirtsleute, „unser" Oberleutnant und ich. „Vor drei Tagen wird Ihr Freund den Abstieg nach Vent nicht schaffen können", beendete der Hüttenwirt diese Unterhaltung. Der Oberleutnant nickte. Er mache sich Sorgen um die Augen von Ernst. Ich fragte beide Wirtsleute, ob wir vorerst bleiben dürften. Sie bejahten und hatten Verständnis für meinen Vorschlag, nach Vent abzusteigen, um eine Brille für Ernst und für uns Proviant einzukaufen. Als ich abstieg, wußte ich Ernst in guten Händen. Er litt und trug es tapfer.

Ich beeilte mich mit dem Abstieg, das Wetter schlug um. Nebel zog auf. Die Schafe, die dort in den Berghängen in großer Zahl weideten, erlebten selten einen Menschen. Sicher nur, wenn sie im späten Frühjahr heraufgeführt und im Herbst wieder ins Tal geleitet wurden. Da ich steile Abkürzungen für meinen Weg nach Vent wählte, muß dieser plötzlich aus dem Nebel kommende Mensch die Schafe verwirrt haben. Sie stürmten auf mich zu, sprangen mir zwischen die Schritte, blökten nach Kräften. Erst am Gatter vor dem Dorf konnte ich sie stoppen und in Vent einkaufen. Unsere „Fahrtenkasse" war mehr als geschrumpft. Einen längeren Aufenthalt auf der Hütte hätte sie nicht überstanden ...

Als ich abends wieder bei Ernst eintraf, stieg meine Sorge um ihn. Er sprach mir Mut zu, durchlitt eine Nacht – schrecklicher als die letzte. Wieder halfen die Wirtsleute. Am dritten Tage hörte das Fieber auf, Ernst konnte blinzelnd wieder etwas sehen, Haut begann das rohe Fleisch zu überziehen, die Lippen schwollen ab. Am vierten Tag wagten wir den Abstieg nach Vent und nach Heiligkreuz zu unseren Fahrrädern. Der Abschied war herzlich, wurde auch tränenreich. Die Wünsche für „glückliche Heimkehr!" klangen noch lange in uns nach.

Wir erreichten Heiligkreuz nach vier Stunden, fanden unsere Fahrräder, durften wieder „danke" sagen. Unsere Eltern wußten noch nichts von unseren Problemen! Unterwegs verzehrten wir die wenigen Reste unserer Vorräte, stiegen dann auf die Räder, um nach Innsbruck und von dort – getrennt – in unsere Ferien zu fahren.

Bald geschah das nächste Malheur: Die Straße von Zwieselstein nach Ötz war steil und kurvenreich. Sie war nicht asphaltiert. Vermutlich fuhren wir zu schnell auf der abschüssigen Straße. Ich stürzte. Das rechte Pedal meines Fahrrades war abgebrochen! Ich versuchte mir mit einem

Stock, den ich anstelle des Pedals in die Tretanlage schob, zu helfen. Das hielt nicht! So blieb mir nur, allein mit dem linken Fuß das Fahrrad zu bewegen. Auf dem – langwierigen und mühsamen – Wege nach Innsbruck stießen wir auf eine Kaserne. Man half uns mit Jod, Pflaster, einem anderen Pedal – und vielen guten Worten nach einer Tiroler Jause.

Am 1. September 1939 brach der Zweite Weltkrieg aus. Ältere erinnerten in diesen Septembertagen des Kriegsausbruchs an „Hurra-Patriotismus" in Berlin, als 1914 der Erste Weltkrieg ausbrach. Ähnliches konnten wir Jüngeren 1939 nicht feststellen. Als es dann 1941 gegen die Sowjetunion „losging", wuchs in vielen das Gefühl, nicht abseits stehen zu sollen und zu dürfen, wo es nun, so schien es vielen und so trommelte die Propaganda, um das „Vaterland" ginge. Ich erinnere mich an ein aufgewühltes, nervöses Berlin, in dem man sich äußerlich bemühte, „das Leben geht weiter" zu spielen. Und doch wurde spürbar, selbst im Gedränge der S-Bahn, daß viele auf Abstand zu anderen Unbekannten hielten, Gesprächen auswichen, sich auffällig vorsichtig verhielten.

Aber wir waren jung und glaubten an uns. Als der erste von uns, Karl Schwark, unser „Fähnleinführer" im Bund Neudeutschland, fiel – „den Heldentod starb" hieß das offiziell –, da wußten wir, was Krieg bedeutete.

Mein Freund Ernst ist am 9. Dezember 1943 als einundzwanzigjähriger Leutnant in Rußland gefallen. Sein Heldentod wurde im Wehrmachtsbericht vom 12. Dezember 1943 gemeldet.

Schon vor Kriegsausbruch begannen wir in Berlin die knapp werdenden Lebensmittel zu hamstern, lernten, uns vor Geschäften wartend in Schlangen anzustellen. Bald gab es fast alles nur noch auf Bezugsscheine einzukaufen.

Mein Vater wurde sofort mit dem Beginn des Krieges als Reserveoffizier eingezogen. Mein Bruder Werner, der Jesuit, wurde als „wehrunwürdig" ausgesondert. Mein Bruder Klaus leistete zunächst seinen Arbeitsdienst, wie auch meine Schwestern Annemarie und Gisela. Gisela studierte dann Medizin. Mein jüngerer Bruder Winfried wurde später Luftwaffenhelfer. Der Jüngste, Meinhard, wurde evakuiert. So war ich der „älteste Mann" in der Familie, mußte anstehen für Bezugsscheine und Zuteilungen. Meine Schwester Annemarie wurde nach Abitur und Arbeitsdienst „dienstverpflichtet" zur Arbeit bei Telefunken. Meine Schwester Gisela setzte ihre Ausbildung zur Ärztin fort.

Am 16. März 1941 feierten wir in der Charlottenburger Wohnung die Silberhochzeit meiner Eltern. Meine Mutter hatte in der Prima meinen Vater als Lehrer in Lyck kennengelernt. Sie liebten sich, so meinten wir, und sie liebten sich immerfort. Es gibt einige Fotos von diesem Familienfest: Meine Mutter, etwas angegraut, zeigt ihr offenes breites Ostpreußengesicht, strahlte Kraft und Fröhlichkeit aus. Mein Vater ist da einmal in Uniform zu sehen. Er war ja „eingezogen". Meinem Bruder Winfried und mir wurde die Rolle der Mundschenke zugeteilt. Offenbar haben wir uns auch selbst reichlich mit der Bowle bedient.

Annemarie verlobte sich 1942 mit Robert. Ich erinnere mich an einen gebildeten, freundlichen und liebenswerten, großgewachsenen, in jeder Hinsicht auffälligen Mann. Er fiel im Krieg. Annemarie hat sich nicht wieder gebunden. Ihre Trauer fiel zusammen mit der meiner Mutter über den Tod unserer Omama in Lyck. Nach dem Krieg engagierte Annemarie sich für andere in der Jugend- wie in der Bildungsarbeit, vor allem für Israel.

Im Juli 1938 wollten wir von Familie zu Familie einen Jugendaustausch mit einem französischen Jungen durchführen. Er sollte ein paar Wochen zu uns nach Deutschland kommen, ich für einige Zeit zu ihnen nach Frankreich. Man verbot das Vorhaben nicht, machte es aber durch administrative Schikanen und Zeitablauf unmöglich, diese Absicht zu verwirklichen.

Ausländische Sender zu hören war strafbar, Schallplatten von draußen zu besitzen verboten. Es gab auch keine Zeitungen oder Zeitschriften aus den Nachbarländern. Nur eine Meinung gab es. Und immer Propaganda und Hetze. Meine Mutter wurde im Krieg ganz zum Mittelpunkt der Familie. Väterchen war ja wieder Soldat und nicht mehr zu Hause. Adressat unserer Briefe war meine Mutter – Herz und Motor für uns alle und für die vielen, die sich unter den Schirm ihrer Einsicht, ihrer Güte und Tatkraft begeben hatten, auch dahin geflohen waren. Einer von diesen nannte sie „eine moderne Schutzmantelmadonna". Sie führte ein offenes Haus. –

Krieg wurde nur möglich, weil Volksverhetzung möglich war – und funktionierte. Auch meine Zeit als Soldat rückte heran. Das zerriß uns. Unseren Freundeskreis aus dem verbotenen „ND" hatte die Gestapo heimgesucht. Wir arbeiteten weiter mit unserem geistlichen Betreuer Pater Bruno Schmid SJ. Er wurde bald verhaftet, verurteilt und ins Gefängnis gesperrt. Ich hörte davon, als ich – viel später – für einige Tage in Berlin zu tun hatte. Als Seeflieger von der Front trat ich energisch auf. Es gelang, im Jahre 1943, meinen seelsorgerischen Freund im Gefängnis in Moabit zu besuchen. Ich wollte ihm Solidarität beweisen. Man räumte mir eine bewachte Gesprächserlaubnis von wenigen Minuten ein. Er war abgehärmt und abgemagert – bei aller Haltung und Tapferkeit ein Bild des Jammers. Gleich nach dem Krieg besuchte ich ihn in Berlin; er war, wie ich empfand, vom Tode gezeichnet.

Wir waren keine Widerstandskämpfer; nur nicht „dafür".

Wir ertrugen und litten wie die meisten – auch wenn wir zum Beispiel die Protest-Predigten des Bischofs von Münster, Graf Galen, vervielfältigen und verteilen halfen. Wir waren weder Helden noch Märtyrer.

Im übernächsten Haus, Neue Kantstraße Nr. 3, wohnten meine Freunde Paul und Ernst Schumacher. Ihr Vater arbeitete bei der Reichsbahn. Er kam, wie seine Frau, eine Winzerstochter aus Leutesdorf, aus dem Rheinland. Eines Abends besuchte ich Ernst. Aus der Wohnung klang Klavier-Musik. „Ich tanze mit Dir in den Himmel hinein!" konnte ich hören. Als die Tür geöffnet wurde, stand da nicht Ernst oder Paul, sondern ein Mädchen, grazil und wohl anzusehen, Tochter des Bruders des Reichsbahners, des Kölner Drogisten Wilhelm Schumacher. Sie stellte sich vor als Kriemhild, Cousine meiner Freunde. Sie sei in Köln ausgebombt und wohne deshalb hier bei Tante und Onkel in Berlin.

Es war Liebe auf den ersten Blick. Das Datum hielten wir fest: 29. September 1940, „Michaelstag". Miteinander gingen wir zur Tanzstunde, die meine Mutter organisierte, damit wir, bevor wir Soldaten würden, noch ein paar „richtige" Mädchen kennenlernten. Den langen Rückweg vom Kurfürstendamm zum Park am Lietzensee genossen wir – händchenhaltend.

Ich lernte in den Bombennächten Timmchen, so hieß Kriemhild unter Freunden und Verwandten, auch anders kennen: Im Spätherbst 1940 erlebten wir wieder einen nächtlichen Flieger-Alarm. Brandbomben waren in und auf die Häuser der Neuen Kantstraße gefallen. Bei uns war nichts passiert. In der brandhellen Nacht sah ich Timmchen vor dem übernächsten Haus. Sie hatte einen Eimer voll Sand, löschte so die Brandbomben, nutzte ihre Erfahrung aus der Zeit der Bomben auf Köln.

Unsere Liebe auf den ersten Blick hielt. Erst am 22. Mai

1948 konnten wir in Köln heiraten. Am 25. Oktober 1980 starb sie in meinen Armen in München an Leukämie.

———

In den letzten Wochen meiner Schulzeit fanden wir einen neuen Trick, um Klassenarbeiten fernzubleiben und Schule schwänzen zu können. Wir erklärten, wegen der bevorstehenden Einberufung zur Wehrmacht zum „Kreiswehrersatzamt" gehen zu müssen. Die hätten da noch Fragen … Rückschauend betrachtet hatten wir offenbar mehr Angst vor Klassenarbeiten als vor dem Krieg. Meine Schulzeugnisse sind alles andere als schmeichelhaft. Den Tiefpunkt markiert das Zeugnis des Gymnasiums am Lietzensee vom 11. Oktober 1938. Da heißt es: „Geistige Bemühungen ungleichmäßig, Gesamterfolg nicht ausreichend. In zwei Hauptfächern mangelhaft!" Es gelang, das zu verbessern. Ich wurde doch noch versetzt – das Zeugnis vom 20. Mai 1940 betont: „Wegen seiner Neigung zum Schwätzen mußte er wiederholt ermahnt werden." Im Klassenbuch stand damals mehrfach diese Eintragung: „Barzel stört den Unterricht." In der Obertertia hielt ich den Rekord im Nachsitzen. Zum Ärger meiner Klassenlehrer nahm ich das „lässig" hin: „So gründen wir eben den Verein für Freizeit und Erholung", murmelte ich. Offenbar war ich wohl ein recht mittelmäßiger Schüler, manchmal auch vorlaut.

Schon damals habe ich von den „Winterbirnen" gesprochen: Diese erst spät gereiften und exzellent schmackhaften Birnen seien im Sommer oder Herbst noch nicht so gut. Mit uns Schülern, so damals meine Theorie, sei es nicht anders: Lieber erst „gut" in der Prima!

Im Dezember 1941 erhielt ich, nur wenige Wochen vor dem Abiturtermin, den „Reife-Vermerk". „Reif" wozu? Zum früheren Kriegsdienst? Der Vermerk war so ausgefallen, daß er nach dem Kriege, 1945, als Abitur anerkannt wurde, ich also nicht – wie so viele frühere Soldaten! – nochmals zur Schule gehen mußte, um das Abitur nachzuholen. Ich gewann so zwei Jahre. Eine Studienrätin hatte uns Ende 1941, da wir ja „in den Krieg" müßten, einfach in allen ihren Fächern mit „gut" bewertet! In diesen Kriegsjahren als Schüler begannen mich politische Fragen zu interessieren. Ich las auch Machiavellis „Der Fürst" und den Anti-Machiavelli des großen Friedrich. Was um mich wirksam wurde und ich erlebte, war ja politisch bedingt. Da zuckte manchmal ein Gedanke auf, der kritisch vielem auf den Grund gehen wollte. Nur selten geschah und gelang das. Der Kriegsalltag bestimmte. Und: Wen fragen?

Wenn ich jetzt aus der Erinnerung aufschreibe, wie es war, was ich erlebte, frage ich mich, ob ich damals noch zu jung und einfältig war oder ob die Diktatur uns so im Griff hatte, daß meine kritische Wahrnehmung noch nicht ausreichte, Fragen zu stellen, die auf der Hand lagen. Vielleicht suchte ich sie zu stellen und man wich mir aus? Aus Angst? Vielleicht hatte auch ich Angst? Ich weiß es nicht. Aus heutiger Sicht ist mir das unerklärlich. Schon seit dem Verbot unseres Jugendbundes hätten die Alarmglocken läuten müssen.

Jedenfalls konnte ich Erkenntnisse, wie ich sie nach dem Krieg von Raymond Aron und Carl Spiecker lesen und hören konnte (sie hätten nicht ahnen können, daß Dinge geschähen, die außerhalb ihres Begreifens und ihrer Erfahrungswelt gewesen seien), nicht haben, da ich deren Welt nicht kannte, nicht kennen konnte. Als ich zu denken begann, hatte Hitler diese Welt schon zerstört. Und selbst die humanistische Ausbildung konnte diese Erfahrungen und Einsichten nicht ersetzen.

Bestimmt ist wahr, was ich nach dem Kriege in meinem Buch „Souveränität und Freiheit" (1950) schrieb: Daß ich erst im Krieg und durch den Krieg zu „selbständigem politischen Denken erwacht" sei. Später, als Abgeordneter, habe ich einmal in einer sehr kritischen Diskussion zu Studenten gesagt: Wie soll einer unseren Winter begreifen, der nie Frost und Schnee erlebt hat? Wie das Leben in einer Diktatur, wer nur Freiheit und Wohlfahrt als Alltagswirklichkeit kennt? Diktatur wirke urtümlich ein wie Wetter, gehe unter die Haut.

Jedenfalls will ich mich in diesem Buch hüten, Erkenntnisse, die ich jetzt habe und nach meinen Jugendjahren gewann, in meine Gefühle und Einsichten der Jahre von 1933 bis 1945 hineinzuschmuggeln. Gerade diese Erkenntnisse, die seither – spätestens seit dem zu Ende gehenden Krieg – mein privates wie mein politisches Leben bestimmen, die ich auch aus Erlebnissen gewann, die ich hier, so wie sie waren, schildere, sind entscheidend für mein Leben. Ich schäme mich nicht einzugestehen, daß ich nur langsam der wurde, den man in diesem Buch mehr und mehr kennenlernen kann. Ich lasse hier nichts aus, füge auch nichts hinzu. Das heute Unbegreifliche gehört als traurige Erfahrung zu meinem Leben. Es bleibt unbegreiflich. Aber es gehört dazu.

Als Tertianer lasen wir „Wilhelm Tell" von Schiller. Dem Satz „Ein furchtbar wütend Schrecknis ist der Krieg" schenkten wir kaum Aufmerksamkeit. Bald mußten wir dieses Schrecknis erleben. Krieg ist furchtbar, eine Geißel der Menschheit. Ihn aus der Wirklichkeit wie aus den Gedanken für alle Zeit zu verbannen, ist dringend geboten. Krieg nämlich – im Völkerrecht als „Zustand zwischenstaatlicher Gewalt" bezeichnet (Verdroß) – heißt töten und vernichten von Menschen durch Menschen.

Ich habe am Zweiten Weltkrieg teilgenommen, war Soldat der Wehrmacht. Es ist zu verkürzt, einfach zu sagen: Hitler hat den Krieg geführt. Er hat ihn gewollt im Namen Deutschlands und durch Deutsche. Deutschland begann diesen Angriffskrieg – zuerst gegen Polen, Frankreich und die westlichen Nachbarn, dann gegen Rußland. Mit Recht wehrten sich die Angegriffenen gegen diese verbrecherische Aggression. Der Staat beginnt, wo das objektive Recht des Staates an die Stelle des subjektiven Faustrechts tritt. Mit dem Recht beginnt die Kultur, das friedliche Zusammenleben unter Normen, die für und gegen jedermann in gleicher Weise gelten. Auch Völker haben das Recht, sich selbst zu verteidigen. Die zivilisierte Welt gestattet keinen Angriffskrieg. Nach dem Zweiten Weltkrieg gründete sie die Vereinten Nationen. Deren Satzung vom Juni 1945 bestimmt in Artikel 51: „Nichts in der vorliegenden Satzung beeinträchtigt das natürliche Recht individueller und kollektiver Selbstverteidigung, wenn ein bewaffneter Angriff gegen ein Mitglied der Vereinten Nationen unternommen ist, bevor der Sicherheitsrat die zur Aufrechterhaltung des internationalen Friedens und der internationalen Sicherheit erforderlichen Maßnahmen ergriffen hat." Die Leiden des Zweiten Weltkrieges machten den Weg frei zu diesem Satz des Völkerrechts, der auch international das Faustrecht abschafft.

Juden in aller Welt mußten sich einige Zeit nach dem Kriegsende von jungen Israelis die kritische Frage vorhalten lassen (welche die Ahnungslosigkeit der Fragenden beweist), warum sie in Deutschland sich hätten umbringen lassen, statt zu kämpfen. – Frühere Soldaten der deutschen Wehrmacht müssen es oft ertragen, daß ihnen nicht geglaubt wird, wenn sie ihre Unkenntnis von Konzentrationslagern und Judenvernichtung beteuern. Ich weiche diesen Fragen nicht aus, kann aber nur berichten, was ich erlebte und wußte. So schwöre ich, von dieser Barbarei durch Deutsche und im Namen Deutschlands erst nach dem Ende des Zweiten Weltkrieges erfahren zu haben. – Andere haben andere Erfahrungen gemacht. „Wer seine Augen und Ohren aufmachte", so Richard von Weizsäcker in seiner Rede zum 8. Mai 1985, „dem konnte nicht entgehen, daß Deportationszüge rollten." Ich habe auch schriftlich meine andere Erfahrung dagegengesetzt: „Ich halte mich weder für blind noch für taub. Ich kann diese Wahrnehmung nicht bestätigen. Und an wen hätte sich wenden sollen, wer sich über eine geheime Reichssache informieren wollte?"

Soldat

Am 1. Dezember 1941 hatte ich mich, so der Einberufungs-befehl, bei der Fliegerausbildungs-Kompanie in Schleswig zu melden. Timmchen brachte mich zum Bahnhof Charlot-tenburg, dem angewiesenen Sammelplatz für Rekruten. Wir umarmten uns, nahmen Abschied, drückten dann unsere Tränen in die Taschentücher, drehten uns um und winkten einander noch stumm zu. Was uns am Herzen lag und was zu sagen war, hatten wir uns vorher gesagt. Wir sprachen uns Hoffnung zu, bemüh-ten uns, Zuversicht zu zeigen. In Wahrheit stieg Sorge in uns auf: Es ging ja in den Krieg, unter das Kommando fremder Leute, in eine andere Welt, in der es nicht nach eigenen Wünschen und Vorstellungen zugehen würde. Was Krieg be-deutete, hatten wir zu ahnen begonnen, als Timmchens le-benslustiger Lieblings-Vetter, Hubertus Spellerberg, und mein enger Freund Karl Schwark gefallen waren und wir die Bombennächte in Berlin erlebten. Ich hatte Timmchen den Stellungsbefehl gezeigt. „Ja, ja", sagte sie, „jetzt gehörst du denen." Mir schien, sie hatte recht. Selbst war mir das so klar und so knapp noch gar nicht in den Sinn gekommen.

Mutter brachte mich nicht zum Bahnhof. Sie ließ – ich empfand dieses Vertrauen als wohltuend – Timmchen den Vorrang, winkte vom Fenster. Das sei der Abschied von der Familie, hatte sie mir am Tage zuvor gesagt. Ich wider-sprach, fühlte aber, daß es so war.

Wenn diese Bilder sich jetzt aus dem Gedächtnis schälen und ich diese Erinnerungen aufschreibe, wird mir er-schreckend klar: Abgesondert von der Familie, der Fürsorge meiner Mutter und dem darauf gegründeten Lebensunter-halt – plötzlich, eben noch ein Schüler, eigentlich noch ein pubertierender Jüngling –, wurde ich wie ein Mann einge-setzt. Aber das war ich doch noch nicht! Nur: Danach wur-de nicht gefragt.

Wir hatten am Abend lange dagesessen, geschwiegen und uns die Hände gehalten, uns einander festgehalten. Dabei bekam Timmchen, deren zarte Finger so oft kalt waren, heiße Hände. Wir hatten uns – für immer – versprochen.

––––––

Mit einem Pappkarton stieg ich zu den anderen „Eingezogenen" in den Zug. Man hatte uns gesagt, wir bräuchten kaum etwas mitzubringen, wir würden militärisch eingekleidet, und „Zivilsachen" brauchten wir vorerst bestimmt nicht. Da sei es praktisch, einen Karton mitzubringen, um die „Zivilsachen" per Post nach Hause zurückschicken zu können.

Vom Bahnhof in Schleswig marschierten wir – von Uniformierten abgeholt, kommandiert und geleitet – zu unserer Kaserne an der Schlei. Das Bild, das wir boten, war mehr zum Lachen als zum Fürchten: In Dreier-Reihen waren wir geordnet, Paket in der rechten Hand, merkwürdig anzusehende Zivilisten – künftige Soldaten … Man tat alles, um aus uns – einem zusammengewürfelten Haufen von älteren und jüngeren Rekruten aus fast allen deutschen Landsmannschaften – Soldaten zu machen: Von der Uniform über den Gehorsam bis zu Liegestützen und Kniebeugen, bis zum Marschieren, Grüßen und Schießen.

Schon nach der Papierform fiel ich auf: Ich war der einzige „Abiturient", so nannten viele die „Studierten" da oben an der Küste. Beim ersten „Antreten" in Uniform musterte unser Unteroffizier jeden von uns, befahl einigen, nochmals in die „Kammer" zu gehen, weil bei dem einen die Uniform nicht sitze, den anderen der Stahlhelm drücke. Jedem einzelnen befahl er „stillgestanden!" Wir gehorchten, so gut das bei „Zivilisten" ging. „Hände an die Hosennaht! Ellenbogen raus, Bauch rein, Kinn in die Binde!" Ich stünde „wie ein Baum", sagte er zu mir. „Sie werden mein Flunki". Das ist, so merkte er an, „hier oben an der Küste so etwas wie ein ‚Bursche' bei den Offizieren an Land".

Ich hatte also die Stube meines direkten Vorgesetzten zu säubern und zu pflegen, sein Schuhwerk zu putzen und sein Koppel blitzblank zu halten, gelegentlich auch für ihn „Essen" zu „fassen". Dafür wurde ich vom „Stubendienst" auf der Stube, die ich mit zehn Kameraden ganz unterschiedlichen Alters und Herkommens teilte, befreit. Wenn „er" nicht da war, durfte ich in seiner Stube lesen und schreiben. Am Ende dieser Rekrutenausbildung galten wir als Soldaten, durften auch „an Land", also ausgehen. Ich wurde zur fliegerischen Ausbildung abkommandiert. Mein Unteroffizier gab mir herzliche Wünsche mit auf den Weg und – welch freudige Überraschung! – er schenkte mir ein Buch (!) mit der Widmung „meinem Flunki". Leider ist es in den Kriegswirren verschollen und der Titel mir entfallen.

Ich wurde zunächst als Pilot ausgebildet, später auch in Navigation und in Funk. Ich erinnere mich an Lehrgänge in Ausbildungseinheiten in Wien, Berlin, Parow, Dievenow, Hörnum, Reichenberg und Stralsund. Unvorhergesehen wurden künftige Flieger, die gut in Navigation waren, zu den Seefliegern abkommandiert. Ich gehörte dazu. Ein deutsches Schlachtschiff war versenkt worden. Mit ihm ertranken viele See-Kadetten. So mußten „Flieger" zur „See" abgestellt werden, weil die Marine keine See-Offiziere und Anwärter mehr zu den Seefliegern als Beobachter und Kommandanten von Flugbooten abordnen konnte. Ich erhielt eine Ausbildung zum Kommandanten. Der sollte möglichst auch können, was die anderen Mitglieder der Besatzung beherrschen mußten, also nicht nur Navigation, sondern auch fliegen, funken, schießen und die Technik an Bord. Die Aufgabe der See-Fernaufklärer formulierten wir so: „Gucken und wiederkommen!"

Zur Vorbereitung auf diese Aufgaben gehörte eine gründliche seemännische Ausbildung: Knoten, Seekarten, Wetter, Segeln usw., später auch astronomische Navigation. Die Schluß-Ausbildung mit Prüfungen fand auf dem Hauptstützpunkt der Seeflieger in Kopenhagen statt.

Wir waren ein besonderes Völkchen, fühlten uns auch so. Soldaten? Flieger! Und: Seeflieger!! Hinzu kam, daß man in Kopenhagen noch vieles, nicht nur Lebensmittel, kaufen konnte, was es zu Hause nicht mehr gab. Es waren unsere letzten Tage vor dem Front-Einsatz.

———

Während dieser noch nicht beendeten Ausbildung kam es zu einem dramatischen Zwischenfall: Ich wurde am 30. März 1943 zu einem Aufklärungsflug eingeteilt, mit zwei erfahrenen Seefliegern, einem Flugzeugführer und einem Bordfunker, als Beobachter mit einer HE 115 weit in die Ostsee, in den Bottnischen Seebusen, hinein. Man gab mir Seekarten mit und das Wetter: Wind aus Nordosten mit ca. 80 km/h.

Einen Luv-Winkel auszurechnen, hatte ich noch nicht gelernt und irgendwelche Instrumente, um Richtung und Stärke des Windes zu messen, gab es nicht. So trieb der stärker werdende Wind uns ab. Wir wurden plötzlich beschossen und drehten ab. Wir hatten schwedisches Gebiet überflogen, also die Neutralität dieses nördlichen Nachbarlandes verletzt!

Als wir landeten, stand da schon der Kommandeur, „faltete uns zusammen": Das Oberkommando in Berlin tobe, Schweden habe völkerrechtlich protestiert, es gebe eine höchst unerwünschte internationale Verwicklung. Daran sei ich schuld. „Morgen feldmarschmäßig zu mir!" befahl der Oberst. So setzte ich tags darauf den Stahlhelm auf, zog Stiefel und Koppel an, meldete mich „feldmarschmäßig" auf der Kommandantur. Die Sache sei schlimm; er wolle es aber einfach machen, fauchte der Oberst mich an: „Vier Wochen verschärften Arrest!"

Ich nahm mir ein Herz, wagte zu widersprechen: „Ich bitte um ein militärgerichtliches Verfahren." Ob ich wahnsinnig sei? brüllte der Oberst erbost zurück. „Nein, Herr

Oberst. Der Auftrag an mich entsprach nicht dem Zustand meiner Ausbildung. Das wird das Gericht, nach Beweisen, einsehen und anerkennen und mich nicht bestrafen." Ich wurde herauskommandiert, wartete auf dem Flur. Die Minuten krochen, als seien es Stunden. Später kam ein Adjutant und befahl mir, wieder in mein Quartier zu gehen.

———

Wenige Wochen später wurde es wirklich ernst: Meine Besatzung – ein Flugzeugführer, ein Bordfunker, ein Bordmechaniker und ein Bordschütze – mit der BV 138, dem Flugboot mit Doppelrumpf und Doppelmotoren, wurde zur Seeflieger-Staffel „Eiserne Faust" (F 131) nach Drontheim in Norwegen zum Einsatz befohlen. Nur eine ganz und gar gut eingeübte, auch kameradschaftlich eingestellte Besatzung galt als „fronttauglich". Das erwies sich als richtig.

Mein Flugzeugführer war der Unteroffizier Klaus Haedke. Er wurde abgeschossen im Nordmeer bei seinem ersten Einsatz nach unserer Trennung. Der Bordmechaniker Witschel, ein fröhlicher Rotschopf, warf sich Zuckerstückchen in den Rotwein, weil der so „besser duhnte". Charly war unser überaus pfiffiger Bordfunker, Johannes unser Bordschütze.

Walter Henkels, damals Kriegsberichterstatter, hat in einem Buch über unsere Seefliegerei geschrieben („Eismeer-Patrouille", Düsseldorf, 1978): „Es ist etwas Seltsames um Männer, die die Meere befliegen. Wenn man ihren Blick sieht, der etwas verhangen scheint ..., meint man, sie suchen die Ferne, in der es so viel Rätselhaftes und Anonymes gibt. Das Auge kann vollkommen ausdruckslos sein, aber es kann merkwürdigerweise auch Emotionen ausdrücken ... Seeflieger sind mit den U-Boot-Männern verwandt, denen ja auch das Meer etwas anerzog, das wir gewohnt sind, den sechsten Sinn zu nennen. Wir müssen von den Gewalten reden, über die uns die Herrschaft nur zu einem winzigen Teil gegeben ist, und zu denen diese Männer in einer schicksalhaften Abhängigkeit stehen: Wolken, Wind, Stürme und Meer, Vereisung, Nebel und Böigkeit." Einer dieser Männer sei der Leutnant Rainer Barzel, Beobachter bei der Staffel F/131, gewesen, die man die „Eiserne Faust" genannt und mit einem Emblem à la Götz von Berlichingen geschmückt habe.

————

Der Hinflug über das Skagerrak galt als besonders gefährlich: Die Briten übten dort die Luftherrschaft aus! Wir landeten unbeschadet bei der Staffel im Fjord von Drontheim. Hauptmann Nagel nahm uns in Empfang. Wir gehörten zum „Ersatz" für fünf Flugboote, die vor kurzem „vom Feindflug nicht zurückgekehrt" waren. Auch für Seeflieger gab und gibt es keine Kreuze …

Die Nerven der Seeflieger, so hieß es, müssen „in Butter gebadet" werden. So ging es uns gut mit der Verpflegung, mit der Fliegerzulage und dem guten Quartier. Wir flogen gen Westen und Norden „Aufklärung", „Wetter" und „enge Sicherung" aus der Luft für deutsche Kriegs- und Transportschiffe. Wir waren gute Kameraden, lachten, tranken, plauschten, spielten Skat, Siebzehn und Vier, Doppelkopf, auch Schach. Einige musizierten. Alle sangen, grölten gelegentlich: „Gott erhalte uns das ‚qbi' (= zum Fliegen untaugliches Wetter) und die Fliegerzulage." Über Politik wurde nicht gesprochen. Begann gleichwohl ein solches Gespräch, so unterbrach ein älterer Kapitänleutnant mit dem – offenbar nicht ganz ernst gemeinten – Satz: „Der Führer hat immer recht." Das hieß: „Achtung! Schnauze halten!" So konnte keiner ausrutschen.

Aus dieser Zeit erinnere ich mich an Walter Lierau, einen Diplomaten, der an der deutschen Botschaft in Paris als Legationssekretär gearbeitet hatte. Auch an Wolfgang Klemusch und Werner Klaus, einen witzigen, hochsensiblen und intelligenten Kameraden denke ich gerne. Er versicherte mir: „Der Führer hat erklärt, das letzte Bataillon auf dem Schlachtfeld wird ein deutsches sein. Verlaß dich drauf: Im Stab dieses Bataillons werde ich sein." Er überlebte. Hauptmann Gustav Nagel, unseren Staffel-Führer, traf ich später bei meiner Wehrübung im Jahre 1958 wieder.

Nach wenigen Monaten in Norwegen wurde unsere Staffel nach Varna ans Schwarze Meer verlegt, um im Kampf um die Krim, um Sewastopol, zu helfen. Dieser Befehl kam vom guten Tisch ferner Stäbe. Als wir das Schwarze Meer erreichten, war Sewastopol nicht mehr zu halten. Denn unsere „Verlegung" dauerte mehr als vier Wochen. Die Flugboote mußten ja immer eine Möglichkeit zum „Not-Wassern" haben. So ging unsere Route über Kopenhagen und Travemünde, auch über Schleswig, nach Bad Zwischenahn, dann zum Rhein und zum Bodensee, an die Donau nach Wien und schließlich nach Varna am Schwarzen Meer in Bulgarien.

Wir nahmen uns Zeit; versuchten, das Beste daraus zu machen. In Travemünde heiratete einer, ein anderer besuchte nach einer Notwasserung wegen „Defektes am Funkgerät" seine Frau, wieder ein anderer seine Braut. Timmchen wußte mich in Schleswig zu treffen. Wir holten uns Lebensmittel- und Rauchermarken doppelt – sowohl mit unserem Flugschein wie mit dem „Marschbefehl". In Meersburg besuchten wir abends eine Operette.

Für das Schwarze Meer hatten wir Tropenuniformen „gefaßt". Aber da in Varna gab es zunächst lausige Kälte! Und Wanzen! Es galt, auch vom rumänischen Constanza aus Aufklärung bis in die Nähe der östlichen Gegenküste zu fliegen, vor allem die deutschen Geleitzüge des Rückzugs von Sewastopol auf der Krim aus der Luft zu sichern.

Bei einem dieser Einsätze über dem Schwarzen Meer sah ich ein U-Boot, das gerade auftauchte. An seinem Turm prangte in knalligem Rot ein sowjetisches Hoheitszeichen. Auf mein Leuchtsignal, das ich nach Vorschrift in die Luft zu schießen hatte – es war geheim und wechselte immer wieder –, kam von dem U-Boot keine Antwort. Nach meinem Einsatz-Befehl hatte ich alle feindlichen Schiffe oder Flugzeuge mit den Bordkanonen und Bomben anzugreifen. Zu diesem Befehl gehörte eine Karte, in welche die Gebiete eingezeichnet waren, in denen ich keinesfalls angreifen durfte. In allen nicht so ausgenommenen Bereichen mußte angegriffen werden. Wir flogen über einen solchen Bereich. Also griffen wir an, trafen aber nicht richtig. Das U-Boot tauchte ab.

Als ich – in trauter, privater Runde dazu aufgefordert – vor einigen Jahren dieses Kriegserlebnis erzählte, fragte mich eine Dame, was ich damals gefühlt hätte, als ich dieses U-Boot angegriffen habe. Ich antwortete spontan: Da sei keine Zeit für Reflexionen des Verstandes oder des Gefühls. Sie befriedigte diese wahre Antwort ebensowenig wie mich. Inzwischen wird mir klar, daß auch das mehr eine eingeübte Reaktion war als eine Aktion. Dazu werden Soldaten erzogen.

Nach der Landung gab es ein Donnerwetter unseres Kommandeurs: Das sei ein getarntes deutsches U-Boot gewesen! Die Marine tobe! Ich konnte auf den schriftlich vorliegenden Befehl verweisen und wurde abkommandiert, am Hafen zu erscheinen, wenn dieses U-Boot in Constanza anlegen werde. Der Kommandant des U-Bootes wußte inzwischen von dem Malheur und bat mich an Bord zu einem Schnaps.

Diese Einsätze wurden zu blutigem Krieg: Kameraden wurden abgeschossen, zerschellten bei Not-Wasserungen; ein russisches U-Boot versenkte einen unserer Truppentransporter. Hunderte ertranken, während wir aus der Luft ohnmächtig zusehen mußten. Diese Bilder leben in mir.

Da Sewastopol nicht zu halten war, erhielten wir Befehl, dort im Hafen zu wassern und auch einige „Zivilisten" herauszuholen. Meine Besatzung wußte von mir, nachdem wir dreimal einen solchen Einsatz mit Erfolg geflogen hatten –

48 Menschen hatten wir so herausgeholt –, daß ich uns in keinerlei zu waghalsiges, lebensmüdes Unternehmen führen werde. Es fand auch nicht statt.

Bald schon waren wir die einzige Besatzung aus unserer Staffel, die noch so zusammen war, wie wir aus Kopenhagen an die Front geflogen waren. Gleichwohl wurden wir – von ganz „oben", dem grünen Tisch – getrennt: Mein Flugzeugführer zu den Großflugbooten, die im hohen Norden und über dem Atlantik eingesetzt waren, der Bordfunker wieder zu einer anderen Staffel und ebenso der Bordmechaniker und der Bordschütze. Es gab einen herzlichen, trinkfreudigen Abschied. Der Bordmechaniker Witschel besuchte mich später im Bundestag. Von den anderen wußte er auch nichts.

Nach dem Desaster von Stalingrad zog die Gewißheit, den Krieg zu verlieren, ein in die Köpfe der Seeflieger, belastete die Gemüter. Als ahne er den Seelenzustand seiner Kameraden, warf ein junger Offizier diesen Satz in die Betrübnis: „Aber der Führer hat bestimmt noch eine Wunderwaffe!" Der Satz verhallte ohne Echo.

––––––

Ich wurde zur Marine-Kriegsschule abkommandiert, die in Flensburg-Mürwik stationiert war. „Lufttaktik-Lehrer" lautete meine Amtsbezeichnung. Man nannte mich aber, den einzigen Fliegeroffizier unter lauter Marine-Leuten, der also schon durch seine andere Uniform auffiel, „Amigo-Luft".

Sooft es ging, marschierten wir zu „Tante Lene", einem nahen Ausflugslokal. Timmchen war nun auch in Berlin ausgebombt. Es gelang, in Flensburg, in meiner Nähe also, eine Dachkammer zu „organisieren". (Dieses wundertätige Wort stand für alles, was – so oder so – möglich wurde.) Wir spürten, daß nun alles sehr ernst wurde und der Krieg zu Ende ging. Uns wurde – nach dem Attentat auf Hitler (20. Juli 1944) – befohlen, fortan den Gruß mit erhobenem Arm und

„Heil Hitler" zu leisten. Timmchen verstärkte ihre kritische Haltung. Irgendwann zuvor wurde ich mit dem Eisernen Kreuz ausgezeichnet und erhielt die Goldene Frontflugspange.

Bleibt nachzutragen und – so unglaublich diese Geschichte ist – festzuhalten: Auf der Marineschule erhielt ich 1945 zu meiner Freude einen unerwarteten Besuch. Mein früherer Staffelkamerad, Oberleutnant Schönherr, wollte bei mir „nur mal hereinsehen, inspizieren, wie es mir ginge". Er war einer der wenigen Offiziere, die vom Feldwebel zum Oberleutnant befördert worden waren. „Aufstieg aus dem Mannschaftsstand" hieß das, wenn ich mich recht erinnere. Er war der älteste von uns allen, hatte auch mit unserer Technik zu tun gehabt. Wir hatten Sympathie füreinander, aber keine besondere Beziehung.

Er freue sich, mich hier wohlauf anzutreffen. Er habe damals „organisiert", daß ich zur Marineschule versetzt worden sei: Man habe so „seine Beziehungen" … Auch zu alten Kameraden in höheren Stellen. Mich habe er genau studiert. Dabei sei er zu der Meinung gekommen: Der wird noch gebraucht! Der dürfte nicht in den letzten Wochen dieses sinnlosen Krieges „draufgehen". So Schönherrs Worte …

Timmchen und ich gingen bald zu „Tante Lene", verlobten uns dort. Knackwurst und Bier gab es für uns. Wenige Kameraden hatten wir dazu gebeten.

Eine Woche vor Kriegsende erhielten wir wieder einen Befehl vom grünen Tisch: Je zehn Fähnriche oder Kadetten von der Marineschule mit einem Offizier wurden zur „militärischen Ausbildung" nach Sylt kommandiert. Wir wurden nochmals wie Rekruten gedrillt, um, so hieß es, Hamburg zu Lande zu „entsetzen"!!!

Auf offenen Güterwagen in Richtung Süden fahrend, griffen uns britische Flugzeuge an. Ich hatte Verwundete in meiner Gruppe! Es war der 5. Mai 1945. Drei Tage später war der Krieg zu Ende. In Flensburg marschierten die Briten ein. Von meiner Familie oder von Freunden wußte ich nichts mehr. Aber Timmchen war in meiner Nähe.

———

Der Krieg aus und vorbei! So jubelte es in mir. Erst jetzt spürte ich fundamentale, emotionale Angst, die ich verdrängt hatte. Sie wurde plötzlich zur Wirklichkeit: Angst vor dem Krieg! Erlebnisse wie die vernichteten Truppentransporte, der Tod so vieler ertrinkender Kameraden – das alles war wund in mir und blieb es.

Wir Älteren sorgten uns um die jungen Fähnriche und Kadetten. Wie würden sie, nun als Kriegsgefangene, durchhalten – auch unter oft hemdsärmeligen „Landsern", den berühmten Obergefreiten? Wir alle wollten die Kriegsgefangenschaft möglichst vermeiden.

Wir veranlaßten eine Druckerei, für uns Armbinden mit der Aufschrift „Military Police" zu drucken, marschierten dann durch die Stadt Neumünster. Die Engländer ließen uns gewähren. Wir trugen ja – von uns aus, wie günstig auch für sie – zu Ruhe und Ordnung bei. Und: Wir hielten die uns Anvertrauten in diesen chaotischen Tagen zusammen. Mit „meinen" verbliebenen Fähnrichen und einem „organisierten" Motorrad zogen wir in die Scheune von Tante Lene, nahmen da Quartier. Bald „verkrümelten" wir uns, einer nach dem anderen suchte sein Glück. Jedoch landeten fast alle im Kriegsgefangenenlager der Briten.

Nun konnten wir offen reden. Schon am Schwarzen Meer hatte meine Zerrissenheit zwischen „Vaterlandsliebe" und Nazi-Krieg sich auch in Briefen an Timmchen in die Frage aufgelöst: auf der falschen Seite? Das wuchs zur Gewißheit heran. Freiheit bewirkte freie Gedanken und freie Haltung. Empört hörten wir von Greueln an der Ostfront, auch von der britischen Bombardierung Dresdens. Wir, die meisten, waren für diesen Krieg mißbraucht, viele verantwortungslos geopfert worden. Wir waren Soldaten, keine Verbrecher.

Wir wählten das Landhaus „Tante Lene" zum Zufluchts-
ort nicht nur aus Anhänglichkeit, sondern auch, weil wir in
unseren nahgelegenen bisherigen Unterkünften in den Kasernen der Marine-Schule nach „unseren Sachen" sehen
wollten, die wir dort hatten zurücklassen müssen, als wir
„feldmarschmäßig" zum Einsatz befohlen worden waren.
Ich hatte, als ich aus unseren Quartieren herauskommandiert wurde, eine festverschlossene Holzkiste zurückge-
lassen – darin ein in Kopenhagen unter Mühen erstandener
Zivilanzug und drei Oberhemden. Als wir nun nachsahen,
war auch diese Kiste verschwunden. In unseren Quartieren
waren inzwischen hohe Stäbe untergebracht, die sich aus
Berlin in die „Reichsfluchtecke" abgesetzt hatten. Admiral
Dönitz hatte als „Staatsoberhaupt" in der Marine-Schule
amtiert. Nun war auch klar, warum wir noch in den ersten
Maitagen 1945 unsanft und plötzlich „ausquartiert" worden
waren! Warum und zu wessen Gunsten ...

————

In Rendsburg gab es, so war zu hören, wegen einer besonderen Beziehung eines höheren britischen Offiziers zu der
Stadt eine Aktion zur „Sonder-Entlassung" von Rendsburger Bürgern. Irgendwie gelang es mir, nach Rendsburg zu
kommen. So suchte ich das Lager und die Kriegsgefangenschaft zu umgehen. Viele Soldaten mußten noch für längere
Zeit auf die britische Insel ins Kriegsgefangenenlager.
Nun war ich in Rendsburg, einer kleinen Stadt im Lan-
desteil Schleswig. Ich irrte in der Stadt umher, mußte jederzeit damit rechnen, aufgegriffen und in die Gefangenschaft
abgeführt zu werden. Ich kannte die Stadt nicht, kannte keinen Rendsburger. Ich suchte und schlenderte herum, hörte
bald hier, bald da: Ja, heute werde es eine Sonderaktion zur
Entlassung von Rendsburgern, die Angehörige der Wehrmacht seien, geben. Warum? Keiner wußte das. Von der
Wohltat eines britischen Offiziers murmelte man, der ir-

gendeinen Grund habe, sich den Rendsburgern dankbar zu erweisen. Es handele sich, so erzählte einer, um einen hohen britischen Fliegeroffizier, der im Krieg von den Deutschen abgeschossen und von Rendsburgern hilfreich behandelt worden sei.

Nirgendwo bildeten sich Schlangen vor angeblichen Entlassungsstellen. Nirgends gab es Gedränge. Die wenigen, die sich da bemühten, wollten offenbar nicht in Gruppen erscheinen. Ich suchte herum – mit allen Sinnen, wollte zum Zwecke der Entlassung von der Wehrmacht mich als „Rendsburger" ausweisen können. Dabei stieß ich auf ein kleines „Café Regina" – unzerstört, sauber, aber keine Ware. Ich trat ein. Eine Frau stand hinter ihrer Theke. Grau war sie, schlank und blaß wirkte sie in ihrer Garderobe, die aussah wie übriggeblieben von besseren Zeiten.

Ich suchte ein Gespräch und bekam ein Glas Wasser, das sie mir reichte. „Ja, sie sei hier die Chefin", antwortete sie auf meine Frage. Ich nahm meine Mütze in beide Hände, drehte sie. „Was wollen Sie denn?" frage sie und hob den Kopf, sah mir in die Augen. „Ich möchte bei Ihnen arbeiten", sagte ich in so bescheidenem Ton, wie wir das in der Soldatenzeit eigentlich schon verlernt hatten. „In der Backstube oder im Café?" wollte sie wissen, nachdem sie mich genau betrachtet hatte. Meine Uniformreste verbargen den ehemaligen Fliegeroffizier nicht. „Ich denke als Kellner, so lange es geht." Sie sah mich prüfend an. „In Ordnung", flüsterte sie, lächelte dann: „Mein Oberkellner." Das schrieb sie auf einen Briefbogen und unterschrieb das Dokument für das Café Regina. Sie spürte ja, was das sei und solle. Mit diesem Papier in der Hand ging ich zum Wohnungsamt. Der Beamte fragte nicht, stempelte, murmelte zu mir: „Da können Sie ja auch wohnen."

Dann ging ich zu den Briten – in eine Schule, wenn ich mich recht erinnere. Dort drängelte man sich. Erwartungsvoll sah ich einen Schreibtisch voller Formulare und Stempel, dahinter einen jungen britischen Offizier, und an der

Seite, hinter ihm, einen großen geflochtenen Weidenkorb, darin lagen schon viele Papiere, auch Wehrpässe, wie ich erkennen konnte. Weggeworfen! Ich stellte mich an. Der Offizier nahm bald meinen Wehrpaß und die Bescheinigung des Café Regina, überschlug die Daten. „Oberkellner?" fragte er, und ich sah ihm an, wie er da so fragte, daß er gerechnet hatte: 21 Jahre alt ... Mit einer lässigen Bewegung warf er den Wehrpaß in den Wäschekorb. Er warf ihn in weitem Bogen zielgerecht, zu den anderen. Dafür reichte er mir ein neues Dokument, ein einfaches Papier ohne Schnörkel – meinen Entlassungsschein! Nun hatte ich es schriftlich! Von der britischen Besatzungsmacht! Ich war frei! Der Krieg aus!

Mir gelang es irgendwie, nach Flensburg zu kommen und dort Timmchen wieder zu treffen. Wir packten unsere wenigen Sachen zusammen und gingen zum Bahnhof. Ein Zug nach Hamburg nahm uns mit. Bestürzt und erschreckt sahen wir vom Zuge aus die Trümmer der Stadt. Wir erkundigten uns nach Zügen „in den Westen" und bekamen Stehplätze in einem Zug nach Hamm in Westfalen. In meiner abmontierten Uniform sah ich aus wie die meisten. Anders war es mit Timmchen: Sie war gut gekleidet, fiel als nahezu elegant auf.

In Hamm versuchten wir in der Bahnhof-Unterführung etwas zu schlafen – nacheinander, weil einer immer auf unser Gepäck achten mußte. Natürlich gab es nirgends etwas zu essen oder zu trinken. Aber: Da stand ein Zug mit offenem Kohle-Wagen, der, wie ich hörte, nach Köln fahren solle. Kurzentschlossen kletterten wir auf die Kohlen und fuhren noch nachts und bei Niesel-Wetter auf dem offenen Kohlenwagen gen Westen. Unsere Stimmung war voller Hoffnung, so – selbst auf diese Weise – auf jeden Fall nach Köln, zu Timmchen nach Hause, zu kommen.

Da wir des Nachts fuhren und es regnete, sahen wir wenig von den Trümmern deutscher Städte, durch die unsere Reise ging. Im dämmrigen Licht weniger Notlaternen nahmen wir zerbombte Bahnhöfe wahr. Diese ließen ahnen, wie die

Wohnviertel aussahen. Wir spürten, daß wohl nichts mehr so war, wie wir es gekannt hatten und auch nicht mehr so werden würde. War dieser feuchte Nebel das Symbol der uns neuen, unbekannten Welt? Wohin holperten wir im Dunkeln? Sorge vor Ungewißheit stieg in uns auf. Wie würde es sein, wie werden im zerbombten Köln? Wie mit uns beiden im Alltag? Wie mit den Schwiegereltern, dem Bruder und Timmchens Neffen? Gewiß war nur: Der Krieg ist aus! Wir haben uns! Wir drückten uns fest aneinander – nicht nur wegen des rüttelnden Zuges. Wir suchten die körperliche Gegenwart zu spüren. Nicht allein zu sein – das gab Kraft. Die Zugluft und das Gerattere ließen es nicht zu, daß wir miteinander sprachen. Wo meine Eltern, wo meine Geschwister waren, wußte ich nicht. Ich vermutete, im zerstörten Berlin. Aber: Wie mochte es ihnen dort gehen?

Auch Wut kam auf, während unser Zug mit uns auf den Kohlen durch Nacht und Nebel ratterte. Jahre unserer Jugend waren uns gestohlen, beschädigt, unsere Seelen verletzt. Wir fühlten uns mißbraucht, auf der falschen Seite eingesetzt. Nun Besatzungsmächte, Demokratie? Was ist das? Wie geht das? Wovon leben und wofür? Was arbeiten und wie? Meine Lebenserfahrung beschränkte sich aufs Elternhaus, auf Schule und Krieg, bot also wenig für die neue, ungewisse Zukunft. Nun auf eigenen Füßen? Und wie? Wo war ich zu Hause? Fragezeichen und Fragen, Fragen und Fragezeichen …

Daß wir einmal fröhlich und verliebt zur Tanzstunde gingen, mit unserer Clique in Berlin gealbert und alles Mögliche angestellt hatten – war das wahr? War es ein Traum? Wo geblieben? Mit diesen quälenden Fragen schüttelte uns der Kohlenzug durch die kalte, feuchte Nacht.

Verdreckt, übernächtigt, hungrig, fröstelnd thronten wir auf den Kohlen, fuhren so in den Bahnhof Köln-Deutz bei Tage ein. Um uns Trümmer und Elend, wenige Menschen, zwei Bahnbeamte. Sie alle wirkten verhärmt, sahen ausgemergelt aus, zerschlissene Kleider hingen an ihren Körpern. „Aber der Dom steht", sagte Timmchen voll Zuversicht.

Ein gütiges Geschick hat dafür gesorgt, daß ich trotz aller Wirren und Umzüge fast den gesamten Briefwechsel mit Timmchen zur Hand habe. Wir gaben einander immer wieder, fast täglich, durch Briefe Kraft. Das sind nicht nur Liebesbriefe, die keinen Dritten etwas angehen, sondern Dokumente der Zeit. Namen toter Freunde und Kameraden werden wieder lebendig wie die Faszination des Meeres („stundenlange Einsamkeit mit dem Meer, das bald tobt, als werde es gepeitscht, und bald schweigt wie ein unendliches Grab", 3. April 1944).

Auch Timmchens Familie wurde wieder ausgebombt. Das schrieb sie mir ans Schwarze Meer in Varna. Aus meinem Antwortbrief: „Als ich in Berlin alles verlor, wußte ich immer noch einen Ort, zu dem ich jederzeit hingehen konnte mit dem Bewußtsein, wie ein Sohn aufgenommen zu werden." (3. April 1944)

Meine Mutter schrieb an Timmchen: „Bei uns ist jederzeit eine Bleibe für Sie. Ohne anzufragen, sind Sie uns jederzeit willkommen." (8. Oktober 1944) Ich schrieb auch: „Die namenlose Grausamkeit dieses Krieges, die mich bald anekelt … Wenn man das alles hier sieht, läuft es einem eiskalt den Rücken hinunter und man möchte fort … Ich werde einmal viel erzählen können, wenn ich nach Hause komme." (27. April 1944) „Hier draußen sieht man nur zu gut, was alles Fassade ist." (11. Mai 1944) „Ich bin in letzter Zeit so unendlich froh, zu leben und zu lieben und geliebt zu werden. Hoffentlich bleibt auch Dir immer diese Freude! Gebe Gott, daß es für Dich nie Trauer und Erinnerung werde." (23. April 1944)

In meinem Buch aus dem Jahre 1950 „Souveränität und Freiheit" habe ich als persönliches Bekenntnis auf Seite 1 festgehalten: „Der Verfasser gehört zu jener Generation der Völker Europas, die über dem Töten anderer junger Europäer zu selbständigem Denken erwacht ist, zu einer Generation, die im Kriege in Deutschland unter der Diskrepanz des ‚Nationalen' und des Wahren innerlich zerrieben wurde und es sich als Fehler anrechnet, nicht mit genügender Stärke der Stimme der Wahrheit gefolgt zu sein."

Student

In Köln-Deutz hungrig, durstend und verschmutzt ausgestiegen, ragte der von Bomben angeschlagene Dom aus den Trümmern wie aus dem Rhein die sichtbaren Reste der zerbombten Brücken. Das also, dieses Elend, diese Trümmer, diese Not war – wie unsere Lage – das greifbare Ergebnis des Krieges. Furchtbar, das anzusehen! Nicht zu übersehen! Greifbar zum Anfassen!

Diese Trümmer hatten britische Flieger im Angriff auf Köln geschaffen, nachdem meine Fliegerkameraden mit ihren Bomben Tod und Trümmer nach London gebracht hatten. Welch Wahnsinn!!! Auch: Welche Verantwortung, politische Verantwortung! Und am Anfang hatte „nur" das verführerische Wort gestanden … Aus Volksverhetzung war Diktatur und aus dieser Krieg und aus beidem Tod und Trümmer, ein verwüstetes Vaterland geworden. Kaum Straßen, kein Telefon, keine Post, keine Verkehrsmittel, kein Strom und kein Licht. Wer kann sich das heute noch vorstellen? Und hierher wollten wir umziehen! In meinem Fall: einwandern …

Irgendwie, ich weiß nicht mehr wie, gelang es uns, mit dem Gepäck einen Weg vom rechtsrheinischen Deutz über den Rhein ins linksrheinische Mauenheim zu finden und zu bewältigen. Nur wenige waren da unterwegs. Köln war leer, wirkte entvölkert und reich nur an Trümmern. Offenbar überwand unser Drang, nach Hause, zu Timmchens Eltern zu kommen, alle Beschwernisse. Das erwies sich als bestimmende Kraft. Schließlich war Timmchen aus Köln über Berlin zu mir nach Flensburg geflohen. Wir hatten uns verlobt – ohne ihre und meine Eltern zu fragen. Das ging ja auch gar nicht. Ich wollte sie, nachdem der Krieg zu Ende war, heimbringen – unverletzt, unbeschädigt zu sich nach Hause. Wir waren in all dem spürbaren Elend voller Hoffnung und Zuversicht, weil wir zusammen waren, den Krieg durchgestanden, überlebt hatten und miteinander ein neues Leben wagen wollten.

Wer von den Heutigen begreift und fühlt, welche Kräfte so ein Schicksal, zumal ein schließlich glückliches persönliches Schicksal, freilegt? Für uns. Wie für unser ganzes Volk! Da liegt der Grund für den Erfolg des Wiederaufbaus und Wiederaufstiegs Deutschlands: Der Krieg ist aus! Wir wollen nach Hause, neu anfangen, selbst wagen, nun auch für uns! Dürfen selbst entscheiden – auch in widrigen Umständen. Unsere Hoffnung war stärker, als uns das Wagnis erschien. Stets folgt der Sieg der Hoffnung und diese dem Glauben. „Kriegsgeneration" sein – das schließt nicht nur die schlechten Erfahrungen mit dem Krieg ein, sondern auch diese Momente der Hoffnung, des neuen Anfangs, des Vertrauens in die eigene Kraft.

––––––

Im linksrheinischen Mauenheim, nördlich noch hinter Nippes gelegen, war nach dem Ersten Weltkrieg eine Siedlung mit neuen Einfamilienhäusern entstanden, vom Rhein her gesehen diesseits der Eisenbahn. Solide Bürger lebten da, oft zu Unrecht „klein-bürgerlich" gescholten. Dort hatte Timmchens Elternhaus gestanden. Nun war es zerstört. Timmchen war in diesem Haus herangewachsen, den großen Nibelungen-Platz vor der Türe und die Freundin, Tochter des nachbarlichen Friseurs, zur Seite. Friedel Schmidt hieß sie – ein strahlend schönes Mädchen mit pechschwarzen Haaren und unergründlichen Augen. Sie starb am 3. Mai 1964 an einem Krebs, der sie um den Hals erwürgte. Wir litten mit ihr und ihrer Familie.

Vater Schumacher (1893 geboren) hatte dort am Mauenheimer Nibelungen-Platz mit seiner Frau Eva (1899 geboren) seine Existenz, eine aufblühende Drogerie, aufgebaut und im selben Haus die Wohnung für seine Familie geschaffen. Hierher kam Timmchen nach ihrer Geburt im Severins-

Krankenhaus am 12. Oktober 1924. Es müssen glückliche Jahre gewesen sein – das hörte ich, das spürte und erfuhr ich, als ich in die Familie aufgenommen wurde.

Vater Wilhelm Schumacher war herangewachsen als Waisenkind in Köln, hatte eine Lehre als Drogist mit Erfolg bestanden. Sein älterer Bruder Joseph begann bei der Reichsbahn in Leutesdorf am Rhein als „Super-Numerar" und kehrte nach dem Kriege als stellvertretender Chef der Deutschen Reichsbahn, von den Briten aus dem Gebiet der Kommunisten in Berlin mit List und Tücke herausgeholt, nach Köln zurück. Die ältere Schwester, Katharina Josephine, wurde Nonne bei den Augustinerinnen und hieß fortan Britta. Die jüngere Schwester, Tante Gretchen für uns, hatte bald den Kölner Stadt-Beamten Philip Spellerberg geheiratet und vier Söhne geboren, Timmchens stattliche Neffen. Onkel Philip blieb nach einem Bombenangriff unter den Trümmern seiner Wohnung bei St. Pentaleon begraben. Vorher war sein Sohn Hubert gefallen. Die vier verwaisten Geschwister hatten zusammengehalten wie Pech und Schwefel. Das erzählte man mir, dem „Neuen", den Timmchen in die Familie mitgebracht hatte. Man erzählte es lange und immer wieder.

Auf Timmchens Bitten hatte ich noch als Soldat im Januar 1943 mit einem „organisierten" Marschbefehl in Mauenheim bei ihren Eltern Besuch gemacht. Vor der Abreise aus Berlin nach Köln nahm mich mein Vater beiseite: „Du wirst dich doch nicht verloben mit Kriemhild?" Er fragte rein bürgerlich so, obwohl er mit ihr ganz einverstanden war. Nach den Fotos von diesem Besuch war ich damals schon zum Fähnrich der Luftwaffe avanciert. Auf den Bildern ist auch Heinz-Günter, der viel jüngere Bruder von Timmchen, zu bewundern. Uns schien, da er uns nicht von der Seite wich, er sei uns als „Anstands-Wauwau" zugeteilt. Timmchens Eltern hatten sich also ein Bild von mir machen können, bevor wir da 1945 in den Trümmern Kölns zu ihnen stießen. Wichtig – besser: am wichtigsten! – war, daß ich bei diesem ersten Besuch auch Tante Britta, nun Oberin in Düsseldorf, besucht und ihren Segen erhalten hatte.

————

Als heimgekehrte Kinder wurden wir freudig empfangen. Meine Schwiegereltern waren dabei, auf der anderen Seite des Nibelungen-Platzes in einem weniger beschädigten Haus ein neues Geschäft aufzubauen und um die Ecke in der Guntherstraße 124 ein stark beschädigtes Haus als Wohnung herzurichten. Uns blieb wenig Zeit zum Ausruhen. Zahlreiche Probleme mußten schnell gelöst werden, scheinbar alltägliche Probleme. Aber damals galten und waren sie für uns existentiell: Dach über dem Kopf schaffen, zwei Esser mehr, Papiere, Bezugsscheine ... Kein Geld mehr für mich. Was Timmchen und ich gehabt hatten, war verbraucht, meine Familie zerstreut und ausgebombt.

Meine Schwiegereltern, Vater Willi und Mutter Eva, faßten sich ein Herz: Sie boten mir an, in ihr Haus einzuziehen, wo ja auch Timmchen wohnte: Guntherstraße 124. Da sei ein Zimmerchen unter dem Dach, freilich regne es da herein. Nach damaligem Verständnis und Strafrecht war das so unerhört wie unzulässig. Man hätte es – auch durch böse Nachbarn – als „Kuppelei" denunzieren können! „Kuppelei" – das war damals definiert als „Begünstigung der Unzucht durch Verschaffung von Gelegenheit". Und das war strafbar.

Die Nachbarn unterließen böse Blicke wie üble Nachrede. Die stillschweigende Solidarität dieser Siedler hatte zuvor meinem von ihnen hochgeachteten Schwiegervater geholfen, als er – ein Nicht-Parteigenosse – auch während des Krieges den Aufsichtsrat der Egedro (Einkaufsgenossenschaft Deutscher Drogisten) weiterführte. Diese braven Leute in Mauenheim hatten gelernt, auf sich selbst zu achten, ihr Schicksal in die eigenen Hände zu nehmen und zusammenzuhalten, was auch immer sonst sie trennte. Einer von ihnen war Timmchens Nachbar und Schulkamerad Hubert Luthe. Er ist heute Bischof von Essen.

Als ersten Dienst an und für unsere (nun auch meine) Familie bot ich an, die lästigen und beschwerlichen Gänge zu den Behörden zu übernehmen. Man brauchte überall und immer wieder Bescheinigungen, Bezugsscheine, Genehmigungen. Ohne Formulare kein Leben! Schließlich wurde das Kriegsrecht für uns alle nur Schritt für Schritt außer Kraft gesetzt. Die große Mehrheit der Kölner war „evakuiert". Ich war ein „Imi", ein imitierter Kölner also, einer, der als Nicht-Kölner (warum wohl?) in Köln leben durfte, ohne Kölner zu sein. Die „richtigen" Kölner lebten überwiegend noch außerhalb, fern der heimischen Domtürme. Wie sie empfanden: In der Fremde. Mußten dort leben. In Köln war noch kein Platz für sie. Ich war einfach „hinzugekommen" – „aus familiären Gründen". „Ich möcht' zu Fuß nach Kölle gonn" – dieses Lied von Willy Ostermann war das Heimatlied der Kölner. (Unsere Tante Gretchen hatte das wörtlich genommen und ist von Leutesdorf am Rhein „zo Foss nach Kölle jejange"!)

Mein Problem: Ich konnte kein „Kölsch", war so jedermann und jederzeit als (bevorzugter? benachteiliger?) „Imi" erkennbar. Also mühte ich mich, Kölsch zu lernen, für mich eine eigene Sprache. Sooft ich nur konnte, setzte ich mich in die vom Braunkohle-Herd geheizte Küche zu meiner Schwiegermutter, um von ihr „Kölsch" zu lernen. Wir machten Fortschritte.

Zugleich nahm ich mich meines offenen Daches an. In den umliegenden Trümmerhäusern gab es genug Holz, Pappe und rostige Nägel. Timmchen half, das zu sammeln. Ich zimmerte mir ein Not-Dach, das bald gegen das Gröbste schützte. Bei dieser Arbeit wurde mir klar: Zum Handwerker bist du nicht begabt. Der Hammer traf zu oft den Daumen. Gleichwohl ging die Arbeit mit Hammer, Holz und Nagel weiter: Timmchen und ich schufen am Keller-Eingang des Gartens einen Hühnerstall und genossen bald die ersten eigenen Eier. Ein Nachbar hatte uns drei Küken geschenkt.

Wir waren nun vier Esser in einem Haushalt. Von den bäuerlichen Verwandten in Widdersdorf war keine Hilfe für unsere Ernährung zu erwarten. Die von Timmchen und mir eingebrachte „Marschverpflegung" half nur für wenige Tage. Dann brauchten wir Behörden, Marken, Bezugsscheine und – Geschäfte, die Ware hatten und abgaben. Mit meinen wenigen Brocken Kölsch gelang es bald besser, das Nötigste zu besorgen. Es glückte auch, das Haus in der Guntherstraße 124 für meinen Schwiegervater zu erwerben. „Organisieren" – das war ja nun vorbei.

Später, noch im Sommer des Jahres 1945, kam Heinz Günter, Timmchens sehr viel jüngerer Bruder, zurück zur Familie. Die Eltern hatten ihn zum Kriegsende zu Verwandten der Mutter nach Holzweiler an der Ahr geschickt. Ein Mordsbursche!

Was nun? Das wurde mehr und mehr zur Frage aller Fragen. Vater Willi wollte sein Geschäft wieder aufbauen. Das ließ sich auch gut an. Ich versuchte zu helfen. Mutter Eva kränkelte, tröstete uns aber: „Eine Karre, die kracht, hält lange!" Sie sagte mir das auf gut Kölsch. So verzichtete Timmchen darauf, ihr begonnenes Chemie-Studium wieder aufzunehmen. Sie führte praktisch den Haushalt. Mein Schwiegervater lehnte mein bohrendes Angebot, in seinem Geschäft mitzuarbeiten, immer wieder strikt, ja robust, ab. Ich müsse studieren! Jura!

Wir wollten heiraten. Aber daran war noch nicht zu denken. Wie sollten wir eine Familie unterhalten? Nicht zu vergessen und zu übersehen: In Mauenheim wirkte in der Pfarrkirche Sankt Quirinus Pastor Schreiber. Er rümpfte nicht die Nase über die „Kuppelei" bei den Schumachers in der Guntherstraße. Er lehrte die „Pfarrkinder", sonntags den Herrn mit lateinischen Gesängen zu preisen.

Der Kampf ums Überleben und Leben blieb für lange Zeit

für uns wie für alle in Köln der erste Punkt unserer Tagesordnung. Wir stahlen Briketts von den Kohlezügen auf den nahen Geleisen der Eisenbahn. Warum hielten diese Züge, zum Zugreifen offen, nur immer hier? Kardinal Frings, der fröhliche Erzbischof von Köln mit dem Wappenspruch „pro hominibus constitutus" („Für die Menschen bestellt"), urteilte überaus verständnisvoll und milde über den „Kohleklau" von Köln. Er begriff nur zu gut diesen Kampf um Wärme zu Hause und Hitze aus dem eigenen Herd. Das „militärische" Wort „organisieren" verschwand langsam – zugunsten des neuen Begriffs: „fringsen". Wer – Priester, Literat oder Politiker – kann sich schon solch erfolgreicher Wortschöpfung rühmen?

Auf unserem mithin voll einsatzfähigen Herd brieten wir nun, auch in Rizinusöl, das zu beschaffen dem Drogisten möglich war, Kartoffeln, oft nur Kartoffelschalen. Es stank fürchterlich. Das drang bis in die Nasen der Nachbarn. Sie murrten nicht. Damals suchte jeder mit seinen Möglichkeiten durchzukommen. Toleranz und Nachbarlichkeit – das waren keine modischen Vokabeln für Sonntagsreden.

Köln ließ sich nicht unterkriegen: Die Karnevalslieder beschworen den Refrain „dat Kölle nicht untergeht". Sie fanden wieder ihren Witz: „O yes Marie, ganz Germany hätt ordentlich Schless (Hunger)"; „Weißt du, was verschwunden ist? Das Büchelche von dir und das Büchelche vom Michelche". „Wir sind die Eingeborenen von Trizonesien" ... So sang man in Köln schon bald nach dem Krieg, nahm sich selbst und die Lage „auf den Arm". Und im Theater wurde wieder gespielt: der „Seidene Schuh" von Paul Claudel und von Thornton Wilder „Wir sind noch einmal davongekommen". In der Aula der Universität sprach Konrad Adenauer, der frühere Oberbürgermeister. Er sei gealtert, meinten die, die ihn von früher kannten, brachte seine Sprechzettel durcheinander, aber er zauberte Zuversicht hervor und gab Richtung.

Der familiäre Alltag führte Timmchen und mich über die

Verliebtheit hinaus. Ich schrieb keine Liebesgedichte mehr. Die Wirklichkeit bestimmte. Wir lebten unsere Liebe. Mein Schwiegervater und ich saßen oft des Abends zusammen. Ich konnte so viel von ihm lernen! Was wußte ich denn vom zivilen Leben, von Geschäften, Aufsichtsräten, Steuern, von Politik? Der Knoten war geplatzt, als aus dem Radio Kirchenlieder zu uns drangen. Ich war verblüfft und überrascht: Kirchenlieder aus dem Rundfunk? Ja, meinte Vater Willi, so sei es vor den Nazis auch gewesen. Er duldete kein Ausweichen: Du mußt studieren! Jura! Er werde finanziell helfen. Er tat das auch und schenkte mir später zur Hochzeit meine Quittungen – unmerkbar für jeden anderen.

Eines Tages im Spätsommer 1945 ging ich zur Universität, um mich für die Juristerei immatrikulieren zu lassen. In der „Quästur" traf ich einen, der gleichfalls einen zerschlissenen Offiziersmantel trug und dasselbe wollte: Erich Mende, später Vorsitzender der FDP, Vizekanzler unter Ludwig Erhard und mein Nachfolger als Bundesminister. Das war nun so ganz anders als früher bei den militärischen Ausbildungseinheiten: Keine Order, was und wie und wo und wie lange zu lernen sei! Und bei wem! Freiheit der Wissenschaft! Ein neues, anderes Leben ohne Bevormundung?! Ich atmete auf!

In Köln gab es, wie sich herausstellte, eine Niederlassung der Jesuiten. In der Gabelsbergerstraße 19. Dort klopfte ich an und wurde herzlich wie ein guter Bekannter empfangen. Man wußte von meinem Bruder Werner wie von meiner Zeit im Gymnasium am Lietzensee. Pater Thielen wurde zum pastoralen Freund. Er war voller Einsicht, Güte und Konsequenz. Ein Priester. 1948 hat er uns getraut.

Pater Jansen-Cron war ein gebildeter, witziger Schriftsteller, kam aus wohlhabendem Hause in Aachen. Rundlich und klein stolzierte er, blickte listig über die Brille, die ihm auf der Nase hing. Das Haar war schon schütter. Wenige Strähnchen versuchten vergeblich die Kahlköpfigkeit zu verbergen. Bei ihm verkehrten Intellektuelle, Künstler und solche, die sich für beides hielten. Er gab die Zeitschrift „Der Leuchtturm" heraus, und seine knappen Predigten waren als Buch erschienen. Von beiden habe ich viel gelernt.

Pater Jansen-Cron führte auf seinem Briefkopf den Titel „Apostolus literarum". Die Gabelsbergerstraße 19 wurde für mich zum Sprungbrett für die Zukunft. Dort traf ich August Mennen und Hans Katzer, auch Karl Holzamer, der später erster Intendant des ZDF wurde, um nur diese zu nennen. Ein Freundeskreis bildete sich, viele kamen aus dem „ND". Wir begannen mit musischen und literarischen Abenden, waren aber bald – nach unserem Erleben und unter diesen Trümmern! – bei der Politik.

Wir verteilten Referate. Wir hatten ja so viel nachzulernen. Keiner konnte das alles allein schaffen. Da die Freunde wußten, daß ich mich anstrengte, für mich Bildungslücken zu schließen, um zu erfahren, was das „Tausendjährige Reich" uns vorenthalten hatte – gerade hinsichtlich Geschichte und Philosophie, auch im Blick auf die West-Mächte –, fiel es mir zu, über die „Geistigen Grundlagen der politischen Parteien" zu referieren. Pater Jansen-Cron gefiel das. Er bat um meine Notizen zum Thema, schickte sie, ohne mich zu fragen, an einen Verlag. Daraus wurde mein erstes Buch, erschienen 1947 bei Götz Schwippert in Bonn.

Es gab ganz ordentliche Besprechungen. Der stud. jur. als Buchautor! Das sprach sich herum. Ich gewann Spaß am Schreiben – mit Füllfederhalter auf möglichst gutem Papier – und erkannte meine Möglichkeit, so mitzuwirken. Ich war entschlossen, meinen Beitrag zur demokratischen Erneuerung Deutschlands zu leisten. Mit diesem Vorsatz war ich aus dem Krieg gekommen.

Wir an der Universität waren alle, so mein Eindruck, froh, so bald nach dem Kriege studieren zu dürfen. Nur wenige waren zum Studium zugelassen! 1500 nach meiner Erinnerung. Die äußeren Umstände waren zeitgemäß-unangenehm: Keine Heizung, auch zerborstene Fensterscheiben, Handschuhe im Hörsaal, kaum Bücher und Papier; schwierige An- und Abfahrt. Die früheren Soldaten unter den Studenten freilich hatten Schlimmeres in Erinnerung. August Mennen wurde mir zum engen Freund – wie auch Günter Erckens und Hans Heil. Wir setzten uns immer wieder in der Studentenbude von August in der Lütticher Straße zusammen, um juristische Fälle durchzuarbeiten. August hat zu diesen Treffen meist auch durch eine Suppe oder ein Butterbrot – „Gruß von meiner Mutter!" – nahrhaft beigetragen. Dem gesunden Inhalt dieser Einmach-Gläser sei Dank!

August erinnert sich so: „Zu meiner Bude gingen wir beide, wenn am Nachmittag die Vorlesungen weitergingen oder Seminare waren, in der Mittagspause. Du brachtest einen Kimmel mit, gefüllt mit Essen von deiner Schwiegermutter, und ich hatte auf der Bude Einmachgläser von meiner Mutter mit Essen. Auf meinem mit Brikett geheizten Ofen – ich hatte die Kohle von Rheydt mitgebracht – machten wir unser Essen warm."

Studentische Gruppen durften sich erst langsam wieder bilden wie die alten Verbindungen. Uns genügten gelegentliche Treffen mit den alten „NDern". Auch zog es August und Günter, bis sie ihre Studentenbuden gefunden hatten, des Abends nach Rheydt und Hans nach Düsseldorf, mich nach Mauenheim.

Im Winter 1945/46 machte diese Geschichte aus der theologischen Fakultät die Runde: Einem der Professoren sei es gelungen, für seine fünf Studenten, mit denen er im Seminar die Bibel auf griechisch gelesen habe, fünf Bibeln aufzutreiben – in griechisch! (Wir studierten Jura, zunächst weitgehend ohne Gesetzestexte.) Er habe diese Kostbarkeiten seinen Schülern, jedem eines, zu Weihnachten 1945 geschenkt. Dazu habe er bemerkt: „Ich rate, auch sonntags währen der Predigt in diesem Text zu lesen. Dann bleiben Sie erstens auch am Sonntag der griechischen Sprache nahe und sind zweitens dem Worte Gottes näher, als wenn Sie der Predigt lauschen ..."

Schon bald gab es ein Problem an der Universität: Der britische Universitäts-Offizier, Dr. Beckhoff, wollte frühere Offiziere der Wehrmacht, also auch mich, vom Studium ausschließen. Wir protestierten und fanden Unterstützung in der Bevölkerung. Zu unserer großen Erleichterung drang Beckhoff nicht durch. Das war ja nun anders als zuvor in den Kasernen: Argumente und öffentliche Meinung wirkten! Diese Lehre wog!

Als wir die erste demokratische Vertretung der Studentenschaft wählen sollten (27. Februar 1947), gab es einen Eklat, der bis zum „Tagesspiegel" in Berlin Wellen schlug. Im Zusammenhang mit den ersten Wahlen zum Allgemeinen Studentenausschuß in der juristischen Fakultät war es hoch hergegangen: Fristgerecht nach der Wahlordnung war nur ein Wahlvorschlag mit den drei Namen Barzel, Mennen, Spitz eingegangen. Der Fakultät sowie den Kommilitonen war das ganz recht. Der Universitäts-Offizier Beckhoff sah das anders: Er verlängerte – mitten im laufenden Verfahren! – eigenmächtig Fristen, Formalien und Wahlordnung und verlangte kategorisch einen zweiten, anderen Wahlvorschlag. Wir erregten uns – besonders nachdem der Rektor der Universität erklärte, er sehe sich außerstande, den Termin für die Einreichung der Wahlvorschläge zu verschieben. Zwar habe er Macht gehabt, den Termin festzusetzen, doch habe er keine Macht, durch Verschiebung des Termins in den Wahlvorgang einzugreifen. Vor der versammelten Fakultät zogen wir wegen Rechtsbruchs unsere Kandidatur zurück, sagten das unmißverständlich und ließen uns nicht umstimmen. „Quod dixi, dixi!" betonte ich.

———

In jener Zeit wuchs meine Freundschaft zu Hans Katzer, der auch „NDer" war. Wir hatten weitgehend gleichgerichtete Meinungen und Interessen, waren bereit, dem verbreiteten politischen „Ohne mich!" so vieler aus der Kriegsgeneration, also der Verweigerung, unser „Nie wieder!", also das Engagement für unsere Demokratie, entgegenzusetzen. Wir waren wenige, die so handelten.

Katzers spätere Frau Elisabeth, die Tochter des christlichen Arbeiterführers Jakob Kaiser, hatte im KZ Buchenwald wegen der Beteiligung des Vaters an dem Putschversuch des 20. Juli eingesessen. Sippenhaft! Sie sprach nicht darüber. Jakob Kaiser war von den Sowjets als Vorsitzender der CDU in der sowjetisch besetzten Zone abgesetzt worden. Aber dieser Satz von ihm prägte: „Auf den liberalen Rechtsstaat des 19. Jahrhunderts muß der soziale Rechtsstaat des 20. Jahrhunderts folgen." Bald trafen wir Jakob Kaiser und auch Karl Arnold. Soziale Gerechtigkeit, Europa und die deutsche Einheit lagen uns besonders am Herzen. Konrad Adenauer fiel uns auf.

Im Kölner Haus der CDU begrüßte ein Plakat die Eintretenden. Da war sehr sichtbar und fordernd der Gründungsaufruf der CDU abgedruckt: „Deutschland muß wieder lernen, daß nicht Macht, sondern Geist die Ehre Deutschlands ausmacht." Das nahmen wir auf, arbeiteten daran und engagierten uns. Mein politisches Lebensbild gewann Kontur.

In der juristischen Fakultät traf ich einen Kameraden aus den ersten Monaten meiner Zeit bei den Seefliegern wieder, der auch überlebt hatte: Hermann Sehrbrock. Wir erneuerten unsere Freundschaft. Später arbeitete er als Ministerialdirektor im Präsidialamt für den Bundespräsidenten Heinrich Lübke. Erkundigungen nach Klassenkameraden blieben erfolglos …

———

Eines Tages im Jahre 1946 wurden die Mauenheimer von der CDU zu einer politischen Versammlung eingeladen. Sie sollte in dem unzerstörten Kinosaal stattfinden. Herr Schaeven werde sprechen. Das interessierte mich. Ich ging hin, an meiner Kleidung als früherer Soldat erkennbar. Herr Schaeven, so erfuhr ich, sei früher ein wichtiger Zentrumsmann in der Kölner Politik gewesen. Er war ein guter Redner, fand aber hier nicht zu den Herzen. Eine Diskussion wurde angeboten. Ich meldete mich: Woher der Redner den Mut nähme zu sprechen und so zu sprechen, wo doch er und seine Generation die Republik von Weimar zugrunde gerichtet und so Hitler und Krieg bewirkt hätten?! Das wollte ich wissen. Kein Wort hätte er dazu gesagt, keine Erklärung abgegeben, keine Entschuldigung versucht! Wegen dieses Versagens sei mein Zuhause zerstört, und aus dem gleichen Grunde stünde ich in diesem Aufzug vor ihm und der ganzen Versammlung! Wider Erwarten löste das keinen Tumult aus, sondern betroffene, nachdenkliche Reaktionen, aber keine Antworten.

Das Thema meiner kritischen Anfrage blieb uns lange treu. Aber man stritt in der Politik über Klassenkampf, Marxismus, Zwangswirtschaft, Marktwirtschaft, Konfessionsschule, Abtreibung usw. – weniger über die Ursachen der Hitler-Diktatur und des Krieges. Verschleierung eigener Vergangenheiten und Selbstgerechtigkeit klammerten das Bemühen um Wahrheit aus.Es war gut zu begreifen, daß sehr viele weder Kraft noch Energie noch Lust hatten – auch nicht genug Ehrlichkeit –, diesen Fragen nachzugehen. Der alltägliche Kampf ums nackte Dasein forderte die Kräfte. Das ist zu verstehen. Nicht zu billigen ist, daß die Führenden in Politik, Kirchen, Zeitungen und Gewerkschaften diese Fragen nicht aufwarfen und diskutierten, bestimmt nicht genügend nachhaltig. Wir hätten schon gerne eine – vielleicht auch strittige – Antwort auf unsere Fragen gehört: Warum geht es uns jetzt so schlecht? Was ist der Grund unserer Lage? Woher Krieg, Diktatur und Kapitulation?

Die Wirklichkeit unseres Alltags mit seinen vielfachen Erschwernissen stellte diese Fragen immer wieder neu – beim Anstehen nach Lebensmitteln, beim Gedränge zu den wenigen Straßenbahnen, bei fehlender Heizung und dem buchstäblichen Kampf um Hose, Hemd und Schuhe – natürlich auch beim Kohleklauen. Noch 1989 mußte ich in Ostpreußen einem Landsmann in die Parade fahren, der mich in Nikolaiken angerempelt hatte: „Das Schönste von Deutschland haben sie uns geklaut!" „Wer?" fragte ich zurück. Und ich nannte den Verbrecher beim Namen: Adolf Hitler.

Aus den Gesprächen unseres engagierten Kreises – ich denke vor allem zurück an Hans Katzer, August Mennen, Hugo Schnieden und Benno Weimann – wuchs eine Aktivität: Wir diskutierten, wie eine künftige Verfassung für Deutschland aussehen, was ihr Inhalt sein solle. Ich hatte das angeregt und zu Papier gebracht. „Grundzüge zeitnaher Verfassungs-Politik" überschrieben wir unsere Vorstellungen und vervielfältigten diese Arbeit, sandten sie den damals Führenden: Konrad Adenauer, Kurt Schumacher und Carl Spiecker zum Beispiel.

Die „Zentrumspartei" druckte diese Arbeit vom 1. August 1947. Da hieß es: „Das allen Menschen angeborene Recht auf Freiheit und Gleichheit bleibt so lange formale Phrase, wie die reale Ausübung dieser Rechte am Mangel der materiellen Voraussetzungen scheitert." Beim Nachblättern habe ich diesen Satz unterstrichen. Ich fand in ihm ein unverändertes Grundmotiv meiner politischen Reden und Schriften wie meines praktischen Bemühens. „Freiheit durch soziale Gerechtigkeit" – so verkürzt hieß das später plakativ (1980); anspruchsvoller in meiner Abschiedsrede als Parteivorsitzender der CDU am 12. Juni 1973 auf dem 21. Bundesparteitag der CDU in Bonn: „Wir sind aufgerufen, alles zu beseitigen, was der Verwirklichung der realen Freiheit entgegenstehe. Dazu brauchten wir keine Anleihe bei Karl Marx. Wir brauchen nur unser an der Liebe zum Nächsten orientiertes christliches Gewissen kritisch zu befragen."

Aus jenen „Grundzügen" von 1947 zitiere ich weiter: „Nicht die Form der Verfassung und nicht der formelle Aufbau des Staates ist das Entscheidende, sondern der Geist der Verfassung und die reale Regelung der *tatsächlichen* Machtverhältnisse. Die Gewerkschaften, die Parteien, das Kapital, der Film, die Presse, der Funk müssen von der Verfassung als die realpolitischen Mächte erkannt, ins rechte Verhältnis zueinander und zum Staat gesetzt und – wie die drei Gewalten – ausdrücklich dem Recht unterworfen werden."

———

Die Siegermächte hatten in Deutschland vier Besatzungszonen eingerichtet: eine britische, eine französische, eine sowjet-russische, eine US-amerikanische. Über Berlin konnten sie sich nicht einigen. So wurde Berlin die einzige deutsche Stadt mit vier Besatzungszonen.

Köln gehörte zur britisch besetzten Zone Deutschlands. Die Briten verhielten sich, so mein Schwiegervater, zurückhaltend, bestimmt taktvoller als die Franzosen, die nach dem Ersten Weltkrieg Köln besetzt hatten. Damals hätten Deutsche den Fußweg räumen müssen, sobald ein französischer Offizier ihn betrat oder benutzte. Viele ärgerte jetzt die Anordnung der britischen Besatzungsmacht, künftig alle Schriftstücke, auch Postkarten und Briefe, in lateinischer Schrift abzufassen – vermutlich, um die Zensur zu erleichtern. Auch mein Schwiegervater hatte seine Bücher in deutscher Sütterlin-Schrift geführt. Bei der Umstellung konnte ich ihm – endlich! – wirksam helfen.

Immer wieder wagte ich es, mich zu Wort zu melden, mich einzumischen und Partei zu ergreifen. In einem Referat in Walberberg am 27. Oktober 1945 betonte ich: „Wir müssen uns bemühen, den Krieg geistig zu überwinden. Die Tatsache, daß wir ihn überlebt haben, genügt nicht zum Frieden."

Am 21. September 1946 schrieb ich für unsere „Universitätszeitung" einen Aufsatz „Nach den Wahlen". Ich kritisierte, der Wahlkampf sei eine „Blüte der Parteipolitik" gewesen. Viele Jüngere hätten die Staatspolitik vermißt.

Am 5. September 1947 schrieb ich für die „Rhein-Ruhr-Zeitung" einen Bericht aus London. Darin stellte ich auch die Frage nach dem ungewissen, künftigen Schicksal des britischen Oberhauses ...

In den „Werkheften der Jungen Union" schrieb ich 1952 mehrere Beiträge zu Staatslehre und Verfassungspolitik. Auf dem Fuldaer Katholikentag 1954 war ich einer der Referenten.

Für die Zeitschrift „Die Begegnung" schrieb ich 1947 einen Beitrag zum Thema: „Sozial oder sozialistisch". Als ich bei der Arbeit für dieses Buch den Beitrag fand und nachlas, war ich erstaunt über den jungen Barzel: „Wenn heute das Wort geprägt wird: Sozialismus ist entwickelte Persönlichkeit, so ist das keine Phrase mehr ... Wir betrachten die Sozialdemokratie mit größtem Wohlwollen, da in Deutschland ungeheuer viel von dieser Evolution abhängt ... Daß wir sie (die Sozialdemokratie) nicht dadurch beeinträchtigen wollen, daß wir ... durch die Parole Christus oder Marx ... eine Entwicklung hemmen, die in unser aller Interesse liegt ..." Der Aufsatz erwähnt die Fragen der Schule und der Abtreibung als noch trennend zwischen „sozial" und „sozialistisch".

Zu diesem Aufsatz in der „Begegnung" muß ich zum besseren Verständnis der damaligen Zeitläufte anmerken: Die Auslieferung dieser Zeitschrift mit meinem Artikel – aus Koblenz in den nördlichen Teil des Rheinlands, von Koblenz nach Köln also – verzögerte sich, weil in Koblenz die Franzosen und in Köln die Briten für die Zensur zuständig waren. Der französischen Zensur war ich noch nicht bekannt, auch sonst der französischen Besatzungsmacht nicht aufgefallen. (Unsere Hamster-Fahrten an die Ahr und in die Eifel erfolgten auf verschwiegenen Feldwegen.) So galt es, mit französischer Zuständigkeit zu prüfen, ob in einer Zeitschrift aus und in ihrer Besatzungszone – wie das Impressum es auswies – überhaupt ein Autor aus der britischen Zone publizieren dürfe. Mit Verzögerung, wie gesagt, wurde das Heft vom 15. Februar 1947, darin mein Aufsatz „Sozial oder Sozialistisch?", auch im nördlichen Rheinland ausgeliefert. Später erfuhr ich, daß allein diese Formalie, nicht der Inhalt des Aufsatzes, Zweifel erweckt und Anstöße bewirkt hatte.

Aus dem Echo auf diese Wortmeldungen, die mein Engagement, auch meine Einmischung offenlegten, bemerkte ich, daß ich wahrgenommen wurde. Einige interessierten sich offenbar für meine Meinung, beachteten meine Beiträge. In mir regte sich die Erkenntnis, auch verantwortlich für dieses Echo zu sein. Ich war, wie ich erkannte, auf dem Wege, nicht nur Jurist zu werden, sondern auch Politiker und Publizist. Mir gefiel das.

Mit Briefen an die damals politisch Großen mischte ich mich gleichfalls ein. Die Antwort des Zentrumsführers Carl Spiecker beeindruckte mich. Am 5. Juni 1946 schrieb er mir: „Ich rechne mich heute schon zu den Älteren, und da wir nach dem Ersten Weltkrieg als die ‚jungen Leute' sehr darunter gelitten haben, von den ‚Alten' mit einer Handbewegung beiseite geschoben zu werden, möchte ich die Jungen von heute vor ähnlichen Enttäuschungen bewahren. Nachdem wir Reich und Ehre verspielt haben, hat meine Generation die Pflicht, nunmehr wenigstens unser Letztes zu retten, unsere Jugend. Verlieren wir auch die, dann haben wir auch Deutschlands Zukunft verspielt. Darum glaube ich, daß es weniger die Alten sind, die über Bord geworfen werden müssen, als die verbrauchten Ideen, die leider nicht allein ein ‚Privileg' des Alters sind. Auch von Liebgewordenem müssen wir uns trennen können, wenn es notwendig ist und unabweisbar Gewordenes gefährdet."

Wir trafen uns in Köln. Dieser von Hitler selbst ausgebürgerte Emigrant, früher Reichspressechef und Reichsbeauftragter zur Bekämpfung des Nationalsozialismus, vorher Reichskommissar für die Abstimmung über Oberschlesien, wollte mit einem Jüngeren sprechen. Ihm sei das für sein Bild wichtig. Offen, intelligent und zupackend wirkte der etwas rundliche Spiecker auf mich. Später wurde ich in Frankfurt, dann in Bonn sein engster Mitarbeiter. Von ihm lernte ich Politik – von der Analyse zum politischen Denken und Handeln, erlebte hautnah, wie sehr Politik von dem Einfühlen in den anderen und der schonungslos an der Wahrheit ausgerichteten, fehlerfreien Sachkenntnis abhängt.

Spiecker widersprach, so laut wie unmißverständlich, der damals gängigen Parole von der Kollektivschuld aller Deutschen: Schuld bedeute moralisches Versagen, setzte Verantwortung voraus und erfordere Zurechenbarkeit. Was Hitler getan habe, sei *jenseits* der Vorstellungskraft, der Einsicht, der Phantasie wie der Erfahrung aller anständigen Menschen gewesen. Wer aus freiem Willen Böses tue, der sei ohne Zweifel schuldig. Das Schicksalhafte aber, in das der Mensch ohne seinen Willen und sein Dazutun verstrickt sei oder werde, dürfe ihm weder sittlich noch politisch als Schuld angelastet oder vorgeworfen werden. Das für jeden gutwilligen und lebenserfahrenen Menschen Unvorstellbare dürfe dem so Ahnungslosen nicht moralisch und politisch als Schuld zugerechnet werden, bloß weil er es miterlebte. Natürlich sei voll schuldig, wer Verbrechen begangen, geplant und gefordert habe. Schuld sei Sache jedes einzelnen.

Die ihm zustehende Wiedergutmachung lehnte Spiecker ab. Das deutsche Volk sei nicht schuldig und habe selbst genug gelitten. So wolle er keinen materiellen Nachschlag zu Lasten des eigenen Volkes.

Später las ich bei Raymond Aron in dessen Lebenserinnerungen Gedanken, die den Überlegungen Spieckers ähnelten: „Wie soll man das Unglaubliche für möglich halten?" Nach Jahren empfing er mich – zusammen mit Botschafter François-Poncet – in Paris. Er erhärtete seinen Standpunkt. Rundum ein Herr mit seltener Klarheit der Gedanken und einer Gabe, diese präzise und verständlich auszudrücken.

In der Verjährungsdebatte des Deutschen Bundestages kam das alles wieder hoch. Am 10. März 1965 erklärte ich als Vorsitzender der CDU/CSU-Bundestagsfraktion: „Die Antwort auf gestern (gehört) zu unserem Weg in die Zukunft ... Die CDU/CSU ... begann aus Liebe zu einem geschlagenen Volk da, wo Hitler endete, und mit dem, was er hinterließ. Dieser Mann trägt große Schuld auch vor dem deutschen Volk und gerade vor denen, deren vaterländische Gesinnung und Idealismus er mißbrauchte. Das deutsche Volk ist nicht schuldig geworden ... Unser Land ist ein anderes geworden. Es lohnt sich, ein Deutscher zu sein. Unsere Geschichte umfaßt mehr als zwölf böse Jahre. Unsere Gegenwart ist rechtlich, und sie ist ehrenhaft."

Dankbare Anrufe blockierten nach dieser Rede das Telefon. Schimpfworte kamen telegrafisch. Mehr als ein Wäschekorb voller Briefe und Postkarten suchten und fanden den Weg in mein Büro.

———

Mit meinen Professoren und Dozenten hatte ich Glück. Die erste Vorlesung von Eugen Schmalenbach, der wieder Betriebswirtschaftslehre lesen durfte, wurde zum gesellschaftlichen Ereignis. Professor Wessel las Volkswirtschaft – ohne Manuskript, mitreißend. Günter Schmölders verstand es, uns Finanzwissenschaft als lebendige Lebensweisheit nahezubringen. Sein Lieblingsschüler Clemens-August Andreae war mein besonders enger Freund, ein von Geist und Lebensfreude übersprudelnder Weggefährte. Später war er Rektor der Universität Innsbruck. Am 26. Februar 1991 wurde er mit vielen seiner Doktoranden Opfer eines Flugzeugabsturzes in Ostasien. Hans-Carl Nipperdey (Bürgerliches Recht und Arbeitsrecht) bestach durch Präzision, Witz und Nüchternheit. Das gilt auch für den Völkerrechtler Schlochhauer und den Privat-Dozenten Jehring (Staatsrecht).

Meine Aufmerksamkeit und meine Zuneigung gewann mehr und mehr Ernst von Hippel, der Staatsrecht und Rechtsphilosophie las. Mit einer Arbeit über „Die verfassungsrechtliche Regelung der Grundrechte und Grundpflichten des Menschen" erwarb ich am 14. Dezember 1949 mit ihm als meinem Doktorvater den Titel des doctor juris, mit der Beurteilung „magna cum laude". Auch Professor Herrmann Jahrreiss beurteilte als Co-Refernt diese Arbeit mit „sehr gut". Das mündliche Referendar-Examen hatte ich am 23. Februar 1949 mit „gut" bestanden.

Zu Ernst von Hippel entwickelte sich zuerst eine enge wissenschaftliche, dann eine liebenswert-menschliche Beziehung. Was er über Staatsrecht und Staatsphilosophie lehrte und schrieb, wie er uns Platon nahebrachte und mehr als das positive Recht lehrte, was er über „Nominalisten" und „Positivisten" kritisch zu bedenken gab, was er über die naturrechtliche Basis unserer künftigen Demokratie uns ans Herz legte, überzeugte. Später las ich seine Gedichte. Wir erörterten auch die Frage, ob ich mich habilitieren solle. Ihm schwebe eine Arbeit vor über den „Gesetzgeber", angelehnt an Platon. Notizen zu dieser Arbeit schlummern in meinem Keller. Es kam nicht dazu. Politik und Journalismus nahmen mich mehr und mehr in Anspruch.

Während des Studiums verschärfte die juristische Fakultät die Anforderung für die Examen. Kenntnisse in Latein wurden zusätzlich gefordert, auszuweisen durch das „Latinum". Da ich ein Humanistisches Gymnasium besucht hatte und meine Zeugnisse diese Latein-Kenntnisse auswiesen, schuf das für mich keine Probleme. Aber die vielen Kommilitonen, die das von den Nazis – auch wegen der angenommenen Nähe dieser Sprache zur katholischen Kirche – verpönte Latein nicht hatten lernen können und dürfen! Ich denke an zwei Mitstudenten, die 1936 Abitur – ohne Latein! – gemacht hatten, dann zum Arbeitsdienst eingezogen wurden, 1937 direkt als Soldaten in den Krieg und 1945 erst noch in die Kriegsgefangenschaft mußten. Jetzt noch Latinum? Noch ein Jahr mehr? So quälten sie sich. Wir litten mit ihnen.

Wir streckten die Köpfe zusammen und suchten nach einem Ausweg: Es müsse doch als Nachweis ausreichender Lateinkenntnisse für Juristen genügen, wenn sie mit Erfolg (!) an Klausuren (wie Klassenarbeiten unter Aufsicht geschrieben) im Römischen Recht – durch Testat ausgewiesen – teilgenommen hätten. So meinten wir, so schlugen wir vor. Aber: Wie die Fakultät davon überzeugen? Ich wurde gebeten, in unser aller Auftrag mit der Fakultät zu sprechen, dort unsere Anregung vorzutragen – natürlich mit dem Hinweis, wir alle seien sehr angetan von dem Bemühen, den Rang unserer künftigen Examen herauszuheben.

„Seine Spektabilität", der Dekan der Kölner Juristischen Fakultät, damals Professor Nipperdey, empfing mich. Unser Vorschlag wurde akzeptiert! So kam es nur noch darauf an, während der beiden Klausur-Arbeiten in diesem Seminar für Römisches Recht die Sitzordnung so zu gestalten, daß immer einer „mit Latein" zwischen zweien „ohne Latein" saß. Auch das gelang. Zwei Jahrzehnte später habe ich bei einem Essen dem Rektor der Kölner Universität, gerade ein Jurist, das alles dieser „Magnifizenz" gestanden. „Verjährt", sagte er lachend.

———

Nicht nur durch die Ereignisse in der Kölner Universität im Zusammenhang mit den Universitätswahlen, mehr noch mit einem meiner Artikel für die „Rhein-Ruhr-Zeitung" in Essen war ich der britischen Besatzungsbehörde als lästiger Kritiker aufgefallen. „Wir Illegalen", hatte ich geschrieben:

Nach den Berechnungen der UNO müßten wir alle längst tot sein, weil die Kalorien, welche die britische Besatzungsmacht uns zuteile, nach dieser Tabelle nicht mal ein Leben ohne Arbeit im Bett erlaube. Wer also lebe, habe seine Grundbedürfnisse fernab amtlicher Zuteilung zu befriedigen gewußt. Dieser Artikel erschien am 6. Mai 1947 – der Zensur wegen als „Leserbrief", aber mit „R. B." gezeichnet. Bald wurde ich zu einem britischen Presse-Offizier nach Düsseldorf geladen. Er interessierte sich kaum für diese Glosse, mehr für meine Meinung zu politischen Fragen. Wenig später – noch 1947 – erhielt ich eine Einladung nach „Wilton Park" in Großbritannien.

———

Das war, wie ich durch Herumhören feststellen konnte, ein Kriegsgefangenenlager mit eindeutiger Zielsetzung der „Reeducation". Das behagte mir zunächst nicht ganz. „Reeducation" – das brauchten ja die meisten von uns in Deutschland. Da würde ich – notfalls – schon meinen Part zu fechten wissen. Aber in ein Lager zu immer noch nicht nach Hause entlassenen Soldaten, festgehalten zu vielerlei Zwekken in Großbritannien?

Spiecker riet, dies auch als Chance und Dienst an diesen Kameraden zu sehen. Gewiß würden sie zunächst die Nasen rümpfen: Warum ist der schon zu Hause? Warum darf der hierher und wieder zurück? Aber bald würden sie hören wollen, wie es nun sei zu Hause, worauf sie sich einrichten sollten usw. Ich sagte zu und fuhr – zunächst mit dem Zug – über Hoek van Holland nach London. Die kurze Schiffahrt gab Zeit und Gelegenheit, andere kennenzulernen, die auch nach „Wilton Park" reisten. Sie alle kamen aus dem Rheinland, von der Ruhr und aus Westfalen. Gewerkschaftssekretäre, Kommunalpolitiker, Lehrer, wenige frühere Soldaten, kaum Journalisten, drei Damen dabei.

In „Wilton Park" aßen wir uns zunächst einmal satt. Ich

verdarb mir an dem köstlichen britischen Frühstück den Magen. Der Rektor Koeppler, „Warden" betitelt, war Professor und entstammte einer aus Deutschland emigrierten Familie. Offensichtlich hatte er während des Krieges viel mit psychologischer Kriegführung zu tun gehabt. Er war fair, machte seine Sache ohne Feindseligkeit, verzichtete auf Propaganda, gab sich viel Mühe mit jedem von uns. Die Kriegsgefangenen und wir wurden vielfach zusammengesetzt. Sie verhielten sich wie erwartet – zuerst skeptisch und mißtrauisch, bald aufrichtig interessiert. Mir scheint: Das war eine gute Zeit, nützlich für alle. Die Vorträge waren instruktiv, die Debatten kontrovers. Gerne habe ich im Januar 2001 die Festrede zum Jubiläum von „Wilton Parks" gehalten.

Aus „Wilton Park" schrieb ich nach Köln, es sei ein gutes Gefühl, die Welt einmal „von dieser Insel aus zu betrachten … Ich fühle mich ausgesprochen wohl, da man in den Tutorien rauchen kann und die Dinge nicht so entsetzlich ernst nimmt, sondern sich alles etwas vom Leib hält, so, daß man sich nie zu ereifern braucht. Herrlich ist die Möglichkeit, politische Probleme rein politisch zu betrachten, ohne Weltanschauungskämpfe, Ideologien und Phrasen".

Es gab Gelegenheiten, London kennenzulernen, dort auch Kontakte zu knüpfen. Ich erlebte noch die Trümmer Londons – Trümmer durch deutsche Luftangriffe. Victor Gollancz war mit drei Büchern auch in Deutschland bekannt geworden: „Our threatened Values", „In darkest Germany" und „Germany revisited". Nahe dem Markt hatte er ein winziges Büro mit zwei Mitarbeitern. Wir führten in aller Offenheit interessante Gespräche.

Die BBC lud mich ein, in ihrem deutschsprachigen Programm einen Vortrag zu halten. „Nur mit einer Politik, die in mühsamer Kleinarbeit und gutem Willen für uns wirbt, war der nicht zu verkennende Fortschritt vom Morgenthau-Plan bis jetzt zum zweiten Industrieplan möglich", sagte ich da, unter anderem.

Für diesen 12-Minuten-Vortrag bekam ich 12 Guinees – ein königliches Honorar! Ich kaufte Schuhe für Timmchen und für mich, auch eine Cordhose, aß „fish and chips" an der Straßenecke und fühlte mich vom Glück begünstigt. Natürlich hatte ich keine Marken oder Bezugsscheine, die damals auch in London zum Einkaufen noch benötigt wurden. Ich war in Soho in einem Laden fündig geworden, in dem der Inhaber mich bald als Deutschen ausmachte und sich als Jude vorstellte. Wir müßten nun zusammenhalten, meinte er; und er half.

In den heruntergekommenen und zerbombten Vierteln im East-End Londons stieß ich auf eine Keller-Kapelle der Franziskaner-Patres. Sie nannten sie „power station" und kümmerten sich um Farbige, die als britische Bürger aus den Kolonien zugezogen waren. Ich schrieb darüber für die „Frankfurter Hefte", die Eugen Kogon und Walter Dirks herausgaben. Meine Honorare aus journalistischer Arbeit eröffneten langsam die Perspektive, endlich ans Heiraten denken zu können.

Unvergessen ist mir Hilda Clausen, die ich im Jahre 1947 auf Rat und durch Vermittlung Spieckers in 32, Chepstow Villas in London besuchte. Diese emigrierte Jüdin aus Kiel war die Seele des Hauses, das als Treffpunkt von Emigranten diente. Der Italiener Don Sturzo, Gründer der christlichen Demokratie, hatte dort ebenso gelebt wie George Bidault aus Frankreich, Carl Spiecker aus Deutschland; Gewerkschaftler und Sozialisten, Katholiken, bekennende Christen, Juden – viele waren da aus- und eingegangen. Zuflucht und Begegnung. Ein Daheim in der Fremde. Hilda Clausen ließ mich ihren Groll über die Deutschen nicht spüren. Ich könne ja nichts dafür, meinte sie, argumentierte ähnlich wie Spiecker. In Chepstow Villas dachten alle so, als ich da noch Nachwehen der Emigration wahrnahm und auch solche antraf, die sich noch nicht trauten, heimzukehren. Ich fragte sie nicht. Warum?

Ich erinnere mich lebhaft an lange Gespräche mit Hilda

Clausen. Einige Male beteiligte sich auch Barbara Barclay-Carter an unseren Unterhaltungen. Sie war Amerikanerin, ihr gehörte meines Wissens das Haus. Die Damen erzählten auch von ihren früheren Gästen, vor allem von Don Sturzo und immer wieder von Carl Spiecker. Er habe durch seine Kontakte, zuerst in Paris, dann in London, New York und Washington Einfluß genommen auf die Diskussion unter den späteren Siegermächten über die Zukunft Deutschlands und Europas – lange bevor Hitler und Deutschland den Krieg durch Kapitulation verloren hätten. Wir sprachen auch über Spieckers Buch „Germany from defeat to defeat", das in jener Zeit entstanden sei, und 1943 bei MacDonald & Co. Ltd. in London verlegt worden war. Hilda Becker und Barbara Barclay-Carter hatten es übersetzt; Professor R. W. Seton-Watson, Historiker der Londoner Universität und Fachmann für „Central Europe", hatte die Einleitung geschrieben.

Spiecker nennt in diesem schonungslosen Buch den „Versailler Vertrag" ein Diktat der Böswilligkeit, der Demütigung und der Schande. Weder das deutsche Volk noch sein Parlament, der Reichstag, seien verantwortlich für den Kriegsausbruch. Den habe „die Krone" selbstherrlich verfügt. Das deutsche Volk sei bei Ausbruch des Krieges getäuscht worden – wie an dessen Ende. Es habe vergeblich die vierzehn Punkte Wilsons, des Präsidenten der USA, auf dessen Wort man vertraut habe, im Vertrag von Versailles gesucht! Statt einen Schlußstrich unter die Vergangenheit zu ziehen und Frieden zu schaffen, hätten die Sieger eine gegenteilige Politik betrieben. Nie habe die junge deutsche Republik Hilfe von außen erhalten! So sei die Demokratie vielen Deutschen als „Abkömmling der Niederlage" erschienen, als andauerndes Zeichen des verlorenen Krieges. Man habe Deutschland nicht zum „Paten" einer neuen europäischen Ordnung gemacht, sondern im Gegenteil zu dessen „Prügelknaben".

Ich kenne keinen Autor, der das so klar ausspricht. Und

Spiecker schrieb diese Anklage gegen die Siegermächte des Ersten Weltkrieges auf und veröffentlichte sie als Deutscher in London, als deutscher Emigrant in London, im Jahre 1942/43 – während der Zweite Weltkrieg noch tobte und die Westmächte Hitler noch nicht besiegt hatten; als der Morgenthau-Plan, der Deutschland durch Demontagen zum Agrarland umgestalten wollte, Gestalt gewann und der Ungeist der Sieger-Mentalität von 1919 wieder auflebte!

Nur Bertolt Brecht fand, soweit mein Einblick reicht, eine vergleichbare Kraft der Sprache: „Es ist offenkundig, daß Deutschland heute mit seinen Gewaltakten den Frieden Europas bedroht, aber es ist ebenso offenkundig, daß nicht nur der reißende Strom, sondern auch das Strombett, das ihn einzwängt, Gewalt ausübt."

Spieckers Buch – auffällig auch durch die Einführung von R. W. Seton-Watson – wurde in London und Washington beachtet, er selbst fand Gehör. Verantwortliche Persönlichkeiten der späteren Siegermächte wurden nachdenklich, kritisierten den im Siegerrausch verfaßten „Morgenthau-Plan" vom 15. September 1944, der Deutschland weitgehend industriefrei machen wollte. Dieser Plan sei „rachsüchtig" und stelle „Schuld und Verbrechen der Nazis in den Schatten" (Stimson), zeuge von „kurzsichtiger Gier der Sieger" (Winston Churchill). Der Plan verschwand in den Akten, „schlief ein", wie Churchill feststellte. Bessere Einsicht setzte sich durch. Schon 1946 forderte Churchill in Zürich, „die europäische Familie wieder zu bilden", verkündete General Clay das Ende der Demontagen und Reparationen, sprach US-Außenminister Byrnes in Stuttgart von einer „neuen Politik gegenüber Deutschland". *Die USA würden den Fehler nicht wiederholen, den sie nach dem Ersten Weltkriege begangen hätten.* Sie wollten einen „dauerhaften Frieden mit Deutschland". Und er glaube nicht, „daß große Armeen fremder Soldaten auf die Dauer die verläßlichsten Hüter der Demokratie eines anderen Landes sind".

Ein deutscher Demokrat hat also eingewirkt auf die

Deutschland-Politik der Siegermächte! Diese Leistung ist fundamental: Die politische und wirtschaftliche Lage Europas und Deutschlands nach dem Zweiten Weltkrieg ist ungleich viel besser als die nach dem Ersten Weltkrieg. Drei Gründe hierfür liegen auf der Hand: Zum einen bleiben die USA politisch, militärisch und wirtschaftlich in Europa präsent; zum anderen reichten die siegreichen Alliierten den deutschen Demokraten die Hand zur Zusammenarbeit, machten uns nicht wieder zu „Prügelknaben", sondern zu Partnern; schließlich begannen Frankreich und Deutschland aufeinander zuzugehen, um gemeinsam Europa zu vereinigen, nach dem Prinzip: Gleichberechtigung statt Hegemonie, Zusammenarbeit statt Rivalität.

———

Spieckers Tochter Adelheid, eine Ärztin, trat nach der glücklichen Heimkehr ihres Vaters aus der Emigration in die Benediktinerinnenabtei vom Hl. Kreuz (Herstelle, Beverungen) ein. Sie erhielt den Namen Kyrilla. Ich habe sie erst sehr viel später, von Paderborn aus, kennengelernt.

In einem erregenden Buch unter dem Titel „Zerreißproben" schildert sie ihre Zeit unter den Nazis und im Kriege. Des Vaters wegen war die Familie „verfemt". Kyrilla weigerte sich, wie sie berichtet, einen Eid auf Hitler zu leisten, wurde beschuldigt, mit ihrem Vater in Paris konspirativ kollaboriert zu haben; sie wurde in Einzelhaft genommen. Von ihrem Vater, den sie liebevoll beschreibt, zitiert sie diesen Satz einer Rundfunkansprache aus der Londoner Emigration nach Deutschland: „Derjenige, der zu Euch spricht, ist kein geborener Revolutionär ... Er weiß als überzeugungstreuer Christ, daß er der von Gott gesetzten Obrigkeit – aber nur der – Treue und Gehorsam schuldet."

Schwester Kyrilla schien, als ich sie in den letzten Jahren im Kloster besuchte, zerbrechlich und zart. Wenn sie sprach, loderte gläubiges Feuer. An der Beerdigung ihres Vaters hatte sie wegen der damals noch strengeren Ordensregel nicht teilnehmen dürfen.

Carl Spiecker hatte 1947 über die Gruppe „People and Freedom" in London eine Einladung der „Nouvelles Equipes Internationales" nach Luxemburg erhalten. Dort sollten sich christliche Politiker aus ganz Europa treffen. Nicht ein Treffen von Parteien sollte das sein, sondern von Personen ähnlicher Gesinnung. Spiecker war nicht ganz gesund und bat mich, erst 23jährig, an seiner Stelle dorthin zu reisen. (Ich gehörte keiner politischen Partei an. Erst 1952 trat ich in die CDU ein.)

Gleich zu Beginn galt es, eine Intrige abzuwehren: Ich wurde aus der oberen Etage der CDU herausfordernd gefragt, ob das Zentrum eine christliche Partei sei. Hätte ich das verneint, so die Absicht, wäre ich ausgeschlossen worden. Damals gab es Streit zwischen CDU und Zentrum, auch innerhalb der Zentrumspartei über diese Frage. Spiecker hatte nämlich vorgeschlagen, alle weltanschaulichen Fragen aus dem Streit der Parteien zu nehmen (etwa: Konfessionsschule und Abtreibung) und durch Volksentscheid hierzu Beschlüsse zu fassen; das würde die politische Debatte versachlichen.

Ich erklärte in Luxemburg, hier seien nicht Parteien geladen, sondern Personen. Ich hätte nur das Mandat, Spiecker, so gut ich könne, zu vertreten. Das wurde von den Versammelten akzeptiert. Prälat Turpel, ein Luxemburger, der dort auch das „Luxemburger Wort" herausgab, half. Und die Damen von „People and Freedom" aus Chepstow Villas in London!

Dort in Luxemburg begegnete ich zum ersten Mal Konrad Adenauer. Er beeindruckte mich durch Haltung. Mich rührte es an, als ich von meiner hinteren Sitzreihe aus sah, wie dieser alte Herr während der Beratungen einen Zettel aus seiner Aktentasche holte, auf dem zu lesen war, was er nach Hause mitbringen möge: Nähgarn zum Beispiel.

Junge Tschechen nahmen teil. Wir gingen aufeinander

zu. Bald konnten sie nicht mehr frei reisen. Am 25. Februar 1948 wurde die dortige Demokratie gestürzt, kommunistischer Terror bestimmte für lange Zeit die politische Wirklichkeit.

Die CDU gefiel mir nicht so recht, schien mir zu konservativ. In meinem Parteienbuch machte ich das deutlich, als ich der CDU attestierte: Ihre Vertreter sitzen „rechts in den Parlamenten". Ich nahm an einigen Beratungen teil, die von der Zentrumspartei ausgingen, wurde aber kein Mitglied dieser Partei.

Antonia Vallentina – ich habe diese polnische Schriftstellerin nach dem Krieg in Paris besucht – hatte Carl Spiecker im Berlin der Weimarer Republik kennengelernt, als Auslandskorrespondentin mit ihm gearbeitet. Sie hinterließ ein Buch über „Stresemann". Da kann man über Spiecker nachlesen: „Er wirkte auf den ersten Blick so treuherzig ... Der Mann mit der vollen, mittelgroßen Gestalt, dem braven, dunkelblonden Scheitel, dem beinahe kindlichen Mund, trug die Harmlosigkeit seiner rosig-blonden Erscheinung wie eine gelungene Verkleidung."

In den Kölner Studentenjahren, in denen ich mehr und mehr zum politisch wirkenden Menschen heranwuchs, verkehrte ich auch (und sehr gerne) bei Frau Schmittmann. Sie war die Witwe von Benedikt Schmittmann und aufs höchste überrascht, in mir einem „Preußen" zu begegnen, der ein Föderalist war. Ihre Wohnung auf dem Sachsen-Ring in Köln wurde zum Treffpunkt für Gleichgesinnte von überall her, vor allem aus Paris und aus Rom. Früher, in Paris oder in Berlin, hätte man das „Politischen Salon" genannt (aber in unserer bescheidenen Dürftigkeit?). Man tauschte Meinungen, Erfahrungen und Hoffnungen aus, berichtete und bereicherte einander, kurzum: man traf sich. Das Miteinander überwog.

Der Geist Benedikt Schmittmanns lebte in dem Wirken seiner Witwe fort, förderte, bewirkte. Schmittmann hatte eine Theorie und Praxis des Föderalismus entwickelt, den er christlich begründete. Er wollte ein entsprechend geordnetes Deutschland und auch ein so gegliedertes Europa. Die Wirtschaft solle sich – fern von zentralistischen Befehlen des Staates – selbst „verwalten". Denn Zentralismus sei „der Triumph der Regierenden über die Regierten". Er hatte die Vision der Einigung Europas als „Vorstufe zur Völkergemeinschaft" und sah als dessen Voraussetzung ein so geordnetes Deutschland, als Bedingung für das „Gleichgewicht Europas". (Benedikt Schmittmann „Wirtschafts- und Sozialordnung als Aufgabe", Freiburg, 1948) Den Nazis war Schmittmann verhaßt. Sie ermordeten ihn bereits im September 1939 im Konzentrationslager Oranienburg. Warum ist er so weitgehend vergessen? Die Stunde des europäischen Friedensschlusses, der auch durch das erneuerte Deutschland bewirkt wurde, fordert, seiner zu gedenken.

Ein anderes Zentrum war das tabakverqualmte Büro von „Hejo" Schmid im Kölner „Ketteler-Haus", der Zentrale der „Katholischen Arbeiterbewegung Deutschlands". Der Geist der von den Nazis ermordeten christlichen Arbeiterführer Bernhard Letterhaus und Nikolaus Gross durchströmte, so schien es, die Räume, bestimmte die Gedanken. Das waren die Toten von der anderen, der besseren Seite. Wir suchten ihre Gedanken festzuhalten und fortzuentwickeln.

„Hejo" Schmid ermutigte mich zu politischem Engagement wie zum Schreiben. In seiner Zeitschrift „Priester und Arbeiter" veröffentlichte ich einige Aufsätze. Er stellte eine Verbindung zu Rudolf Pechel her, der wieder die „Deutsche Rundschau" herausgab. Dieser veröffentlichte im April 1951 meinen Aufsatz „Das heiligste aller Rechte. Über das Widerstandsrecht von Mensch und Volk".

Für mich war „Hejo" Schmid ein Vorbild. Er hatte vorgelebt, was und wie ein Christ und ein Demokrat ist – auch als Abgeordneter des Deutschen Reichstages und im Konzentrationslager. Nun war er Priester für Arbeiter.

———

Zwischen Köln und Bonn liegt im „Vorgebirge" das Kloster der Dominikaner „Walberberg". Als Rektor amtierte dort Pater Siemer, den viele der Großen von nah und fern damals aufsuchten, um seinen weisen Rat einzuholen. Als die Gestapo das Kloster heimsuchte, habe einer dieser Beamten zu Pater Siemer gesagt: „Ich bin von Hause aus Kriminalbeamter, folglich ist für mich jeder Mann zunächst ein möglicher Verbrecher." Pater Siemer habe sich nicht einschüchtern lassen und zurückgegeben: Er sei Pädagoge. Für ihn sei jeder zunächst ein dummer Junge. Diese Geschichte machte die Runde.

Pater Siemer empfing mich des öfteren zum Gespräch. Das war immer ein Gewinn. Er verkörperte eine ideale Verbindung von Güte, Einsicht in den anderen und unbeirrbaren Prinzipien. Aus seiner Schule wuchs Spieckers Sohn, der Dominikaner Pater Rochus Spiecker O. P., zum Kölner Domprediger heran. Er erhielt den „Orden wider den tierischen Ernst" und wurde einer der ersten Rundfunkbeauftragten der katholischen Kirche. Ich bewahre an ihn die gute Erinnerung an einen fröhlichen und mutigen Mann, den leider ein quälender Krebs zu früh heimholte.

Der Dominikaner-Pater Professor P. Eberhard Welty O. P. hatte die Nazi-Zeit im Kloster genutzt, um Gedanken für die Zukunft Deutschlands nach der Herrschaft der Nazis zu entwickeln. Bald nach Kriegsende lag sein Buch „Entscheidung in die Zukunft" (1946) vor. Für viele war das wie ein politischer und sozialer Katechismus. Pater Welty hatte vorausgedacht, vieles vorausgesehen. Ob man, wie ich, zustimmte oder nicht: Er bewegte und forderte heraus. Ein engagierter Gelehrter in der Ordenskutte.

Welty berichtet, daß dieses Buch 1944 erst mal einem „interessierten Kreis" zur „Durchsicht und Begutachtung" vorgelegt worden sei. „Dann kam der 20. Juli 1944 mit der ihm nachfolgenden furchtbaren Hetzjagd auf Menschen. Leider ist aus dem Kreis, der diese Abhandlung erbat, mehr als einer dem Henker zum Opfer gefallen." „Unser Volk muß im rechten Geiste und zum rechten Glauben hin erneuert werden." So Weltys Grundforderung. Welty entwickelte sein Gesellschaftsbild für die Zukunft ausgehend von der Würde des Menschen. Wir müßten dahin kommen, daß der Mensch wieder als derjenige gesehen und gewertet werde, der er ist, und nicht als ein Ding, über das man nach Gutdünken verfügt oder hinwegschreitet.

———

In Köln arbeitete auch die Zentrale des „Kolping-Werkes", zu der ich erst später guten Zutritt fand. Da ich einen Presseausweis besaß und auch für die „Neue Zeitung" der US-Amerikaner in Berlin arbeitete, kam ich viel herum, traf so auch auf Hans Böckler, den wuchtigen, auch intellektuell anziehenden Vorsitzenden des DGB, der ersten „Einheits-Gewerkschaft" in Deutschland. Ich sympathisierte mit diesen Gedanken und wurde Mitglied in der Gewerkschaft ÖTV. Später verließ ich sie wegen ihrer zunehmend einseitig werdenden politischen Haltung.

Gespräche und Gedanken begannen 1949 anstelle von Sozialisierung und Klassenkampf um Mitbestimmung und Miteigentum zu kreisen, obwohl die SPD noch an Zentralismus, Marxismus und diesen alten Zöpfen hing.

Des öfteren traf ich Richard Muckermann, den Chefredakteur der „Rhein-Ruhr-Zeitung" – einen brillanten Kopf, wirksamen Redner und Schreiber. Johannes Brockmann, Vorsitzender der Zentrumspartei, nahm sich hin und wieder etwas Zeit für mich, wie auch Rudolf Amelunxen, der Ministerpräsident und spätere Justizminister im Kabinett Arnold. Diese Männer mit unmißverständlichen, klaren Standpunkten imponierten mir.

In Essen begegnete ich Gustav Heinemann anläßlich einer Groß-Kundgebung „Die Ruhr ruft Europa!" Damals war er CDU-Oberbürgermeister dieser Ruhrstadt – ein streitbarer Zeitgenosse von knapper Sprache und eindeutiger Haltung. In seiner Zeit als Bundespräsident (1969 bis 1974) lud er mich in sein Schwimmbad ein, man könne doch auch „beim Schwimmen reden" …

Hellwach und spritzig wirkte Helene Wessel, später Vorsitzende der Zentrumspartei, Mitglied des Parlamentarischen Rates, dann des Deutschen Bundestages und schließlich mit Gustav Heinemann Vorsitzende der „Gesamtdeutschen Volkspartei". Mit ihr zu streiten forderte heraus. Kardinal Frings bat August Mennen und mich nach dem Wahldebakel an der Universität 1947 zu sich. Er wollte wissen, was sich da ereignet hatte. Er war sozial sehr aufgeschlossen und legte später seine Schrift für die Mitbestimmung vor. Im Vatikan gab es Proteste. Kardinal Frings ließ sich durch nichts erschüttern und hielt fest an seiner Mitbestimmungsforderung als Ausdruck sozialer Partnerschaft.

Ich lernte Christine Teusch von der CDU, die Kultusministerin aus Düsseldorf, schätzen, erlebte Helene Weber, die Vorsitzende der Katholischen Frauenbewegung, bei meiner Mutter in Köln und hörte die politischen Reden des SPD-Vorsitzenden Kurt Schumacher, von Max Reimann (KPD) und Wilhelm Pieck (SED), wenn sie in Köln sprachen. In der Volkshochschule erlebte ich Karl-Eduard von Schnitzler, einen gebildeten Kommunisten, später Chef-Kommentator (besser: Einheizer) des DDR-Fernsehens. Mit ihm zu diskutieren war eine Lehrstunde in Dialektik.

Eines Tages besuchte mich der immer bekannter werdende Journalist Ludwig von Danwitz in Mauenheim. Wenn ich mich recht erinnere, geschah dies bald nach meinem „Ausflug" nach Luxemburg. Offenbar wollte auch Johannes Brockmann, der Zentrums-Vorsitzende, dem Ludwig von Danwitz nahestand, informiert werden.

Aus Koblenz wirkten Franz Kramer und seine Redaktion des „Rheinischen Merkur" weithin ins Land. Bald schrieb ich Glossen für Seite drei, später wöchentlich. Dazu hockte ich mich in die Ecke der warmen Küche – so konzentriert, daß nichts mich störte oder stören konnte. Kramer lud mich ein, einer seiner Redakteure zu werden. Ich sagte nein, weil ich zuerst mein juristisches Examen machen wollte.

Von Professor Dovifat aus Berlin bekam ich das sehr reizvolle Angebot, in das Bonner Studio des NWDR – Westdeutscher und Norddeutscher Rundfunk waren noch nicht geteilt – einzutreten und es bald zu übernehmen. Dieses Angebot hätte ich sehr gerne angenommen, aber mir schien es nach wie vor besser, zunächst Examen zu machen. Junge Leute waren damals eben gesucht!

———

Am 22. Mai 1948 heirateten Timmchen und ich kirchlich in Mauenheim, nachdem ich durch die Honorare für meine Artikel über stetige Einnahmen verfügte. Das Standesamt, das wir vorher zur weltlichen Eheschließung aufgesucht hatten, verlangte von Timmchen zahlreiche Dokumente, fragte hinsichtlich der Eltern nach Daten. Timmchen – total ausgebombt – mußte alte Kirchenbücher beiziehen. Andere Papiere waren den Bombennächten zum Opfer gefallen. Von mir verlangte man nichts als den Personalausweis! Ich dachte zurück an Rendsburg ... In meiner Heirats-Urkunde steht als Berufsbezeichnung: „Journalist“.

Man hatte uns eine Wohnung in der Stadtmitte zugeteilt. Wir wollten sie besichtigen. Das ging nicht, weil der Mieter erklärte, er werde bleiben, von einem Wechsel sei ihm nichts bekannt ... Ich fuhr mit dem Fahrrad nach Widdersdorf zu den bäuerlichen Verwandten in der Hoffnung auf einen schmackhaften Beitrag für unsere Hochzeit. Ich erlitt eine Abfuhr und kam nur mit einem Blumenstrauß der dortigen Nachbarn zurück nach Hause. August Mennen machte Besuch, um am Tage vor unserer Hochzeit „nach uns zu sehen“. Wir hatten Wein von der Ahr – von der anderen Verwandtschaft – und selbstgemachten Weinbrand. Aber: keinen Festbraten!

Ganz früh am Morgen unseres Hochzeitstages stand August überraschend wieder in der Türe, einen mittelgroßen alten Koffer in der Hand, der schwer zu sein schien. Er überreichte ihn Timmchen: „Mit einem schönen Gruß von meinen Eltern!" Nicht nur neugierig, sondern – ich gestehe – gierig öffneten wir den Koffer. Darin lag ein riesengroßer vielpfündiger Braten! Es wurde ein schönes Fest in fröhlich stimmendem Frühlingssonnenschein: Die Braut in einem hautengen langen weißen Kleid! Viel Familie und einige Freunde waren gekommen, auch Pastor Schreiber – und viele Blumen, Telegramme und kleine Geschenke erhellten das Ganze. Carl Spiecker telegrafierte: „Ich wünsche, daß Ihre Ehe ein um so glücklicherer Hafen wird, je öfter Sie auf die hohe See hinaus müssen!" Welch weitsichtiger Glückwunsch!

––––––

Timmchens Vetter, Bruno Spellerberg, Sohn von Tante Gretchen, war Sportarzt in Köln. Er betreute auch Fußballer und fand so zu Sepp Herberger, dem legendären Fußballtrainer der deutschen Nationalmannschaft. Herberger hatte sich im Keller der Kölner Sporthochschule einquartiert und versammelte dort, soweit erreichbar, seine früheren Spitzenspieler, um sie zu künftigen Fußballtrainern auszubilden. Vetter Bruno betreute sie ärztlich. Auf Bitten Herbergers hielt er dort auch medizinische Vorträge.

Eines Tages besuchte uns Bruno in Mauenheim. Er habe etwas auf dem Herzen, hatte er uns vorher wissen lassen. Wir waren gespannt zu erfahren, was das wohl sein werde. Aus seinem Herzen quoll Fußball. Herberger habe ihn gebeten, mich für seine Arbeit zu gewinnen. Über „Rechtsfragen im Sport" solle ich vor seinen künftigen Trainern „dozieren". Wie bitte?! Ich war im zweiten Semester! Und: Ich hatte noch zu wenig gelernt, um andere lehren zu können …

Dennoch besuchte ich den großen Herberger im Keller der Sporthochschule. Klein war er von Statur, wirkte wach, pfiffig und ein wenig schlitzohrig. Seinen Augen schien nichts zu entgehen. Das war er also, der Fußballer der Nation, der die Sätze geprägt hatte: „Der Ball ist rund!" und „Das nächste Spiel ist das wichtigste!" Ich fand ihn sympathisch. Es beeindruckte mich tief, wie er schlicht die Verhältnisse ertrug und gewissenhaft seiner Arbeit nachging. Auch Frau Herberger begrüßte mich.

Herberger hielt sich nicht lange bei der Vorrede oder irgendwelchen Floskeln auf, sondern kam gleich zur Sache: Er bemühe sich, aus Fußballern Trainer zu machen, und Trainer müßten auch wissen, was ein Vertrag sei und wie er zustande komme. Auch über Vertrags-Verletzung müßten sie ebenso Bescheid wissen wie über den Unterschied des „Fouls" zur Körperverletzung. Ob ich mir zutraue, seinen Schützlingen das – und vieles mehr – verständlich (!) beizubringen, fragte er mich. Natürlich sagte ich zu. Nie sind Juristen ihrer Sache so sicher wie im zweiten Semester! Da plagt sie keine Zweifel, wenn sie der Tante die Steuererklärung bearbeiten und den Freund „heraushauen", der eines Verkehrsvergehens beschuldigt wird.

So hatte ich keine Skrupel, dieses Angebot Herbergers anzunehmen. Nie wieder habe ich in Sachen Juristerei die damalige Sicherheit wiedergewonnen! In meinen persönlichen Akten bewahre ich einen Dank-Brief Herbergers auf. Ich mußte diese Arbeit beenden, weil mein Beruf mich nach Frankfurt rief. August Mennen wurde bei Herberger mein Nachfolger.

———

In diesen Jahren überwog der Gedanke des Aufbruchs zu Neuem. Die Blicke wurden in die Zukunft gerichtet. Jeder war begierig, andere kennenzulernen, anderes zu verstehen, Gedanken, auch fremden, nachzugehen, sich rundum zu orientieren, dann sich erst zu engagieren. Es war eine Zeit, äußerlich durch Entbehrung und (oftmals erzwungene) Bescheidenheit geprägt, aber im wesentlichen geformt von Gedanken, Dialog, Ideen und Wagnis.

Nicht nur mein Elternhaus, das humanistische Gymnasium und die Erfahrung mit Krieg und Diktatur – diese Jahre in Köln haben mich geprägt, wie die anschließende Arbeit mit Carl Spiecker im Ministerium. Und immer Timmchen, kritisch und belebend an meiner Seite. Ich berichte von Stationen aus meiner Studentenzeit, weil sie Wegmarken des Weges zu mir selbst sind.

———

In Berlin lebten auch nach dem Kriege meine Mutter und ein Teil meiner Geschwister. Mein Vater hatte zunächst noch Dienst bei einer Stelle in Hamburg, die sich mühte, Familien zu finden, zusammenzuführen und möglichst Schicksale Verschollener aufzuklären. Für kurze Zeit kam er nach Godesberg, lehrte dort zunächst am Gymnasium der Jesuiten und wurde dann am Gymnasium in Grevenbroich als Studienrat aktiviert. Meine Eltern konnten – endlich! – wieder zusammen leben. Sie zog es nach Köln. Väterchen bekam eine interessante Stelle am „Drei-Königs-Gymnasium". Einer seiner Schüler wurde Hubert Luthe aus Mauenheim.

Meine Brüder Winfried und Werner holte der Tod, beide zu früh, den einen in New York (Werner, 1972), den anderen in Köln (Winfried, 1952). Von Annemarie habe ich kurz berichtet. Klaus, Gisela und Meinhard gehen ihren guten Weg, mit Scharen von Kindern und Enkeln.

———

Am 14. November 1948 hörte ich im NWDR zuerst mit Interesse, dann mit wachsender Spannung das Streitgespräch zwischen Professor Ludwig Erhard, Direktor der Verwaltung für Wirtschaft in der B-Zone, und Professor Eric Nölting, Wirtschaftsminister Nordrhein-Westfalens. Die Herren stritten sich heftig mit klaren, verständlichen Worten: über Zwangswirtschaft und Marktwirtschaft, über Preisstopp und Bezugsscheine, über Bürokratie und so fort. Sie debattierten leidenschaftlich: Demokratie verlange nach Auseinandersetzung, nach Kampf der Meinungen. Dabei dürfe politische Gegnerschaft nicht menschliche Verfeindung bedeuten. Es war eine Lehrstunde in Demokratie, erteilt von zwei Meistern ihres Fachs.

Ich konnte nicht ahnen, beide bald in Frankfurt kennenlernen zu dürfen.

Beamter

Carl Spiecker war, als wir korrespondierten und uns trafen, einer der obersten politischen Repräsentanten des demokratischen Deutschland, weithin, auch im Ausland, geachtet wegen seines früheren Kampfes gegen die Nationalsozialisten. Immer noch wird in Deutschland übersehen, welch starke Bande alle die verknüpfen und verknüpften, die auf der „richtigen" Seite gekämpft haben, die sich ganz im Kampf gegen Hitler einsetzten. In Willy Brandt auf der einen und Kurt Georg Kiesinger auf der anderen Seite wird das deutlich erkennbar.

Das wiederholte Scheitern der Bemühungen der vier Siegermächte, sich über die Zukunft des besiegten Deutschland zu einigen, war schlecht für die Deutschen, aber auch für die West-Alliierten, die immer wieder der allergrößten Not in ihren Besatzungszonen abhelfen mußten. Diese hohen Kosten brachten in London, Paris und Washington wenig Sympathie.

Man erwog unter den West-Alliierten, nachdem die sowjetisch besetzte Zone (SBZ) mehr und mehr zur DDR ausgebaut wurde, in einigen Bereichen die drei westlich besetzten Zonen zusammenzuführen. Frankreich hatte eigene Vorstellungen. Die Wirklichkeiten in der amerikanischen und der britischen Zone klafften auseinander: Die USA hatten bald Deutsche in die politische Arbeit einbezogen, in der britischen Zone gewann dieser Gedanke nur zögernd Boden. In der britischen Zone gaben sozialistisch-zentralistische Einstellungen den Ton an, in der US-Zone mehr föderalistisch-liberale Vorstellungen. Und die deutschen Politiker zankten sich über ideologische Fragen.

Da die Sowjetunion ihre Besatzungszone bis zu „Reparationen aus der laufenden Produktion" ausbeutete, drohte Deutschland, was Winston Churchill bei der Beratung im Zusammenhang mit dem Morgenthau-Plan geahnt hatte: ein „Leichnam" zu werden. Die Sowjetunion lehnte 1947 den Marshall-Plan ab, der großzügige Hilfe zum Wiederaufbau ganz Europas aus den USA anbot. Diese Hilfe bewirkte und beschleunigte den Wiederaufbau im freien Teil Europas. Moskau lehnte diese Hilfe für sich und seine Satellitenstaaten ab. Der „Eiserne Vorhang" (Winston Churchill) wurde durch dieses Nein aus Moskau heruntergelassen, Europa ideologisch geteilt.

Großbritannien und die USA entschlossen sich – ich verfolgte das als Journalist wie in Gesprächen mit Spiecker –, ihre Besatzungszonen weitgehend zusammenzufassen. Im Herbst 1947 bildeten sie einen „Wirtschaftsrat für das vereinigte Wirtschaftsgebiet". Am 1. Januar 1948 begann dort in Frankfurt am Main auch die Mitarbeit deutscher Politiker und der deutschen Länder. Ein „Exekutivrat" wurde gebildet, dem eine Zeitlang Carl Spiecker, Bevollmächtigter Nordrhein-Westfalens, vorsaß. Die „Bi-Zone" war geschaffen. Am 9. April 1948 erhielt sie – unter der Verantwortung und Aufsicht der Generale Clay (USA) und Robertson (Großbritannien) – eine neue Ordnung. Ein „Oberdirektor", Hermann Pünder, früher Chef der Reichskanzlei und Oberbürgermeister Kölns, wirkte mit einigen „Direktoren", unter diesen Ludwig Erhard für Wirtschaft, als eine Art deutscher Regierung.

Am 24. Juli 1948 begann die Sowjetunion mit der Blockade Berlins. Meine Familie in Berlin litt unter dieser Bedrohung. Es gelang, mit Hilfe der alliierten Luftbrücke und der Haltung der Berlinerinnen und Berliner, diesen Anschlag auf die Lebensfähigkeit Berlins aufzubrechen. Wir alle atmeten auf, als das vorbei war. Ich empfand diesen kommunistischen Versuch, den freien Teil Berlins auszuhungern, als barbarisch und wurde nun ein heftiger Anti-Kommunist. Zugleich erfuhren wir die entschlossene und wirksame Hilfe der siegreichen Westmächte. Das begründete Vertrauen. Endlich auf der richtigen Seite? So fragte ich mich wie die meisten.

Die sowjetisch besetzte Zone Deutschlands entwickelte sich weiter zur DDR. Durch die Ablehnung des „Marshall-Plans" (1947) – dem zum Beispiel die Tschechoslowakei so gerne beigetreten wäre! – vertiefte sich auch die Spaltung Deutschlands. Viele meinten, das sei durch die D-Mark und die Bi-Zone so gekommen. Sie übersehen die schicksalsträchtige Ablehnung des „Marshall-Plans" vom 5. Juni 1947 durch die Sowjetunion – und auf deren Druck durch alle ihre europäischen Satelliten! Später suchte Josef Stalin die Westbindungen der Bundesrepublik Deutschland zu unterlaufen (Stalin-Note von 1952). Ein Angebot zur deutschen Einheit war das nicht! Inzwischen kann man das in vielen Dokumenten und wissenschaftlichen Werken nachlesen.

———

Seit der Währungsreform am 20. Juni 1948, also der Einführung der D-Mark, drängte Spiecker mich, nach Frankfurt zu kommen. Was ich da tun solle? Seine Arbeit machen! Ihm helfen! Ich bestand darauf, zuerst Examen zu machen. Ende 1948 schlossen wir, nachdem meine Doktorarbeit fast abgeschlossen und der Examenstermin für das erste juristische Staatsexamen auf Februar festgelegt war, einen Kompromiß: Arbeitsbeginn in Frankfurt zum 1. Januar 1949. Damals wurden Studenten und junge Akademiker dringend gesucht, kaum einer mußte sich selbst bewerben! Dem Krieg waren ganze Jahrgänge weitgehend zum Opfer gefallen. Und Politik war das am wenigsten gesuchte Betätigungsfeld junger Menschen. Das „ohne-mich!" herrschte vor.

Noch im Dezember 1948 lernte ich, wenn auch nur kurz, Ministerpräsident Karl Arnold und Geheimrat Katzenberger kennen, die Graue Eminenz der Landesregierung in Düsseldorf. Spiecker arbeitete an der Fusion des Zentrums mit der CDU. Die erste Bundestagswahl kündigte sich an. In dieser politisch quirligen Zeit trat ich am 1. Januar 1949 meinen Dienst beim „Bevollmächtigten des Landes Nordrhein-Westfalen bei der Verwaltung des vereinigten Wirtschafts-gebietes" als persönlicher Referent des Ministers an.

Spiecker bekam Probleme im Kabinett mit meiner Ein-stellung. Die Angestelltentarifgruppe TOA III, die er für mei-ne „Planstelle" beantragte, schien einigen der Minister zu hoch für einen Anfänger von 24 Jahren. Das wäre ja wie As-sessor oder Regierungsrat bei den Beamten! Spiecker hielt diesen Bedenken den Tarifvertrag für Journalisten entgegen und verwies auf meine journalistische Arbeit. So wurde ich in den Öffentlichen Dienst eingestellt. Ich solle mich am Tage nach Neujahr in Spieckers Büro in Frankfurt einfinden und bei Fräulein Kurzer, seiner Sekretärin, melden.

Sie kam aus dem Auswärtigen Amt, hatte gute Posten im Ausland offenbar bestens ausgefüllt, genoß hohes Ansehen und beherrschte das Sekretariat Spiecker. Natürlich war sie frei von jedem Hauch einer Nazi-Vergangenheit. Zunächst gab es für mich weder einen Stuhl noch einen Tisch, noch ein Blatt Papier, noch einen Stift. Die nordrhein-westfäli-schen Büros befanden sich im obersten Stockwerk der alten Börse. Viele der bi-zonalen Dienststellen waren da unterge-bracht. In guter Erinnerung gehe ich, wenn ich in Frankfurt bin, zu diesem Gebäude und sehe auf das winzige Fenster-chen unter dem Dach, durch das ich bald, hinter meinem Schreibtisch sitzend, auf die Stadt sehen konnte.

―――――

Timmchen lebte zunächst weiter bei ihren Eltern in Köln. Sie wurde schwanger. Ich suchte in Frankfurt eine Woh-nung. Nicht nur zu den Wochenenden besuchte ich sie in Köln. Wann immer ich zur Landesregierung nach Düssel-dorf fahren mußte, machte ich in Köln Station, um Timmchen zu treffen. Ich fieberte der Geburt entgegen. Am 2. März 1949 wurde meine Tochter Claudia geboren, in Köln, Severins-Krankenhaus. Spiecker gab mir frei. Ich fuhr mit dem nächsten Zug nach Köln, kam dort in der Dunkelheit und bei Schneetreiben an. Zu Fuß ging ich – es gab keine andere Möglichkeit – vom Kölner Hauptbahnhof nach Mauenheim. Tags drauf eilte ich zu Timmchen ins Krankenhaus, umarmte sie, dankte ihr und nahm mein Töchterchen in den Arm. Unvorstellbar: Ich war Vater, hatte Frau und Tochter! Timmchen war von der Geburt sehr mitgenommen. Mich wühlte das alles auf.

Claudia umgarnte bald mit spitzbübischem Charme und ausgelassener Fröhlichkeit aus Augen wie Kirschen. Mit ihren späteren Erfindungen „Omamamütter" und „Opapaväter" für die ostpreußischen Großeltern und „Omi" und „Opi" für die aus dem Rheinland wirkte die Enkelin bald sprachlich ordnend, ließ ihren Schalk frühzeitig aufblitzen. Später wurde sie meine Kameradin in den Ötztaler Gletschern. In meinem Wahlkampf 1972 war sie die Seele meines Teams und stets tapfer an meiner Seite.

————

Die „Amis", so nannten wir die Vertreter der US-Besatzungsmacht, gaben einige Quartiere in Sachsenhausen für „deutsche Zivilisten" frei. Die ausklammernde Umzäunung dieses Blocks für die amerikanische Besatzung wurde entfernt. Eine Wohnung in der Tiroler Straße 34 wurde mir zugeteilt. Eine eigene Wohnung für meine Familie, die nun aus Frau Kriemhild, Tochter Claudia und mir bestand! Nicht mehr Unterschlupf zum Wochenende in Mauenheim! Nun selbst Mieter! Ich fühlte, nun erwachsen zu sein.

Spiecker zeigte sich generös: In seinem Maybach wurde Claudia auf den Hintersitz neben ihre Mutter gesetzt wie eine Prinzessin – und Herr Messer, Fahrer von des Herrn Ministers Staatskarosse, chauffierte den Minister und die beiden Damen fröhlich nach Frankfurt. Wenn auch Zeit und Raum und Geld damals knapp waren und alles sparsamst zuging: Wir genossen Decken auf Kisten als Sessel, kochten Windeln auf dem Kohleherd in der Küche, und Timmchen zauberte aus dem Nichts leckere Mahlzeiten auf den Tisch. Natürlich habe ich auch mein Töchterchen gewickelt. Es war eine glückliche Zeit! Mit Walter Casper und Walter Kampe gewann ich in Frankfurt zwei Freunde, die buchstäblich „getreu bis in den Tod" blieben.

Carl Spiecker, der „Chef", erwies sich als Meister in allen Möglichkeiten der Ministerialbürokratie und der Leitung einer Behörde. Im „Reich", so sprachen wir, wenn einer sich erinnern wollte oder sollte, war er ein hoher Beamter, Ministerialdirektor, geworden. Es ist wahr, daß Reichskanzler Brüning Carl Spiecker in der Arbeit gegen die Nationalsozialisten nicht so recht unterstützte. Warum? Wirklich weiß das keiner ... Vielleicht traf Antonina Valentina den Nagel auf den Kopf: In ihrem Roman über Stresemann nannte sie Brüning „einen in die Politik verirrten Mönch".

Ich erinnere mich gut an die erste Arbeit, die Spiecker mir persönlich übertrug: Der Landes-Rechnungshof hatte unsere Haushaltsführung kritisiert. Spiecker gab mir die Akte, um übers Wochenende unser Votum zu dieser Beanstandung zu entwerfen. Ich bemühte mich nach Kräften, schrieb den Entwurf einer Erwiderung („Betrifft": ..., „Bezug": ...). Spiecker las, dankte und bat Fräulein Kurzer zum Diktat. Bitte schreiben Sie, diktierte er: „Wird künftig beachtet." Das war's!

Die tägliche Besprechung des Ministers mit den fünf Referenten, zwei Damen, drei Herren, begann pünktlich um 8.30 Uhr. Spiecker selbst erschien schon um 8.15 Uhr, erwartete, daß ich dann die Vorgänge für den Tag vorbereitet und die „Post" durchgesehen hatte. Dafür schickte er mir um 7.20 Uhr das Dienstauto.

Diese morgendlichen Konferenzen gingen zügig vonstatten. Präzision und Prägnanz waren selbstverständlich. Schwafeln und Langatmigkeit wies Spiecker schon mit einem Blick zurück. Und alle waren stolz, im Stab *dieses* Mannes arbeiten zu dürfen! Durch die tägliche Konferenz konnten alle Referenten über alle anstehenden Fragen sich ins Bild setzen, entgingen der Gefahr, einseitig nur auf ihr Fachgebiet beschränkt zu werden. Von den ausgehenden Schriftstücken mußten „Tageskopien" angefertigt werden, die in einer besonderen Mappe gesammelt und allen Referenten „zur Kenntnis" zugeleitet wurden. Es machte Spaß, so zu arbeiten. Der Erfolg blieb nicht aus. So habe ich gelernt, wie ein Ministerium geleitet werden kann und was der Grünstift oder das „Doppelkreuz" auf einem „Vorgang" bedeuten: Grün war die dem Chef allein vorbehaltene Farbe, rot die des Vertreters usw. Und ein grünes Doppelkreuz auf einem „Vorgang" war die „Verfügung": Antwort nur vom Minister selbst zu unterschreiben! Diese Art zu arbeiten, sicherte Ordnung, unterstützte klare Verantwortlichkeiten. Hinzu kam, daß Spiecker strikt darauf achtete: Eine Sache auf eine Seite! Darauf konnte der Chef seine Entscheidung unmißverständlich schreiben. Alles möglichst schriftlich! So gab es keine Mißverständnisse und Verständigungs- oder Erinnerungsprobleme.

Wir hatten mit allen damals wichtigen Problemen zu tun: Von den Demontage-Listen über Gesetzes-Vorlagen bis hin zu den Arbeiten am Grundgesetz. Alles lief über den Schreibtisch des Ministers, kam in der Praxis also zunächst auf meinen Tisch. Als ich in Frankfurt begann, galt bereits die neue Ordnung für die „Bi-Zone". An die Stelle des Exekutiv-Rates war ein „Oberdirektor" mit seinen Direktoren getreten. Das waren zum Beispiel Ludwig Erhard und Hans Schlange-Schöningen. Ein Länderrat und das bi-zonale Parlament kontrollierten und beschlossen.

Gerne denke ich an die Arbeit in Frankfurt, vor allem an Hermann Pünder, Karl Krautwig, Heinrich Knappstein, Heinrich Tröger. Damals traf ich zum ersten Mal Franz Josef Strauß. Mein erster Eindruck: Ein Kraftpaket mit gutem Kopf. Ich schätzte – aus dem Parlament – besonders die Sozialdemokraten Kriedemann und Schöttle. Unvergessen der trockene Witz Kriedemanns. Karl Krautwig traf ich wieder, als ich Bundesminister geworden war. Er arbeitete im Bundeswirtschaftsministerium, war dort unter anderem zuständig für den Interzonenhandel. Er lag aber in Köln im Krankenhaus. Es tat mir leid. Aber: Ich mußte seinen sachkundigen Rat in einer komplizierten, vertraulichen Lage an seinem Krankenbett einholen. Er referierte, liegend – nur wenige Minuten lang. In meinem langen politischen Leben habe ich keinen präziseren Vortrag gehört. Er war so informativ, daß ich für meine erste Ministerzeit von diesem Wissen lebte.

Knappstein traf ich zuerst als Generalkonsul in Chicago wieder, dann als Botschafter in Washington. Er war eine seltene Erscheinung, von großem Format, ein guter Kopf, ein verläßlicher Freund und – ein herausragender Demokrat.

Alsbald nach meinem Amtsantritt konnte ich Ludwig Erhard, Theo Blank, Anton Storch und den Sekretär des Länderrates, Tröger, anläßlich eines der üblichen Abgeordnetenabende des Landes Nordrhein-Westfalen in Frankfurt treffen. Ludwig Erhard bahnte sich einen Weg zu der Ecke, in der ich herumstand. „Sie sind der ‚Neue'?" fragte er und bot mir, als ich das bejahte, sofort eine Zigarre an. Er trug sie ohne Etui in der rechten Außentasche seines Anzugs. So sehr Ludwig Erhards Wirtschaftswunder ein „Wunder" ist – das wirkliche Wunder war, daß er die Zigarren aus der Außentasche herausholen konnte, ohne daß diese zerbrochen waren oder zerbröselt. Ich weiß nicht, wie er das geschafft hat. Erhard rauchte sechzehn Zigarren am Tage, paffte und qualmte sie mehr, als daß er sie rauchte. Erst etwa drei Monate vor seinem Tode reduzierte er seinen Zigarrenkonsum erheblich. Ich empfand es 1949 als ein besonderes Erlebnis, ihn kennenlernen und mit ihm diskutieren zu dürfen.

Ich arbeitete weiter an Reden und Artikeln, machte Vorschläge zum Grundgesetz, die oftmals von Ministerpräsident Karl Arnold in die Debatte eingebracht wurden. Mein Interesse am Verfassungsrecht bestätigten auch spätere Arbeiten. In der Zeitschrift „Die öffentliche Verwaltung" schrieb ich im Juli 1951 einen Aufsatz, der bis in den Deutschen Bundestag hinein Beachtung fand: „Der Mensch als Hoheitsträger". „Im freiheitlichen Rechtsstaat", so betonte ich, „ist der erste ‚Hoheitsträger' nicht ein Amt oder eine Behörde oder ein Präsident, sondern der Mensch."

———

Karl Arnold, christlicher Gewerkschaftler und Ministerpräsident von Nordrhein-Westfalen, lehnte die Sozialisierung ab: Es nütze und helfe den Menschen wenig, die Macht des Kapitals durch die des Staates oder der Gesellschaft zu ersetzen. Man müsse alles von der Würde des Menschen her sehen und lösen. Sie seien zum Miteinander geboren, nicht zum Gegeneinander. So sollten sie sich als Partner begreifen – auch Arbeitnehmer und Arbeitgeber, Gewerkschaften und Unternehmen. Er ließ den Jüngeren gerne an diesen Gedanken teilhaben, diskutierte sie und bat gelegentlich um Mitwirkung. Partnerschaft statt Klassenkampf – das war es. (Siehe hierzu mein Buch „Karl Arnold", Bonn 1960, und meine Festrede im Landtag von Nordrhein-Westfalen am 21. März 2001.)

So formulierten wir später gemeinsam: „Partner sind bereit, den anderen ebenso gelten zu lassen wie sich selbst ... Die menschliche Achtung ist unabhängig vom sozialen Stand. Weder ist der ein Lump, der arm ist, noch der, der reich ist ... Kapital und Arbeit sind voneinander abhängig. Erst im Zusammenwirken werden sie fruchtbar. Partnerschaft bedeutet niemals Nivellierung ... In gegenseitiger Anerkennung miteinander auskommen, das ist der Inhalt sozialer Partnerschaft ... Mitbestimmung ... schafft konkrete Möglichkeiten für die Anwendung partnerschaftlicher Prinzipien."

Der Beschluß eines Arbeitskreises des Bochumer Katholikentages im September 1949 kam für mich nicht überraschend. Er lautete: „Die katholischen Arbeiter und Unternehmer stimmen darin überein, daß das Mitbestimmungsrecht aller Mitarbeitenden bei sozialen, personalen und wirtschaftlichen Fragen ein natürliches Recht in gottgewollter Ordnung ist, dem die Mitverantwortung aller entspricht. Wir fordern seine gesetzliche Festlegung."

Noch im Herbst 1949 legte die Fraktion der CDU/CSU im Deutschen Bundestag einen Gesetzentwurf zur Mitbestimmung vor. Weitere Entwürfe und Gesetze folgten in späteren Jahren.

Ich erinnere mich aus jener Zeit an einen Vortrag von Professor Gundlach SJ von der päpstlichen Universität Gregoriana in Rom. Er spräche hier in Köln zwar nur für sich, begann er, aber die Brille, durch die er sehe, sei aus Rom. Er setzte sie mit unvergleichlicher Geste auf, um seinen Vortrag zu halten. Dann folgten seine erheblichen Einwände gegen diese Politik.

————

Dieser Erfahrung wegen reiste ich 1957 auf Bitten Karl Arnolds nach Rom. Wir wollten diese Mißverständnisse nicht beim nächsten gesellschaftspolitischen Schritt nach der Mitbestimmung erneut erleben, sondern nun bald – auf dem bevorstehenden Bundesparteitag in Hamburg – unsere Beschlüsse zur breiteren Streuung des privaten Eigentums wie zum Miteigentum der Arbeitnehmer am Unternehmen fassen. Es gelang, nach wichtigen Erörterungen, auch im vatikanischen Rom Anklang für diese Überlegungen zu gewinnen.

Ich halte diese Erinnerungen hier fest, weil diese gesellschaftspolitischen Fragen an wichtigen Eckpunkten meines Lebens eine entscheidende Rolle spielten. Als ich mir 1973 herausnahm zu sagen, die Partnerschaft dürfe nicht aufhören, wo der Gewinn anfange, und gar noch eine Verbesserung der Mitbestimmungsrechte forderte, da wackelte mein Stuhl. Ich hatte mein Risiko gekannt: Ludwig Erhard gratulierte mir nach meiner Rede auf dem Berliner Parteitag 1968 so überschwenglich, daß ich diese Worte nicht wiedergebe. Er vergaß nicht hinzuzufügen: „Fackeln Sie nicht. Ihre und unsere Zukunft liegt in der rechten Mitte." Schon bald nach dem Kriege, als erste politische Aktivitäten von mir ins Gespräch kamen, erklärte der Kölner Kardinal Frings auf Befragen: „Der junge Herr Barzel steht ja etwas weit links, aber das macht doch nichts."

———

Carl Spiecker, nun im demokratischen Deutschland als geachteten Bürger und mit deren Mandat in hohen Ämtern zu wissen und zu erleben (für manche auch: ihn so wiederzusehen) – das zählte im Ausland weithin. Das sagten mir Spieckers Besucher, während sie bei mir im Vorzimmer das Gespräch mit ihm erwarteten. „Ich habe nie zu hoffen gewagt, auf diesen guten Freund und Demokraten noch je im Vorzimmer eines deutschen Amtes warten zu dürfen", so die Polin aus Paris, Antonina Valentina.

Ich erinnere mich an den besorgten Besuch des britischen Generals Sir Brian Robertson, des britischen „Hohen Kommissars", in der Vertretung unseres Landes im Grüneburgweg in Frankfurt: Spiecker lag wegen eines plötzlichen Herzanfalls unter dem von den USA sofort zur Verfügung gestellten Sauerstoff-Zelt und kämpfte um sein Leben. Spiecker galt damals, nicht nur in alliierten Kreisen, als der künftige deutsche Regierungschef. Er wurde es nicht, weil Adenauer aus Bonn sich mit seiner „kleinen" Koalition durchsetzte.

Aus Bonn war immer mehr zu hören, daß Adenauer als Präsident des Parlamentarischen Rates zunehmend Statur gewann. Im Einvernehmen mit den Alliierten hatten die Ministerpräsidenten dieses verfassungsgebende Organ eingesetzt, die deutschen Landtage daran mitgewirkt. Es entstanden und entwickelten sich Rivalitäten, bald ein Prestige-Kampf: Hier Wirtschaftsrat in Frankfurt, da Parlamentarischer Rat in Bonn. In Bonn bastele wie bereits erwähnt, Adenauer, so die Kunde, an einer „kleinen" Koalition: CDU/CSU plus FDP. In Frankfurt galt das vielen – nicht nur denen, die Karl Arnold oder Carl Spiecker sich als ersten Bundeskanzler wünschten – als unzeitgemäßer „Bürgerblock".

––––––

Zu mir kamen immer mehr Botschaftsräte, um mich mit Blick auf die Beratungen zum Grundgesetz besorgt zu fragen, ob Deutschland künftig auch genügend bundesstaatlich organisiert sein werde. Die Sorge vor einer zu starken Zentrale in Deutschland schwang stets mit. Die so fragten, übersahen, daß Deutschland aus dem föderativen Aufbau Kraft gewann, weil die „Zentrale" nicht von oben wirkte, sondern von unten nach oben entstand und so Gewicht gewann. Indem den Holsteinern ihre Schulbücher blieben wie den Bayern ihre Eigenarten – in Ländern, also eigenen Staaten –, gewann Deutschland Kraft. Der Föderalismus erwies sich als Kraftquell, nicht als Hemmung. Franzosen und Briten war das weitgehend fremd wegen ihrer mehr zentralistischen Strukturen zu Hause. Die Amerikaner verstanden das aus ihrem „e pluribus unum" (Einheit aus Vielfalt) .

––––––

Am 16. November 1953 starb Carl Spiecker in Königstein. Kurz zuvor schrieb er eine Postkarte an seine Kabinettskollegin Christine Teusch. Hinter seiner Unterschrift machte er ein Kreuz ... Er starb gläubig in innerer Ruhe. Minister-präsident Karl Arnold ordnete ein „Staatsbegräbnis" an und übertrug mir, das auszurichten. Dazu gab es keine Vor-schriften oder „Vorgänge". Die Dominikaner-Patres in Wal-berberg waren bereit, diesen Toten bei sich aufzunehmen. Pater Siemer predigte im Requiem. Dazu kamen mehr Teil-nehmer, als in der Kirche Platz hatten. Viele Diplomaten, Politiker und Journalisten drängten sich. Einige waren von weit her, auch aus dem Ausland, angereist. Carl Spiecker ist beerdigt auf dem Kloster-Friedhof der Dominikaner in Wal-berberg. Seine Frau und sein Sohn Rochus fanden später in Nähe seines Grabes ihre letzte Ruhestätte.

Das alles halte ich nicht nur aus meiner Erinnerung fest, weil es so war und zum Nachdenken anregt, sondern auch, weil es zeigt, was alles auf mich einwirkte, wie spannend und ereignisreich Politik aus der Warte des Vorzimmers sein kann.

Der Weg der Siegermächte vom Morgenthau-Plan am 19. September 1944 bis hin zum Marshall-Plan am 5. Juni 1947 ist dramatisch – entscheidend für die Nachkriegsord-nung in Deutschland und in Europa.

Hierzu harren viele Fragen der Antwort. Welche Konzep-te und welche Kräfte rangen um Einfluß und Gestaltung? Wie nahm Deutschland hin, was da von Siegermächten ge-wollt war? Wie wirkte wer ein? Keiner?

Es gibt einen weiteren Punkt zum Beweis für deutsches Einwirken auf die Nachkriegs-Politik, auf die Ordnung in Europa. Ich kann ihn bezeugen. Die „Siegermächte" ver-kündeten zu Ende des Jahres 1948 das „Ruhr-Statut". Es enthielt besondere Auflagen der Besatzungsmächte zur Ge-staltung des damals industriellen Zentrums Deutschlands. Immer wieder hatte die Sowjetunion ihr Mitspracherecht als Siegermacht über alle Fragen, die das Ruhrgebiet betrafen, eingefordert! Immer wieder hatten Großbritannien und die USA das abgelehnt.

Karl Arnold, Ministerpräsident des Landes Nordrhein-Westfalen, antwortete auf diese besatzungsrechtliche Aufla-ge mit einer europäischen Vision! Im NWDR erklärte er am 1. Januar 1949: „Könnte man daher nicht an Stelle einer einseitigen und daher notwendigerweise verärgernden Kontrolle des Ruhrgebiets einen völkerrechtlichen Zweckverband auf genossenschaftlicher Grundlage errichten? In diesem Zweckverband würde Deutschland die Ruhr, Frankreich das Erzvorkommen Lothringens, beide die Saar, Belgien und Luxemburg ihre Schwerindustrie einbringen. Ohne eine grundlegende Neuordnung Europas können Frieden, Freiheit und Fortschritt nicht herbeigeführt werden. Alle Völker sehnen sich nach diesem Ziel. Aber alte Vorstellungen und die stets rückwärts tendierenden Kräfte des Nationalismus und Egoismus schieben sich wie Sperrmauern in den Lauf einer fortschrittlichen Entwicklung. Diese Hindernisse müssen durch eine mutige Entscheidung und durch den Einsatz der moralischen Kräfte in allen Völkern beseitigt werden. Wer Europa bejaht, der verneint eine einseitige Internationalisierung der Ruhr, und wer eine einseitige Kontrolle der Ruhr bejaht, der verneint Europa. Das ist der ganze Ernst, vor den uns das Schicksal stellt.“

Aus dieser Vision wurde, was heute als Europäische Union wirkt! Ich kann bezeugen, daß Jean Monnet in Luxemburg als Präsident der „Europäischen Hohen Behörde für Kohle und Stahl“ den Ministerpräsidenten Karl Arnold mit den Worten begrüßte, er freue sich, den „Vater der Montan-Union“ empfangen zu dürfen.

———

Damals in Frankfurt galten unser Bemühen und unsere Sorge immer wieder der Frage: Werden wir es diesmal schaffen? Das Scheitern der Weimarer Republik in Berlin, nach dem

Ersten Weltkrieg war uns stets eine wirksame Mahnung! Diese Frage nahmen wir mit nach Bonn. In den ersten Monaten des Jahres 1949 übersiedelte die Landesvertretung dorthin, genau: nach Bad Godesberg, Hochkreuzallee 246. Das Haus dient jetzt dem Zentralkomitee der deutschen Katholiken. Wir fanden eine schöne, luftige, geräumige Wohnung in der Poppelsdorfer Allee.

––––––

In Bonn gab es viel Arbeit. Da Karl Arnold der erste Präsident des Bundesrates, Katzenberger zum Direktor des Bundesrates gewählt wurde und Spiecker die Landesvertretung leitete, hatte ich besondere Möglichkeiten und Pflichten.

Ich konnte mitwirken an der Gestaltung der Geschäftsordnung des Bundesrates wie an der des Vermittlungsausschusses und an der Entwicklung des Begriffs und der Praxis der „Zustimmungs-Gesetze". Der föderative Grundgedanke unseres freiheitlichen und sozialen Rechtsstaates mußte vom Grundgesetz in die Verfassungswirklichkeit eingeführt werden. Ich dachte dabei oft an Spieckers Forderung, „veraltete Ideen durch Besseres, Neues" gar nicht erst Boden fassen zu lassen. Die neue Republik entstand von unten nach oben, wuchs aus den Gemeinden, Städten und Ländern zusammen – nicht zum Einheitsstaat des Zentralismus, sondern zur Ordnung in Vielfalt. Auch an Frau Schmittmann dachte ich oft, las das Buch ihres ermordeten Mannes nochmals.

Vor allem hatte ich damit zu tun, das Grundgesetz in Verfassungswirklichkeit umsetzen und Lehren aus dem Scheitern der Weimarer Republik ziehen zu helfen. Bald galt meine Arbeit zwei besonderen Vorhaben: der Montan-Union und der Wehrverfassung.

Am 8. Mai 1950 jährte sich zum fünften Mal der Tag der deutschen Kapitulation. Frankreich nutzte den Gedenktag, um einen Weg in die Zukunft zu markieren, der den Grundstock für die Ordnung in Europa legen sollte.

Pflimlin überbrachte Adenauer ein Memorandum der französischen Regierung:

„Die französische Regierung schlägt vor, die gesamte französisch-deutsche Kohle- und Stahlerzeugung in einer den anderen europäischen Ländern offenstehenden Organisation einer gemeinsamen Hohen Behörde zu unterstellen. Das Zusammenlegen der Kohle- und Stahlerzeugung wird zwangsläufig zur ersten Etappe des Europäischen Staatenbundes, der sofortigen Schaffung gemeinsamer Grundlagen für den Ausbau der Wirtschaft und zu einem Wandel im Geschick dieser Länder führen, die so lange an der Herstellung von Waffen für Kriege gearbeitet haben, denen sie selbst immer wieder zum Opfer gefallen sind."

„An der so angeknüpften Gemeinschaftsproduktion wird es sich erweisen, daß jeder Krieg zwischen Frankreich und Deutschland nunmehr nicht nur undenkbar, sondern auch materiell unmöglich ist. Die Aufrichtung dieser, allen Ländern, welche sich daran beteiligen wollen, zugänglichen machtvollen Produktionseinheit, die die Lieferung der wesentlichen Elemente der industriellen Erzeugung zu den gleichen Bedingungen für alle in ihr zusammengeschlossenen Länder anstrebt, wird die wirklichen Grundlagen zu ihrer wirtschaftlichen Vereinigung schaffen."

„Diese Produktion soll ausnahmslos und ohne Unterschied der gesamten Welt angeboten werden, um damit einen Beitrag zur Hebung des Lebensstandards und zum Fortschritt der Werke des Friedens zu leisten. Mit dem so erzielten Zuwachs an Mitteln kann dann Europa an die Verwirklichung einer seiner wesentlichen Aufgaben herangehen, nämlich die Erschließung des afrikanischen Kontinents."

„Somit wird einfach und rasch die Verschmelzung von Interessen, die zur Bildung einer Wirtschaftsgemeinschaft unerläßlich sind, verwirklicht und der Ansatz zu einer umfassenderen und tieferen Gemeinschaft der Länder geschaffen, die so lange durch blutige Streitigkeiten getrennt waren."

„Durch die Zusammenfassung der Grundproduktionen und die Errichtung einer neuen Hohen Behörde, an deren Entscheidungen Frankreich, Deutschland und die ihr beitretenden Länder gebunden sind, schafft dieser Vorschlag die ersten festen Grundlagen zu einer für die Erhaltung des Friedens unerläßlichen Europäischen Föderation."

Adenauer reagierte sofort positiv auf das Angebot aus Paris. Manche übersehen, daß dieser Initiative Frankreichs die Anregung Arnolds vorausgegangen war. Und dieser Idee aus Düsseldorf hatte Adenauer im Gespräch zugestimmt, bevor Frankreich sie übernahm. Wer annähme, daß Frankreich das nicht gewußt habe, bevor es diese Initiative ergriff, der kennt weder Paris noch die Welt.

Am 6. Juni 1951 legte die Bundesregierung den „Entwurf eines Gesetzes betreffend den Vertrag über die Gründung der Europäischen Gemeinschaft für Kohle und Stahl vom 18. April 1951" dem Bundesrat, später auch dem Bundestag, zur Ratifikation vor. „Durch den Vertrag", so warb die Bundesregierung für den Gesetzentwurf, „begründen die sechs Unterzeichnerstaaten (Belgien, Bundesrepublik Deutschland, Frankreich, Italien, Luxemburg, Niederlande) eine überregionale Gemeinschaft, die den Zweck hat, durch Zusammenlegung von Hoheitsrechten in bezug auf die Grundstoffindustrie einen gemeinsamen Markt für Kohle und Stahl zu bilden".

Der Bundesrat debattierte die Vorlage am 27. Juni 1951. Karl Arnold nannte den Entwurf eines „der entscheidendsten Abkommen, die je geschlossen worden sind". Es gelte, den „europäischen Zusammenschluß ohne Rücksicht auf atavistische Souveränitätshemmungen durchzuführen". Arnold erinnerte an seine Initiative vom 1. Januar 1947, die einen solchen völkerrechtlichen „Zweckverband" als „Anfang der vom deutschen Volk erstrebten europäischen Integration" gefordert hatte. Er sprach ohne Stolz, aber mit großer Sicherheit. Auch Karl Mohr und Erich Kordt hatten an dieser großen Rede mitgearbeitet.

Diese Beratung fand statt vor dem Hintergrund der gemeinsamen Erkenntnis, daß ein neuer Krieg in Europa unvorstellbar und unmöglich würde, wenn eine europäische „Hohe Behörde" die Grundstoffindustrie leite. Luise Rehling zitierte in der Debatte des Bundestages vom 11. Januar 1952 Paul Reynaud: „Wenn es uns gelingt, hier zum ersten Mal die punktierten Ländergrenzen auszulöschen, dann wird es uns auch gelingen, die Tränen der Mütter in Europa zu trocknen."

Bald erhielt unsere Begeisterung in Düsseldorf einen Dämpfer: Ausgerechnet aus der Landesregierung von Nordrhein-Westfalen wurden ernsthafte Bedenken gegen den Vertrag geäußert: Mit ihm übertrage der Bund Hoheitsrechte des Landes auf eine europäische Einrichtung. Es steht dem Bund nicht zu, über Landesrechte zu verfügen!

Es bedurfte angestrengter Bemühungen, aus diesem Dilemma über einen europäischen Vertrag, den der Ministerpräsident Nordrhein-Westfalens angeregt hatte, herauszukommen. Wir fanden eine pragmatische Lösung, über die Ministerpräsident Karl Arnold am 4. Dezember 1953 vor dem Hauptausschuß des Landtags so berichtete:

„Nach dem Vertrag über die Gründung der Europäischen Gemeinschaft für Kohle und Stahl ist nun die Bundesrepublik Deutschland, nicht aber das Land Mitglied der Gemeinschaft, und beteiligt im Sinn des Vertrages sind auch nur die Unternehmen, ihre Verbände usw., nicht aber das Land."

„Da aber Kohle und Stahl innerhalb Deutschlands zu mehr als 9/10 in unserem Land gewonnen werden und da andererseits Kohle und Stahl ein wesentliches Fundament unseres Landes bilden, mußte das erste Ziel der Landesregierung hinsichtlich der Montan-Union sein, über ihre Politik informiert und in die Willensbildung, die der Festlegung dieser Politik vorausgeht, so weit wie möglich eingeschaltet zu werden. Dieses Ziel mußte sowohl gegenüber der Bundesregierung wie gegenüber den Organen der Montan-Union verfolgt werden."

„Ich kann Ihnen die erfreuliche Mitteilung machen, daß dieses Ziel erreicht werden kann. Unser Land wird sowohl in Bonn wie in Luxemburg und Straßburg informiert und gehört. Die Landesregierung hat einen engen und dauernden Kontakt zu den zuständigen Stellen der Bundesregierung und der Montan-Union."

„Und eine weitere erfreuliche Mitteilung: Diese Arbeit wurde aufgenommen und wird geleistet ohne Vergrößerung der Verwaltung. Sie obliegt im wesentlichen einem Beamten unserer Vertretung in Bonn."

Diese Mitteilung des Ministerpräsidenten gründete sich auf eine entsprechende schriftliche Vereinbarung zwischen Bundes- und Landesregierung.

So wurde ich Beauftragter des Landes für die Montan-Union, reiste an die Ruhr, nach Luxemburg und Straßburg, nahm an den internen Beratungen der Ministerial-Beamten der Bundesregierung teil, die zu den Vorschlägen für die deutsche Haltung in den europäischen Gremien führten.

Bald bat mich das Europa-Archiv, über die ersten Schritte der Europäischen Gemeinschaft in regelmäßigen Abständen zu berichten. Beim Blättern in diesen Druckfahnen fällt auf, daß es damals ganz handfest – neben Kohle und Stahl – auch um Schrott ging.

Im Deutschen Bundestag kam es zu heftigen, kontroversen Debatten über diesen Vertrag. Am 11. Januar 1952 wurde er mit 232 gegen 143 Stimmen bei vier Enthaltungen gebilligt. Die SPD kämpfte gegen diesen europäischen Vertrag – für mich eine der verwunderlichsten Tatsachen der deutschen Nachkriegspolitik.

Nach Spieckers Tod am 16. November 1953 ernannte Karl Arnold Arthur Sträter zum Minister für Bundesangelegenheiten des Landes Nordrhein-Westfalen.

Dieser Anwalt aus Soest war verheiratet mit der Tochter des legendären preußischen Kultusministers Otto Böhlitz.

Sträter war der Gegentyp zu Karl Arnold: elegant gekleidet, evangelisch, wirtschaftsnah, sehr belesen und interessiert an allen schönen Künsten. Er hatte in Westfalen eine feste Position. Indem Arnold diesen Mitstreiter, der sein Stellvertreter war, nach Bonn schickte, machte er deutlich, daß Nordrhein-Westfalen und dessen Ministerpräsident auf dem Bonner Parkett weiterhin stark in Erscheinung treten wolle und werde.

Arthur Sträter haßte G'schaftlhuberei, Terminnot und Hektik. Seine hohe Intelligenz erlaubte ihm, ein Aktenstück zu überfliegen und sofort den springenden Punkt zu finden, zwei präzise Fragen zu stellen und dann treffsicher zu entscheiden.

————

Mit dem festen Vorsatz „Nie wieder Krieg!", „Nie wieder Diktatur!", waren wir, Übriggebliebene der Kriegsgeneration, heimgekehrt. „Ohne mich!" riefen viele von uns, als 1950 die Diskussion um einen deutschen Wehrbeitrag begann. Kaum einer wollte wieder deutsche Soldaten. Das Für und Wider wurde heftiger. Innenminister Gustav Heinemann – damals CDU – verließ am 11. Oktober 1950 aus Protest gegen die Wiederbewaffnung die Bundesregierung unter Kanzler Adenauer. Der hitzige Streit um den deutschen Wehrbeitrag im westlichen Bündnis bestimmte die politische Debatte. Heinemann gründete zuerst die „Notgemeinschaft für den Frieden Europas", dann die „Gesamtdeutsche Volkspartei". SPD und weite Teile der Gewerkschaften opponierten und unterstützten das „ohne mich!" durch Volksbewegungen. Auch in der Union gab es Gegner der deutschen Wiederbewaffnung.

Ich selbst war aufgewühlt, verstand zunächst beide Seiten. Schließlich überwog für mich das Adenauersche Argument, im Interesse der Sicherheit Deutschlands nur durch den deutschen Wehrbeitrag Einfluß auf die Politik der Westmächte und zugleich den Respekt der Sowjetunion gewinnen zu können.

„Kein politisches Thema seit dem Zweiten Weltkrieg hat die Westdeutschen so aufgewühlt wie die Wiederbewaffnung ... Die Regierung Adenauer wurde für gut eineinhalb Jahre in ein tiefes Wellental der Unpopularität getrieben." (Hans-Peter Schwarz „Die Ära Adenauer – Gründerjahre der Republik, 1949–1957", Stuttgart 1981, Seite 119 ff.)

Erinnerungen an die Weimarer Republik und deren Ende stellten sich ein, zumal unter uns noch Zeugen dieses Niedergangs lebten und wirkten. Sie erinnerten uns:

Die Reichswehr – eine Einrichtung nach den Vorschriften des Versailler Vertrages – hatte durchgesetzt, daß sie nur dem Reichspräsidenten gegenüber verantwortlich war (Helmut Schmidt, in: Rainer Barzel [Hrsg.], a.a.O., S. 103). Präsident Hindenburg geriet in die Abhängigkeit von unverantwortlichen Ratgebern (Willibalt Apelt, „Geschichte der Weimarer Verfassung", München 1946, S. 423). Auf die Frage, hinter wem die Reichswehr stehe, hatte General Hans von Seeckt geantwortet: „Hinter mir."

Die Reichswehr war ein Staat im Staate, nicht eingeordnet, geschweige denn untergeordnet dem Parlament und der Regierung. Die Kamarilla um den Reichspräsidenten spielte ein böses Spiel.

Carl Spiecker nannte die Dinge beim Namen (Carl Spiekker, „Germany – From Defeat to Defeat", London 1943, S. 70 f.):

„Die Reichswehr, eine Berufsarmee, geführt und ausgebildet von Offizieren, die in der kaiserlichen Armee gedient hatten, nicht gewillt, sich mit einer untergeordneten Rolle in der Republik zufriedenzugeben, ,beriet' durch ihre Führung ihren Oberbefehlshaber, den Reichspräsidenten, auch in politischen Fragen."

In den 14 Jahren der Weimarer Republik gab es 20 Kabinette. Seit 1930, dem Ende der Großen Koalition, erwies sich der Reichstag als unfähig, parlamentarische Regierungen zu bilden. Das Reich wurde mehr und mehr geführt – wenn man dieses Wort überhaupt noch gebrauchen darf – vom Reichspräsidenten, der für viele ein Ersatzkaiser war. Er regierte mit Präsidialkabinetten und Notverordnungen. Die Weimarer Reichsverfassung bestimmte in Artikel 47: „Der Reichspräsident hat den Oberbefehl über die gesamte Wehrmacht des Reichs." Das Reichsgesetz zur Wehrpflicht konnte nicht erlassen werden, weil durch den Versailler Vertrag die Wehrpflicht abgeschafft war. Das Reichswehrgesetz vom 23. März 1921 bestimmt in § 8 Absatz 2: „Der Reichspräsident ist oberster Befehlshaber der gesamten Wehrmacht. Unter ihm übt der Reichsminister Befehlsgewalt über die gesamte Wehrmacht aus. An der Spitze des Reichsheeres steht ein General als Chef der Heeresleitung, an der Spitze der Reichsmarine ein Admiral als Chef der Marineleitung."

Der Reichspräsident übertrug am 20. August 1919 seinen Oberbefehl auf den Reichswehrminister, behielt sich aber vor, unmittelbar Befehle zu erteilen. Der Chef der Heeresleitung hatte Zutritt zu den Sitzungen der Reichsregierung wie auch zum Reichspräsidenten.

Diese vielen Begriffe und Kompetenzen trugen nicht zur Klarheit bei: Oberster Befehlshaber, Befehlsgewalt, Kommandogewalt, an der Spitze … usw. Helmut Schmidt hat in seiner bereits zitierten Arbeit (Helmut Schmidt, in: Rainer Barzel [Hrsg.], a.a.O., S. 102 ff.) besonders darauf hingewiesen. Die überwiegend militärisch besetzte Kamarilla setzte „auf das Versagen des Parlamentarismus" und trug dazu bei (Karl Buchheim, „Die Weimarer Republik", München 1960, S. 114).

Ein Vertrauensmann der Reichswehr, General Groener, wurde 1928 Wehrminister. Er hatte am 10. November 1918 erklärt (Karl Buchheim, „Die Weimarer Republik", München 1960, S. 109): „Wir hoffen, durch unsere Tätigkeit einen Teil der Macht im neuen Staat an Heer und Offizierskorps zu bringen."

Schließlich beseitigte der Reichspräsident selbst die Republik, für deren Leben er mit seinem Eid einstand (Albert Schwarz, „Die Weimarer Republik", Konstanz 1958, S. 195).

Belastet mit diesen Erfahrungen unserer Geschichte gingen wir nun an die Arbeit, als das Freiwilligengesetz vorlag. Wir fragten, diesen Entwurf in der Hand und auf den Tischen: Wie sollen die Streitkräfte der Bundesrepublik Deutschland in das Gefüge unserer parlamentarischen Demokratie, wie in unsere Verfassung eingeordnet werden? Wir stellten Fragen über Fragen.

Ein Personalgutachter-Ausschuß prüfte die Personalien hoher Offiziere. Es galt, parlamentarische Demokratie und bewaffnete Macht, Grundrechte und Soldatentum im Interesse des äußeren Friedens und der beginnenden Einordnung der Bundesrepublik Deutschland in die westliche Welt so in Einklang zu bringen, daß auch der innere Friede nicht geschwächt, sondern gestärkt wurde. Das geschah bei gleichzeitigem innenpolitischen Streit über die neu entstehende Bundeswehr. Er spielte sich zwischen den Positionen „Ohne mich" (Opposition) und „Ja" (Regierung) ab.

Sicher ist: Der Versuch unserer ersten Demokratie, der Weimarer Republik, mißlang – nicht nur, aber auch – wegen des damaligen Verhältnisses von Reichswehr und demokratischem Staat. Die Tatsache, daß die Reichswehr durch den Versailler Vertrag normiert war, machte diesen Spagat fast unmöglich. So manchem Politiker dieser Zeit erschien die Reichswehr wegen dieser völkerrechtlichen Auflagen wie etwas, das zu berühren man sich zu scheuen habe.

Dem Reichskanzler Brüning verweigerte sich die Reichswehr im notwendigen Kampf gegen die NSDAP. Die Kamarilla hatte sich bei Reichspräsident Hindenburg für Brüning als Kanzler ausgesprochen, weil sie hoffte und erwartete, dieser werde als „starker Mann" entweder die Parteien zur Räson bringen oder sie domestizieren (Carl Spiecker, a.a.O., S. 70). Aufgrund dieser Erfahrungen, dieser Hinter- und Abgründe, erklärte am 10. Juni 1955 Arthur Sträter, auch er von der CDU, im Bundesrat für das Land Nordrhein-Westfalen zum Freiwilligengesetz, daß die künftigen Soldaten auf das Grundgesetz vereidigt werden sollten. Ich zitiere wörtlich: „Die Aufstellung deutscher Truppen muß so erfolgen, daß diese in die rechtsstaatliche, demokratische und bundesstaatliche Grundordnung der Bundesrepublik eingefügt werden. Insbesondere muß die parlamentarische Kontrolle über die Streitkräfte sichergestellt sein."

So erhob das damals wichtigste Land der Bundesrepublik Deutschland, wie der Bund von der CDU geführt, seine kritische, richtungweisende Stimme. Entsprechend beschloß der Bundesrat am 22. Juli 1955.

Das fand Gehör und wurde beachtet. Im Deutschen Bundestag regten sich ähnliche Gedanken. Er bildete einen Sicherheitsausschuß. Helmut Schmidt hat in der erwähnten Arbeit (Helmut Schmidt, in: Rainer Barzel [Hrsg.], a.a.O., S. 97ff.) darüber berichtet: Trotz der Gegnerschaft der SPD zur entstehenden Bundeswehr begannen gemeinsame Beratungen über die Einfügung einer Wehrverfassung in unser Grundgesetz! Ein einzigartiger Vorgang unserer Geschichte!

Der Soldat sollte nach unserer Vorstellung Bürger – Staatsbürger in Uniform – bleiben. Wir wollten eine Wehrpflichtarmee als Teil unserer parlamentarischen Demokratie, keine neue Berufsarmee. Graf Baudissin half mit seinem Konzept der „inneren Führung". Die Grundrechte sollten auch den Soldaten grundsätzlich erhalten bleiben und für sie gelten und nur so eingeschränkt werden, wie es die militärische Notwendigkeit von Befehl und Gehorsam zwingend erfordert.

Während der Korea-Krise in den Jahren 1950 und 1951 herrschte in Bonn ein Gefühl von Kriegsgefahr vor. Viele Besucher aus dem Ausland begannen die Frage zu stellen, wann – „endlich!" die einen, „etwa!?" die anderen – Deutschland wieder deutsche Soldaten aufstellen werde. Die USA drängten nun mehr auf einen deutschen Wehrbeitrag als auf Wiedergutmachung. Seit 1951 wurden Anstrengungen der Bundesregierung erkennbar, die Frage nach dem deutschen Wehrbeitrag zu stellen und zu beantworten. (Hierzu verweise ich auf Hans-Peter Schwarz „Gründerjahre der Republik. 1949–1957", Stuttgart 1981, S. 287 ff.)

Auch wir in Düsseldorf hatten uns Gedanken zu diesem Thema gemacht. Karl Arnold trug unsere Überlegungen in einer Rede in Dortmund am 5. Juni 1955 vor: Die Leistung eines deutschen Verteidigungsbeitrages bedeute eine harte nationale Notwehrpflicht.

Am 28. Mai 1955 legte Bundeskanzler Konrad Adenauer dem Bundesrat sein „Freiwilligengesetz" vor. Kurz und bündig lautete § 1 dieses Entwurfs: „Der Aufbau der Streitkräfte der Bundesrepublik Deutschland beginnt mit der Einstellung von freiwilligen Soldaten."

Wir waren entsetzt! Vergeblich suchten wir die Antwort auf die dringende Frage: Wie ist es mit den Grundrechten der Soldaten? Wo ist der Ort dieser deutschen Streitkräfte im Gefüge des Grundgesetzes? Soldaten als Beamte? Oberbefehl? Erinnerungen an die Weimarer Republik und an deren Ende stellten sich ein.

Im Auftrag des Landes Nordrhein-Westfalen wirkte ich, wie das Grundgesetz es in Artikel 43 vorsieht, bei diesen Ausschußberatungen im Bundestag mit, bald im Auftrag der Länder und des Bundesrates. Es gelang – es klingt wie ein Wunder! – ohne eine Große Koalition aller Parteien, eine Wehrverfassung mit Änderung des Grundgesetzes zustande zu bringen. Eine Sternstunde des Parlaments!

Nach einer Ausschußsitzung trafen Helmut Schmidt und ich in der Ausgangstür aufeinander. „Sie machen das gut,

Herr Barzel", rief er mir zu, um dann – etwas leiser – hinzuzufügen: „Wir in der SPD haben immer Platz für gute Leute." „Danke!" erwiderte ich, „schon vergeben!" Irgendwie war da ein Funke übergesprungen. Fortan gingen wir nicht aneinander vorbei, sondern aufeinander zu, grüßten uns, wechselten ein paar Worte. Mir schien, das war mehr als Respekt – bestimmt von meiner Seite.

———

Arthur Sträter – zugleich Herausgeber der „Westfalen-Post" – und ich fanden ein nahezu ideales Arbeitsverhältnis. Ich legte ihm nur wirklich wichtige Sachen vor, hielt ihm allen Kleinkram vom Leibe, und er beriet sich am liebsten vorsorglich, gründlich und grundsätzlich. So ergab sich ein Mechanismus schneller und präziser Entscheidungen.

Unser Neubau am Rhein zwischen Kanzler- und Presseamt, Bundesrat und Bundestag, wurde fertig. Adenauer kam als Nachbar zur Einweihung, bat um ein Mittagessen mit Spargel.

In den anderen Landesvertretungen arbeiteten Beamte von hoher Qualität: Bei den Bayern zum Beispiel Fritz Zimmermann, später Bundesinnenminister, bei den Baden-Württembergern Kurt Rebmann, später Generalbundesanwalt, und viele andere.

———

Mein Vorteil damals war, daß ich alle Ministerpräsidenten und viele der Landesminister gut kannte; daß ich in dem Ruf stand, in Düsseldorf jederzeit Gehör zu finden und oft unsere Politik zu Papier bringen durfte.

Damals wußte ich, welche lokale Zeitung des Morgens in den Staatskanzleien gelesen wurde, und fand auf diese Weise so manches Mal durch befreundete Journalisten schon zum Frühstück Aufmerksamkeit für unsere Argumente.

Der Chef der Düsseldorfer Staatskanzlei, Karl Mohr, ragte nicht nur durch Körpergröße heraus. Er war blitzgescheit und witzig, hatte großen Einfluß im deutschen Rundfunk-Wesen. Ministerialdirektor Schmidt, Sozialdemokrat, war offiziell der Vertreter meines Ministers Sträter. Er war sehr an künstlerischen Dingen interessiert. Die Feinheiten der Ministerialarbeit überließ er gerne den Referenten. Er war liebenswürdig und kenntnisreich, begehrte nicht auf, als Arnold mich – als Arthur Sträter erkrankte – mehr und mehr direkt heranzog und ich praktisch das Amt des Bevollmächtigten ausübte.

Aus dieser Zeit erinnere ich mich gerne an Frau Goltz, die mit Umsicht und Energie die Registratur zum sachkundigen Mittelpunkt der Vertretung machte. Auch an Karl Zitzmann, der schon in Frankfurt mit dabei war, denke ich gerne. Herr Rüthe amtierte hausväterlich nach innen, sah vom Papier bis zum Geld nach dem Rechten. Wenn eine Behörde funktioniert und erfolgreich wird, dann liegt das weniger an ihrem Chef und an ihren „Stars", als an der Harmonie in ihrem Innenleben und ihrer Verläßlichkeit nach draußen. Auch meine Sekretärin, Fräulein Merkelbach aus Essen, trug wesentlich dazu bei.

Zusammen mit Ministerialrat von Müller, dem Justitiar der Staatskanzlei, erhielt ich 1956 eine Einladung, die USA für sechs Wochen zu besuchen. Die Formalien, damals noch sehr streng, erledigte das Generalkonsulat in Düsseldorf zügig und freundlich. Wir flogen mit der „Super-G-Constellation" über Gander nach New York und fuhren von dort mit dem Zug nach Washington. Zur Einführung gab es in der Hauptstadt Vorträge und Diskussionen, Einladungen in amerikanische Familien, Besuche in Museen, im Kapitol und vieles mehr.

Mir ist lebhaft in Erinnerung, daß ein Ägypter, geladen wie wir, nach dem Schicksal der „Ureinwohner", der Indianer also, fragte; daß einer der Vortragenden beklagte, die härteste Arbeit des Tages sei das „come in and come out", das „bamber-on-bamber-driving" also auf dem Wege zu und von der Arbeit; eine amerikanische Familie, so ein anderer, sei eine „demokratische Gemeinschaft, in der zwei das Pech hätten, älter als die anderen zu sein"; in der Schule sei nie der Schüler, immer der Lehrer verantwortlich für schlechte Ergebnisse usw. usw.

In Denver trafen wir einen ebenfalls eingeladenen jungen britischen Abgeordneten von der Labour Party. Was wir angegeben hätten als Interessen-Gebiet, fragte er. „Rechtsfragen" und „coloured people", antworteten wir wahrheitsgemäß. Er lächelte amüsiert. Wir fragten ihn zurück, was er hier Besonderes studiere. „Brauereien und Büstenhalter-Fabriken", antwortete er schmunzelnd. Einmal habe er einen deutschen Politiker getroffen. Der habe wegen seiner Arbeits-Belastung gestöhnt, ihm dann – zum Beweis – seinen randvoll mit Terminen gespickten und mit Notizen bekritzelten Termin-Kalender gezeigt. Da habe er es nicht unterlassen können, diesen fleißigen Mann nicht nur schuldigst zu bewundern, sondern auch zu fragen: „Wann denken Sie?"

Von den USA her gesehen, das merkten wir bald, ist Deutschland ganz weit weg, fast hinter dem Horizont. Damals kam Deutschland in Zeitungen der USA nur vor, vor allem in der Provinz-Presse, wenn irgend etwas Schreckliches in Deutschland passierte, gar eine Neu-Auflage der Nazi-Gefahr befürchten ließe. So drang die Kunde vom Sturz Karl Arnolds am 20. Februar 1950 durch konstruktives Mißtrauensvotum im Landtag von Nordrhein-Westfalen, das Fritz Steinhoff gewann, mit erheblicher Verspätung zu uns vor. Damals war Telefonieren über den Atlantik ein zu teures Vergnügen. Für uns war das jenseits unserer Lebenswelt.

———

In Bonn meldete ich mich zurück zum Dienst. Auf dem Stuhl von Arthur Sträter saß nun ein anderer Abgeordneter:

Karl Siemsen, ein Anwalt von der SPD, der – wie Sträter – durch rundum saubere Weste, ohne braune Flecken und breite Sachkenntnis herausragte.

Siemsen empfing mich, hinter dem gerade eroberten ministeriellen Schreibtisch sitzend, mit ausgesuchter Höflichkeit. Ob ich CDU sei, fragte er – etwas verhalten. Eigentlich dürfe er mich das nicht fragen, antwortete ich. Ich sei Berufsbeamter. Diese amtliche Qualifikation gelte unabhängig von Partei oder Religion. Der so – ich gebe zu: etwas abrupt – Zurechtgewiesene hob fragend den Blick, den klare Augen unter hoher Stirn und weißen Haaren sympathisch machten. So schob ich nach: Ja, ich sei CDU, spielte immer mit offenen Karten.

Wir kamen in ein sachdienliches Gespräch. Er hoffe, daß ich bereit sei, vor der Belegschaft über die USA und meine Reise zu berichten. Ich sagte zu. Dann überraschte mich mein neuer Chef: Er hoffe, daß ich bleibe! Ministerpräsident Steinhoff denke auch so. Und über spätere Beförderungen usw. solle ich mir bitte keinerlei Gedanken machen. Eine faire Zusammenarbeit entstand und trug Früchte, vor allem in der laufenden Wehrgesetzgebung.

In Düsseldorf besuchte ich Karl Arnold in seinem Privathaus in Oberkassel. Ich wollte ihm nur persönlich sagen, daß ich wieder im Lande sei. Was ich dann erlebte, ging zu Herzen: Dieser bis vor kurzer Zeit mächtige Mann, dem man schon auf den Fluren jeden möglichen Wunsch von den Augen abgelesen hatte, bevor er diesen auch nur hatte äußern können, saß nun da, öffnete seine Post, schrieb Notizen, Briefe, Reden – eigenhändig. Auch einen Fahrer hatte er nicht mehr. Ich fuhr seine Frau zum Einkaufen …

Bald meldete sich Wilhelm Johnen, Vorsitzender der rheinischen CDU und der Landtagsfraktion. Man brauche meine Hilfe, begann er ohne Umschweife unser Gespräch. Er schlage – im Einvernehmen mit den Westfalen (!) – vor, daß ich mich beurlauben lasse, um die Geschäftsführung des noch zu bildenden „Landespräsidiums der CDU von

Nordrhein-Westfalen" zu übernehmen. „Geschäftsführendes Mitglied" solle ich werden.

Ich dankte und bat um Bedenkzeit. Timmchen und ich berieten uns. Mich reizte die Aufgabe, und ich traute mir zu, auch so für uns sorgen zu können, meinen Weg weiter zu gehen. Wenn das so sei, so Timmchen, dann „nur zu!" Wir wußten beide nicht, auf was wir uns da einließen!!! Am 15. Oktober 1956 beurlaubte mich die Landesregierung. Am Tag der Annahme meiner Wahl in den Deutschen Bundestag, dem 22. September 1957, wurde ich vom Dienst in Nordrhein-Westfalen kraft Gesetzes beurlaubt. Am 3. Oktober 1951 war ich zum Regierungsrat, am 9. Dezember 1952 zum Oberregierungsrat und am 21. Dezember 1954 zum Ministerialrat befördert worden.

Abgeordneter

Als ich im Oktober 1956 diese politische Aufgabe übernahm, ging ich davon aus, daß die Union nun alle Kräfte bündeln werde, um die politische Gestaltungskraft für Nordrhein-Westfalen wiederzugewinnen. Das war ein Irrtum! Ich erlebte Rangeleien zwischen der Partei und der Fraktion im Landtag, auch innerhalb der Führung, wie Aversionen gegen mich. Die neue Arbeit erwies sich als ein Sprung ins kalte Wasser.

Ich wurde von den meisten in der Partei als „Quer-Einsteiger" angesehen. Sie kannten mich nicht und ich wußte nur wenig vom Innenleben einer Partei. Man bot mir an, einen Empfang für die Landespressekonferenz auszurichten. Ich lehnte ab, besuchte statt dessen jede Redaktion in Nordrhein-Westfalen. Eine nach der anderen! Man muß, das hatte ich gelernt, einen Brief abfassen, in dem man sich gedanklich in den Adressaten hineinversetzt und andere, mit denen man zusammenarbeiten will, in ihrer gewohnten Umgebung aufsuchen – nicht zu sich bitten! Das trug Früchte, zumal ich nicht nur „unsere" Zeitungen besuchte.

So lernte ich Redaktionen kennen, nicht nur deren Düsseldorfer Korrespondenten. Und diese Redaktionen freuten sich, einen aus Düsseldorf, was immer sie von ihm hielten, zu Besuch zu haben, ihn bei sich zu Hause kennenlernen zu können. Ich gab – im ersten Anflug – das äußerst leichtsinnige Versprechen ab, meine neue Arbeit so lange zu leisten, bis – so mein Ziel – Karl Arnold wieder Ministerpräsident von Nordrhein-Westfalen sei. Er wurde es nie wieder. Und mein Versprechen?

Wir gewannen am 6. Juli 1958 die Landtagswahlen (50,5% CDU, 39,3% SPD). Wir gewannen, aber besiegten nicht wirklich Fritz Steinhoff und die SPD/FDP-Koalition – weil Karl Arnold dem strapaziösen Wahlkampf zum Opfer fiel. Das Herz! Überfordert? Auch von mir? Er starb am

29. Juni 1958 im Wahlkampf, genauer: am Wahlkampf! Sein Tod bewirkte den Wahlsieg. Nichts anderes! Kein anderer! Wir trugen den toten „Landesvater" durch die Straßen Düsseldorfs zu Grabe. Nie habe ich wieder einen solchen Trauerzug durch Tausende schweigender, ergriffener, trauriger Menschen erlebt. „Der war für uns da", murmelte eine Frau am Straßenrand.

Arthur Sträter ließ eine Totenmaske des Verstorbenen abnehmen. Frau Sträter schenkte sie mir nach dem Tode ihres Mannes. Ich habe sie 1999 weitergegeben an die Karl-Arnold-Schule in Biberach, Arnolds Heimatort. Die Familie Arnold hatte dem, von mir gefragt, zugestimmt.

Franz Meyers wurde am 21. Juli 1958 zum Ministerpräsident von Nordrhein-Westfalen gewählt, und blieb es bis zum 8. Dezember 1966. Die Landtagsfraktion der CDU hatte ihn ausgewählt. Auch die Herren H. J. Dufhues, J. Gockeln, W. Johnen kandierten. (Meyers bot mir später, 1961, an, als Kultusminister in sein Kabinett einzutreten. Ich lehnte ab, weil ich in Bonn bleiben wollte.)

———

Der Vorschlag des Landespräsidiums, mich – wie mit mir ausgemacht – auf einen sicheren Platz der Landesliste für die Bundestagswahl am 15. September 1957 zu setzen, fiel bei der Landesversammlung der CDU in Essen durch. Man hatte Heinrich Scheppmann übersehen, so sagte man. Dieser hochverdiente Mann aus der IG Bergbau erhielt in geheimer Wahl den Platz 20, für den ich vorgeschlagen war. Scheppmann gewann auch, weil Arnold sich im Ton vergriff, als er mich – besten Willens! – präsentierte. Wie immer: Ich lag daneben, war durchgefallen. „Bruchlandung", schrieb mir ein Fliegerkamerad, der das aus seiner Zeitung erfuhr.

Man wollte mir nach diesem Durchfall nicht zumuten, nun – nach unserem Kampf gegen Ministerpräsident Steinhoff – in den „Schoß" der gerade noch bekämpften Landesregierung zurückzukehren, mich mithin beim Ministerpräsidenten als „Rückkehrer" – aus beamtenrechtlichen Gründen – zum Dienst zu melden. Vielleicht künftig als „Referent für den Borkenkäfer beim Regierungspräsidenten in Detmold"? unkte ich.

Das waren schlimme Tage! Ich hatte, nicht aus eigener Schuld, Schiffbruch erlitten. Timmchen half, das durchzustehen. Meine Mutter kam nach Bonn zu uns, stand plötzlich in der Haustüre ...

Adenauer schaltete sich persönlich ein, versuchte, mir nach dem gescheiterten Versuch ein Bundestagsmandat zu erringen, ein Amt in seinem Bereich zu übertragen. Staatssekretär Globke bot mir in Adenauers Auftrag an, Stellvertreter des Bundespressechefs Felix von Eckhardt zu werden.

Globke wollte die – wie er meinte – „dringende" Einstellung beschleunigen und nicht erst die langwierige Prozedur der „Beiziehung" meiner Personal-Akten aus Düsseldorf abwarten. So ging ich, auf Globkes Bitten, zu einem Beamten des Bundeskanzleramtes, um die Formulare für die nötige Kabinettsvorlage auszufüllen und zu unterschreiben. Dieser Beamte fragte als erstes – mit ausgesuchter Höflichkeit – nach meinem Geburtsdatum. Er notierte es – und legte mit dem „Ausdruck des Bedauerns", wie er sagte, demonstrativ den Bleistift weg. „Es geht nicht!" sagte er, trotz Adenauer, trotz Globke – braver Beamter! Er zitierte das Bundes-Beamtengesetz. Ich sei für den Bund zu jung als Ministerialrat! Die Vorschrift sei zwingend.

Erneut fragten wir uns wie meine Freunde: Was nun? Unser Zutrauen in uns selbst hatte nicht gelitten. Aber unser Vertrauen in den politischen Betrieb war mehr als erschüttert. Timmchen hat mir – später – gesagt, damals sei ihr Vertrauen in „die Politik" zerbrochen. Nie hat sie mich deshalb gescholten, nie war sie deshalb verzweifelt. Wir hatten ja einander versprochen, „in guten wie in schlechten Tagen ..."

Aber: Was habe ich ihr nicht alles zugemutet?! Hatte mein Sturm und Drang sie, wie Claudia, überfordert? Hatte ich „schlechte Tage" zu risikofreudig, gar fahrlässig herbeigeführt? Vergessen, daß solche Treue und Haltung nicht nur erwartet, sondern durch eigenes Verhalten verdient werden muß? Voraussetzt, als Ehemann mit Rücksicht ans Werk zu gehen? Bringschulden! So viel hatte ich gelernt ... Claudia hat mich später direkt danach gefragt. Nicht vorwurfsvoll. Der Vorwurf kam aus mir, oft und immer wieder. Deshalb schreibe ich ihn hier auf.

Lambert Lensing, der Vorsitzende der CDU-Westfalen, suchte und fand einen Weg: Im ostwestfälischen Wahlkreis Nummer 104, Paderborn/Wiedenbrück, sei die Kandidaten-Aufstellung für die Bundestagswahl nicht abgeschlossen. Beide Kreise hätten keine Lösung für einen Kandidaten gefunden, nun sei Anton Balsliemke im Blickfeld für diese Bundestags-Kandidatur. Der aber sei Kreisgeschäftsführer in Wiedenbrück, und die westfälische Satzung schließe zwingend aus, daß ein „Hauptamtlicher" ein Mandat bekäme. Das sei unumstößlich, weil sonst die ganze Personal-Politik für den kommunalen Bereich völlig durcheinander gerate und unberechenbar werde. Und die westfälischen Bundestags-Kandidaten bedurften der Zustimmung des Landesvorstandes.

Mir wurde die für mich – wackelige – Kandidatur angetragen. Adenauer bemühte sich selbst, schrieb auch Briefe. Arnold und Sträter, vor allem Lambert Lensing, engagierten sich. Meine Prognose über den Ausgang der nun anstehenden Kampfabstimmung gegen Balsliemke, der gleichwohl kandidierte und sich als Orts-Kundiger und Orts-Ansässiger gute Chancen ausrechnen konnte, zumal er seine „hauptamtliche Tätigkeit" beenden wolle; meine Prognose hieß: Ausgang ungewiß!

Den Paderbornern paßte Balsliemke nicht. Sie nahmen mich unter die Lupe. Ich wagte viel mit dieser Kandidatur! Wäre ich (zum zweiten Male!) unterlegen, so hätte das nicht nur mich mehr als „angekratzt", sondern dem Prestige der CDU und deren Führung geschadet, also – so ist das – hätte man sich von mir, dem offenbar Glücklosen, abgewendet. Da hätten auch die positiven Aufsätze in vielen Zeitungen über mich nichts genutzt ... Und für ein Engagement an der Universität oder in der Presse war ich nun „parteipolitisch abgestempelt"! Auch Heinrich Köppler und Willi Weiskirch, Freunde aus der Katholischen Jugend, kämpften nach Kräften für mich. Aber auf die Delegierten kam es an! Adenauer und Co. hatten kein Stimmrecht, als es im Mai 1957 in Rietberg, Kreis Wiedenbrück, im Café Funke zur Abstimmung kam.

Das rettende Wunder geschah: Mit zwei Stimmen Mehrheit gewann ich die Kandidatur in einem der für die CDU sichersten Wahlkreise der Republik. Unser Aufatmen blieb von kurzer Dauer: Anton Balsliemke kämpfte weiter – gegen mich. In „meinem" Wahlkreis. Als Kreisgeschäftsführer von Wiedenbrück. (Später arbeiteten wir gut zusammen.)

In Paderborn war man hochzufrieden. Meine Freundschaft zu Georg Vockel, dem beherrschenden Lokal-Redakteur in Paderborn, entstand, entwickelte sich, hielt an durch alle Fährnisse – hält an! Auch Johannes Bitter, von der „Glocke" in Oelde, Gütersloh und Wiedenbrück, erwies sich als guter Partner. Josef Peter, Paderborner Geschäftsführer der CDU, wurde zum wichtigen Berater. Bürgermeister Christoph Tölle und Landrat Karl Rennkamp aus Paderborn bewährten sich als treue Gefährten. Wie später die Bürgermeister Herbert Schwiete, Wilhelm Lüke und Landrat Joseph Köhler.

Anders in der Bonner Partei-Zentrale: Der wackligste Wahlkreis bei dieser Bundestagswahl sei für die Union Paderborn/Wiedenbrück – dank Barzel; er werde dort mit Sicherheit eine schlimme Niederlage einstecken. Er „komme da nicht an!" So ließ die Partei-Zentrale flüstern. Das werde schon deshalb schiefgehen, weil dort ein Paderborner Landwirt, Wilhelm Freitag, Kreislandwirt, für die „Deutsche Partei" (DP) gegen ihn kandidiere. Der strapaziöse Wahlkampf ging am 15. September 1957 schließlich so aus: 68,2 Prozent oder 103 342 Stimmen für mich. Willi Freitag wurde – lebenslang – mein verläßlicher Freund in allen Lebenslagen. – Auch das gibt's in der Politik!

So kam ich, ein eben noch Angeschlagener, als Sieger zurück nach Bonn, als „Neuer", der sich in Bonn auskannte und schon einen Namen hatte.

Vor meinen mehr als hunderttausend Wählerstimmen verstummte so manch einer, der noch vor kurzem als Bedenkenträger die Nase wider mich gerümpft hatte.

Mein Wahlkreis – landwirtschaftlich und industriell strukturiert, mit einer Hochschule im Aufbau, katholisch (Paderborn) wie evangelisch (Gütersloh) ausgerichtet – erwies sich für meine politische Arbeit als höchst förderlich, weil keine Gruppe von mir „Besitz ergreifen" konnte!

Zu meinem Glück wurde 1957 Hans Katzer ebenfalls in den Deutschen Bundestag gewählt, zusammen mit Hans Toussaint und Franz Meyers auch Karl Arnold. Wir trafen uns ein paarmal in meiner Wohnung, Poppelsdorfer Allee 46. Dort berieten wir, als Karl Arnold von Bundeskanzler Konrad Adenauer kam, der ihm gerade einen Sitz in seinem Kabinett angeboten hatte. Es solle mehr sein, so habe der „Alte" sich geäußert, als das Arbeitsministerium, mehr gesellschaftspolitisch. Was er, Arnold, dazu meine?

So fragte mich nun Arnold, was mir zu Adenauers Angebot einfalle. Wir diskutierten. Ich schlug vor, dieses Bundesministerium neu zu ordnen, seine Aufgaben zu erweitern und ihm den Titel „Bundesministerium für Arbeit und Sozialordnung" zu geben. So geschah es. Karl Arnold entschied sich, nicht Mitglied der Bundesregierung zu werden. Er wollte Nordrhein-Westfalen „zurückerobern".

———

Im Zusammenhang mit der Bundestags-Wahl 1957 hatte sich die CDU etwas Besonderes einfallen lassen: Auf ihrem

Parteitag in Hamburg im Mai 1957 faßte sie den Beschluß, für den Fall des Wahlsieges das Volkswagenwerk zu privatisieren. Der Beschluß wurde in der Form eines Gesetzes-Antrages eingebracht und auch so gefaßt. Karl Arnold und Franz Etzel hielten hierzu die Reden auf dem Parteitag. Ich hatte zusammen mit Hans Katzer an der gedanklichen Vorarbeit und deren Präzision mitgewirkt.

Damals in Hamburg wurde dieser gesellschaftspolitische Aufbruch für jedermann erkennbar. Weil die deutsche Gesellschaft sich so zu mehr Demokratie und Sozialstaatlichkeit veränderte, begannen unsere Nachbarn uns zu achten. Nur diesem anderen, neuen, sozialen und demokratischen Deutschland gestatteten die Nachbarn später die deutsche Wiedervereinigung.

Die Konzeption der „Sozialen Privatisierung" gehörte für uns zusammen mit „Sozialer Marktwirtschaft" und „Sozialer Partnerschaft". Sie entsprach unseren Vorstellungen von der Würde des Menschen und einer neuen demokratischen Gesellschaft, zu der Ludwig Erhard die Politik und die Slogans „Eigentum für jeden" und „Wohlstand für alle" beigetragen hatte. Katzer fügte dem später „Bildung für jeden" hinzu.

Adenauer schuf die „Dynamische Rente", den „Sozialen Wohnungsbau", den „Lastenausgleich" und den „Familien-Lastenausgleich". – Adenauer machte dem Nationalismus den Garaus, führte uns ins Lager der westlichen Demokratien und nach Europa, wo wir hingehören.

Mir ist es unverständlich, wenn diese ersten Jahre unserer Republik – wie zum Beispiel durch Günter Grass immer wieder – als „steril" oder gar als „restaurativ" bezeichnet werden. Das gesellschaftspolitische Engagement der deutschen Nachkriegspolitik war so erfolgreich, daß die deutsche Sozialdemokratie – angetreten mit den Forderungen nach Sozialisierung, zentralisiertem Staatsaufbau und Staatsschulden – anfing, neu nachzudenken, um sich schließlich an diese neue Gesellschaftspolitik anzuschließen. Das Ringen zwischen (sozialistischem) Versorgungsstaat und (christlich-liberalem) Wohlfahrtsstaat ging aus zugunsten der Union.

War es „restaurativ", in den ersten Jahren nach dem Kriege unser modernes Grundgesetz weitgehend im Konsens der politischen Kräfte zu gestalten? Die Soziale Marktwirtschaft durchzusetzen und damit auch die Verkrustung der Kartelle aufzubrechen? Dem Gedanken der Sozialen Partnerschaft statt des Klassenkampfes Raum und Geltung zu verschaffen? Die Selbstverwaltung in der Sozialversicherung einzuführen? Mit der Einigung Europas durch die Montan-Union und die Europäische Wirtschaftsgemeinschaft zu beginnen? Gewaltverzicht auszusprechen? Auf A-, B- und C-Waffen zu verzichten? Die Satzung der UNO, deren Mitglied wir noch nicht waren, auch für und gegen uns gelten zu lassen? Den Beitritt der Bundesrepublik Deutschland zur Nord-Atlantischen Allianz (NATO) – mit dem Verzicht auf allein nationale Streitkräfte – zu vollziehen? Mehr als fünf Millionen Wohnungen bis 1957 zu bauen? Vollbeschäftigung zu erreichen, das Brutto-Sozialprodukt real jährlich um durchschnittlich acht Prozent und die Industrieproduktion um real 150 Prozent zu steigern? Mit Familien-Politik und breiter Streuung des Privateigentums anzufangen?

Wer das „restaurativ" nennt, orientiert sich an seiner ideologischen Feindseligkeit, an blinder Voreingenommenheit statt an Tatsachen!

———

Zum Mitglied des Deutschen Bundestages gewählt, mußte ich lernen, daß meine Annahme, den ganzen Betrieb schon zu kennen, falsch war: Das eine ist zu helfen und zu beraten, das andere zu gestalten und selbst zu verantworten, öffentlich mit dem eigenen Namen einzustehen. Da lernt man schnell dazu: Da gibt es Chancen. Da ist aber immer auch ein Risiko. Ich empfand das besonders, weil ich ja das Mandat als Abgeordneter auch erstrebt hatte, weil ich nicht mehr weisungsgebunden und abhängig arbeiten wollte. Ich wollte es wagen, geradezustehen für mein eigenes Tun. Jeder neugewählte Abgeordnete läuft zuerst seinen Terminen und Treffpunkten hinterher, verläuft sich auch. Bonn erscheint ihm zunächst wie ein Irrgarten. (Wie ich höre, ist das nun in Berlin nicht anders.) Da werden selbst „Wahlkreiskönige", die mit stolzer Brust ob ihrer Wahlergebnisse anreisen, schnell ganz klein.

Dann wollen alle, schon um mit dieser Mitgliedschaft zu Hause glänzen zu können, in einen „wichtigen" Ausschuß, am liebsten in den für Außenpolitik. Aber der ist natürlich voll besetzt durch Kolleginnen und Kollegen mit älteren Verdiensten und Erfahrungen. Wenige – Kluge (!) – melden sich gleich für den Petitionsausschuß an. Das wird von Älteren als Zeichen der Volksverbundenheit und des Arbeitswillens bewertet. Besonders Kundige suchen ihren Platz im heißbegehrten Haushaltsausschuß. Da kommt es auf jeden an! Aber dieses Ziel läßt sich nur mit sehr nachhaltiger Unterstützung erreichen.

Schon bei diesen ersten Schritten lernst du: Immer brauchst du eine Mehrheit – für den Sitz im Ausschuß, für die Rede im Bundestag. Ohne Kollegialität gelingt nichts. Dann, wenn die Wißbegierde der Heimatzeitung und des Parteivorstandes zu Hause gestillt sind, strebt ein jeder – möglichst bald – zu seiner ersten (natürlich „großen") Rede im Parlament. Entgegen anderen Verlautbarungen war meine erste Parlamentsrede „klein" und galt einer kulturpolitische Frage. Das fand, wie sollte es anders sein, kaum öffentliche Beachtung. Und ging auch an der Fraktion spurlos vorbei.

Nun war ich nicht mehr Helfer und Zuarbeiter für Politik. Ich wußte (und mußte lernen), daß im Parlament mit dem Wort gerungen wird. Vor allem in der Fraktion und im Ausschuß. Aus Wort und Widerwort entstehen Gesetze. Und die gelten für und gegen jedermann. Für diese Debatten gelten

feste Regeln für Wortmeldung und Redezeit, für Zwischen-
ruf und Zwischenfrage – auch kann man da, öffentlich (!)
„zur Ordnung" wie „zur Sache" gerufen und gezwungen
werden.

Durch Kritik und Echo lernte ich, nicht ungestüm zu reden, sondern – möglichst – mit Bedacht die Worte zu
wählen. Denn: Du holst kein Wort zurück! Natürlich gelang
das anfangs selten und später nicht oft genug. Freunde
mahnten mich, meine Begabung zur Spontaneität zu zügeln. Ich kam ohne parlamentarischen Ordnungsruf durch
alle meine Debatten. Das ist kein Ausweis für Vortrefflich-
keit: Herbert Wehner zum Beispiel, ein so angesehner wie
wirksamer Parlamentarier, erhielt immer wieder Ordnungsrufe – und die trug er, so schien mir, wie Orden. Ich war da
penibler. Ob er mich deshalb als „glatt" einstufte? Ich glaube, daß Politologen und Journalisten zu diesem Innenleben
des politischen Kampfes im Parlament schwerlich Zugang
finden können. Das muß man selbst erleben.

Jedenfalls ist die parlamentarische Debatte alles andere
als ein Gespräch. Letzteres ist lockerer. Da darf man dazwi-
schenreden, sich versprechen, wiederholen, ausschweifen,
mit dem Nachbarn tuscheln. Später, als Pensionär, mußte
ich diese Form des ungezwungenen Gedankenaustauschs
wieder lernen.

Und doch drücken in beiden Formen des Dialogs Worte
Gedanken aus, artikulieren Gefühle, wecken Hoffnungen.
Politik findet, vor allem in unserer parlamentarischen Demokratie, mit Worten statt. Aus Worten werden Entscheidungen, bilden sich Meinungen, werden Mehrheiten.

Manchmal sind schon Worte von Politikern Taten. Wer
Politik verstehen will, kommt an der Mühsal nicht vorbei,
politische Texte sorgsam zu lesen – auch nicht an der Not-
wendigkeit, genau zu prüfen, ob Politiker ihre Zuflucht zum
Wort nehmen, um Taten zu vermeiden. Das eine ist – zum
Beispiel –, mit markigen Worten gegen Rassismus und
Nationalismus verbal zu streiten, das andere sind Gesetze,

welche die Verwaltung zwingen, zum Beispiel nazistische Umzüge und Aufläufe zu unterbinden. So rundet sich der Kreis: Aus Worten werden Gesetze, aus diesen Wirklichkeit. Jedenfalls sind Worte Waffen. Sie sind Leben. „Um Wort und Widerwort" – das war auf einer Plastik im Landtag von Nordrhein-Westfalen eingraviert. Worte sind formulierte Gedanken. Als Hitler den Reichstag zur „Schwatzbude" herabsetzte, wußte er genau, was er tat und damit anrichtete.

––––––

Am 29. April 1958 geschah es: Ich durfte – als erster Redner der Union – eine Rede zum Antrag der SPD-Opposition zur Volksbefragung über die atomare Bewaffnung halten. Ich „durfte". Kiesinger half in den internen Beratungen vor dieser Debatte, daß die Auswahl auf mich fiel. Da gibt es immer Rangeleien und Rivalitäten! Erster Redner in einer so wichtigen Debatte – das zählt und wird beachtet.

Mein Vater kam und war sichtbar stolz, als er von der Tribüne des Bundestages seinem Sohn zuhörte. Ich erwähne das, weil mir in der ARD durch Alexander Mitscherlich angedichtet wurde, ich sei vaterlos aufgewachsen.

Diese Rede fand ein besonderes Echo – nicht nur wegen des Themas und einer geglückten „Jungfern-Rede" –, vor allem, weil Herbert Wehner sich so erregte und störte, daß er zwei Ordnungsrufe bekam! „Hitler ist in Weimar geboren", sagte ich. Dazu gab es Zwischenrufe und Tumulte. Das Harmloseste war noch „unerhört!", „pfui!", „Verleumdung!" Ich fuhr fort: „… , daß wir nie wieder dahin kommen dürfen, wo Weimar endete … Als die Bomben uns in der Heimat alles vernichteten und als wir an der Front das große Sterben erleben mußten, da erst hat meine Generation erfahren, daß Krieg und Hitler nicht aus dem Nichts, nicht aus der Luft gekommen waren, sondern leider in Weimar geboren worden sind."

Vielen war das aus dem Herzen gesprochen, besonders

meiner, der Kriegsgeneration. Wir sind ja Soldaten und Kriegsgefangene gewesen, Heimkehrer und Kriegsopfer, Ausgebombte und Flüchtlinge. Es wird zu oft übersehen, was es da an Krüppeln und fortdauerndem seelischen Leid gab – auch noch gibt. Diese Rede war nicht nur rhetorisch ein Erfolg. Der Antrag der SPD implodierte, zerfiel in sich. Viele Zeitungen druckten diese Rede. Sie sei, meinten einige, mein „Durchbruch". So veränderte sich viel für mich. In der Bundesbahn zum Beispiel stießen sich manche an, um auf mich aufmerksam zu machen. Viele Kreisparteien forderten mich als Redner an. Dieser Ruf als Redner blieb mir treu. Im Jahre 1981 wurde ich zum „Redner des Jahres" gewählt.

Kollegen, die mich – später, als Fraktionsvorsitzenden – baten, ihnen mein „Geheimnis" preiszugeben, das „Erfolgsrezept" meiner Bundestagsreden mitzuteilen, verwies ich auf meine Mutter, der ich alles verdanke. – Manchmal gab ich Kollegen den Rat, den der Berliner Theaterkritiker so formuliert hatte: „Was gestrichen ist, kann nicht durchfallen." Und: Wer dreißig Minuten im Parlament frei reden wolle – und die freie Rede schreibt die Geschäftsordnung des Deutschen Bundestages vor (diese Bestimmung wird immer wieder verletzt; es geschieht, daß schriftlich vorbereitete und ausformulierte Reden, obwohl nicht „frei" gehalten, „zu Protokoll" genommen werden) –, also: Wer dreißig Minuten frei reden wolle, müsse neunzig Minuten „wissen".

Wie auch immer: Politische Schlachten sind bei uns Rededuelle! Man ringt mit dem Wort, um das Wort, so um den Inhalt. Manch' gute Sache verlor, weil sie keinen überzeugenden Sprecher fand. Und umgekehrt. Die Abgeordneten reisen zu den großen Turnieren in die Hauptstadt, zu ihrem Tummelplatz, ihrem „Paukboden". Da wird dann alles entschieden. Die „Helden" in der parlamentarischen Demokratie sind eher Redner als Täter. In Bonn trug man so „Gefechte" aus, Inhalte werden so gestaltet oder verworfen; so wird gewonnen und verloren. In der Sache wie zur Person.

Das war schon so, bevor Franz Josef Strauß die, wie er es nannte, „Lufthoheit über den Stammtischen" eroberte und ausübte.

––––––––

Für mich überraschend bat Konrad Adenauer mich 1958 zum Gespräch ins Palais Schaumburg, dem Bundeskanzleramt. Ich sei nun schon einige Monate „dabei", hätte noch keinen Wunsch an ihn gerichtet, da wolle er 'mal sehen, wie es mir so ginge, schließlich kennten wir uns ja schon länger. So begann Adenauer die Unterhaltung. Ja, bemerkte ich, in der Wolfsschlucht bei Düsseldorf hätten wir uns getroffen anläßlich einer Parteiveranstaltung. „Und früher in Luxemburg", warf der Bundeskanzler ein. Konrad Adenauer hatte Frau Schmittmann berichtet, er habe da unlängst in Düsseldorf einen „höflichen jungen Mann" kennengelernt, einen aus Ostpreußen und Berlin. Frau Schmittmann erzählte mir das bald weiter.

Ich erinnere mich an den Inhalt dieses Gesprächs mit Adenauer nicht mehr genau. Offenbar hatte der Kanzler nichts auf dem Herzen. Es war wohl so, wie er zu Beginn gesagt hatte: Er wolle sich ein Bild davon machen, wie es mir so ginge, was er mit mir anfangen könne.

Wir er mich stehend und mir entgegenkommend begrüßt und mich zum Sitzen eingeladen hatte, wie er dann – kerzengerade – dasaß und mich aus seinen unendlich tiefen Augen so ansah, daß es mir durch und durch ging; und wie er zuhörte – das nahm für diesen alten, höflichen Herrn ein. Sein Blick zwang, sich knapp zu fassen, genau zu sprechen, und auf den Punkt zu kommen, keinesfalls auszuweichen oder auszuschweifen; nichts zu verbergen.

Adenauer hatte sich Zeit genommen und strahlte eine Ruhe aus, als habe er auf mich gewartet und nichts Wichtigeres zu tun. Schon auf dem Wege in sein Büro war mir aufgefallen, daß da nichts auffiel, nichts Hektisches war wahrnehmbar. Da eilten keine Aktenträger durch die Flure, niemand schlug Türen, keiner guckte aus dem Türspalt, um neugierig zu sehen, wer da jetzt komme. In Adenauers Kanzleramt herrschte das Prinzip Ruhe. Man konnte sich als Besucher kaum vorstellen, daß es hinter den vielen Türen geschäftig zuging, daß Telefone klingelten und Schreibmaschinen klapperten. Adenauer erhob sich, um mich zu verabschieden. Begleitete mich zwei Schritte auf die Türe zu, sagte ein paar Worte, die mich Wohlwollen fühlen ließen und auch künftiges Augenmerk auf mich. –

Im April 1960 erregte Franz Meyers auf dem Karlsruher Parteitag der CDU Aufsehen mit seiner Rede „zum Schutz für Gesundheit und Leben in der industrialisierten Welt". In Nordrhein-Westfalen kam es zu ersten Schritten in dieser Richtung: Ein Immissionsschutzgesetz wurde 1962 erlassen, eine Landesanstalt für Immissions- und Bodenschutz errichtet und ein Programm gegen Umweltbelastung 1963 eingeführt. Seit 1957 arbeitete ich mit im „Beirat beim Zentralausschuß der christlich-sozialen Kollegenschaft im DGB". Sie gab die „Gesellschaftspolitischen Kommentare" heraus. Da schrieb ich am 15. Dezember 1957 und am 15. Februar 1958 über „Partnerschaft als gleichberechtigte Zusammenarbeit statt Klassenkampf", formulierte den Inhalt der „Sozialen Partnerschaft" und forderte die Mitbestimmung. Diese sei „ein sozialer Fortschritt". Dazu gehörten auch: Volksaktien, Ergebnisbeteiligung und Miteigentum. Auch außenpolitisch müßten diese Gedanken gelten: „Die Welt von heute und morgen ist – in Frieden und Freiheit – nur als eine Welt von Partnern denkbar." Partnerschaft sei eine Übung der Toleranz. Und diese bedeute und verlange, „den anderen in seiner Stellung, in seinem Glauben, seiner Meinung, ja in seinem Irrtum gelten zu lassen" … Das hindere nicht, „die andere Meinung zu bekämpfen, hindert aber, den anderen als Mitmenschen wegen dieser Meinung zu bekämpfen".

Eugen Gerstenmaier hielt eine vielbeachtete Rede, in der

er die „Grenzen des Sozialen Rechtsstaates" feststellte. Damit war ich nicht einverstanden. Ich schrieb dagegen: „Wohlfahrtsstaat gegen Versorgungsstaat" (in Heft 30, November 1958 „Die politische Meinung") und „Gesellschaftspolitik im Atomzeitalter" (Oktober 1959, ebenda). Dabei sprach ich mich gegen das Ende der Reformen, für den sozialen Wohlfahrtsstaat und gegen den sozialistischen Versorgungsstaat aus. „Sozial" meine „immer weniger allein Fragen der Arbeitnehmer oder der Fürsorge und immer mehr Fragen der gesellschaftlichen Ordnung, der Gerechtigkeit für alle Schichten der Gesellschaft". Es sei nicht entscheidend, „ob wir heute oder morgen zum Mond fliegen". Entscheidend sei „die Sorge um den Menschen, damit er sittlich und technisch imstande sei, die neuen technischen Möglichkeiten segensreich zu beherrschen". Dieses Thema ist uns treu geblieben. Heute heißen die Stichworte „klonen" und „Gene".

———

Es wurde für Hans Katzer und für mich nicht leicht, CDU/CSU-Mitglieder im Wirtschaftsausschuß des Bundestages zu werden. Wir seien zu „gesellschaftspolitisch" orientiert, zu „links". Ich hielt in dieser Debatte meine erste kurze Rede in der Fraktion. Wir setzten uns durch.

Diese Arbeit machte Spaß. Ich erinnere mich vor allem an die Beratung des Bundesbank-Gesetzes und an die Soziale Privatisierung des Volkswagenwerks. Hans Katzer bestach bei diesen Beratungen durch Kenntnis und Engagement. Später wurde er Vorsitzender des Bundestagsausschusses für den wirtschaftlichen Besitz des Bundes (1961 bis 1965), dann Bundesminister für Arbeit und Sozialordnung. In Fritz Hellwig hatten wir im Wirtschaftsausschuß einen Vorsitzenden von seltenem Format und herausragender Sachkunde.

Bald kam es zur Wahl zum Fraktionsvorstand. Heinrich

Krone, unser hochgeschätzter Fraktionsvorsitzender, hatte mich ermuntert zu kandidieren. Ich fiel durch. Krone sagte zu anderen Kollegen, das sei ganz gut so. Viele meinten, ich bildete mich mehr und mehr durch meine kritischen Kurzbeiträge in der Fraktion zum „Sprecher der Beckbenscher" heraus. Später gab ich Jüngeren den Rat: Man müsse solange auf den Vorstand schimpfen, bis man ihm angehöre.

———

Als junger Abgeordneter machte ich im Jahre 1958 eine Wehrübung bei den Seefliegern. Im Kriege hatte ich in dieser Einheit als Fliegerleutnant gedient. Als Reservist wurde ich, da die Seeflieger nun zur Marine gehörten, Oberleutnant zur See der Reserve. Ich leistete meine Wehrübung in Kiel-Holtenau. Ich wollte erfahren, wie unsere Wehrgesetze, bei denen ich mitgewirkt hatte, in der Praxis sich bewährten oder zur Klage Anlaß gaben. Meine Erlebnisse und Eindrücke führten zu einem positiven Urteil: Demokratie und Bundeswehr paßten gut zueinander. Wehrpflicht und Innere Führung harmonisierten mit politischen Bedürfnissen. Auch Helmut Schmidt entzog sich dieser moralischen Notwendigkeit nicht. Nicht allen in der SPD paßte das. Noch während seiner Wehrübung wurde er aus dem Fraktionsvorstand seiner Fraktion im Deutschen Bundestag herausgewählt!

Offenbar war ich mit meiner Arbeit aufgefallen. Nach meiner Nicht-Wahl in den Fraktionsvorstand grauste mir ein wenig vor internen, geheimen Wahlen in Partei und Fraktion. Wenn ich an solche Situationen zurückdenke, ist immer ein kleines Zipperlein nicht fern. Ich weiß nicht mehr, was mich veranlaßte, für den Bundesvorstand der CDU zu kandidieren oder eine mir angetragene Kandidatur anzunehmen. Aus meinen Unterlagen ergibt sich, daß ich am 23. Mai 1960 vom Bundesausschuß meiner Partei mit 101 von 133 gültigen Stimmen in geheimer Wahl zum Mitglied des Bundesvorstandes gewählt wurde. Am 13. Juli 1962 bin ich mit den meisten Stimmen wieder in den Bundesvorstand gewählt worden. Das wurde beachtet, weil wir wenige waren, die auf diese Weise sowohl in der Führung der Fraktion wie in die der Partei gewählt waren.

Aus diesem Mandat erwuchsen später meine Mitgliedschaft im Fernsehrat des ZDF und der Vorsitz im „Freundeskreis" der Union in diesem wichtigen Gremium. Wie die Dinge in Mainz lagen, kam es uns zu, dem Fernsehrat den ersten Intendanten des ZDF vorzuschlagen. Wir berieten im „Freundeskreis" und wählten – geheim, mit Zetteln – Karl Holzamer. Der Fernsehrat folgte diesem Vorschlag.

Bei dieser Prozedur unterlief mir, dem Anfänger, ein schlimmer Fehler: Ich ließ die Wahlzettel von Herrn Krause, Vertreter des Beamtenbundes, auszählen, weil ich ihm vertraute. Nicht dieses Vertrauen war ein Fehler, sondern die Prozedur: Es müssen immer mehrere Stimmauszähler am Werk sein! Dieser Formfehler wurde weder bemerkt noch gerügt. Wir hatten Glück: Karl Holzamer wurde ein vorzüglicher Intendant des Zweiten Deutschen Fernsehens!

Ich berichte über diese internen Wahlen auch, weil es zu viele Mißverständnisse über den Rang der innerparteilichen Demokratie in Deutschland gibt! Keiner, der da oben sitzt oder steht, fällt aus dem Himmel auf seinen Sessel oder sein Podest! Das Vertrauen im Volk und in der Partei ist da vorausgesetzt!

———

Das Land Nordrhein-Westfalen hatte einen „Ost-Westfalen-Plan" aufgelegt. Ostwestfalen, Paderborn gehörte dazu, war in vielerlei Hinsicht gegenüber den Landstrichen entlang der Rhein-Schiene, dem Ruhrgebiet, dem Sauer- und dem Münsterland zurückgeblieben. Ich fand in der Egge noch bäuerliche Betriebe ohne fließendes Wasser vor! Es gab viel zu tun! Ich war entschlossen, meinen Beitrag zu leisten, richtete mein Augenmerk auch auf Pläne, wieder eine Hochschule in Paderborn zu errichten und die Kaiser-Pfalz zu restaurieren. Es erwies sich als hilfreich, daß ich mich nicht nur in Bonn, sondern auch in der Landesregierung Düsseldorf gut auskannte. Wieviel Zeit und Kraft wird oft verbraucht für die Arbeit herauszufinden, wer wofür zuständig ist, wie dieser oder jener zu erreichen ist, welche Haushaltstitel es wofür gibt usw.

Woche für Woche fuhr ich nach Paderborn und Wiedenbrück in meinen Wahlkreis, nahm dort auch eine kleine Wohnung im Hause von Fritz Wesche, Ferdinandstraße. Die Familie blieb in Bonn, damit wir wenigstens wochentags zusammensein konnten. Andere regelten das andersherum.

Jeden Monat hielt ich in jedem der beiden Landkreise, nicht nur in den Kreisstädten, Sprechstunden. Das war fast neu, vor allem in der Beständigkeit. Immer mehr Menschen wollten mit mir sprechen über die Sorgen ihres Alltags, über Renten, Wohnen, Arbeit, auch über Erben. Menschen standen oft bis auf die Straße Schlange, um zu mir ins Parteibüro zu kommen. Manche suchten Rat für ihr Leben. Andere verstanden die Gesetze nicht, fanden sie schlecht und ungerecht, wollten einiges ändern. Keiner blieb ohne Antwort – mündlich oder schriftlich. Ich bemühte mich, keinen ohne Trost zu verabschieden. So wurde ich nicht zum „Honoratioren-Abgeordneten" und wirkte in Bonn als einer, der sich auskannte.

Das ruhige Gespräch gelang nicht immer; denn der eine oder die andere kam, um ihren Auftritt zu haben, nicht um Rat und Hilfe zu suchen, sondern zu randalieren und sich den Kropf zu leeren.

Entgegen den Erwartungen der Polizei kam es in all den Jahren nicht zu Tätlichkeiten – wenn man den immer wiederkehrenden Besuch einer schwierigen Dame wohl als Zudringlichkeit, nicht aber als Tätlichkeit einzuordnen bereit ist. Jeder Brief wurde beantwortet, die Post im Bundestag stöhnte: Ich sei ihr bester Kunde.

Zu meinem sechzigsten Geburtstag ernannte mich die

Stadt Paderborn durch einstimmigen Beschluß vom 20. Oktober 1984 zu ihrem Ehrenbürger – die schönste unter meinen vielen Auszeichnungen!

Ich machte einen Plan, nach dem ich in jeder Legislaturperiode jeden der fast hundert Orte mindestens einmal zu Bericht und Aussprache besuchte. In Paderborn gab es immer wieder politische Aussprache-Abende, wie auch in Gütersloh. Da wurde heftig diskutiert, also teilgenommen an der Arbeit des Abgeordneten. Ich fühlte mich herausgefordert, wurde auch kritisiert, vor allem: begleitet. Die sonntäglichen Frühschoppen der Sozialausschüsse in Paderborn besuchte ich, wann immer ich es zeitlich einrichten konnte.

Es entstand ein guter Kontakt zu den Mohns von Bertelsmann in Gütersloh, zu Heinz Nixdorf in Paderborn und zu den beiden Eisenbahn-Ausbesserungswerken in Paderborn. Mit nachdrücklichem Einsatz gelang es, beide Werke zu halten. Die Zusammenarbeit mit dem Gewerkschaftssekretär der ÖTV, Ernst Schmitz, und mit dem der Eisenbahner, Joseph Köhler, bewirkte Gutes. Später wurde Köhler Landrat von Paderborn, schied nach jahrelanger Arbeit als Ehrenlandrat aus. Er war ein guter Kollege, auch Mitglied des Landtages, später Präsident des Deutschen Landkreistages. Eine Freundschaft zu begründen, fehlte die Zeit. Wir waren verläßliche Kollegen. Als ich rufmörderisch bekämpft wurde, war er zur Stelle, wie vor allem Willi Freitag, Herbert Schwiete und Georg Vockel, wie auch der Oberkreisdirektor Henke und die Stadtdirektoren Sasse und Ferlings. Die wiederbegründete Universität konnte ich unterstützen und mit den Erzbischöfen Lorenz Kardinal Jaeger und Johannes Joachim Degenhardt gut zusammenarbeiten in den Fragen, die uns zu Recht miteinander angingen. Franz Hengsbach, ein väterlicher Freund, war nun nicht mehr Weihbischof in Paderborn. Er wurde erster Bischof von Essen, bald auch Kardinal. Wir waren freundschaftlich verbunden bis zu seinem Tode. Auch er stand, als es galt.

Es gelang, den Bund für unsere Probleme zu interessieren; zum Beispiel: Die B 68, Bundesstraße von Paderborn nach Bielefeld, war in einem jämmerlichen Zustand und überaus unfallträchtig. Ich rügte das öffentlich mit unmißverständlichen Worten. Minister Seebohm half. Vom Bund erwarben wir – für die Anerkennungsgebühr von einer Mark – das Schloß in Neuhaus. Der Ort hieß nun „Schloß Neuhaus". Ein Streit entstand, wer die neuen Straßen- und Bahnhofsschilder bezahlen solle. Wie das ausging, weiß ich nicht mehr.

Das alles sprach sich herum. Man gewöhnte sich an mich, den „Neuen", den „Fremdling", für einige auch den „Eindringling". Als ich dann irgendwann in den Fraktionsvorstand in Bonn gewählt wurde, avancierte ich zu „unser Abgeordneter". Prestige „zu Hause" ist das eine, überörtliche Anerkennung das andere. Der Erfolg fordert beides.

Die schwerste Arbeit – die neue Grenze des Truppenübungsplatzes Senne – stand noch bevor. Ich fand diese Lage vor: Das große Gelände wurde von den Briten auch mit Panzern genutzt. Zugleich bevorzugten es Jäger für ihr Waidwerk. Dem Forstmeister Keimer gelang es offenbar immer wieder, die verschiedenen Interessen und Ansprüche unter einen Hut zu bringen. Viele wollten in der Senne zur Jagd gehen. An Herrn Keimer führte kein Weg vorbei.

Ich sei „kein Jäger", sagte ich so, daß es in der Zeitung zu lesen war. Damit war ich öffentlich auf die Seite der Bauern getreten. Man plante nämlich, den Truppenübungsplatz so zu erweitern, daß ein ganzes Dorf geopfert würde. Ich legte mich quer – ohne jede formale Kompetenz! Wenn der Platz militärisch nicht ausreiche, so könne man ja ein Stück des Teutoburger Waldes dazunehmen – besser als ein Dorf verschwinden zu lassen! Diese Position paßte den Jägern so ganz und gar nicht in ihre Pläne. Denn das Rotwild hauste im Wald, trat von dort in die Ebene der Senne. Viele der „Großen" aus Politik, Wirtschaft und Kultur, auch vom Militär, sämtlich Jäger, nahmen da erstmals einen jungen Abgeordneten wahr; sein Name wurde herumgereicht. Der müsse ja „links" und „ehrgeizig" sein. Es wurde ein Kampf an vielen Fronten, lauten und leisen.

Es gelang zunächst, den befreundeten Staatssekretär Busch vom Bundesschatzministerium (so hieß das später) einzuschalten und Franz Josef Strauß, den Verteidigungsminister, für eine Ortsbesichtigung im Sommer 1961 zu gewinnen. Ich setzte nicht darauf, diesen hohen Herren mit ihren hochrangigen Begleitern nur das Problem nahezubringen. Dann wären sie – bestenfalls mit dem Kompliment „sehr befriedigend" – wieder nach Hause gefahren, anderen Akten und Problemen zu. So wäre die Senne im Nebel schwindender Erinnerung weiter verschlafen worden. Schließlich war mein „erlernter" Beruf, was ich immer wieder gerne betonte, der des „gelernten" Ministerialrats.

Es galt, konkret zu werden; anhand eines greifbaren und begreifbaren Modells die Diskussion auf den Punkt, also die Frage zur Entscheidung zu bringen. In der Paderborner Landwirtschaftskammer fand ich einen so sympathischen wie sachkundigen Partner: Heinrich Jüngst. Wir nahmen uns viel Zeit mit Landkarten, Bodenanalysen, Hektarerträgen und dem Problem waldnaher Bäuerlichkeit. Nicht nur „reisen", „leben" bildet!

Wir waren überzeugt, daß wir allein mit dem Nein zur Erweiterung des Truppenübungsplatzes nicht durchdringen würden. Nicht bei der militärischen Seite, aber auch nicht in der Bevölkerung, die damals von der kommunistischen Gefahr ebenso überzeugt war wie von der Notwendigkeit der Landesverteidigung.

Wir begannen ganz behutsam, eine Linie erst zu denken, dann zu zeichnen. Sie sollte unser maßvolles Entgegenkommen an die militärische Führung ebenso deutlich machen wie die Verteidigung der über 180 Höfe, um die es ging. Wir feilten daran immer wieder. Dann stand unser Angebot! Es wurde so verwirklicht – nur ein Dutzend landwirtschaftlicher Betriebe fielen der Senne-Erweiterung zum Opfer! Und die Truppe erhielt mehr Platz zum Üben. Das Ergebnis ist noch als „Barzel-Linie" in älteren Landkarten verzeichnet, lebt in vieler Menschen Erinnerung in und um Hövelhof fort.

———

Mit einem monatlichen im „Westfälischen Volksblatt" erscheinenden „Wort an die Wähler" suchte ich dafür zu sorgen, daß ich auch politisch mit den Wählerinnen und Wählern in Kontakt blieb. So gab es am 17. September 1961 wieder ein schönes Wahlergebnis: 64,9% oder 108 431 Stimmen für mich.

Meine Freunde in Bonn, Will Rasner, Ludwig von Danwitz und Jupp Rösing, feierten ausgiebig mit Timmchen, Claudia und mir. Heinrich Krone gratulierte, er redete mich nun in Briefen freundschaftlich mit „Carissimo", später nur noch mit „C" an. Wir trafen uns oft, berieten die Lage. Manchmal trug Heinrich Krone die Ergebnisse zu Konrad Adenauer, der sehr auf diesen erfahrenen Mann hörte.

In dieser Zeit wurden einige in den überregionalen Zeitungen auf mich aufmerksam. Hans-Ulrich Kempski besuchte mich in der Poppelsdorfer Allee und interviewte mich für die „Süddeutsche Zeitung". Der „Spiegel" berichtete bald aus Bonn von einem, so nannte er das, „Stopp-Barzel-now-movement".

Franz Josef Strauß und ich galten für viele in der Republik als Rivalen. Nicht nur in einer Hinsicht stimmte das. Wir beide studierten minutiös die Wahlergebnisse in den beiden Wahlkreisen, die so ganz unterschiedliche Strukturen aufwiesen, aber im Ergebnis stets nahe beieinander lagen.

Es gibt auch Nettes zu berichten: Im Deutschen Bundestag holten die Abgeordneten ihre Post damals, zu Adenauers Zeit, selbst ab. Ich bekam 1957 das Fach 13, betrachtete das als ein glückliches Omen und behielt es 1961 nach meiner Wiederwahl bei. Das Beste daran: Unter den Postfächern stand ein großer Kasten für Papierabfälle. Den größeren Teil der Papiere aus meinem Postfach – Werbungen, Albernheiten usw. – warf ich sofort schnell in diesen Kasten. Nur nie einen frankierten Brief!

An einem Sonnabend-Nachmittag im Herbst 1961 war ich gerade so produktiv mit meinen Posteingängen beschäftigt, als zwei hochgeschätzte Kolleginnen zu mir stießen. Sie waren – wie man damals sagte – „sonntäglich" gekleidet. Ich fragte, was der Grund für diese Feierlichkeit zum Wochenende am Sonnabend sei. Meine Kolleginnen Elisabeth Schwarzhaupt und Aenne Brauksiepe erklärten sich: Sie müßten gleich „zum Kanzler" (Adenauer). Was sie dort sollten oder wollten? Eine Frau als Bundesministerin verlangen! Schließlich hätten die Frauen zum Wahlsieg erheblich beigetragen. So wollten sie ihre Forderung rechtzeitig beim Kanzler erheben; der sei, so hätten sie gehört, gerade mit seiner Kabinettsliste beschäftigt.

„Viel Glück!" sagte ich zu diesen beliebten Kolleginnen. Sie antworteten mit fragenden Gesichtern. „Wenn Sie mir einen Rat erlauben?" Sie bejahten. So gab ich diesen Rat: „Wenn Sie jetzt zu Konrad Adenauer gehen und eine erste Bundesministerin fordern, wird er Ihnen danken und aufs Liebenswürdigste zustimmen. Wenn Sie aber wirklich eine erste Bundesministerin durchsetzen wollen, so müssen Sie anders verfahren: Nämlich dem Kanzler klipp und klar sagen" – ich sah dabei Aenne an –, „daß Elisabeth Schwarzhaupt die erste Bundesministerin werden solle. Das sei die Forderung der CDU-Frauen. Und Frau Schwarzhaupt solle ein dringend nötiges Bundesministerium für Gesundheit führen. Bitte, so rate ich, werden Sie konkret! Sonst verlassen Sie das Gespräch mit einer fröhlichen Zusicherung der Sympathie des Kanzlers!"

Aenne sah mich an. Wir kannten uns gut. Ihr Mann war Redakteur bei der „Glocke" in Oelde, einer für meinen Wahlkreis sehr wichtigen Zeitung. Ich ermunterte sie: Eine Frau vorzuschlagen, das sei nichts. *Sie* müsse schon ihre Kollegin Elisabeth Schwarzhaupt vorschlagen. Und zwar nicht als Bundesministerin, sondern als Bundesministerin für Gesundheit.

Die beiden Schöngemachten dankten, gingen flugs zum Kanzler. Dieser schlug bald dem Bundespräsidenten Frau Oberkirchenrätin Dr. Elisabeth Schwarzhaupt als Ministerin für das Gesundheitswesen vor. Sie wurde ernannt, vor dem Bundestag vereidigt und ziert heute unsere Briefmarken.

———

Später, als ich Fraktionsvorsitzender war, berichteten meine Kolleginnen von einem Besuch der sozialdemokratischen Abgeordnetinnen. „Was ist bei Euch los?" hätten diese sie gefragt. „Ihr stellt nun eine Bundesministerin, eine Vizepräsidentin des Deutschen Bundestages, zwei Ausschußvorsitzende und eine Stellvertretende Fraktionsvorsitzende! Was ist los?"

Aenne Brauksiepe habe, so hörte ich auch von der nachbarlichen Fraktion, geantwortet: „Was soll los sein bei uns?! Wir haben einen jungen Fraktionsvorsitzenden."

Sie hatte wohl ganz schlicht recht. Ich hatte kein besonderes Verdienst an dieser Entwicklung. Ich kam aus einer anderen Generation als Konrad Adenauer und Ludwig Erhard, Heinrich von Brentano, Heinrich Krone, Heinrich Lübke; aus der dezimierten, in Bonn aber kaum wahrnehmbaren Kriegsgeneration. Vor allem: Ich führte mit Timmchen eine sichtbar partnerschaftliche Ehe.

Frauen in der Politik? Zu dieser Frage schrieb ich – nach meinem Ausscheiden aus der aktiven Politik – einen Beitrag in einem Sammelband zu Ehren von Loki Schmidt: Man spricht von Frauen in der Politik – und dann zählt man an wenigen Händen die auf, die in Parlamenten, Präsidien, Regierungen und Verwaltungen an hoher Stelle amtieren. Meinen Respekt und meine Verehrung! Wo ich helfen konnte, diese Zahl zu vermehren und den Rang zu erhöhen, da war ich zur Stelle und werde es wieder sein.

Doch das ist, Pardon, noch nicht alles! Ist die Sekretärin des Kanzlers, die ihn morgens zuerst sieht und abends zuletzt mit ihm spricht, keine politische Frau? Wenn sie sortiert und vorarbeitet, telefoniert und notiert? Ein guter Chef fragt sie auch, will auch ihr Urteil. Das Herz einer Botschaft ist die Frau, auch wenn sie im Stellenplan nicht vorkommt und die Gehaltsliste sie ausspart. Und die Frauen der Landräte, der Bürgermeister, der Abgeordneten: nur deren Ehepartner „in der Politik"? Wo leben wir denn? Aber das sei doch deriviert, nur abgeleitet, nicht originär und aus sich. Wer lacht da? Und die Mandate der Männer – selbsternannt und befördert? Nein, nein: Die Politik greift sie sich allemal beide, Mann und Frau; beide wirken da; auf verschiedene Weise. Beide.

Wenn meine Frau nach Abgeordnetenabenden bei uns die „Neuen" beurteilte; wenn sie mit Journalisten sprach; wenn die Kanzler sie beiseite nahmen, um nach ihrem Urteil zu fragen; wenn sie im Ausland ihr eigenes Programm so ausführte, daß es die politischen Absichten unterstützte; wenn sie ihre Natürlichkeit „einbrachte", ihr Lächeln, ihre unbekümmerte Offenheit, ihren Liebreiz in diese Welt des zu oft vorgeformt Gefrorenen wie des vorweg zweckhaft Gestanzten; wenn sie im Wahlkampf vielleicht eher und sicherer den springenden Punkt fand; wenn sie Menschen gewann, die mich ablehnten; wenn ich sie beim Frühstück immer wieder als potentielle kritische Wählerin neu überzeugen mußte (und so schon trainierter und gewitzter als andere zur Sitzung kam); wenn sie die Notwendigkeit zur Pause unauffällig herbeizuführen wußte; mich weder trieb noch hemmte; wußte, wann es Zeit war zu reden, wann zu schweigen; wenn sie den Entwurf gelesen und einfach gesagt hatte: „Gestern hast du mir das beim Frühstück besser klargemacht?" Wenn das alles so war – und so war es –, war das alles nur deriviert, nicht ursprünglich? Wenn ihr's nicht fühlt, ihr werdet's nicht erjagen …

Aus dieser Zeit erinnere ich mich an ein einschneidendes

Erlebnis: Der Bau der Mauer durch Berlin am 13. August 1961. Ich hatte die Nachrichten am Morgen in meiner Paderborner Wohnung im Rundfunk gehört und war elektrisiert. Gibt es nun Krieg? So meine erste Reaktion. Es war ein Sonntag im Bundestags-Wahlkampf, und ich hatte ein Programm voller Redeverpflichtungen. Ich hielt alle diese Termine ein und äußerte heftigen Protest. Meine Zuhörer nahmen das beifällig auf. Beim Herausgehen zum obligaten Schnaps an der Theke nach Ende der Veranstaltungen gesellten sich wie immer die örtlichen Verantwortlichen zu mir – auch sie voller Kriegsangst. Aber alle mahnten, bedächtig zu sein.

Die Mauer sollte nicht nur das Flucht-Schlupfloch Berlin schließen, sondern war auch offensiv gemeint: Wer hier an die Menschen, Bürger der DDR, heran will, muß mit uns, der SED, muß mit Ulbricht sprechen. Sie diente als Instrument der Politik, welche die Anerkennung der DDR als zweiten deutschen Staat erzwingen wollte. Aber: Sie war mehr als ein Zeichen der Schwäche. Wer an seine Sache glaubt, sucht den freien Wettbewerb! Die Mauer signalisierte die Niederlage der „Weltrevolution".

Am 14. November 1961 leistete Konrad Adenauer, zum vierten Male als gerade vom Deutschen Bundestag gewählter und vom Bundespräsidenten bestellter Bundeskanzler, seinen Eid auf das Grundgesetz. Während dieses Verfassungsaktes war der Bundestag nur halb besetzt. Eines politischen Streits wegen – es ging um Verteidigung – trieb die SPD ihre Opposition auf die Spitze und blieb der Eidesleistung fern. Es war nicht anheimelnd damals im Parlament, kaum noch „geschäftsmäßig".

Konrad Adenauer kam nach Ende der Sitzung mit großen, bedächtigen Schritten von der Regierungsbank, nahm mich beiseite. Wir setzten uns, so schlug er vor, in die dritte Bank des nun leeren Plenums. So, daß gerade ein paar

Fotografen das sehen und festhalten konnten. Was sollte das? Was wollte er? Diese Auszeichnung! Wir hätten zwar gewonnen – begann er, aber er sorge sich um die CDU. Sie werde ihm zu sehr „Wirtschaftspartei" – und nicht alle gegenwärtigen Abgeordneten würde er gerne wahlkämpfend persönlich unterstützen. Auch fehlten Schwung, Klarheit und „richtige Gedanken". Nachdem er einige Zeitlang so eher laut gedacht als gesprochen hatte, bat er mich, mir „das Ganze durch den Kopf gehen zu lassen und die Ergebnisse aufzuschreiben".

Ich schaute ihn, wie ich mich erinnere und die Bilder ausweisen, mehr überrascht als verständnislos an. Vor allem wohl fragend – ohne, des bin ich gewiß, ein Wort dazu zu sagen. Mir hatte es die Sprache verschlagen. Seine Augen erlaubten auch dieses Mal kein Ausweichen, keine Ausflucht. Er suchte meinen Blick. „Ich bitte Sie, denken Sie nach über die geistigen Grundlagen unserer Zeit, über die CDU und die Chance unserer Politik in der Zukunft." Er wolle das – als Auftrag an mich – dem Bundesvorstand vorschlagen. „Nehmen Sie sich drei Monate Zeit. Bitte!" Der Bundesvorstand beschloß nach seinem Antrag. Ich habe mehr als drei Monate daran gearbeitet. Die Arbeit liegt vor.

Arnulf Baring berichtet in seinem Buch „Machtwechsel" (1983): „In einer für alle Politiker, aber für ihn ganz besonders charakteristischen Mischung der Motive war Adenauer bei seinem Gespräch mit Barzel einerseits von der feinen Witterung für den Wetterumschlag und daher von einem neuerwachten programmatischen Interesse angetrieben. Adenauer sah – und sagte – ganz richtig, man müsse rechtzeitig ins Auge fassen, was da kommen könne. Daher hatte er als Parteivorsitzender bald darauf, im Dezember 1961, seinen CDU-Bundesvorstand veranlaßt, Barzel mit ‚Untersuchungen über das geistige und gesellschaftliche Bild der Gegenwart und die künftigen Aufgaben der CDU' zu beauftragen. Einige Monate später, zu Ostern 1962, lagen die Ergebnisse vor."

Das Echo auf meine Studie war diffus: Zuerst empörte sich Adenauer sehr heftig im Gespräch mit mir: Wie ich diesen Papst überhaupt zitieren könne! „Kennen Sie den eigentlich? Ich war gerade bei ihm. Er will ein Konzil abhalten, wozu – das wisse er wohl selbst offensichtlich nicht! Auch wisse er nicht, was dabei rauskommen solle!" Für den Kanzler war, das hatte ich schon begriffen, es schlechterdings unvernünftig, irgendwo und irgendwie eine Sitzung einzuberufen, ohne – als Vorsitzender – mit dem fertigen, schriftlich formulierten Ergebnis hineinzugehen!

Dann fiel Adenauer im Bundesvorstand, dem offiziellen Auftraggeber meiner Studie, über mich her: „Meine Politik steht nicht unter Gottes Wort und Gebot!" Dieser Satz aus meiner Studie gefiel andererseits den evangelischen Kollegen des Bundesvorstands ganz besonders. Luise Rehling mahnte: „Nun mal langsam!" Wo gebe es schon eine politische Partei an der Regierung, die so bemüht um geistige Dimensionen ringe?! Ludwig Erhard verteidigte die Studie. Andere rügten, man „spüre das Packpapier der lateinischen Grammatik". So gab es Kritik und Anerkennung.

Ich wurde gebeten, vor dem Bundesparteiausschuß der CDU am 5. Juni 1962 in Dortmund vorzutragen. Der Text wurde publiziert und ist seither im Protokoll des Dortmunder Parteitages nachzulesen. Einige suchten aus mir den „Partei-Ideologen" zu machen, andere den „Sänger des Hohen C". Was soll's? Der Schein trügt immer.

Alles in allem, so meine ich jetzt, hatte die Debatte gelohnt. Man sah eine Partei kritisch über sich selbst nachdenken. Hätte es das doch in den achtziger und neunziger Jahren gegeben! Baring schreibt: Man könnte Barzels „frühe Fragen als Motto über das ganze Jahrzehnt schreiben". Meine Studie vom 20. März 1962 forderte nicht nur energisch das Festhalten am „C", die Auflösung der Spannung zur Welt der Kunst und der Kultur, klare Grundsätze und eine ebensolche Führung. Sie scheute sich nicht, unbequeme Wahrheiten auch an die eigene Adresse zu richten:

Zum Beispiel hieß es in Ziffer 26: „Ein Wahlsieg der SPD 1965, auch im Sinne der absoluten Mehrheit, ist, wenn auch unerwünscht und unwahrscheinlich, nicht unmöglich, falls die Union nicht lebendiger, anziehender und – in einigen Bereichen – fleißiger wird, falls sie eher zerstritten als einig auftritt, zögert statt führt, allein dem Tag und seiner Sorge lebt oder auch nur zu leben scheint ...“ Der Union werde unter anderem vorgeworfen, sie habe „ihre Politik zunehmend nach Tageserfordernissen, Demoskopie und ‚Randwählern‘ ausgerichtet und so den sie tragenden Kern vernachlässigt“ (Ziffer 41). Ich warnte energisch, Politik zur „Anpassungsartistik“ verkommen zu lassen (Ziffer 97 ff.) oder zu übersehen, daß Wohlstand auch Unruhe, Unrast und Einsamkeit wie die „Gefährdung des Lebensraumes des einzelnen“ bewirke; keinesfalls dürfe zurückbleibende seelische und geistige Erfüllung zum Preis für materielles Wohlbefinden werden.

„Der geschichtliche Ansatz der CDU/CSU“, so steht da, „ist das Ende der Ideologien, ihre sichtbare Katastrophe in Faschismus, Nationalsozialismus und Kommunismus, ihr unauflösbares Dilemma in Liberalismus und Sozialismus ... Die Union als eine politische Bewegung, die aus geistigem und moralischem Impuls entstanden und deren Programm von einer geistigen Grundhaltung geprägt ist, muß immer auf der Höhe wissenschaftlicher Erkenntnisse und selbst eine geistige Kraft sein, darf ihre praktische Politik nie aus dem kritischen Spannungsfeld zur Theorie entlassen“. Die Studie beklagte „unterentwickeltes Nationalbewußtsein“, „Stimmungsdemokratie“, „selbstsichere Sattheit und Trägheit“. Immer aber sei es der Union gut bekommen, wenn sie klar und überzeugend geführt, wenn sie etwas verlangt und gewagt habe.

Die Studie galt als „vertraulich“, geriet aber bald in den Strudel von Indiskretionen und innerparteilichen Machtkämpfen. Härter als bisher erfuhr ich damals auch ganz persönlich die Macht der Presse wie die launische Wechselhaftigkeit des politischen Lebens. Die Studie wurde kommentiert, obwohl die Leser sie nicht kannten, sich also ein eigenes Bild nicht machen konnten. Meinung ohne Nachricht ist immer vom Teufel! Und wenn solche „Meinung" nicht nur die Nachricht vorenthält, sondern entstellt, so bist du als einzelner kaum imstande, „der Wahrheit eine Gasse" zu öffnen.

Am Schluß dieses Kampfes stand ich nicht schlecht da: Der Dortmunder Parteitag vom Juni 1962 bildete einen Arbeitskreis über die Reform der Partei. Adenauer und Gerstenmaier stimmten mir grundsätzlich zu. Fast die Hälfte der Delegierten und etwa hundert Journalisten nahmen an dem Arbeitskreis teil. Der Stein war ins Wasser geworfen.

In meinem späteren Buch „So nicht! Für eine bessere Politik in Deutschland" (Düsseldorf 1993) habe ich erneut gemahnt, „politische Verdrossenheit" festgestellt und eine „Koalitionspolitik des Zögerns, Zauderns, Belauerns, Schwätzens und Versagens" kritisiert. Es hat wenig bewirkt. Das Desaster der Union nahm seinen Lauf und endete – vorerst – in der Wahlniederlage von 1998.

————

Im Herbst 1962 durchschüttelte die „Spiegel"- oder „Strauß-Krise" die Republik. Conrad Ahlers vom „Spiegel" wurde verhaftet, wie Rudolf Augstein, der Herausgeber. Konrad Adenauer sprach im Bundestag erregt von einem „Abgrund von Landesverrat". Der „Spiegel" hatte – überpointiert – über Mängel unserer Landesverteidigung berichtet: „Bedingt abwehrbereit", so nannte er das. Die FDP forderte: Rücktritt des Verteidigungsministers oder Ende der Koalition! Strauß habe bei den Verhaftungen seine Finger im Spiel gehabt!

Der Bundestag debattierte den „Skandal" am 7. November 1962. Adenauer zog vom Leder: „Wenn in einem Blatt, das in einer Auflage von 500 000 Exemplaren erscheint, systematisch, um Geld zu verdienen, Landesverrat betrieben wird …" Das Parlament tobte. Als nächster Redner erhielt ich das Wort, versuchte die Erregung zu dämpfen: „Niemand in diesem Staat wird öffentlich verurteilt bis zum Beweis der Tat wie der Schuld … Man sollte aber auch nicht unbewiesene Zweifel, unbewiesene und indirekte Vorwürfe und Verdächtigungen gegen rechtsstaatliche Instanzen erheben … Soll es etwa in diesem Haus erlaubt sein, unbewiesen Verdächtigungen über Beamte und Richter, die sich bemühen, einen Landesverrat aufzuklären, … die rechtsstaatlich den Verdacht auf Landesverrat aufklären? … Bis zum Beweis des Gegenteils ist jeder … ein ehrbarer, anständiger Staatsbürger, der den Schutz auch dieses Hauses verdient."

In den erregten Debatten dieser Tage blieb Franz Josef Strauß einmal nicht bei der Wahrheit. Bonn kochte, kochte über. Die FDP, unser Koalitionspartner, kündigte die Koalition auf. Ratlosigkeit ergriff unsere Seite. Konrad Adenauer selbst kam ins Gedränge. Was tun? Franz Josef Strauß allein zu stürzen, traute sich keiner. So steckten wir – Joseph Rösing, Will Rasner, Ludwig von Danwitz und ich – beim abendlichen Dämmerschoppen in der „Kaiserhalle" die Köpfe zusammen. Wer Konrad Adenauer retten wolle, müsse den Gesamtrücktritt seines Kabinetts herbeiführen! Mit diesem Rat ging Josef Hermann Dufhues, damals Geschäftsführender Vorsitzender der CDU, der ratsuchend zu uns gestoßen war, zu Heinrich Krone und dieser zu Konrad Adenauer. So war damals manches Mal der Weg zur Entscheidung.

Ernst Lemmer, überaus populärer Bundesminister für Berlin und Deutschland, landete in Berlin, erfuhr dort durch Journalisten von seinem Rücktritt. Aber er sei doch gar nicht amtsmüde! Auch nicht zurückgetreten! Die Nachrichtenagenturen belehrten ihn über diesen „kollektiven Rücktritt". Adenauer verabschiedete Franz Josef Strauß, den Verteidigungsminister und CSU-Vorsitzenden, mit einem Großen Zapfenstreich.

Der Fraktionsvorstand beriet die unübersichtliche Lage. Einige wollten gleich Konrad Adenauer als Bundeskanzler ablösen. Die Mehrheitsmeinung: Adenauer halten, das Kabinett – mit der FDP! – erneuern. Paul Lücke und Freiherr von Guttenberg nutzten ihre Drähte zur SPD, suchten eine „Große Koalition" mit SPD – und mit Konrad Adenauer. Mir schien das gespenstisch. Die Quadratur des Kreises! Ich votierte für Ludwig Erhard als *späteren* Nachfolger Konrad Adenauers und für einen neuen Versuch mit der FDP.

Der Fraktionsvorstand beschloß, eine Kommission der Fraktion zur Beratung des Kanzlers und Parteivorsitzenden zu bilden, nicht zu Verhandlungen! Theo Blank, der erste „Westfale" unter uns, schlug vor, mich für Nordrhein-Westfalen in diese Kommission zu entsenden. Dem stimmte der Fraktionsvorstand zu. Konrad Adenauer bat mich zu sich. Wir sprachen ganz offen über die Probleme. Ich hielt meine Meinung auch hinsichtlich Ludwig Erhards nicht zurück. Adenauer paßte das nicht. Ich verließ ihn gleichwohl in der Gewißheit, daß unser persönliches Verhältnis keinen Schaden genommen hatte.

Franz Josef Strauß suchte das Gespräch mit der FDP zu verschieben, ihm auszuweichen. Adenauer stand auf, ging ins Nebenzimmer, wo die FDP sich bereithielt. Einige verharrten bei Franz Josef Strauß, die anderen – wie ich auch – folgten Konrad Adenauer. Der Kanzler blieb ganz ruhig. Deutschland brauche eine handlungsfähige Regierung mit einer parlamentarischen Mehrheit. Mehr sagte er nicht.

Wir beratschlagten nun, bald unter uns, bald mit der FDP; abends gab es Butterbrote. Schließlich setzte Konrad Adenauer sich durch, schlug vor, Wolfgang Döring, damals wortführender Star der FDP, einer der liberalen „Jungtürken", der zusammen mit Willy Weyer und Walter Scheel in Düsseldorf Karl Arnold gestürzt hatte, in sein Kabinett aufzunehmen. „So einen", betonte er mir gegenüber, „muß man unter den Augen, nicht im Rücken haben!"

Franz Josef Strauß nahm an, ich wolle nun an seiner Stelle als Bundesminister für Verteidigung in Adenauers Regierung. Ich wollte das keinesfalls! Mein Ziel war, stellvertretender Fraktionsvorsitzender zu werden. Durch den Weggang von Kurt Schmücker war da ein „Platz" frei. Wir berieten mehrere Tage lang, um die Kleine Koalition aus CDU/CSU/FDP unter Adenauer zu erneuern. Es gab Turbulenzen, weil Paul Lücke und Karl Theodor von Guttenberg, wohl mit stiller Billigung Adenauers, heimlich mit der SPD verhandelten, mit dem Ziel, Adenauer zu stabilisieren und so die Kanzlerschaft Ludwig Erhards, die im Herbst beginnen sollte, zumindest hinauszuschieben. Es ging hitzig zu. Ich sprach mit Adenauer und Erhard, bekräftigte dabei meine Meinung, der Kanzlerwechsel müsse wie geplant vor sich gehen! Adenauer nahm das nicht übel, und Erhard dankte – wie immer wortstark – für meine „Treue" und „Standfestigkeit". Der Kurs, den auch ich verfolgt hatte, setzte sich durch.

Altes Herz wird wieder jung ...

Aus:
Die Welt

Minister

In einer Verhandlungspause dieser Bemühungen um das letzte Kabinett Adenauers, nahm dieser mich beiseite. Ich müsse Ernst Lemmer nachfolgen, betonte er, als Bundesminister für gesamtdeutsche Fragen. Wir brauchten „neue Leute" „für später", auch wenn dies das letzte Kabinett sei, das er bilde. Ich käme „aus dem Osten", sei in Berlin groß geworden und „ambitioniert". So einen, und er sah mich aus seinen unergründlichen Augen an, brauche man nun, um drinnen wie draußen auch durch diese Personalentscheidung deutlich zu machen, daß Deutschland an seine Wiedervereinigung glaube, sie erreichen wolle und werde.

So ans Portepee gefaßt, beriet ich mit Timmchen und Claudia. Über den Rundfunk war die Nachricht von Adenauers Vorschlag längst zu ihnen vorgedrungen. Beide weinten, wollten nicht „Papi als gesamtdeutschen Jakob" (so hieß im Volksmund dieses Amt, seit Jakob Kaiser es ausgefüllt hatte).

Der junge „Ehrgeizling" und seine heulenden Damen – dieses wahre Stück ist noch nicht geschrieben! Meine Freunde Ludwig von Danwitz, Will Rasner und Jupp Rösing kamen von sich aus in die Poppelsdorfer Allee zu uns. Sie waren bestürzt zu erleben, was sie vorfanden.

Am nächsten Morgen – wir hatten lange miteinander alles besprochen – gab Timmchen ihr besorgtes „o.k." Sie ahnte und fürchtete, daß diesem ehrenvollen Ruf nicht nur Arbeit, sondern auch Ärger und Mißgunst folgen würden. Schließlich hatte sie ja schon einiges aus dieser Ecke erlebt ...

Heinrich von Brentano hatte – wie Heinrich Krone – durchsickern lassen, daß er mich vorgeschlagen habe. Die Fraktion nahm die Mitteilungen Adenauers über meine Benennung halb beifällig, halb murrend entgegen. Nach unserer Praxis war es allein Sache des vom Bundestag gewählten

Rainer Barzel mit Geschwistern, 1928

Schulklasse, Quarta, Berlin, 1935

Maria und Dr. Candidus Barzel, Berlin, März 1941

Im Krieg,
erster Besuch
bei den Eltern von
Kriemhild Schumacher
in Köln, 1941

... II ...

Parteitag 1957
Hans Katzer, Kai Uwe von Hassel, Rainer Barzel, Ludwig Erhard,
Kurt Georg Kiesinger (von links nach rechts)
Foto. Sven Simon, München

Wahlkampf 1957
Ernst Bach, Konrad Adenauer, Karl Arnold (von links nach rechts)

Bundestag, 14.November 1961
Konrad Adenauer beauftragt Rainer Barzel mit der Studie zur
Zukunft der Union

John F. Kennedy in
Berlin, 1963
Willy Brandt,
John F. Kennedy,
Konrad Adenauer,
Rainer Barzel,
Lucius D. Clay
(von rechts
nach links)
Foto: AP Berlin

Kriemhild und
Rainer Barzel beim
Schlittschuhlaufen
in Garmisch-
Partenkirchen,
1964
Foto: Alfred Strobel

Kurt Georg Kiesinger und Rainer Barzel,1964
*Foto:Presse- und Informationsamt der Bundesregierung, Bundes-
bildstelle, Bonn*

Ludwig Erhard und Rainer Barzel, 1966

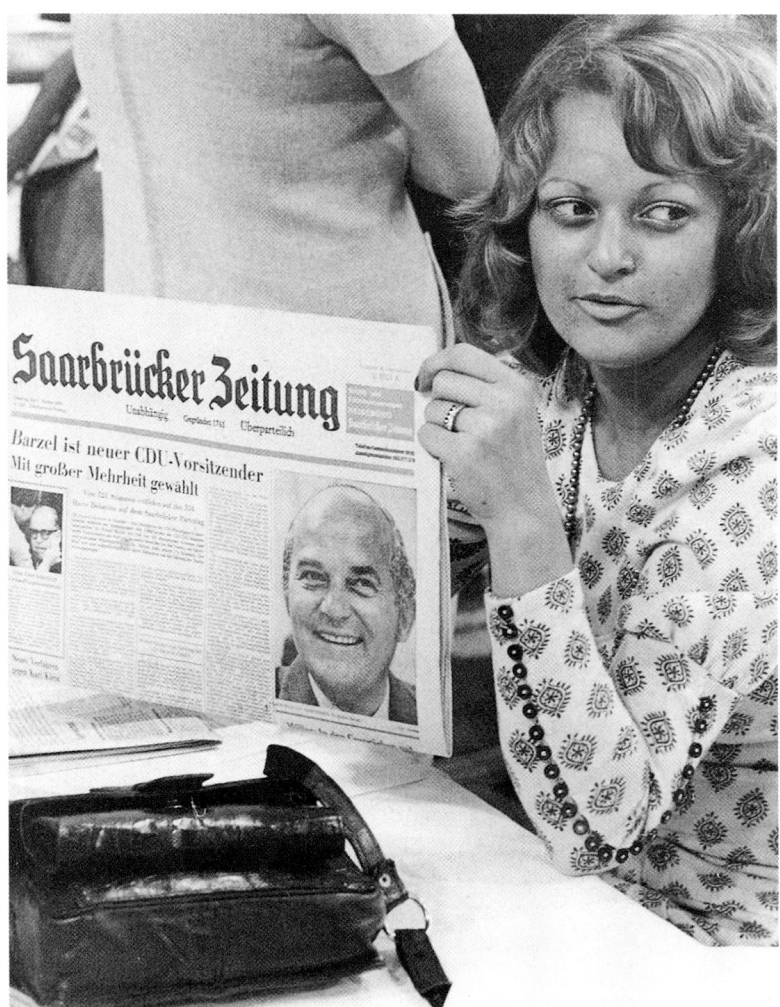

Claudia Barzel, CDU-Bundesparteitag Saarbrücken, 1971
Foto: Renate Patzek, Bonn

Bundestag, Kampf um die Ostverträge
Willy Brandt, Walter Scheel, Rainer Barzel, 1972
(von rechts nach links
Foto. F. Fischer

Willy Brandt und Rainer Barzel nach dem konstruktiven
Mißtrauensvotum, April 1972

Henri François-Poncet und Rainer Barzel, 1972

Clemens-August Andreae und Rainer Barzel, 1972

Kriemhild und Rainer Barzel in Moskau, 1972

Kriemhild (Timmchen) und Claudia Barzel, Juni 1974

Abschied vom Kanzleramt, Bundestag,
Helmut Schmidt und Rainer Barzel, 1. Oktober 1982
Foto: J.H. Darchinger, Bonn

Helga und Rainer Barzel, Juni 1984

Papst Johannes Paul II und Rainer Barzel 1984

Ute und Rainer Barzel, München 2000
Foto: Ferrantini, Rom

Bundeskanzlers, im Zusammenwirken mit dem Fraktionsvorsitzenden die Minister auszusuchen und dem Bundespräsidenten zur Ernennung vorzuschlagen. Wir folgten so dem Grundgesetz, das Abstimmungen über einzelne Minister nicht vorsieht. Auch gegenüber der eigenen Fraktion suchte der Kanzler sich seine Minister aus. Das Parlament kann nur den Kanzler durch Wahl eines anderen Bundeskanzlers abwählen. Dann enden auch alle Ämter der Bundesminister. Sie sind an den Regierungschef gebunden. Trotz dieser starken Stellung des Bundeskanzlers übt jeder Bundesminister seinen Geschäftsbereich in eigener Verantwortung aus, bestimmt unsere Verfassung.

Das war allen Kolleginnen und Kollegen bewußt – denen, die murrten, wie denen, die Beifall spendeten.

Adenauer ergänzte seinen Bericht an die Fraktion mit der Anmerkung, daß er für dieses, sein letztes Kabinett, „neue" Leute brauche, denen das Verhältnis zu Frankreich „Herzenssache" sei. Er könne und werde nicht ausscheiden, ohne die Freundschaft mit Frankreich geregelt und gefestigt zu haben. Das meinte er mit Blick auf Bruno Heck und mich. Den Unterton gegen Gerhard Schröder hat damals niemand überhört.

Das Gemurre hatte ich wahrgenommen: Barzel statt Lemmer? Ein „Westfale" gegen einen „Berliner"? Einen Katholiken nach Berlin? Sturm stand ins Haus! Ich hatte inzwischen gelernt, was Stimmungen in unserer Demokratie bewirken können. So galt es, Wogen zu glätten, bevor aus Wind Sturm und aus Wellen Seegang werden konnte (dem Seeflieger fielen – zu oft – andere, vielleicht bessere Bilder nicht ein).

Wehner, „politisches Urgestein" nannten ihn viele in der Presse, war der Vorsitzende des Bundestagsausschusses, der mich als Minister zu begleiten und zu kontrollieren hatte. Also meldete ich mich sogleich bei ihm zum Besuch an. Es war der Tag vor meiner Vereidigung. Wehner empfing mich sofort. Ich wolle ihm, dem Älteren, nur Besuch abstatten, bevor morgen Protokollprobleme Fragen aufwerfen könnten. Wehner, der auf mich immer ein wenig beleidigt wirkte, ob der für ihn schmerzhaften Zurücksetzungen wegen seiner kommunistischen Vergangenheit – er erhielt zum Beispiel kein Visum für die Einreise in die USA und galt als nicht geeignet für die höchsten Ämter in unserer Republik, wohl auch nicht in seiner Partei –, wußte die Geste des Jüngeren offenbar zu schätzen. Wir sprachen nur kurz und wohl überwiegend Belangloses. Für uns beide zählte allein die Tatsache, daß wir uns trafen, und zwar bevor amtliche Probleme dazwischentreten konnten; uns trafen, weil ich es angeregt hatte.

Sofort nach meiner Vereidigung besuchte ich Franz Thedieck in seiner Privatwohnung auf dem Bonner Venusberg. Mein künftiger Staatssekretär war der nach Globke dienstälteste, hochangesehene Beamte der Republik! Journalisten hatten im Restaurant des Bundeshauses lauthals Wetten abgeschlossen: Das könne und werde nicht gutgehen – nie! – zwischen diesem „Youngster" (Barzel) und dem „alten Fuhrmann" (Thedieck). „Abwarten!" – mehr hatte ich zu diesen Skeptikern im Vorbeigehen nicht gesagt.

Thedieck überraschte mich: Er gab mir einen Aktendeckel mit dem Entwurf für den Vortrag, den er morgen, wie Woche für Woche, für den RIAS (Rundfunk im amerikanischen Sektor Berlins) zu gesamtdeutschen Fragen halten wolle. Das sei nun meine Sache. Ohne zu zögern, gab ich den Aktendeckel zurück: „Bitte, machen Sie das! Es ist Ihr Entwurf!" Diese Rundfunkansprachen wurden damals in den Zeitungen breit zitiert, gaben also auch persönliche Publizität. Dadurch wechselte die Überraschung zu seiner Seite.

Was keiner glauben wollte: Wir fanden zusammen – und Franz Thedieck trat zurück, als ich meinen Platz im Kabinett zugunsten von Erich Mende räumen mußte. Unsere Zusammenarbeit war voller Kritik wie voller Hochachtung. Kurzum: Es ging gut! Doch nicht „zwei Bullerköpfe"? So fragte Walter Henkels von der FAZ am Journalisten-Stammtisch im Bundeshaus.

Am Tage darauf erfolgte im Ministerium am Hofgarten, nahe der früheren Volksschule von Claudia, die offizielle Amtsübergabe von Lemmer an mich. Lemmer, immer noch erzürnt über die öffentliche Mißachtung, wie er es sah, seiner Person und seiner demokratischen Lebensleistung, auch gegen die Nazis, bewahrte Haltung; ließ sich seinen Unmut, von seiner Entlassung durch den Pförtner erfahren zu haben, nicht anmerken. Ein Teilnehmer berichtet: „Der Dank seines jungen Nachfolgers wirkte nicht aufgesetzt, man hatte Respekt voreinander." (Plück, a.a.O., Seite 108) Er hoffe, sagte Lemmer, die „Stimme des Blutes" werde sich in mir, dem Berliner aus Ostpreußen, regen!

Ich bat die Referenten, mich in kurzen Sachbeiträgen in ihre Arbeit einzuführen. Ich stutzte, als einer dieser erfahrenen und wohlerprobten Herren seinen Vortrag anhub: „Nun kommen wir zu den deutschen Gebieten hinter der Oder-Neiße-Linie ..." Entsetzt reagierte ich, als ich im Ministerzimmer im Bücherschrank hinter Glas einen Band geradezu strotzen sah: „Unser Kampf um Südtirol!" Kurzum: Es gab viel zu tun!

Am nächsten Tag flogen Timmchen, Claudia und ich zum Antrittsbesuch nach Berlin. Ich wollte eigentlich an diesem Tage nach Garmisch-Partenkirchen reisen zum jährlichen Schlittschuhlaufen vor Weihnachten. Frost und Gemeinheit empfingen mich in Berlin: Dort hatte die CDU gerade beschlossen und verkündet, dieser „Bonner" müsse alsbald wieder das Feld räumen! Dieser „Posten" gebühre und gehöre den Berlinern! Konkret: der Berliner CDU.

Die „Belegschaft" begrüßte mich mit einem Blumenstrauß, und ich traf zum ersten Male Ludwig Rehlinger, den für mich vorgesehenen persönlichen Mitarbeiter in Berlin. Ich machte Besuch bei Willy Brandt, dem Regierenden Bürgermeister. Das war frostig. Brandt hatte nicht vergessen, daß ich seinen Beitrag zur Regierungserklärung des Kanz-

lers im Deutschen Bundestag „kleinkariert" genannt hatte.
– Ich fragte, wann er meinen Besuch erwidern werde.
Brandt wirkte, so sein Gesichtsausdruck, fassungslos ob dieser „Anmaßung". Aber noch vor Neujahr kam er in mein
Büro am Kurfürstendamm! Das ging also gut und entwickelte sich vielversprechend. Unser Verhältnis zueinander wurde langsam besser. Später wurde er Bundeskanzler, ich Oppositionsführer.

––––––

Die „DDR" hetzte gegen mich aus vollen Rohren: „Spionage-
Minister", „Dreigroschenjunge" und so fort. Das war Kritik
von der richtigen Seite. Als aus Berlin öffentlich gerügt wurde, ich „passe" nicht hierher (ich war ein Berliner Junge!)
und werde als „Demontage-Minister" wirken (also Bonner
Präsenz aus Berlin wegnehmen), erhielt ich – erstmals! – öffentlichen Sukkurs. Der Intendant des Berliner Schiller-
Theaters, Boleslaw Barlog, den ich nicht kannte, meldete
sich unüberhörbar zu Wort: „Guckt Euch den doch erst mal
an!"
Ich übersah nicht, daß viele Zeitungen mich mehr als kritisch beobachteten und beurteilten: Was soll dieser „Benja-
min" an diesem Platz? Was will der „Partei-Ideologe" in Berlin? Warum das „Schoßkind Adenauers" auf diesen Posten
voller innen- und außenpolitischer Empfindsamkeiten?
Nachdenklich notierte der Berliner „Telegraph": „Sein
rascher politischer Aufstieg gehört zu den kühnsten und
steilsten, die es jemals in der Bundesrepublik Deutschland
gegeben hat" (15. Dezember 1962). Der SPD-amtliche „Vorwärts" meinte in seiner Weihnachtsnummer: Diese Ernennung sei ein „personalpolitischer Fehlgriff", weil ich katholisch sei. Dieses unsinnige Argument hatte man aus Kreisen
der Berliner CDU übernommen, die „unfreundlich gemault"
hatte: Ich sei nicht evangelisch („Süddeutsche Zeitung"
vom 14. Dezember 1962 und „Berliner Montagsecho" vom

17. Dezember 1962). Macht es einen Sinn, die konfessionelle Spaltung mit der Reformation als Fußfessel der aktuellen Politik zu mißbrauchen?

Die Exil-CDU hatte in aller Form Kritik erhoben und öffentlich gefordert, es müsse bald ein anderer Minister ernannt werden, einer aus ihren Reihen (FAZ vom 17. Dezember 1962). Schadenfroh stellte das amtliche Organ in Ostberlin fest: „Dem Barzel wollen sie loyale Knüppel zwischen die Beine werfen, was uns nur recht sein kann" („Neues Deutschland" vom 17. Dezember 1962). Der „Spiegel" widmete mir seinen Titel! Er schrieb einen Fundamental-Verriß. Nicht nur mein Vater war empört.

———

Meine erste Pressekonferenz in Berlin hielt ich ab, weil Nikita Chruschtschow aus Moskau in die Hauptstadt kam, und ich wollte, daß die Journalisten mich und ich sie kannte. Diese Konferenz war von mäßigem Erfolg. Kurt Plück, der Pressereferent des Ministeriums, sagte das auch: „Siebzehn Fragen, vier Antworten", monierte er ganz offen vor vielen Mitarbeitern und mir. Das imponierte mir. Seither zog ich Plück immer näher an mich heran, er wurde im Ministerium mein vertrautester Mitarbeiter. Kurt Plück berichtet in seinem Buch „Der schwarz-rot-goldene Faden": Nach meinem Ausscheiden als Bundesminister habe er in seiner Personalakte, die er seiner eigenen Zukunft wegen habe einsehen müssen, „zu seiner Überraschung eine kurze Notiz von fünf Zeilen von Barzel" gefunden. „Der letzte Satz lautete, daß ihm mein Widerspruch stets nützlich gewesen sei."

Plück war rigoros sachlich und auch unbequem. Schon bei Jakob Kaiser hatte er als persönlicher Referent, dann bei Ernst Lemmer als Pressereferent gearbeitet. Er blieb auch nach meinem Ausscheiden ein engagierter Deutschland-Politiker, später im Bundespresseamt. So begleitete er Bundeskanzler Brandt nach Erfurt.

Plück charakterisierte seine erste Begegnung mit mir unmißverständlich: „Immer direkt und zur Sache. Präsenz: total." „Auch er und Alois Mertes hatten ursprünglich Bedenken wegen meiner Berufung gehabt, befürchtet, ich sei ohne spezielle Erfahrung und wohl „zu" anti-kommunistisch.

Das Ministerium hatte viele erstklassige sehr engagierte Mitarbeiter – zahlreiche Flüchtlinge aus der DDR unter ihnen. Klug und erfahren führte Franz Thedieck mit sicherer Hand diesen ministeriellen Stab mit so vielen, ganz unterschiedlichen Aufgaben. Je länger unsere Zusammenarbeit dauerte, um so mehr wuchs der gegenseitige Respekt.

Wir machten uns nichts vor: Von der Wiedervereinigung waren wir weit entfernt wie von der Durchlässigkeit an Mauer und Stacheldraht. Die Deutschland-Politik hatte sich festgefahren, drinnen wie draußen. Das damals vorherrschende Bild stimmte nicht mehr. Gleichwohl wähnte man weithin so kompakt wie oberflächlich: Das kommunistische Weltreich sei von Moskau aus durch Knopfdruck regierbar; dort glaube man an die marxistisch-leninistische „Religion", und die sei für alle so einheitlich wie Zwang, Armut, Entbehrung und Rückschritt in diesem kommunistischen „Block", der ein „Monolith" sei. Es war die Zeit des kalten Krieges, des Röhren-Embargos, der feindseligen Propaganda, des Schwarz-Weiß.

Ich suchte neue Ansätze. Die Mauer in Berlin war, so wurde mir zunehmend klar, nicht nur ein Mittel zur Unterdrückung der Bevölkerung und zur Verteidigung der DDR. Ulbricht nutzte sie offensiv, um sich die Anerkennung seines Staates zu ertrotzen: Wer hier durch oder etwas ändern will, der muß uns voll zur Kenntnis nehmen; ohne uns geht nichts. So war Ulbrichts Politik: Nichts an mir vorbei!

Wachsame Beobachter unserer Politik spitzten die Ohren, weil da jemand in Bonn „die Probleme mit frischen Augen ansah" (Berlingske Tidende, 9. Juni 1963).

Im Ausland wurde ich immer wieder kritisch befragt, wie das sei mit dem Interzonenhandel bei gleichzeitiger Feindseligkeit zwischen der DDR und der Bundesrepublik Deutschland. Die Annexe und Fußnoten wichtiger internationaler Abkommen, die der DDR de facto den Zugang in den europäischen gemeinsamen Markt ermöglichen, waren bekannt. Keiner nahm sie ernst, weil kaum einer draußen wie drinnen die deutsche Einheit in seine „realistische" Perspektive einordnete. Adenauer und Hallstein hatten da Zusatzprotokolle in den West-Verträgen verankern können. Das war geschehen, um dem Mißverständnis zu begegnen, die innerdeutsche Grenze sei unsere Außengrenze, zugleich aber als Einheitsband zwischen den getrennten Teilen. Damals sicherte die Bundesregierung zusammen mit dem Berliner Senat die Mauer von unserer Seite aus gegen Bombenleger. Ein Student wurde überführt. Man fand Sprengstoff unter seinem Bett und ein Bild von Oberst Stauffenberg, Held des 20. Juli 1944, an seiner Wand! Wer kann sich das noch vorstellen? Deutschland war so. Verzweifelte Menschen bauten Tunnel unter der Mauer, um Eingeschlossenen zur Flucht zu verhelfen.

Der Berliner Senat und ich, wie auch Dienststellen der Alliierten, wußten davon. Wir hielten das alles geheim.

Auf einer Wahlreise irgendwo in Deutschland erreichte mich ein als „dringlich" bezeichneter Anruf von Axel Cäsar Springer aus Hamburg. Er müsse mich unbedingt, möglichst sofort, sprechen. Ich flog ohne zu zögern zu ihm nach Hamburg. Er kam gleich zur Sache: Er habe schon viel geholfen – politisch wie praktisch –, zum Beispiel bei Mauertunneln. Jetzt beschäftigte ihn etwas, das über seine Möglichkeiten als Privatmann weit hinausgehe. Nur der Staat könne da tätig werden. Mein Interesse, mehr noch: meine Neugier war geweckt. Ihm sei von Anwälten die Idee des Freikaufs politischer Gefangener aus den Gefängnissen der DDR nahegebracht worden. Ich war elektrisiert. Freiheit gegen Geld?

Springer nannte – streng vertraulich – die Namen der Anwälte: Stange und Vogel. Wenn das Angebot verläßlich und real sei, was er nicht mit Bestimmtheit feststellen könne, dann sei das Ganze, wenn überhaupt, nur durch den Staat in die Hand zu nehmen, was er empfehlen und begrüßen werde. „Ich will das versuchen und mit Adenauer sprechen." So meine knappe Antwort. Kräftiger als sonst drückten wir uns zum Abschied die Hände. „Danke!", sagte ich noch, entschlossen, den Freikauf zu wagen.

Ich sprach mit Adenauer und Globke. Schon der Versuch sei ehrenhaft und müsse gewagt werden, sagte ich. Adenauer ermunterte mich, nicht ohne mir einen besorgten Blick zuzuwerfen. „Herr Bundeskanzler, wenn das nicht gutgeht, komme ich von mir aus im Cut zum Abschiedsbesuch", beantwortete ich die stumm gestellte Frage.

Die „Aktion Freikauf" begann. Fragen über Fragen stellten sich: Woher sollte das Geld kommen? Gewiß nicht aus dem Bundeshaushalt! Wer waren diese Anwälte? War da eine kriminelle Gruppe am Werk? Wie konnten wir sicherstellen, daß die DDR wirklich Gefangene freigab? Natürlich ging es uns um die Menschen, um ihre Freiheit. Aber auch aus dieser Sicht wurde die Aktion wichtig: Ein Kontakt zur DDR entstand – nicht um den Preis der Anerkennung der deutschen Teilung von Staat zu Staat, sondern durch Anwälte. Auch erkannten wir, daß Geld für die DDR eine besondere Rolle spiele. Das ließ uns auf Weiteres hoffen. Ich habe manches Mal Rechtsanwalt Vogel aus der DDR bemüht, der DDR Politisches nahezubringen.

Nach meinem Ausscheiden als Bundesminister für Gesamtdeutsche Fragen setzten die nachfolgenden Bundesregierungen diese Aktion fort, hielten das Ganze auch noch geheim – bis Erich Mende 1965 plauderte. Nach amtlicher Auskunft gelang es, durch diese „besonderen Bemühungen der Bundesregierung" 31 775 Menschen (1963–1989) die Freiheit wiederzugeben. Inzwischen kam das Geld aus dem Bundeshaushalt.

Zugleich demoralisierte diese Aktion den Unterdrückungsapparat der DDR, weil die Freilassungen von den Richtern unterzeichnet werden mußten, welche die Verurteilungen unterschrieben hatten. Zu meiner großen Freude erlebe ich es inzwischen immer wieder, daß Unbekannte sich mir vorstellen, um mir für ihre Freiheit wie für ihr Leben unter uns zu danken.

———

Ein Besuch Chruschtschows in Berlin warf Probleme auf: Willy Brandt wollte ihn sprechen, auch in Ostberlin. Chruschtschow lud ihn ein. Wir waren gegen einen solchen Beginn einer eigenen Berliner Außenpolitik! Berlin gehörte – nach deutscher Auffassung – zur Bundesrepublik Deutschland. Und deren Außenpolitik wurde von der Bundesregierung geführt und verantwortet. Auch war Berlin eine von den Siegermächten beaufsichtigte Stadt. Die Moskauer waren anderer Meinung: Berlin sei eine selbständige politische Einheit und gehöre nicht zur Bundesrepublik Deutschland. Ein Gespräch Chruschtschow/Brandt in Ostberlin hätte – so die Meinung der Bundesregierung und der Alliierten – der Moskauer Ansicht verhängnisvoll Vorschub geleistet.

Brandt versuchte sich am Telefon, sprach mit Adenauer. Dieser verwies ihn an mich. Das solle man „vor Ort" besprechen. Die Berliner CDU, damals mit Brandt in der „Großen Koalition", legte sich quer und verließ – gegen meinen Rat – die Koalition. Brandt und ich trafen uns erneut. Ich riet ab. Nach einiger Zeit gab Brandt widerwillig nach.

Berlin stand immer wieder im Blickpunkt der Weltöffentlichkeit. Drohte es gelegentlich in den Schatten zu geraten, so war gewiß, daß die Sowjets bald dafür sorgen würden, die Scheinwerfer der Politik und der Medien voll auf die geteilte Stadt zu richten. Es erwies sich als schwierig, die Erkenntnis wachzuhalten, daß nicht nur unsere Hauptstadt geteilt war, sondern das ganze Land; daß nicht nur die Mauer trennte, sondern ebenso Stacheldraht, Schießtürme, Scharf-Schützen, Barrikaden und Barrieren; daß Dörfer und Häuser zweigeteilt waren; daß Straßen und Eisenbahnlinien plötzlich endeten, ohne irgendwohin weiterzuführen. Ich besuchte diese Zonengrenzregion, die an vielen Stellen trostlos wirkte und verödet war.

Wir steigerten unsere Aktivitäten, die Wirklichkeit „Zonengrenze" im Bewußtsein zu halten, besser: ins öffentliche Bewußtsein zu rücken. Das war nicht nur nötig für alle Welt, sondern zunächst für alle Deutschen. Zu unseren Aktivitäten gehörte auch, die hinter der allgemeinen Entwicklung zurückgebliebenen „Zonengrenzgebiete" zu fördern. Wir vermehrten unsere Anstrengungen, auch Reisen von Besuchern zu dieser Grenze anzuregen und zu unterstützen. Diese Realitäten wirkten, genau ins Auge genommen, auf viele Menschen, vor allem auf Nicht-Groß-Städter, brutaler als die Mauer in Berlin.

Ich hielt weiter nach neuen Wegen Ausschau. Das setzte eine neue Analyse voraus! In Berlin hielt ich im März 1963 vor dem „Verein Berliner Kaufleute und Industrieller" eine Rede, der Konrad Adenauer hinterher seinen besonderen Beifall zollte. Es war damals fast „sensationell", mitten im kalten Krieg „ministeriell" diese Gedanken vorzutragen:

Der Kommunist, der an seine Sache glaube, sei ein ernst zu nehmender Mensch. Im Ringen zwischen Ost und West gäbe es keinen Status quo. Wer raste, roste. Wer nur beharre, verliere. Es war schon damals meine feste Überzeugung, daß der Status quo minus sich oft noch lange hinter der Fassade des formalen Status quo verberge. Ich betonte: „Zugleich erweist sich, daß der Kommunismus da versagt, wo es um rentablen Fortschritt und Ausbau der Phase nach der Industrialisierung geht – wie auch dort, wo vor dem Kommunismus wirtschaftliche Blüte das Bild bestimmte, wie zum Beispiel in der Tschechoslowakei. Ohne gerechten materiellen Anreiz werde der Kommunismus weder die Schwelle der Rentabilität noch die der Arbeitsproduktivität überschreiten. Über die Probleme, vor denen die Kommunisten nun stehen, könnten sie die Menschen, auf deren Arbeit es ankomme, weder hinwegprügeln noch -lügen. Auch müsse man einrechnen, daß Chruschtschow eine andere Wirklichkeit verkörpere als Stalin." „Das Polit-Büro in Moskau kann den Satelliten nicht mehr nur befehlen." Zugleich sei festzustellen, daß die Kommunisten das Entwicklungsland Rußland zu einem machtvollen Staat entwickelt hätten. Ich warf in die Debatte, ostpolitische Initiativen der EWG zu ergreifen.

Als wegen einer Bundestagssitzung in Berlin die Rote Armee auch aus der Luft unsere Arbeit zu stören begann, war Wehners Einlassung von deutlicher Unmißverständlichkeit: „Die müssen weg, notfalls gezwungen werden!" Oft harmonisierten Wehner und Brandt nicht in solchen Fragen. Das erschwerte unsere Arbeit. Was Wehner mit dem schwedischen Botschafter in Bonn trieb, blieb uns unbekannt, wie das, was er in seinem schwedischen Ferienhäuschen anregte und anbandelte.

———

Konrad Adenauer fragte mich, was ich von Bahrs „Wandel durch Annäherung" halte. „Nichts!" antwortete ich. Was solle sich da wandeln, wer sich annähern: die DDR oder wir? Die Doppeldeutigkeit dieser Metapher spreche gegen ihre Aufrichtigkeit. Ich empfahl, von „Änderung durch Einwirken" zu sprechen, so auch zu planen und zu handeln. Ob es mich denn nicht beunruhige, daß nun der sowjetische Sputnik „durch unseren Himmel" rase, fragte Adenauer mich bei einem dieser Gespräche.

Mich bewege, so meine Antwort, das sehr als technische Herausforderung und als Beweis des funktionierenden Wettbewerbs zwischen Ost und West. Auch durchquere der „Sputnik" nicht „meinen Himmel", sondern er fliege in geringem Abstand zum Erdball – so wie ein Seidenpapier eine Orange umgebe. Wichtig sei nur, daß auch die USA und Europa „da oben im Himmel" – möglichst überlegen – dabeiseien.

Ich stimmte immer wieder Adenauers Meinung zu: Über vieles mit sich reden zu lassen, wenn in der DDR begonnen und realisiert werde, mehr Menschlichkeit, mehr Freiheit, mehr Menschenrechte alltagswirksam gelten zu lassen. Nicht die Spaltung Deutschlands, sondern die Unfreiheit, die Diktatur der DDR beschwerten uns am meisten.

In der Zeitschrift „Sozialer Fortschritt" schrieb ich im Juli 1963 vom sozialen Fortschritt als dem wirksamsten Antikommunismus.

An verschiedenen Stellen betonte ich, der Kommunismus sei kein monolithischer Block mehr; es müsse uns gelingen, eine Diskussion innerhalb des kommunistischen Lagers in Gang zu bringen; nichts dürften wir unversucht lassen (siehe zum Beispiel „Berlingske Tidende" vom 9. Juni 1963). Auch ich sei „der Phrasen überdrüssig", schrieb ich am 29. Juni 1963 in „Die Welt" und ging am selben Tag auf der Kundgebung der Heimkehrer vor 100 000 Menschen in Hamburg noch weiter:

„Deutsche Politik erschöpft sich nicht in der Pflege des westlichen Bündnisses und der Sicherung des freien Teils des Vaterlandes. Das ist immer nur die Basis, unverzichtbare Basis freilich, für eine Politik, die immer mehr wollen muß: Die Freiheit und Einheit aller Deutschen. Wer nicht handelt, wird behandelt! Gesamtdeutsche Politik ist mehr als bloßes Reagieren, Archivieren, Notieren, Protestieren! Wir sind bereit:

1. Schritte zur Abrüstung zu koppeln mit solchen zur Wiedervereinigung und aus dem wiedervereinigten Deutschland niemand einen einseitigen militärischen Vorteil ziehen zu lassen;

2. unsere Wirtschaftskraft auch östlichen Projekten zuzuwenden;

3. über vieles mit uns reden zu lassen, wenn in der Zone mehr Menschenwürde und Freiheit im Alltag wirksam werden."

Wir unterstützten nach Kräften die Arbeit des „Forschungs-Beirates für die Fragen der Wiedervereinigung". Das waren verdienstvolle, präzise Ausarbeitungen und Überlegungen, die hervorragende Experten vorlegten und fortschrieben! Ich habe den letzten dieser Berichte in meiner Bibliothek, vorgelegt im Juli 1969 von Herbert Wehner, Bundesminister für Gesamtdeutsche Fragen der Regierung Kiesinger. Bundeskanzler Willy Brandt beendete diese Arbeit, weil er von Wiedervereinigung nicht mehr sprach, sondern nur noch von den beiden deutschen Staaten. Hätte doch 1989 ein detailliert fortgeschriebener Bericht vorgelegen!

Mit den Botschaften der vier für Deutschland als Ganzes zuständigen Siegermächten standen wir in gutem Kontakt. Ich suchte Rat, von wem auch immer. Man muß ihn ja nicht befolgen, aber man sollte ihn prüfen, um so die eigene Meinung fester zu bestätigen oder zu ändern. Man verstand nicht, daß ich auch mit Carola Stern und Wolfgang Leonhard zu Mittag aß.

Im Jahre 1963 galt es auch, des 300jährigen Jubiläums des „Immerwährenden Reichstages" in Regensburg zu gedenken. In Deutschland, auch in unseren Schulen, hört und weiß man zu wenig von diesem Reichstag. So drängelte sich weder der Bundestag noch der Bundesrat, Veranstalter des fälligen Jubiläums zu sein. Es war peinlich. Wieder holperten wir über unsere Geschichte. Schließlich fand man in Bonn einen Ausweg: Der Bundesrat hatte einen „Ausschuß für gesamtdeutsche Fragen", dem die Ministerpräsidenten der deutschen Länder als Mitglieder angehörten. So wurde dieser Ausschuß zum 26. September 1963 nach Regensburg eingeladen – mit der Tagesordnung: „Bericht des Herrn Bundesministers für Gesamtdeutsche Fragen über den jetzigen Stand der gesamtdeutschen Politik der Bundesregierung und über die Lage in der Zone".

Nach dem Protokoll dieser Beratung „betont Bundesminister Barzel einleitend, der alte Reichstag habe zwar nach dem Urteil von Historikern in den großen politischen Fragen versagt; aber er habe immerhin einen Beitrag geleistet, wenigstens die Kontinuität des Reichsbewußtseins zu erhalten, und habe äußere Formen des möglichen Zusammenwirkens über unüberbrückbare Gegensätze hinweg gefunden; leider sei die heutige gesamtdeutsche Situation so ganz anders".

Dort in Regensburg tagten seit 1663 als „Immerwährender Reichstag" – überwiegend einträchtig – Katholiken und Protestanten, fast demokratische Reichsstädte und feudalistische Staaten, Bürger und Adel, kirchliche Würdenträger und kaiserliche Notabeln. Einbezogen waren auch die Nachbarstaaten Frankreich und Schweden, einmal weil sie kleinere Teile des Reiches verwalteten, zum anderen als Garanten des Westfälischen Friedens. Auch Dänen und Engländer saßen da durch ihre Bevollmächtigten wegen ihrer im Reich gelegenen Ländereien.

„Der Reichstag war nicht nur Berufungsinstanz gegen Entscheidungen des Reichskammergerichts. Er legte Gesetzesempfehlungen vor, wachte über den religiösen Frieden im Reich und wirkte als ‚Kontrollinstrument für den mitteleuropäischen Frieden'." (Nach Walter Fürnrohr: Der immerwährende Reichstag zu Regensburg, Regensburg 1963) Sorgfältig achtete dieser Reichstag darauf, daß die Bestimmungen des Westfälischen Friedens eingehalten wurden. Dem Frieden war der Dreißigjährige Krieg vorausgegangen, dem vier Zehntel der deutschen Bevölkerung zum Opfer gefallen waren. Man muß es wiederholen und festhalten: vier von zehn!

„Der Westfälische Friede hatte, einen das ganze deutsche Verfassungsleben durchziehenden, innerdeutschen konfessionellen Ausgleich, der im damaligen Europa sonst nirgends erreicht war', geschaffen, und ‚dieser Ausgleich schloß fortan religiöse Kriege zwischen Reichsständen und eine gewaltsame Änderung des Bekenntnisses der reichsständischen Untertanen aus', weil der Reichstag zu Regensburg diesen Frieden eifersüchtig hütete. Die religiöse Ordnung im Reiche war stets gefährdet; ihre Bewahrung galt vielen Reichsständen als die vordringlichste Aufgabe der Reichspolitik, eine Aufgabe, die zu einem ganz wesentlichen Teile vom Regensburger Reichstag geleistet wurde!" (Walter Fürnrohr, a.a.O., S. 29 f.)

Der Regensburger Reichstag vermochte nicht alles. So gelang es ihm nicht, anläßlich der berühmten protestantischen Emigration aus Salzburg wenigstens die herzlose Barbarei zu verhindern, daß „alle unter 15 Jahre alten Kinder zurückbleiben mußten und katholischen Leuten zur Erziehung übergeben wurden" (vgl. Angelika Marsch: Die Salzburger Emigration, Weißenhorn 1977, S. 16 ff.).

Ob man nun diesen „Immerwährenden Reichstag" als „erstes gesamtdeutsches Parlament", als „ständigen Kongreß der Bevollmächtigten", als „deutsches Staatenhaus", als Vorläufer des Bundes- oder des Europarates oder wie immer bezeichnet, das mögen die Historiker erörtern. Dem Reichstag gelang es, Spannungen auszugleichen und Gegensätze abzubauen, derentwegen bis dahin Krieg geführt und Gewalt angewendet wurde. In religiösen Fragen konnte man keinen überstimmen. In diesen Fragen traf man sich nicht nach den Ständen, sondern nach der Konfession im „Corpus Evangelicorum" oder im „Corpus Catholicorum"; da war dann nur gütliche Vereinbarung erlaubt. „Überträgt man das alles auf das heutige Europa, so muß man, wie ich meine, zu dem Urteil kommen: Die da in Regensburg waren in vielem weiter als wir jetzt." So meine damalige Schlußfolgerung.

———

Sehr bald nach meinem Amtsantritt besuchte mich in Bonn der geheimnisumwitterte General Gehlen, Chef des „Bundesnachrichten-Dienstes". Er tat alles, das Flair der roten Stempel, des „streng Geheimen" zu pflegen. Er wohnte, wenn er in Bonn war, ganz in der Nähe meines Ministeriums, aber niemand sollte das wissen. Mit vielen freue er sich über meine Berufung, sagte mir Gehlen. Freilich würde ich von nun an im „Fadenkreuz" aller Geheimdienste stehen und müsse selbst „mit allem rechnen" – vom Attentat bis zur Desinformation, auch zum Rufmord. Deutschland stehe nun einmal im Mittelpunkt der Machtpolitik, auch in dem des ideologischen Kampfes, und Wiedervereinigung – das sei aus kommunistischer Sicht ein aggressiver Akt.

Wir subventionierten vieles, so den RIAS (Radio im US-amerikanischen Sektor Berlins) und ungezählte stille Helfer aus der Gesellschaft. Ich lernte zum Beispiel eine Aktion kennen, die es verstand, Medikamente in die DDR zu schleusen. Dort war der Import und die Verordnung „ausländischer" Medikamente so verboten wie Bücher vom „Klassenfeind". Ein nach Meinung der DDR „falsches" oder „gefährliches" Buch im Gepäck eines aus „familiären Gründen" in die DDR Reisenden gefunden, führte zur Festnahme.

Die Wirklichkeit der DDR und der deutschen Spaltung ist längst vielen Köpfen entflogen – wie der Geist aus der Flasche. Der Gesamtdeutsche Bundesminister war der in der DDR am meisten angegriffene, diffamierte Bundesminister, ihn zu treffen war gefährlich für den Einladenden.

Wir waren ganz gut informiert über die Realitäten im „Deutschen Arbeiter- und Bauernstaat". Der BND (Bundesnachrichten-Dienst) wußte vieles – man mußte ihn nur nutzen wollen und können. Die Befragung der Flüchtlinge (telefonieren ging noch nicht oder fast nicht!) rundete so manches Bild, und die – oftmals zu Unrecht gescholtenen – „Interzonenhändler" wußten vieles beizutragen. Mit der „DDR", damals nur in Anführungsstrichen zu erwähnen, durfte nur einer sprechen: der Bonner Beauftragte für den Interzonenhandel, Kurt Leopold. Seit 1950 arbeitete in Berlin im Einvernehmen mit den Alliierten unter Aufsicht des Bundeswirtschafts-Ministeriums die „Treuhandstelle für den Interzonenhandel". – In einer kritischen Situation – Berlin war wieder einmal von den Kommunisten blockiert – nahm ich ihn, ohne jede Kompetenz, in Anspruch: Bitte sagen Sie Ihrem „Gegenüber" unmißverständlich: Die Röhren von Mannesmann, auf die man drüben dringend warte, könnten erst später geliefert werden. Die IG Metall und der Betriebsrat wollten „Tee-Pause" – es sei denn der Verkehr von und nach Berlin liefe wieder. Dem Zufall gefiel, daß ich an der blockierten Stelle erschien, als die Grenz wieder aufging. Zu Unrecht wurde mir das – direkt – zugerechnet. Ich konnte nicht ahnen, ob, wann und wo dies geschehen werde. Unsere festgefahrene Deutschlandpolitik bedrückte mich. Mir wurde klar, daß ich als zuständiger Bundesminister mehr tun könne und müsse als Reden halten, Interviews geben und intern wirken. Ich regte in der Bundesregierung an, die Bundesrepublik Deutschland solle international eine amtliche Initiative zur Lösung der deutschen Frage ergreifen. Thedieck half mit Nachdruck, eine deutsche internationale Initiative zur Lösung der Deutschland-Frage zu erarbeiten und ins Kabinett zu bringen. Wir gingen aus vom „Globke-Plan" und vom „Herter-Plan", den die Westmächte mit der Bundesregierung beraten und der Sowjetunion in Genf vorgelegt hatten. Wir schlugen vor, Schritte zur deutschen Einheit zu koppeln mit Schritten zur Abrüstung. Ein Diplomat aus dem Auswärtigen Amt, Reinkemeier, half. Ich hatte mit ihm angeregt, frühere Erkenntnisse in die Zukunft zu projizieren.

Konrad Adenauer und Dwight D. Eisenhower, Präsident der USA, hatten ja schon am 28. Mai 1957 angeboten, daß aus einem wiedervereinigten Deutschland „keine Seite einen einseitigen militärischen Vorteil" ziehen solle und werde. Aufgrund dieser Beratungen legte am 13. August 1963 Außenminister Gerhard Schröder dem Kabinett den Entwurf einer „Initiative der Bundesregierung in der Deutschlandfrage" vor. Dieser ging aus vom sogenannten „Herter-Plan" vom 14. Mai 1959, den die Westmächte als westlichen Friedensplan vorgelegt hatten. Der Plan war mit der Bundesregierung abgestimmt. Er wollte „die Wiedervereinigung Deutschlands auf der Grundlage freier, gesamtdeutscher Wahlen in vier Stufen, verbunden mit Maßnahmen im Bereich der europäischen Sicherheit und der allgemeinen Abrüstung". Auf Antrag des Auswärtigen Amtes wurde die Beratung dieses Entwurfs im Kabinett am 13. August 1963 zurückgestellt. Die Publikation der Akten des Auswärtigen Amtes weist aus, daß Adenauer diese Initiative vom 13. August 1963 mit Weisung vom 28. August 1963 stoppte, obwohl sie den Westmächten schon bekannt war. Die Vorschläge seien zu weitgehend, schrieb er, auch diskriminierend. Man solle erst die Wahl in den USA vom 8. November 1964 abwarten.

Diese beiden Argumente sind nach meiner Kenntnis nicht ganz überzeugend. Denn Adenauer hatte im Mai 1957 auf unserem Parteitag in Hamburg gesagt: „Wenn die Sowjetunion in der Freigabe der Zone eine Stärkung des deutschen Wehrbeitrages sieht, dann sind wir bereit, darauf zu verzichten, die Sowjetzone in das Wehrpotential einzugliedern." Wir seien bereit, im Zusammenhang mit der Wiedervereinigung Sicherheitsvorkehrungen für Europa zu treffen. Auch hatte Adenauer den für die Genfer Konferenz von 1959 ausgearbeiteten „Herter-Plan" akzeptiert.

Ich weiß, daß Adenauer von diesen Gedanken nie abgewichen ist. Ich habe Grund zu der Annahme, daß Adenauer damals, kurze Zeit vor dem Ende seiner Kanzlerschaft – besorgt um sein politisches Erbe bei Geringschätzung des politischen Formats seiner Nachfolger Erhard und Schröder –, nicht bereit war, eine so weittragende Initiative, also ein Stück seines politischen Erbes, ungeschützt ungeschätzten Nachfolgern in die Hände zu geben. In unserem letzten Gespräch, zwei Wochen vor seinem Tode, hatte er gemahnt, mit der Sowjetunion, der größten europäischen Militärmacht, sorgfältig und rücksichtsvoll umzugehen.

———

Im Juni 1963 trafen sich die Schlesier in Köln, im Gürzenich. Kardinal Frings und ich waren als Gastredner gebeten. Der Kardinal fragte, ob es mit dem christlichen Gewissen vereinbar sei, die in den deutschen Ostgebieten angesiedelten Polen und deren Kinder wieder aus ihrer neuen Heimat herauskomplimentieren zu wollen. Und ich erklärte: Im Betonen des Heimatrechts durch die Vertriebenen rangiere das Menschliche vor dem Nationalen. Wer seine Heimat liebe, werde auch andere nicht aus ihrer Heimat verdrängen und werde das Heimatrecht der dort inzwischen Beheimateten respektieren wollen. Kurt Plück berichtet, daß beide Redner reichlich Beifall erhalten hätten. Und: „Das war vor dem Briefwechsel der deutschen und polnischen Bischöfe anläßlich des II. Vatikanischen Konzils und vor der Denkschrift der EKD im Jahre 1965.“

Ich habe stets die Meinung vertreten: die Oder-Neiße-Linie als Westgrenze Polens erst im Zusammenhang mit der Wiedervereinigung anerkennen und nicht vergessen, daß die Siegermächte nie erklärt haben, die deutschen Ostgebiete kämen wieder zu Deutschland. Sie hatten nur erklärt – und haben sich auch daran gehalten –, diese Regelung solle einem Friedensvertrag vorbehalten bleiben. Dann freilich würden sie die polnischen Wünsche unterstützen. Mir war klar, daß jeder, der die deutsche Wiedervereinigung wollte, die Frage nach den Grenzen Deutschlands verbindlich beantworten müsse. Diese Frage hatte man mir auch in Washington gestellt.

Und auch in Moskau war man an der Oder-Neiße-Grenze vital interessiert: einmal für den Bündnispartner Polen und zum anderen im eigenen Interesse – hatte doch die Sowjetunion sich große Teile des östlichen Polen einverleibt.

Im Juni 1963 besuchte Präsident John F. Kennedy Deutschland. Wie mein Freund Walter Casper hatte ich einen guten Draht zu den Kennedys, vor allem zu Bob und Ted. Nun lernte ich auch den Präsidenten kennen. Der damalige Außenminister der USA, Dean Rusk, begleitete seinen Präsidenten auf dessen Deutschlandreise. Ich erinnere mich an ein Gespräch mit ihm über die Zukunft des Kommunismus. Er fragte mich, ob ich auch – wie seine Planer und Berater – der Meinung sei, daß die Kommunisten die Koexistenz nicht aushielten.

Ich sei ganz sicher, erwiderte ich, daß der Kommunismus zusammenbrechen werde. Ich begründete diese Gewißheit: Die Kommunisten seien schon dabei, ihre Ziele „zurückzubuchstabieren". Die ökonomische Basis der Sowjets, die der Kommunisten insgesamt, sei zu schwach, um zugleich in den vielen Bereichen vom Lebensstandard bis zum atomaren Wettlauf schritthalten zu können. Zwar verkündeten die Sowjets ihre ideologische Absicht, den Westen in absehbarer Zeit zu übertreffen, aber das sei Wortgeklingel ohne realen Hintergrund. Ohne wesentliche Steigerung der Produktivität gehe es bergab mit den Kommunisten. Sie spürten das wohl selbst: Sie hätten das „Prinzip der materiellen Interessiertheit" eingeführt. Der Mensch müsse, so diese neue Erkenntnis, von seiner persönlichen Leistung einen persönlichen Vorteil haben! Das sei ein ideologischer Schwenk!

In Berlin wurde Kennedys Besuch zum Triumph. Er begründete das Vertrauen Berlins zu den USA neu, das seit dem Bau der Mauer gelitten hatte.

Willy Brandt und ich hatten inzwischen hinreichend Vertrauen zueinander gefunden. Wir sprachen auch über die Möglichkeiten der deutschen Politik. Dabei berichtete er von den Übereinstimmungen mit seinen Freunden Olof Palme aus Stockholm und Bruno Kreisky aus Wien. Diese ließ er wissen, daß wir „on speaking terms" seien. So suchte und fand ich Gelegenheit, mich mit diesen neutralen Ministerpräsidenten auszutauschen. Das war mir wichtig. Kreisky traf ich auch in Venedig, und Palme bat mich zu sich, als er Rat suchte wegen einer Einladung in die DDR. (Er besuchte sie schließlich – in Stralsund, „früher schwedisches Gelände", wie er lächelnd betonte.) Palme wirkte jungenhaft, und Kreisky verband auf seltene Weise Verstand und Charme. Seine Sätze – „Kapläne taugen nicht als Gewerkschaftssekretäre" (zur polnischen Entwicklung mit Solidarnosz) und „die Bibel ist kein Grundbuch" (zu Israel und dessen Nachbarn) – sind mir in bleibender Erinnerung. Vor der Konferenz in Helsinki besuchte er mich in München. Es wollte wissen, wie ich persönlich (!) über die Vorhaben dieser Konferenz denke und was er insoweit den Moskauern sagen könne. Gerne nahm er meine freimütige Antwort zum Vorhaben Helsinki mit auf seine Reise.

———

Wir im Ministerium arbeiteten hart und zielgerecht. Wir glaubten an unsere, die bessere Sache. Leider ließen wir die Deutschen zu wenig bemerken, daß und wie wir am Werk waren (vor lauter „Geheim", roten Stempeln usw. scheuten zu viele und zu oft die offizielle Mitteilung und Wahrnehmung), zum anderen verstellte parteipolitischer Streit den Blick auf die Realität. Die SPD-Opposition warf Nebel: Die Bundesregierung, nicht Moskau, sei schuld an der Fortdauer der deutschen Spaltung; ihre „West-Politik" der Einordnung Deutschlands in das Lager der Demokratien vertiefe die deutsche Teilung, vertage die Wiedervereinigung auf den Sankt-Nimmerleins-Tag. Mit Emphase forderte der sonst kühle Fritz Erler, SPD, im Bundestag: Die deutsche Einheit werde nur kommen, wenn Adenauer wie Ulbricht verschwänden.
In unseren Texten, vor allem in den Ansprachen über den RIAS, betrieben wir aus dem Ministerium auch, was wir

„Kommunismus-immanente Kritik" nannten. Wir griffen also die SED auch an, weil ihre Politik und die Wirklichkeiten, die sie schuf, ganz und gar nicht übereinstimmten mit den Theorien des Marxismus. Nach der Wiedervereinigung erfuhr ich, daß diese Bemühungen „angekommen" seien.

———

In diesen letzten Monaten als Bundeskanzler äußerte Konrad Adenauer mir gegenüber immer wieder seine Sorge um die Stabilität unserer jungen Demokratie. Er hatte in den dreißiger Jahren die demokratische Flatterhaftigkeit zu vieler Deutscher erlebt und unter den Folgen gelitten. In diesem – fundamentalen – Punkt stimmte Ludwig Erhard ganz mit Adenauer überein. Adenauer beschwerte vor allem die Unfreiheit, die Diktatur in der DDR, die Mißhandlung der Menschenrechte. Nie vergaß er unsere bange Fragestellung zu Beginn seiner Amtszeit: Werden wir es diesmal schaffen mit der parlamentarischen Demokratie in Deutschland?

Im Sommer 1963 bereitete sich Ludwig Erhard auf seine Kanzlerschaft vor; er bat mich zu sich in sein Ferienhaus am sommerlichen Tegernsee. Dort in Bayern, Berge und Seen vor Augen, lebte er auf, bekundete mir der künftige Kanzler sein besonderes Wohlwollen, sprach, so seine Wortwahl, von „Zuneigung". Er bat um mein Urteil zum bevorstehenden Besuch des Schwiegersohnes Chruschtschows bei sich, zu einem Gespräch über „alle Fragen", Deutschland eingeschlossen. Er ermunterte mich, meine „erfolgreiche Arbeit mit ihm und unter ihm fortzusetzen". Ganz genau wollte er von mir über unsere „Aktion Freikauf" informiert werden. Das wolle er auf jeden Fall fortsetzen – mit mir. So schied ich in dem Gefühl eines besonders gesuchten Mitstreiters.

Kanzler geworden, dankte er mir auch „für Treue" in „schwerer Zeit", aber ich müsse verstehen, der politische Koalitionszwang erforderte einen Posten für Erich Mende, den FDP-Vorsitzenden. Die FDP beanspruche mein Ministerium für sich. Ludwig Erhard bedrängte mich vor allem mit diesem Argument, doch bitte Bundesminister für Ernährung, Landwirtschaft und Forsten zu werden: Da müsse ein europäisch-politisch beschlagener Jurist, nicht mehr ein Landwirt, hin, der „mit Brüssel fertig werden könne". Erhard beschwor auch meine Frau, sie möge seinen Wunsch unterstützen, daß ich in seiner Bundesregierung bleibe. Dazu war ich nur bereit als Deutschland-Minister. Ich hatte mit Engagement und Erfolg dieses Ministerium geführt und gezeigt, daß ich das konnte. Deutschland-Politik war mein Herzensanliegen. Vielleicht wäre es damals besser gewesen, um *diesen* Platz im Kabinett sichtbar zu kämpfen. So mancher nämlich verwechselte meine Loyalität zu Erhard mit fehlender Kampfkraft. Es kam hinzu, daß Heinrich von Brentano erkrankte und Adenauer durch sein Ausscheiden als Bundeskanzler nicht mehr wirken konnte wie früher bei meiner Berufung. Zum ersten Male wurde mir bewußt: Auch die Zeit regiert! Du hast vielleicht schon das meiste hinter dir ...

———

Wir waren, als ich das Ministerium abgab, der Wiedervereinigung nicht nähergekommen. Wir hatten uns aber auch nicht weiter von ihr entfernt. Den Zusammenhalt der Nation hatten wir gepflegt, wohl auch gefördert; den Anspruch auf das deutsche Selbstbestimmungsrecht im Ausland aufrecht erhalten. Bescheidenes Ergebnis einer nüchternen Bilanz – nach harter, sehr harter Arbeit.

Am Ende hatte ich mir, wenn ich Kurt Plück glauben darf, „in der Medienszene großen Respekt erworben". Man hätte beobachtet, daß da aus einem sehr breiten Hintergrund und auf längere Sicht mit Ziel gehandelt und gesprochen wurde. Sogar in Ostberlin habe man nicht mehr einfach nur dagegengehalten, wenn ich mich äußerte. „Die Zukunft der Welt und also auch die Zukunft Berlins gehört der Freiheit", das hatte ich unter anderem gesagt. Plück kommentiert: „Aus dieser Überzeugung prägte Barzel eine knappe Formel, die für die Deutschland-Politik von Adenauer bis zur Wiedervereinigung 1990 galt: ,Wandel durch Einwirkung'."

Es bleibt festzuhalten: Auch in meiner Zeit als Gesamtdeutscher Minister galt der Schießbefehl der DDR, der seit 1961 vermehrt angewandt wurde.

Es kam nicht nur zu der fürchterlichen Zahl von nachweislich 957 (bis zur Wiedervereinigung) an der Mauer Ermordeter. Der „kalte Krieg" forderte auch innerhalb der mauerumwehrten DDR Tote, Gefallene des kalten Krieges. Sie drohen in Vergessenheit zu geraten! Ich nahm mir, als Pensionär, vor dem Jubiläum der deutschen Einheit am 3. Oktober 2000 die Freiheit, die Bundesregierung an diese tapferen Demokraten zu erinnern.

Von 1957 bis 1990 verließen 835 617 Deutsche die DDR. 38 000 „Grenzsoldaten" der DDR bewachten die ca. 1400 Kilometer lange Grenzlinie. Nach einer Auskunft des wissenschaftlichen Dienstes des Deutschen Bundestages flohen von 1945 bis 1990 mehr als sieben Millionen Menschen aus der DDR.

Vorsitzender

Mit Erhard

Nach meinem Ausscheiden aus der Bundesregierung mußte ich mich nicht lange mit der Frage beschäftigen: Was nun? Heinrich von Brentano, unser Fraktionsvorsitzender, erkrankte. Vom Krankenlager aus bat er die Fraktion, mich für die Zeit seiner Erkrankung zum amtierenden Fraktionsvorsitzenden zu wählen. Brentano hatte schon vom 30. September 1949 bis zum 7. Juni 1955 die Fraktion geführt und dann als Außenminister gearbeitet. Bei der Erneuerung der Kleinen Koalition im Jahre 1961 verlangte die FDP als Koalitionspartner bedingungslos sein Ausscheiden aus der Bundesregierung. Es traf sich so (oder wurde so arrangiert), daß Heinrich Krone den Fraktionsvorsitz aufgab, um Minister in der Regierung Adenauers zu werden. So hatten wir Heinrich von Brentano am 24. November 1961 wieder zum Vorsitzenden gewählt. Gerhard Schröder, bisher Innenminister, wurde Außenminister. Er erfreute sich der Zuneigung der FDP, genoß auch Sympathien bei der SPD.

Brentano, von hohem Verstand, verfügte über eine breite, auch künstlerische Bildung. Er war feinfühlig und blieb auch in hitzigen Parlamentsdebatten Kavalier; ein gebildeter Jurist, eleganter Junggeselle und Kettenraucher. Im Parlamentarischen Rat hat Heinrich von Brentano zusammen mit Carlo Schmid und Theodor Heuss wesentlich mitgewirkt, unserer Verfassung Gehalt und Form zu geben. Seine Handschrift an dem „Entwurf für eine europäische Verfassung" ist unverkennbar („Ad hoc Versammlung" 1952/53).

Er entstammte der hochangesehenen, im 17. Jahrhundert aus der Lombardei nach Hessen eingewanderten Familie Brentano di Tremezzo. Seine Verwandten wirkten nachhaltig in Deutschland, bereicherten unser künstlerisches und geistiges Leben wie er die deutsche Politik. Viele der großen Namen aus dieser Familie zieren unsere Geschichtsbücher und Lexika. So hatten auch die Hugenotten Berlin verändert, das im Jahre 1700 jeden dritten Einwohner als Zuwanderer aus Frankreich auswies – ähnlich wie die Salzburger, die im 18. Jahrhundert aus Österreich nach Preußen kamen und auf ihre neue Heimat einwirkten.

Nun war Heinrich von Brentano, kurze Zeit nach der Wahl Ludwig Erhards zum Bundeskanzler, erkrankt. Heinrich Krone hatte ihn in München im Krankenhaus besucht und der Fraktion mit Grüßen Brentanos dessen Bitte übermittelt, mich auf den durch die Berufung Kurt Schmückers zum Bundeswirtschaftsminister „freien Platz" in der Fraktionsführung zu wählen.

Krone, selbst Fraktionsvorsitzender von 1955 bis 1961, unterstützte diesen Vorschlag. Adenauer pflichtete bei, und auch Erhard sprach sich für mich aus. So wurde ich am 3. Dezember 1963 mit 161 gegen 9 Stimmen bei 17 Enthaltungen gewählt. Jedermann wußte, daß mit der Wiederkehr Brentanos in seine parlamentarische Arbeit kaum zu rechnen sei. 17 Kollegen enthielten sich, weil sie meinten, mir einen „erfahreneren" Kollegen wie Matthias Hoogen zur Seite stellen zu sollen, dieser war aber dazu nicht bereit.

An diesem Abend kamen viele – ungeladen – in mein Godesberger Haus. Franz Josef Strauß meinte, ich hätte wohl noch nicht so recht begriffen, was da heute passiert sei (ob und wie die CSU an diesem Wahlvorschlag beteiligt war, weiß ich nicht). Konrad Adenauer kam und gefiel sich vor allem darin, Haus und Garten zu begutachten und auf kölsch mit meiner Frau zu plaudern. Er freue sich, sagte er schlicht zum Abschied und gab mir kräftig seine alte Hand. Detlev Struwe, Stellvertreter des Vorsitzenden und Bauernführer aus Holstein, sagte ein knappes „Glück auf!"

Es wurde keiner der üblichen, langen parlamentarischen Abende. So blieben Zeit und Stille für Timmchen, Claudia und mich. Uns war noch nicht ganz bewußt, wie sich das auf unser Leben auswirken würde. Über Nacht war ich in die Führung der Union gewählt. Ein Fahrer brachte einen großen Blumenstrauß – für Timmchen, mit einem Gruß von Bundeskanzler Ludwig Erhard. Tags darauf regnete es geradezu Blumen und Telegramme. Nur noch Freunde? So fragte Claudia, als uns die Blumenvasen ausgingen. Ich strich ihr übers Haar. 15 Jahre alt war sie nun und hatte schon mehr erlebt als andere in ihrem ganzen Leben. Timmchen wirkte glücklich, als sie das sah. Wir waren von der Poppelsdorfer Allee in unser Reihenhaus gezogen, einem Bungalow mit kleinem Garten in Bad Godesberg, Rubensstraße. Der Hauswirt aus der Poppelsdorfer Allee – wir hätten gerne für immer dort gewohnt – beanspruchte unsere Wohnung für seinen Sohn.

––––––

Natürlich nahm ich weder das Büro Brentanos noch sein Sekretariat, weder sein Auto noch seinen Fahrer in Anspruch. Wir alle wollten seine Hoffnung auf Genesung auf jede nur mögliche Weise unterstützen. Kaum einer ließ mich spüren, daß ich ja „nur" „Geschäftsführender" Fraktionsvorsitzender sei. Mit Will Rasner an meiner Seite ging alles ganz gut. Ich wuchs mehr und mehr in diese Aufgabe hinein. Ein guter Freund, Botschafter Joseph Jansen, wies auf mein geradezu „jugendliches" Alter als Fraktionsvorsitzender hin und riet, möglichst nie „ich" zu sagen, sondern immer „wir". Ein guter Rat! Ich war ja erst 39 Jahre alt. Sein Sohn Thomas wurde später für mehrere Jahre, nachdem er zuvor für Walter Hallstein gearbeitet hatte, mein exzellenter Mitarbeiter. Er blieb bei mir, als ich meine Ämter abgab! Ich denke auch gerne und dankbar an Ingrid Müller-Sirls, Gisela Scheben und Rudolf Heiliger.

––––––

Nach Brentanos Tod, nach meiner späteren Wahl ließ ich die Möbel im Zimmer des Fraktionsvorsitzenden auswechseln. Mir kam es darauf an, einen großen runden Tisch aufzustellen, um den die engere Fraktionsführung – rheinisch „Elfer-Rat" genannt – Platz finden konnte. Da sitzt jeder „oben", und es entsteht das Gefühl, Auge in Auge miteinander zu arbeiten. Wir! Das bewährte sich.

An diesen runden Tisch lud ich auch ein gutes Dutzend Journalisten, einen festen, überparteilichen Kreis, einmal pro Monat zum Hintergrundgespräch ein. Ich hielt nichts zurück. Es war ja mein Interesse, daß diese Mitwirkenden in Bonn rechtzeitig und konkret wußten, was anlag, wie ich die Dinge sah und was ich zu tun vorhatte. Dieser Vorschuß an Vertrauen zahlte sich aus: In den fast zehn Jahren meines Vorsitzes gab es nur einmal (!) eine Indiskretion aus diesem Kreis.

Ein Fraktionsvorsitzender war damals ein Mann mit großer Verantwortung und minimalem „Apparat". Kollegen konnten einfach bei ihm „hereinschauen". Da gab es keine roten Teppiche, keine Fluchten von Vorzimmern, keine geballte Ladung von Mitarbeitern, keine separate Dusche usw. Der Fraktionsvorsitzende kann viel bewirken, aber kaum etwas anordnen. Seine „Macht" ist von anderer Art: Er ist weitgehend – Herr über die Tagesordnung, auch über den Zeitplan. Und das ist viel! Er spricht für CDU und CSU, erteilt das Wort, auch dem Kanzler. Sein Einfluß ist so groß wie das Gehör, das er findet, das er sich verschafft! Er kann nur bitten und überzeugen, auch mal überreden. Tricksen – das geht, bestenfalls, einmal. Er ist nicht „Herr" über diese große Zahl von Abgeordneten, auch nicht „Chef" der Fraktion. Freilich – nach unserer damaligen Satzung saß er nicht nur der Fraktion vor, sondern „führte" sie!

Die meisten seiner Kolleginnen und Kollegen erwarten, der Vorsitzende werde schon dafür sorgen, daß sie beim nächsten Revirement, wenn nicht Bundesminister, so doch bestimmt Ausschußvorsitzende würden. Der arme Mann aber, der da vorsitzt, hat immer nur, wenn überhaupt, Einfluß auf die Besetzung eines Postens – dafür aber mindestens ein Dutzend Bewerber. Ich habe einmal – nicht nur scherzhaft – gesagt, ein Fraktionsvorsitzender könne nicht länger erfolgreich amtieren als „zwei Bundesregierungen lang"; denn die Zahl derer, die sich übergangen und zu kurz gekommen fühlten, multipliziere sich von Mal zu Mal – bis hin zur Mehrheit gegen den Fraktionsvorsitzenden.

Mein Kollege Güde, vorher Generalbundesanwalt, rügte einmal: Dieser Fraktionsvorsitzende manipuliere die Fraktion, ihre Sitzungen verkämen zu „Anhörungsterminen". Ich wußte es einzurichten, daß er an einem Gespräch mit der Führung der SPD-Fraktion als Sachkundiger teilnahm. Er erlebte den polternden Herbert Wehner und erklärte dann in der Fraktion: Nach dem, was er da erlebt habe, ginge es bei uns geradezu freundlich, ja freundschaftlich und höflich zu.

250 Kolleginnen und Kollegen – das sind 250 Meinungen, Temperamente, Begabungen und auch Interessen. Wie bringt man die unter einen Hut? Das ist die bleibende Frage an jeden Fraktionsvorsitzenden, der Partner des Kanzlers ist.

Der Kanzler kann berufen, befördern, anordnen, ehren; dem Fraktionsvorsitzenden bleibt nur die Bitte und die Überzeugung – und das Trösten derer, die sich übergangen und zu kurz gekommen fühlen. Wenn er sich äußert, gilt das als *die* Meinung der Fraktion, zumindest die der Mehrheit. Da muß er aufpassen, nicht zum schnellstmöglichen gemeinsamen Nenner zu schrumpfen; nicht vor lauter bequemem Sowohl-Als-auch den Mut und die Begabung zum Entweder-Oder zu verlieren.

Als amtierender Fraktionsvorsitzender fand ich Herrn Schmidt-Lüders als Berater vor, der den Auftrag hatte – er war Betriebsberater und Organisationsfachmann –, die Arbeit der Fraktion, die als „unregierbar" galt, neu organisieren zu helfen. Höflich und bestimmt verabschiedete ich diesen Herrn. Die Satzung der Fraktion bestimmte ja, daß der Vorsitzende die Fraktion führe, ihr nicht nur vorsitze. Ich gedachte, dieser Pflicht zu genügen. Es galt als fundamentale Neuerung, als ich begann, für die Sitzungen der Fraktion eine Tagesordnung vorzulegen.

———

Für uns galt etwas Besonderes: Wir waren die Union. Eine Fraktion aus vielen Gruppen der Gesellschaft, aus zwei Parteien, CDU und CSU. Es gab – zunächst noch – konfessionsarithmetische Probleme und Vereinigungen der Bauern, Mittelständler, Arbeitnehmer, Vertriebenen und Landsmannschaften. Letztere orientierten sich an der geballten Kraft der CSU-Landesgruppe.

Als ich anfing, war es bei uns – anders bei SPD und FDP – nicht möglich, politische Fragen mit Mehrheit zu entscheiden! Jede Gruppe wollte immer besonders berücksichtigt werden. Wir waren ja „Union", nicht Partei. Und: Unsere Kasse zeichnete sich durch Ebbe aus! Will Rasner, der Parlamentarische Geschäftsführer, berichtete mir über die finanzielle Lage. Sie war schlechter als schlecht. Für die soziale Sicherheit der Abgeordneten war kaum gesorgt. Starb eine oder einer oder erkrankte ernsthaft, so suchten wir aus der mageren Fraktionskasse zu helfen, so gut es eben ging, legten zu Jahrestagen Kränze an den Gräbern der Verstorbenen nieder.

Um Will Rasner beneideten uns andere Fraktionen. Er war in Parlamentsdingen mit allen Wassern gewaschen, gewann aber zugleich im ganzen Deutschen Bundestag zunehmend Achtung durch seine feste Verläßlichkeit. Was abgemacht war, mußte gelten! Ich ließ ihm weitgehend freie Hand für den ganzen Parlamentsbetrieb. Er hatte, wie auch immer, stets und sofort Zutritt zu mir. Er liebte das klare Ja oder Nein, konnte von Herzen lachen, war hellwach und schnell – gönnte sich dreimal im Jahr einen Hummer mit geschlagener Butter.

Vor seiner Wahl zum Flensburger Abgeordneten arbeitete er als Redakteur des dortigen „Tageblatt". Im Krieg hatte er als Offizier gedient. Unsere wenigen angestellten Mitarbeiter schwärmten für ihn. Er ging jeden Sonnabend ins Büro, hatte dann Zeit auch für die Probleme der Mitarbeiter. Sein Wahlkreis sah das nicht gerne. Er wurde mein enger Freund und Berater. Ich verdanke ihm viel! Ein Krebsleiden führte zu seinem Tod – kurz nach unserem Saarbrücker Parteitag (1971). Ich förderte seine Nachfolger, Heinrich Köppler und Olaf von Wrangel. Die Parlamentarischen Geschäftsführer wurden von der Fraktion gewählt. Aber nur der Fraktionsvorsitzende hatte das Vorschlagsrecht. Mit Olaf von Wrangel hatte ich schon gearbeitet, als dieser noch Korrespondent, später Chefredakteur des NDR war. Sein Urteil war stets wohlerwogen und bedächtig formuliert. Er wurde zum lebenslangen verläßlichen Freund. Ich erinnere uns gerne an die letzte Wahlversammlung im stürmischen Berliner Sportpalast mit seinem mannhaften Durchhalten.

Ich war ungeübt in der Führung größerer Sitzungen. Will Rasner saß zu meiner Linken in der Fraktion und wußte diskret zu helfen. Konrad Adenauer, dem nach wie vor nichts entging, mahnte: Herr Rasner wolle – natürlich, er sei der Parlamentarische Geschäftsführer – die Tagesordnung zügig abwickeln. Der Vorsitzende aber, so mahnte Adenauer, müsse mehr darauf achten, *was* beschlossen werde. Es sei nicht damit getan, Sachen zu erledigen, indem man sie „abhake". Die Probleme müßten gelöst werden – und zwar richtig, nicht nur im zügigen Ablauf!

Schon früher hatte Adenauer mich gemahnt: Es sei ja sehr schön, wenn ich immer neue Ideen in die Welt setzte – und das auch noch mit guten Worten; wichtiger sei, *einen* Gedanken einzubringen und den zu verwirklichen! Er empfahl, nie in eine Sitzung zu gehen, um sie zu leiten, ohne *vorher* zu wissen, was dabei herauskommen solle! Und das erstrebte Ergebnis solle vor der Sitzung wohlformuliert auf einem Papier festgehalten sein. Dieses aber müsse man *in* der Jackentasche bei sich tragen. Oft habe ich in den fast zehn Jahren, in denen ich den Vorsitz führte, an diesen guten Rat gedacht – vor allem, wenn es nicht so ganz gelungen war, ihn zu befolgen.

Nach der Satzung der CDU hatte ich als Vorsitzender der Fraktion Sitz und Stimme in den Führungsgremien der Partei (Präsidium, Vorstand, Parteiausschuß). So erlebte ich Adenauer, dessen Regierungsstil ich aus meiner Zeit als Minister in seinem Kabinett schon kannte, nun auch sehr nahe dran als Vorsitzenden der Partei. Auch hier führte er durch Orientierung und Überzeugung. In der Partei leitete er die Sitzungen ein mit einem „Bericht zur Lage", einem politischen tour d'horizon. Da blieb kein Zweifel, was er dachte, für wichtig hielt und wohin er uns zur Entscheidung führen wollte. Nie erlebte ich, daß er uns anweisen, gar „kommandieren" wollte; selbst wenn er seinen Standpunkt energisch vortrug und verfocht, ließ er doch immer Raum für die andere Meinung – auch Zeit, sie vorzutragen. Widerspruch war zwar nicht gerade erwünscht, gehörte aber dazu. Ich will nicht verschweigen, daß er in seinen letzten Monaten dazu neigte, zänkisch zu werden.

Bald bat Adenauer, nicht mehr Kanzler, „nur" noch Parteivorsitzender, mich wie früher zu sich. Er sehe genau hin, betrachte „das Ganze" mit einem weinenden und einem lachenden Auge. Für Partei und Staat freue er sich. Was mich persönlich beträfe, so sei das anders: Ich würde, fürchte er, nun sehr einsam werden.

Mit Herzklopfen sah ich dem Parteitag der CDU im März 1964 in Hannover entgegen. Nach der Satzung der Partei ist der „Bericht der Bundestagsfraktion" ein feststehender Punkt der Tagesordnung. Die Fraktion gibt dabei der Partei Rechenschaft.

Heinrich von Brentano war nicht imstande, nach Hannover zu reisen und diesen Bericht zu geben. So schrieb ich einen Entwurf, fuhr nach Darmstadt, um diesen mit ihm durchzusprechen. Er lehnte es ab, den Text mit mir zu erörtern. „Sie werden das schon machen, gut machen!" betonte er – und wir unterhielten uns über seine Gesundheit und die Lage in Bonn, auch über Frankreich und Europa. Im Bundestag und in der Fraktion kannte ich mich aus. Da gelten feste Regeln. Aber eine Partei ist etwas ganz anderes! Sie steht und wirkt direkt im Volk. So gibt es immer wieder Stimmungen und Überraschungen. Parteitage gleichen Heerlagern vor dem Aufbruch in die Schlacht, sind auch Kampfplätze für Meinungen, Projekte und Rivalitäten, anfällig für Wahlabsprachen und Tricks. Und das alles unter den Augen ungezählter kritischer Journalisten.

Ich war noch nicht 40 Jahre alt, damals galt das als sehr jung für einen Fraktionsvorsitzenden – zu jung, wie einige mäkelten. Und: Ich war ja – aus Sicht so mancher Delegierten – „nur" „amtierender" Fraktionsvorsitzender. Vorsitzender war nach wie vor Heinrich von Brentano. Und der gehörte, wie wir damals sagten, zu den „Säulenheiligen" der Union. Es kam hinzu, daß es Reibungen zwischen Bundeskanzler Ludwig Erhard und Konrad Adenauer, dem Parteivorsitzenden, gab. Viele Delegierte reisten nach Hannover in der Sorge, es werde zu sichtbaren Spannungen, ja zum öffentlichen Streit der beiden Giganten kommen – und kaum einer traute mir zu, im Fall des Falles schlichten, vermitteln, Probleme lösen zu können.

Ich suchte meine Erregung zu bändigen und begann meinen Bericht, indem ich zunächst die Grüße Heinrich von Brentanos übermittelte und den Parteitag bat, ihm herzliche Grüße und Wünsche zu senden. Mir fiel ein Stein von der Seele, als das mit Beifall aufgenommen wurde. Mein Bericht sei mit Brentano besprochen, fuhr ich fort. „Bitte, verstehen Sie diesen Hinweis richtig, nämlich so: Für Ihre Kritik bin ich zuständig und für alles andere, falls es das auch geben sollte, Heinrich von Brentano." Im übrigen sei ich nach der Ordnung dieses Tages ja nur „eine Art Horsd'œuvre für Ludwig Erhard – aber ein solches Horsd'œuvre darf ja gewürzt sein".

Damals sahen viele in Ludwig Erhard mehr einen parteienthobenen „Volkskanzler" als den Kanzler der CDU/CSU. Und Erhard tat zunächst wenig, um diesen Eindruck zu entkräften. Er betrieb seine eigene Öffentlichkeitsarbeit. Das Problem mit unseren beiden großen Männern ging ich frontal an: „Die Fraktion, die sich in geheimer Wahl mit ganz großer Mehrheit für Bundeskanzler Erhard entschieden hat, steht geschlossen zu ihm. Und ich freue mich hinzufügen zu können, daß Ludwig Erhard auch als Bundeskanzler sich ganz als der unsere fühlt, so handelt und alles mit uns durchspricht. Und darum sage ich mit Bedacht: Wer Erhard als Kanzler will, muß die CDU/CSU wollen!" Diese Rede „kam an". Der „junge Mann" habe, so hieß es, den Ton getroffen. Befreit atmete ich durch.

Konrad Adenauer kämpfte auf diesem Parteitag gegen eine Erkältung. Das sprach sich schnell herum. Er arbeite an einem richtungweisenden Beitrag, so hieß es. Als er dann am Rednerpult in der Stadthalle von Hannover stand, dementierte er alle Gerüchte über seine Gesundheit auf seine Weise: „Ich möchte der SPD ... vorschlagen, sich nach einem Wappentier umzusehen. Ich möchte raten, als Wappentier den Erdlöwen zu nehmen. Sie werden erstaunt fragen: Was ist ein Erdlöwe? Nun, meine Damen und Herren, das ist die Übersetzung des Wortes ‚Chamäleon'. Aber es klingt besser ... Man muß dann auch folgendes bedenken: Daß dieser Erdlöwe ein wunderbares Tier ist: Bald ist er rot, feurigrot, manchmal Kardinalspurpur. Mal ist er grün, mal ist er blau. Kurz und gut: Alle Farben stehen ihm zur Verfügung. Und was das Großartige dabei ist – beim Erdlöwen: Das Tier kann den Farbwechsel ununterbrochen fortsetzen, und zwar sehr schnell, weil es gar keine Anstrengungen kostet. Wäre das nicht, meine Freunde, ein ganz ausgezeichnetes Wappentier für eine Partei, die heute das anbetet, was sie gestern verbrannt hat, und die morgen das verbrennt, was sie heute angebetet hat?" Der Parteitag geriet in muntere Fröhlichkeit. Dann aber formulierte Adenauer, was er als „Vermächtnis" bezeichnete: „Jedes menschliche Zusammenleben setzt besondere Normen voraus ... Unsere Partei steht fest und unverbrüchlich auf dem Boden der christlichen Weltanschauung, daß es für Menschen Normen gibt, die aus dem Wesen und Sein Gottes selber fließen und daher unverbrüchlich sind und nicht angetastet werden dürfen. Wenn man das Bestehen solcher Normen nicht anerkennt, dann gleitet ein Volk abwärts in Diktatur und Gewalt."

Manches war damals anders als heute: Die SPD war zunächst eine sozialistische, auf Industriearbeiter und Gewerkschaften gestützte Partei mit latent-marxistischen Tendenzen. Heute ist sie eine „linke" Volkspartei mit einer Tendenz zur Mitte. – CDU und CSU gründeten sich, wie das Adenauer-Zitat belegt, auf die christliche Weltanschauung, die Katholiken und Protestanten gemeinsam ist. Heute ist sie eine mehr konservative Volkspartei. Beide Parteien sind sich in der praktischen Politik inzwischen häufig zum Verwechseln ähnlich. Das war damals ganz anders: CDU/CSU und SPD kämpften kontrovers und grundsätzlich.

Heinrich von Brentano blieb eine schmerzhafte Leidenszeit nicht erspart. Ich besuchte ihn, sooft es ging. Wir beide sind am 20. Juni geboren, im Abstand von zwanzig Jahren. Er trug sein Leiden bewußt und tapfer. Seine vornehme Haltung blieb ungebrochen wie die Kraft seines Verstandes. Am 14. November 1964 starb er. Ich würdigte ihn und seine Lebensleistung am 17. November 1964 vor der Fraktion: Ihm sei es gelungen, Ideale aufzuzeigen und anderen weiterzugeben. Brentano habe deutlich gemacht, daß das Vornehme auch heute möglich und wirksam sei, selbst in der Politik.

Wir trugen ihn in Darmstadt ehrfürchtig zu Grabe. Am 1. Dezember 1964 wurde ich mit 179 gegen 3 Stimmen zum Fraktionsvorsitzenden gewählt. Immer wieder bin ich durch gute Wahlergebnisse bestätigt worden, selbst nach der unter meiner Führung verlorenen Bundestagswahl vom 19. November 1972.

————

Ludwig Erhard regierte – an seiner Seite vor allem Gerhard Schröder, Kurt Schmücker, Ludger Westrick, Walter Scheel, Erich Mende, Hans Katzer und Kai-Uwe von Hassel. Erhard wurde wirksam gestützt von der „Brigade Erhard" – seiner wirksamen Kampftruppe, die durch dick und dünn zu ihm hielt: Wolfram Langer, Karl Hohmann, Rüdiger Seibt, Johannes Gross, Rüdiger Altmann.

Der Deutsche Bundestag hatte ihn am 15. Oktober 1963 zum Bundeskanzler gewählt. 279 Stimmen für und 180 Stimmen gegen Ludwig Erhard bei 24 Enthaltungen, so wurde die Abstimmung ausgezählt und als Ergebnis verkündet. Zeitungen mutmaßten, die 24 Stimmen der Enthaltung drückten Protest aus der Union wegen meiner Nicht-Berufung aus. Das war eine durch nichts begründete Annahme! Ich habe Ludwig Erhard gewählt und allen geraten, das auch zu tun. Er stellte seine Regierung vor und bedauerte mein Ausscheiden mit Dank für meine „noble Haltung".

Im Inland wie im Ausland sah man diesen Regierungswechsel als Notwendigkeit mit Befriedigung an: Die deutsche Demokratie war also stabil und zum Wechsel fähig. An Erhard richteten sich Erwartungen und Hoffnungen, die mich ängstigten! Viele erwarteten von ihm nach dem „Wirtschaftswunder" nun ein politisches Wunder!

Kein Zweifel: Ludwig Erhard hatte allen Anlaß, für Deutschland das „Ende der Nachkriegszeit" zu proklamieren. Die Bundesrepublik war erwachsen und festgefügt, wie auch der Führungswechsel bewies. Weltpolitisch wehte der

Wind von Ost nach West weniger frostig. Vieles veränderte sich: Frankreich hatte sich von der Vierten zur Fünften Republik, also zu de Gaulle hin, gewandelt. In den USA war die Ära Eisenhower (mit seinem Außenminister John Foster Dulles) zu Ende gegangen. Italien erprobte die „apertura a sinistra", und viele fürchteten, die Kommunisten würden dort bald mitregieren. Die Säkularisation schritt voran. Das II. Vatikanische Konzil steckte neue Grenzen ab. Tabus zerbrachen. Großbritannien fand sich schwer mit dem Verlust seiner Weltmacht ab. Das Scheitern der Europäischen Verteidigungsgemeinschaft an Paris hatte viele auf den Boden der Tatsachen zurückgeholt.

Der Bundeskanzler und ich arbeiteten präzise und vertrauensvoll zusammen. „Am direkten und kurzen Draht", wie man das nannte. Ludger Westrick, Chef des Kanzleramtes, unterstützte hilfreich und kompetent diese Abstimmung zwischen Regierung und Parlament. Erhard ließ andere wissen und spüren, daß unser Verhältnis freundschaftlich und unsere gemeinsame Arbeit erfolgreich sei. Gerne erwiderte ich seine Zuneigung.

Jeden Montag um neun Uhr empfing mich Erhard zu einer Stunde gemeinsamer Beratung. Das half, Probleme in persönlichem, direktem Gespräch zu lösen, bevor Mißverständnisse aufkommen und zu Schwierigkeiten anwachsen konnten. Zugleich schuf dieser enge Kontakt Neid. Nicht allen paßte unser wöchentliches Tête-à-tête. Vor allem Krone und Westrick drängten dazu. Karl Hohmann, Erhards engster Mitarbeiter, beargwöhnte, so schien es, unser Verhältnis.

Wir gingen heiter mit den Zigarren um: Wir beide rauchten sie gerne. Auf dem Tisch, der zu Ludwig Erhards Sitzgruppe gehörte, standen immer zwei geöffnete Zigarrenkistchen – hell und braun. Mit einer Handbewegung lud Erhard ein, sich zu bedienen. Wenn ich nicht zugriff, ahnte Erhard, daß ich etwas Besonderes besprechen wollte. Dann stand er auf und hinkte – er war kriegsverletzt – an seinen Schreibtisch, um aus drei Möglichkeiten auszuwählen: den sehr guten Zigarren aus der Kiste auf dem Schreibtisch, den noch besseren aus einem Goldkasten, den ihm John F. Kennedy zugedacht, aber nach dessen Ermordung Präsident Lyndon B. Johnson überbracht hatte. Die absolute Steigerung: Erhard zog den Schlüssel zum Schließfach seines Schreibtisches aus der Hosentasche, schloß auf und brachte exzellente Importe für uns beide mit.

Ich habe im politischen Alltag nicht vergessen, daß Ludwig Erhard im Februar 1949, noch nicht Mitglied der CDU, auf Einladung Konrad Adenauers im Stegerwald-Haus zu Königswinter vor dem „Zonenbeirat der CDU der Britischen Zone" ein wirtschaftspolitisches Referat gehalten hatte, mit dem er alle, auch Konrad Adenauer, faszinierte. „Die Wirtschaft", betonte er damals, „ist nur ein Mittel zum Zweck, zur Erreichung eines höheren Zieles, das im Ethischen liegt". Diese Politik hat zu Adenauer und den Wahlerfolgen der Union geführt. Und dies war die Maxime: „Unter den heutigen Bedingungen besteht die Notwendigkeit, daß der Staat der Wirtschaft planend und regulierend Ziele setzt und die richtungweisenden wirtschaftspolitischen Grundsätze aufstellt ... Gerade jetzt muß erkannt werden, daß die Wirtschaft dem sozialen Fortschritt nicht feindlich gegenübersteht, sondern an diesem ihren Wertmesser findet" (14. Oktober 1946 in die „Neue Zeitung", Berlin).

Der Erfolg dieser Wirtschaftspolitik führte zunächst zur Abschaffung von Lebensmittelmarken und Bezugsscheinen, zu stabilem, knappem Geld. Die Menschen atmeten auf. Die Ängstlichkeit, die noch so vielen aus dem Krieg und der Hitler-Diktatur in den Knochen steckte, verschwand, löste sich auf. Timmchen erzählte von der Freude aller beim Metzger, als dieser es ablehnte, unsere Fleischmarken anzunehmen. „Der Schwindel ist vorbei – hoffentlich für immer!" habe der Fleischermeister gerufen und gefragt, ob es auch „ein bißchen mehr" sein dürfe. Mit diesen Berechtigungsscheinen endeten spürbar für jedermann Diktatur und Krieg.

Nicht diese Zuteilungen bestimmten mehr, sondern jeder für sich – und die D-Mark in seinem Portemonnaie. Das so aus dem Alltag anwachsende Freiheitsgefühl hatte die allgemeine Stimmung gehoben, auch die Laune belebt. Daraus war der Wahlerfolg Adenauers 1949 entstanden! Das „Wirtschaftswunder" ließ aus einer freien Gesellschaft unsere Demokratie heranwachsen!

————

Konrad Adenauer, den ich wöchentlich als Parteivorsitzenden besuchte, war mit Ludwig Erhard nicht zufrieden: Er vernachlässige Frankreich! Das fand bei einigen in der Fraktion Widerhall. De Gaulle kam, ließ den Kanzler warten, um vorher seinem Freunde Adenauer Besuch zu machen. Konrad Adenauer gab in der Sonntagspresse ein Interview gegen Ludwig Erhard. Das erregte die Republik! Heinrich von Brentano bat mich von seinem Krankenlager in Darmstadt aus dringend, dem „alten Herrn" „Bescheid" zu sagen, ihn „zur Ordnung zu rufen"! Brentano war, wie wir alle, empört über dieses sehr kritische Interview Adenauers. Ich entschloß mich, nicht vor der Fraktion Adenauer zur Rede zu stellen, sondern ihn in seinem Büro im Bundesratsflügel aufzusuchen, um ihn im Namen der Fraktion zu rügen.

Das paßte ihm so wenig wie mir. Er war mein Regierungschef gewesen und fast fünfzig Jahre älter als ich. Aber es mußte sein! Adenauers Zornesader schwoll an, sein Zeigefinger bohrte sich explosiv in die Luft, als gelte es, da in Beton zu stoßen. „Habe ich denn nicht recht mit meiner Kritik an Herrn Erhard?" Das platzte wie eine Kanonenkugel aus ihm heraus. Das wolle ich nicht diskutieren, erwiderte ich. Erhard sei unser Bundeskanzler, und er habe Anspruch auf Respekt und Solidarität. Für Kritik sei der Fraktionsvorstand der rechte Ort, nicht Zeitungen.

Uns beiden wurde der Disput spürbar immer unbehaglicher ... Plötzlich erhob sich Adenauer, stand kerzengerade, ging zu einer Blumenvase, die auf dem Boden stand, und nahm nicht alle, wohl aber etwas mehr als die Hälfte der herrlich erblühten Chrysanthemen heraus, schüttelte sie, damit das Wasser abtropfe und reichte sie mir: „Ich schlage vor, Herr Barzel, Sie gehen jetzt nach Hause, grüßen Ihre liebe Frau, bringen ihr diese Blumen und sagen ihr – von mir –: Wir hätten es beide heute gut gemacht."

––––––

Die Amtszeit des Bundespräsidenten Heinrich Lübke (CDU) ging im Herbst 1964 zu Ende. Auf unserer Seite war die Bereitschaft, Lübke erneut zu wählen, unterentwickelt. Die SPD hingegen flirtete mit dem Gedanken, Lübkes Amtszeit zu verlängern und so der von ihr erstrebten großen Koalition mit der Union näher zu kommen. (Mein Versuch, die laufende Amtszeit des Bundespräsidenten um zwei Jahre zu verlängern um den Preis des künftigen Verbots der Wiederwahl, war – schließlich – am Nein von Frau Lübke gescheitert.)

Adenauer und ich berieten. Wir schlichen zunächst um den heißen Brei. Ich faßte mir ein Herz: „Wie ich sehe, sind wir beide noch nicht restlos überzeugt von der Notwendigkeit einer zweiten Amtsperiode des Herrn Bundespräsidenten." „Wenn Sie das sagen?!" gab Adenauer zurück und fügte die Frage an: „Nur, wer sagt Herrn Lübke das?"

Er werde, so antwortete ich, den Vorsitz in der Fraktion der Bundesversammlung führen; die CSU sei damit einverstanden. „Auf keinen Fall! Sie müssen diese Arbeit tun! Ich kann das nicht!" Adenauer entschied, da ich die Arbeit tun solle, müsse ich zunächst das Gespräch mit Heinrich Lübke führen.

Ich meldete mich im Bundespräsidialamt an. Der Termin für meinen Besuch werde etwas auf sich warten lassen. Der Herr Bundespräsident sei auf Reisen. So die Antwort.

Während ich auf den Termin wartete, handelte Herbert Wehner: Die SPD faßte den Beschluß, Heinrich Lübke zu wählen. So waren wir unseren Kandidaten los, aber gezwungen, gute Miene zu machen. Die SPD hatte uns „unseren" Kandidaten ausgesucht und aufgedrückt. Als ich Adenauer berichtete, blickte er mir tief in die Augen: „Ja, der Wehner war schneller als wir ..."

Die SPD verhielt sich als Opposition zeitweilig so brav, um ihre Regierungsfähigkeit zu beweisen, daß ich im Januar 1964 Fritz Erler, den Oppositionsführer, im Deutschen Bundestag ermahnte: „Es gibt auch eine Pflicht zur Opposition! Die SPD übertreibt ihr Bemühen darzutun, auch wir sind regierungsfähig ... Wir brauchen eine muntere Opposition, sonst ist das für ein Regierungslager, gerade wenn es 14 Jahre dauert, wirklich sehr schwer."

———

Die Presse und wir alle sahen mit tiefer Skepsis unserem Parteitag in Düsseldorf vom 28. bis 31. Mai 1965 entgegen. Ludwig Erhards, von seinem Mitstreiter Rüdiger Altmann inspirierter Vorschlag zur „Formierten Gesellschaft" hatte äußerst kritische Diskussionen ausgelöst und Befürchtungen geweckt. Konrad Adenauer schrieb sich in einem Brief an mich seine Wut vom Herzen: Das sei mit ihm, dem Parteivorsitzenden, nicht besprochen, verändere unsere Politik grundsätzlich; er behalte sich vor, sein Amt niederzulegen. Das bedeutete für mich Arbeit – und Bewährung in der Kunst, die Union beieinander und unsere beiden Großen bei Laune zu halten.

Nach langem Bemühen machte Ludwig Erhard es möglich, eine Brücke zu bauen. Er erklärte auf dem Parteitag: „Die deutsche Gesellschaft von heute ist keine Klassengesellschaft mehr ... Die Neuorientierung unserer Gesellschaft wurde ganz bewußt vollzogen. Ihr lagen Ideen zugrunde! Die ‚Soziale Marktwirtschaft' brachte die Befreiung unseres Volkes von wirtschaftlicher Not und sozialem

Zwang. Das Programm ‚Wohlstand für alle' wurde Realität ...
Die moderne Demokratie ist auf die Mitarbeit aller ihrer
Gruppen angewiesen; sie kennt deren Macht, aber sie weiß
auch um ihre Grenzen. Alle diese Gruppen fügen sich heute der Demokratie ein. Diese Gesellschaft ... ist immer mehr
im Begriff, Form zu gewinnen, das heißt sich zu formieren.
Aber auch in dieser ‚Formierten Gesellschaft' – ich präge
diesen Begriff ganz bewußt – werden die Gruppen die Parteien nicht ersetzen können."
    Mit diesen Sätzen – auch Folge tage- und nächtelangen
Ringens nach der Androhung Adenauers, den Parteivorsitz
niederzulegen – konnten wir alle leben. Der Parteitag beschloß eine „Düsseldorfer Erklärung". Da ist von „Formierter Gesellschaft" nicht die Rede, wohl aber wird „eine moderne Gesellschaft, eine Gesellschaft des vernünftigen Miteinander, eine Gesellschaft des dynamischen Fortschritts"
gefordert. Unter „Formierter Gesellschaft" hatten viele, wie
ich auch, nicht eine „sich formierende", sondern eine starre, verordnete Gesellschaft verstanden, die jedem seinen
festen Platz zuweist. Vor Aushöhlung der parlamentarischen Demokratie und vor ständestaatlichen Tendenzen
hatte man kritisch gewarnt.
    In meiner Rede am Schluß des Parteitags gelang es, für
Ludwig Erhard und für Konrad Adenauer Beifallsstürme zu
erzeugen. Der Parteitag bedankte sich für meine Arbeit als
Fraktionsvorsitzender und dafür, „daß Sie uns den Optimismus mitgegeben haben, der Ihrer Arbeit zugrunde liegt".
Hans Heigert von der „Süddeutschen Zeitung", nicht mein
Freund, schrieb, Barzel habe den Parteitag gerettet.

————

Zu meiner Befriedigung gelang es, das „Monnet-Comité für
die vereinigten Staaten von Europa" (eine Vereinigung der
Partei- und Gewerkschaftsführer aus den sechs Ländern der
Montan-Union) für den 8. und 9. Mai 1965 nach Berlin einzuladen. Helmut Schmidt und Herbert Wehner wie meine

Kollegen Franz Etzel und Kurt Birrenbach arbeiteten von deutscher Seite aktiv mit. Es war mir gelungen, Giscard d'Estaing für diese Arbeit zu gewinnen, die Jean Monnet souverän leitete.

Unser Zusammentreffen galt dem Gedächtnis an den Tag der deutschen Kapitulation, dem 8. Mai 1945 (unsere Freunde und Kollegen aus dem Ausland wollten uns mit diesem Tage nicht allein lassen!) und an den 9. Mai 1950, den Tag der Europa-Initiative Frankreichs. Im Angesicht der Mauer berieten und beschlossen wir:

„Am 8. Mai 1945 brachen die Hitlerschen Hegemoniepläne in den Ruinen des alten Europa zusammen, am 9. Mai 1950 machte Robert Schuman im Namen der französischen Regierung den Vorschlag, in den Beziehungen zwischen den europäischen Nationen an die Stelle des Vormachtstrebens die Gestaltung ihrer Einheit zu setzen und auf diese Weise Frankreich und Deutschland zu versöhnen ... *Die Vereinigung der heute getrennten Deutschen aus Ost und West in der europäischen Gemeinschaft ist erforderlich.*"

Das war unsere Vision. Sie wurde wirklich, auch weil unsere europäischen Kollegen und die, für die sie sprachen, dieses in Berlin gegebene Wort hielten.

————

Die Bundestagswahl am 19. September 1965 ging mit Recht als „Ludwig-Erhard-Wahl" in die deutsche Nachkriegsgeschichte ein. Die Union erhielt weit über eine Million Stimmen mehr als bei der letzten Adenauer-Wahl 1961. Wahlforscher führten das auf Zuwächse im Südwesten und generell auf liberale und nicht-katholische Wählerinnen und Wähler zurück. In meinem Wahlkreis erhielt ich mit 70,3 Prozent der Stimmen mein bestes Wahlergebnis.

Erhard hatte sich, so mein Eindruck, im Wahlkampf stark verausgabt. Er führte die Koalitionsverhandlungen manchmal mit blauen Lippen und leichtem Fieber. Ich bat ihn, eine Pause einzulegen. Nichts zwinge ihn zu diesem Tempo. Er gönnte sich diese Pause nicht. Leider kosteten einige hausgemachte Probleme zusätzliche Kräfte. Bundespräsident Heinrich Lübke verfolgte eigene Pläne: eine andere Koalition (mit der SPD) und einen anderen Kanzler. Adenauer eröffnete unsere erste Sitzung als Bundesparteivorsitzender nach der „Erhard-Wahl" mit dem Hinweis: Diese Wahl habe die Union gewonnen, und er sei deren Vorsitzender. Es gab weitere unappetitliche Episoden. (Mehr dazu in meinem Buch: „Im Streit und umstritten. Anmerkungen zu Adenauer, Erhard und den Ostverträgen", München 1986, Seite 81 ff.)

Die Erneuerung der Kleinen Koalition aus CDU/CSU und FDP ließ sich schwer an: Die FDP wollte zunächst Eugen Gerstenmaier nicht als Bundestagspräsidenten wiederwählen und bestand darauf: ohne Strauß! Und die CSU reiste kampfstark aus München mit der gegenteiligen Parole an. „Keine Verhandlungen ohne diese Vorbedingungen!" So die Forderungen. Alles drohte zu stocken. Ich betonte das „uneingeschränkte Vorschlagsrecht des Bundeskanzlers gemäß Artikel 64 des Grundgesetzes und die uneingeschränkte Repräsentationsmöglichkeit der Fraktionen" und lud ein zu „Besprechungen". Die Koalition wurde erneuert.

So sympathisch die Nachricht ist, in einigen kritischen Situationen hätten Ludwig Erhard und ich „auf einem sonntagnachmittäglichen Spaziergang im Park des Palais Schaumburg (so Hildebrand, a.a.O., Seite 116) im Gespräch Lösungen gefunden" – ich kann das nicht bestätigen: Ludwig Erhard war wegen seiner Kriegsverletzung kein Spaziergänger. Leider! Ich hätte „als Kutscher in außerordentlich unwegsamem Gelände den Wagen der Fraktion" gelenkt und „ihr den Sturz über den Rand der Straße ins Abseits" erspart (ebenda, Seite 68).

Erhard sprach seine Ministerliste der guten Ordnung folgend mit mir durch. Das geschah unter vier Augen. Ich riet, Gerstenmaier oder Guttenberg in seine Überlegungen mit einzubeziehen; wenn „aus dieser Ecke niemand dabei sei", so mein Tagebuch, dann werde die neue Bundesregierung „aus dieser Ecke verwundbar" werden. Die Anti-Schröder-Fronde in der Fraktion – besser: die Brentano-Nostalgie – werde keine Ruhe geben. Ludwig Erhard dankte für diesen Rat, verwarf ihn aber mit der Bemerkung, er könne nur mit „befreundeten Kollegen" um den Kabinettstisch arbeiten. Ich widersprach und erinnerte an Adenauer, der seinen persönlichen Gegner Wolfgang Döring von der FDP auf den Entwurf seiner Kabinettsliste gesetzt hatte, „weil man so einen im Gesicht und nicht im Nacken haben darf". Ich drang nicht durch.

Kurz vor seiner Wahl und Vereidigung im Deutschen Bundestag traf Erhard sich nochmals – an mir vorbei – mit der CSU. Er ließ sich einen weiteren Minister für die CSU abringen! Ihm war das peinlich. Ich war erbost. Er bot mir – noch vom Kanzlersitz im Bundestag aus – das „Du" an. Heinrich Krone murmelte, für viele hörbar: „Da haben wir einen Fraktionsvorsitzenden, der den Bundeskanzler wählen läßt, ohne das Kabinett zu kennen ..."

———

Nach jeder Bundestagswahl gibt es auch für den Fraktionsvorsitzenden Probleme mit den „Neuen". Das waren normalerweise ein gutes Drittel der Abgeordneten, also etwa 75 neue Kolleginnen und Kollegen, die entweder als Wahlkreissieger oder als Sieger über einen Kandidaten in der Bewerbung um das Listenmandat selbstbewußt in Bonn ankamen, nun im Hause herumirrten und ihren Terminen nachjagten. Jede und jeder erwartete, daß ich sie oder ihn kenne, auch den Namen wisse. Ich bat jeweils zwölf der „Neuen" zu mir um den runden Tisch, damit wir uns kennenlernten. Da gab es Kaffee, Wein und Wasser, Tassen und Gläser zur Selbstbedienung.

Vieles offenbarten die Reaktionen auf meinen Satz „Willkommen im Parlament" – das komme von „parlare", aus dem Lateinischen also, und das heiße ja bekanntlich „zuhören". Wer korrigierend dazwischenrief: „Das stimmt nicht!" oder „Wie bitte?!", wer also den humorvollen Rat, hier sich erst einmal umzuhören, nicht verstand, war mir schon aufgefallen. Im Durchschnitt kamen jeweils zwei der „Neuen", bedankten sich – auch für den guten Rat, erst einmal zuzuhören.

Schon bald brach in Fraktion und Partei der so sinnlose wie unbegründete Streit zwischen „Atlantikern" (also Vorrang für die USA) und „Gaullisten" (Frankreich zuerst) aus. Viele Zeitungen beförderten Mücken zu Elefanten. Viele Abgeordnete der Union hatten weder vergessen, daß die FDP Heinrich von Brentano aus dem Auswärtigen Amt gedrängt hatte, noch übersahen sie, daß und wie SPD und FDP Gerhard Schröder Avancen machten.

Die Anti-Schröder-Fronde war am Werk. Guttenberg forderte von mir, ich müsse Schröder stürzen und solle selbst Außenminister werden. Als ich, auch Erhards wegen, das Gegenteil tat, suchte er meine Stellung als Vorsitzender zu erschüttern. Bei einem Katholikentreffen in Bamberg bemühte er sich, Unterstützung für dieses Vorhaben zu finden. Das schlug fehl! Viele der von Guttenberg Angesprochenen besuchten mich ...

Dieser Streit zwischen „Atlantikern" und „Gaullisten" betraf nicht nur die CDU/CSU. Er ging quer durch den Deutschen Bundestag. Genaugenommen begann er im Zusammenhang mit der Verabschiedung des deutsch-französischen Vertrages noch unter Adenauer. Damals gab das Parlament diesem Vertrag eine Präambel, um die befürchtete Einseitigkeit der deutschen Politik an der Seite Frankreichs zu vermeiden; man warnte gar vor „Blockbildung".

In der Zeit der Kanzlerschaft Ludwig Erhards brach dieser Streit erneut und heftig aus. In der Präambel zum deutsch-französischen Vertrag hieß es: „daß durch diesen Vertrag die Rechte und Pflichten aus den von der Bundesrepublik Deutschland abgeschlossenen Verträgen unberührt bleiben". Diese Präambel wies ausdrücklich auf die „Gemeinschaft mit den anderen der Bundesrepublik Deutschland verbundenen Staaten" hin.

Der Streit zwischen „Atlantikern" und „Gaullisten" spitzte sich so zu, daß ich am 27. November 1964 im Bundesvorstand der Partei an den Satz Karl Arnolds erinnerte: „Die CDU ist nicht kaputtzukriegen – es sei denn durch sich selbst." In diesem manches Mal auch emotional-aggressiv ausufernden Streit übersahen beide Seiten oft, so heute mein Urteil, daß weder Frankreich noch die USA bereit waren, uns atomare Mitbestimmung oder Teilhabe einzuräumen. Ich hielt nichts von irgendeiner Form deutscher Beteiligung an der atomaren Bewaffnung und Entscheidung, hatte das US-amerikanische Modell der FLN abgelehnt und de Gaulles persönlichen Rat, die Finger von atomarer Bewaffnung Deutschlands zu lassen, für klug gehalten.

———

Der 14. Bundesparteitag der CDU wählte am 23. März 1966 in Bonn Ludwig Erhard zum Parteivorsitzenden nach Adenauer. Er erhielt 413 von 548 Stimmen. Gegen ihn stimmten 80 Delegierte, 50 enthielten sich. Mit 385 gegen 108 Stimmen bei 63 Enthaltungen wurde ich zum „Ersten Stellvertretenden Vorsitzenden" gewählt. Nicht diese Wahlen fanden das starke öffentliche Interesse – zumal ja mit Dufhues, Heck, Lücke, von Hassel und Schröder die bisherige Führung bestätigt wurde –, nein: Adenauer machte Schlagzeilen: Zuerst verwahrte er sich energisch und temperamentvoll gegen den von dem Präsidenten des Parteitages, Ministerpräsident Franz Meyers, geprägten Satz, mit seinem Ausscheiden sei eine politische Epoche zu Ende: „Das wäre doch verdammt schlimm! Man muß noch etwas Feuer in sich haben. Deshalb verzeihen Sie mir bitte das Wort ‚verdammt'!"

Dann kamen die Sätze, welche die Welt aufhorchen ließen: „Ich gebe die Hoffnung nicht auf: Eines Tages wird auch Sowjet-Rußland einsehen, daß diese Trennung Deutschlands und damit die Trennung Europas nicht zu seinem Vorteil ist … Neulich ist etwas in der Weltgeschichte passiert, was nach meiner Meinung von allen Zeitungen sehr hätte hervorgehoben werden müssen: Die Friedensvermittlung der Sowjetunion zwischen Indien und Pakistan … Daß die Sowjetunion den Frieden zwischen diesen beiden Völkern vermittelte, das ist für mich ein Beweis dafür, daß die Sowjetunion in die Reihe der Völker eingetreten ist, die den Frieden wollen."

Das wurde als Sensation empfunden: Adenauer bestätigt in seiner Abschiedsrede als Parteivorsitzender der Sowjetunion Friedfertigkeit! Mich überraschte das nicht. Wir hatten seit einiger Zeit dieses Thema erörtert. Vor dem Wirtschaftsbeirat der CSU nannte ich am 11. Februar 1966 in München „Moskau einen Platz Europas". Adenauer fand diese Anmerkung gut.

Durch diese Rede Adenauers traten alle anderen Aktivitäten dieses Parteitages in den Hintergrund. Auch meine Rede fand nur noch geringe Aufmerksamkeit. Aus der Rückschau auf den Ablauf der Geschichte verdient dieser Satz aus meiner damaligen Parteitagsrede gleichwohl Bedeutung: „Frieden und Festigkeit des Westens vorausgesetzt, reift der Tag heran, an dem die ideologische Komponente der Moskauer Politik immer mehr zurücktritt. *Aus sowjetischer wird sowjet-russische und aus dieser russische Politik werden.*"

Diese Voraussicht entsprach meiner Überzeugung, daß die kommunistische „Heilslehre" falsch sei, der menschlichen Natur nicht gerecht und als erfolgloser Versuch scheitern werde. Ich gewann dieses Urteil, das auszusprechen ich nun auch öffentlich wagte, aus meinem Einblick in die Wirklichkeit der kommunistisch beherrschten Welt, die damals fast ein Drittel der Menschheit umfaßte. Die Moskauer wollten mehr: das Ganze! Der rote Zar Nikita Chruschtschow schrieb sein Ziel 1961 in das Programm der KPdSU:

den Westen bis 1970 in jeder Hinsicht nicht nur einzuholen, sondern zu überrunden.

Ich hatte Geschichte studiert und Marx, Engels und Lenin gründlich gelesen; verfolgte greifbare Statistiken und Erkenntnisse der Nachrichtendienste, auch Ergebnisse der Befragungen von Flüchtlingen; diskutierte mit Kaufleuten, die Ost-Handel betrieben, ihre Erfahrungen und Einsichten. Aus den Verlautbarungen, die uns aus Moskau, Peking und Ost-Berlin wie aus anderen Quellen des Ost-Blocks erreichten, suchte ich Erkenntnisse zu gewinnen. Dieses „Partei-Chinesisch", wie wir das nannten, wollte erlernt und begriffen sein. Sich da täglich und beharrlich immer wieder durchzuquälen, war so mühsam wie notwendig für jeden, der ernsthaft mitreden und verantwortlich handeln wollte. Dazu gehörte, Kontakte zu den Kirchen, auch zur Orthodoxie, wie zu sachkundigen wissenschaftlichen Einrichtungen zu pflegen. Kurzum: Ich fühlte mich informiert genug, diesen in die Zukunft gerichteten Satz auf dem Parteitag verantwortlich auszusprechen. Schon 1962 hatte ich Dean Rusk, dem Außenminister der USA, auf dessen Fragen so geantwortet.

Weil diese Tatsachen inzwischen oftmals übersehen oder vergessen werden, tut es not, festzuhalten: Die freie Welt, zu der wir gehörten, war herausgefordert durch den Anspruch der Kommunisten auf Weltherrschaft. Das ist erst ein gutes Jahrzehnt her! Und Kommunismus hieß nach eigener Bekundung der Kommunisten „Diktatur des Proletariats" – das Gegenteil der Demokratie und des freiheitlichen, sozialen Rechtsstaates.

Diesem Kampf gehörte ein gut Teil meiner politischen Arbeit. Er fand ja auch in Deutschland statt! Die sowjet-russische Siegermacht führte im von ihr besetzten Teil Deutschlands mit Gewalt die „Diktatur des Proletariats" ein. Ihr Versuch, das ganze Deutschland unter sowjetischen Einfluß zu bringen, mißlang. Von 1945 bis zum Bau der Mauer am 18. August 1961 flohen drei Millionen Deutsche aus diesem

– so nannte sich die DDR – „Staat der Arbeiter und Bauern"
in den Westen. Sie stimmten mit den Füßen ab. Den Bau der
Mauer durch Berlin sah ich auch als Grabstein der Weltre-
volution. Wer sich einmauert, glaubt nicht an seinen Sieg!
Im Herbst 1989 erhob sich das Volk in der DDR gegen die
Diktatur zur Demokratie. Die Wiedervereinigung Deutsch-
lands beendete sowohl die Spaltung Europas als auch den
Versuch, die Welt kommunistisch zu beherrschen.

———

Mein unerwartet mäßiges Abschneiden bei der Wahl in die
engste Parteiführung war weder zu übersehen noch wegzu-
diskutieren. Es bewies, daß ich in der Partei, anders als in
der Fraktion, noch nicht genügend Sympathie und Resonanz erworben hatte. Adenauer sprach mit mir ganz offen
darüber: Meine Rede auf diesem Parteitag sei „mal laut, mal
leise" gewesen; so habe sie den Eindruck erweckt, ich sei
„noch zu jung". Vielleicht ist das richtig. Ich habe diese Rede nachgelesen. Sie war viel zu lang und wirkt, aus heutiger
Sicht, streckenweise langweilig. Zudem hatte ich die Ambitionen von Paul Lücke übersehen und unterschätzt, daß
Bruno Heck konsequent gegen mich war und Eugen Gerstenmaier, der dem Parteitag wegen einer Kur fernblieb,
„keine fremden Götter neben sich duldete" – so die Analyse
meines Freundes Clemens-August Andreae. Und Strauß?
Auf jeden Fall galt es, mit Ludwig Erhard erfolgreich zu-
sammenzuarbeiten, auf alle Rivalen zu achten, selbst Rivalitäten zu vermeiden und keinesfalls sie zu schüren. Erhard
kam bald nach Paderborn. Es wurde ein Triumphzug – gut
für uns beide.
Ludwig Erhard hat 1965 die diplomatischen Beziehungen
zu Israel aufgenommen. Ich hatte diese Aktion, die zum
Gleichgewicht im Nahen Osten beitrug und unserer Selbst-
achtung wie unserem internationalen Ansehen wohltat, angeregt und vorbereitet. Besucher aus New York fragten
mich, wer unser erster Botschafter in Jerusalem werden sol-

le und was wir mit diesen Beziehungen anfangen wollten. Man schlug vor, um das Besondere dieser Beziehungen zu unterstreichen, einen Sohn Adenauers als ersten Botschafter zu bestellen. Ich bin mit der Familie Adenauer befreundet, lehnte aber diesen Vorschlag ab. Mir war daran gelegen, diese Beziehungen in der Nähe der Normalität anzusiedeln. Wenn ich gefragt werde, so meine Antwort, werde ich raten, den besten Karriere-Diplomaten zu ernennen. So wurde Rolf Pauls unser erster Botschafter in Israel.

Er hatte es nicht leicht, da er seinen Arm im Zweiten Weltkrieg – auf der „falschen Seite", wie man jüdischerseits bemängelte – verloren hatte und Träger des Ritterkreuzes war. Pauls, den ich aus Washington kannte, leistete hervorragende Arbeit, die auch die Israelis bald anerkannten.

Die Frage, was wir nun aus diesen Beziehungen zu machen bereit und entschlossen seien, wollte ich nicht mit den Notabeln aus New York, sondern mit verantwortlichen Israelis erörtern. Diese Rolle fiel mir zu, da das Auswärtige Amt der Herstellung dieser diplomatischen Beziehungen skeptisch gegenüberstand und wir noch keinen Vertreter in Israel hatten. Ich erhielt eine Einladung, im November 1965 Israel zu besuchen. Formulare mit Fragen über meine Vergangenheit und die meiner Frau sowie der mitreisenden Mitarbeiter zu beantworten, lehnte ich ab. Das wurde verstanden – knurrend von einigen.

Die israelische Regierung gab mir zu Ehren ein Essen im Hotel King David in Jerusalem, an dem das halbe Kabinett teilnahm. Meine Tischrede hielt ich auf deutsch. Das irritierte zunächst. Ich sagte unter anderem: „Die deutsche Geschichte umfaßt mehr als zwölf böse Jahre. Ein erneuertes Deutschland tritt Ihnen gegenüber. Für jeden Menschen ist es gut, stets eingedenk zu bleiben, woher er kommt und wohin er geht. Für jedes Volk ist es gut, die Geschichte – die ganze Geschichte – nie zu vergessen. Für die Völker miteinander ist es besser, den gemeinsamen Weg in die Zukunft des Friedens zu suchen." Am Ende gab es Beifall und eine

Einladung zu Premier Eschkol, der – bis dahin – als erkrankt galt. Putzmunter empfing mich Eschkol. Botschafter Pauls begleitete mich. Plötzlich schlug der Premier sich im Gespräch auf die Schenkel, schmunzelte und sagte: „So jetzt reden wir vom Geld, und da reden wir deutsch!" Das überraschte Pauls und mich. Keiner hatte gewußt, daß der Ministerpräsident Deutsch verstand und sprach! Im Juni 1966 sprach ich in New York zu den Präsidenten der jüdischen Organisationen in den USA. Ich war gebeten, auch die Frage anzuschneiden, ob in Deutschland ein neuer Nationalismus erblühe. Meine Antwort: „Durch unser Volk geht eine nationale Besinnung. Das ist gut und natürlich. Die Deutschen – allen voran die Jugend – drängen immer stärker nach Einheit des Landes. Jeder zweite Einwohner bei uns ist nach Hitlers Machtergreifung (30. Januar 1933) geboren. Die jungen Menschen fragen, was war und was sein wird. Mancher in der Welt fragt so. Wir antworten als ersten Satz: Hitler war eine schreckliche Wirklichkeit. Daran gibt es nichts zu verniedlichen. Der zweite Satz heißt: Die deutsche Geschichte umfaßt mehr als zwölf böse Jahre. Und der dritte: Ein erneuertes Deutschland tritt der Welt gegenüber. Unsere Gegenwart ist rechtlich und um Redlichkeit bemüht; sie ist ehrenhaft. Auch uns ist erlaubt, unser Land zu lieben. Ein erneuertes Deutschland ist da. Eine Generation wächst heran, der niemand neue heimliche Stempel wegen einer endgültig gewesenen Vergangenheit aufdrücken sollte. Wer – wo immer in der Welt – von Sorgen ob eines angeblichen neuen deutschen Nationalismus geplagt sein sollte, kann dem leicht abhelfen, indem er gebührend würdigt, was ist."

———

Der Weg des besiegten Deutschland zum geachteten Partner in der Welt war steinig und langwierig. Er erforderte Augenmaß, Tapferkeit und höfliche Gesinnung und konnte nur beharrlich zum Erfolg führen. Sehr viel später forderten Beflissene, die an diesem Weg wenig Anteil hatten, für Deutschland und die Deutschen den „aufrechten" Gang. Wir sind von Anfang an aufrecht, geradeaus und bergauf gegangen. Zum Fraktionsvorsitzenden gewählt, hatte ich Antrittsbesuche in Paris, London und Washington zu machen. Der Streit zwischen „Atlantikern" und „Gaullisten" forderte mich. Mühsam gelang es, die Partei und die Fraktion zusammenzuhalten und die Gesprächsfäden zwischen Adenauer, Erhard und Schröder (vielfach über mich) nicht abreißen zu lassen. Olaf von Wrangel bewährte sich als sachkundiger Helfer und Freund.

Meine parlamentarische Nase – nicht konkrete Informationen – sagte mir, daß mein Stellvertreter Franz Josef Strauß eine andere Bundesregierung erstrebe, ein Kabinett, in dem er wieder Bundesminister war. Von meinem Freund Clemens-August Andreae wußte ich, daß Strauß begonnen hatte, bei ihm in Innsbruck Finanzwissenschaft zu studieren.

Ich hatte schon bessere Zeiten im Vorsitz erlebt. Mehr als ich geriet zunehmend Ludwig Erhard durch kritisches Gerede in Bedrängnis. Mit allen Kräften hielt ich dagegen.

Erhard hatte leider – wie jeder von uns einmal – einen schlechten Tag. Bei einer Großkundgebung am 6. Juni 1966 im Ruhrgebiet, in Gelsenkirchen, beschimpfte er Störer und Zwischenrufer als „Pinscher", „Gesindel", „Lümmel", „Uhus". Viele Zeitungen empörten sich.

Wir verloren die Landtagswahl am 10. Juni 1966 in Nordrhein-Westfalen. Die „Lokomotive Erhard", so der „Rheinische Merkur", hatte „an Dampf verloren". Der wirtschaftliche Aufstieg Deutschlands legte eine Pause ein … Wie jeder irgendwann kam Ludwig Erhard auch körperlich an seine Grenzen. Seine Zeit war abgelaufen. Mehr und mehr verdunkelte ihn auch ein Schatten, der Konrad Adenauer hieß.

Die Niederlage wog schwer. Erhard selbst hatte nach seinem gloriosen Wahlsieg 1965 erklärt: Das Ganze werde erst gewonnen sein, wenn auch im Lande Nordrhein-Westfalen die CDU gesiegt haben werde. Das Gegenteil geschah: Die Union sackte von 46,4 Prozent der Wähler bei der Landtagswahl 1962 ab auf 42,8 im Jahre 1966. Offenbar hatten viele Katholiken sich bei dieser Wahl für die SPD entschieden. Die Bundesrepublik Deutschland erlebte nach der „Erhard-Wahl" ihre erste Konjunktur-Flaute. Was war mit Ludwig Erhards „Wirtschaftswunder"? War der „Volkskanzler" am Ende? In der allgemeinen Erwartung stetigen Fortschritts irritierten die Kohlen-Berge an der Ruhr, für die weithin vergeblich nach Absatz gesucht wurde. Im Bundeshaushalt klaffte eine Lücke von vier Milliarden DM. Der Streit um den Haushaltsausgleich des Bundes – er machte ein halbes Prozent unseres Bruttosozialprodukts aus – ließ die Koalition mit der FDP zerbröseln. 100 000 Arbeitslosen standen 600 000 freie Stellen und 1,4 Millionen Gastarbeiter gegenüber.

Eugen Gerstenmaier erklärte sich am 28. September 1966 im „Rheinischer Merkur" bereit, die Kanzlerschaft zu übernehmen. Es ist schon so: Wo das Geld wackelt, wackelt die Regierung. Und: Wo die Regierung wackelt, wackelt das Geld!

Die Bundesregierung rang um den Ausgleich des Bundeshaushalts für das Jahr 1967. Am 26. Oktober 1966 beschloß das Kabinett, notfalls zum Haushaltsausgleich geringfügig die Verbrauchssteuern zu erhöhen. Am 27. Oktober 1966 lehnte die FDP-Fraktion das ab und trat aus der Koalition aus. Ludwig Erhard erklärte am 2. November 1966 seine Bereitschaft zum Rücktritt.

———

Adenauer hat sich von seinem Krankenbett aus mit einem Brief an mich eingeschaltet. In diesem Handschreiben vom 29. Oktober 1966 fordert Adenauer mich auf, „ein weiteres

Verbleiben Erhards auf seinem Posten" schnell zu beenden.
„Ich würde", schließt dieser Brief, „es sehr begrüßen, wenn
Sie Bundeskanzler würden und wenn die bisherige Koaliti-
on fortgesetzt würde".

In Redaktionen, Instituten und Archiven wird ein anderer Brief Adenauers vom 3. November 1966 aufbewahrt. Er
ist maschinengeschrieben, fordert mich auf, Bundeskanzler
zu werden, disqualifiziert andere mögliche Nachfolger
Erhards – nämlich Gerstenmaier, Schröder, Kiesinger und
Strauß –, empfiehlt die Große Koalition (!) und versichert
mir, Strauß sei – wie er – für mich.

Dieser „Brief" vom 3. November 1966 ist ein Machwerk
des sowjetischen Geheimdienstes! Er ist wohl auch die
„Quelle" für die verbreitete, irrige Meinung, Adenauer habe
die Große Koalition gewollt. Sicher ist, daß die Moskauer sie
erstrebten! Feststeht auch, daß unsere engere Fraktionsführung schon am 2. November 1966 beschloß, „eine neue
Bundesregierung unter neuer Führung" herbeizuführen.

Da ich das handgeschriebene Original mit der gegenteiligen Koalitionsabsicht Adenauers zur Hand hatte und seine
Meinung kannte, habe ich mich um diese Fälschung nicht
gekümmert. Es geschieht aber immer wieder, daß ich auf
dieses „Dokument" vom 3. November 1966 angesprochen
werde. Deshalb muß ich hierzu eine Geschichte erzählen:

In Bonn hatte ich, zuerst beim Bundespresseball, später
beim Fischhändler, den Bonner Korrespondenten der regie-
rungsamtlichen Moskauer Zeitung „Iswestija", Nikolai Portugalow, kennengelernt, ihn auch gelegentlich getroffen. Mir
war klar, daß die Moskauer Zeitung nicht der Mittelpunkt
der Arbeit dieses intelligenten, geselligen und hochgebilde-
ten Kommunisten war, der in der sowjet-russischen Botschaft am Rhein ein- und ausging und als sehr enger Mitarbeiter des Botschafters galt. Ich hielt ihn für einen hochrangigen Offizier des sowjetischen Geheimdienstes.

Wir trafen uns später in Moskau im Zusammenhang mit
einer Sendung des ZDF aus dem Kreml, die dem Jubiläum

des Moskauer Vertrages galt. Wir begegneten uns wieder, so wie man höflich und fröhlich einen guten Bekannten wiedertrifft. Im Laufe der Zeit gab es mehrere solcher Begegnungen. Am 8. Mai 1999 veranstaltete das ZDF unter Leitung von Guido Knopp eine Diskussion nahe dem Reichstag. Das Thema: 50 Jahre Bundesrepublik Deutschland. Einer der Teilnehmer war Portugalow.

Man geht nach solchem Schlagabtausch – fälschlich „Informationsgespräch" genannt und als Dialog gelobt – nicht sofort nach getaner Arbeit auseinander. Man ißt einen Happen und trinkt seinen (oder seine) Schoppen. In dieser zufriedenen Aufbruchstimmung setzte sich Portugalow neben mich. Wir hatten gerade unser erstes Glas in der Hand, redeten über dieses und plauschten über jenes, wie das älter werdende Männer gerne tun, wenn sie selbst wissen, daß sie ihren Zenit hinter sich gebracht haben.

Ob ich mich erinnerte, einen Brief von Konrad Adenauer erhalten zu haben, in dem dieser mich auffordert, die Kanzlerschaft Erhards zu beenden und selbst Bundeskanzler zu werden. So fragte Genosse Portugalow. In mir klingelten alle Glocken! Ja, den hätte ich gesehen, aber, da maschinengeschrieben, für eine Fälschung gehalten. Ganz raffiniert hätten der oder die Schreiber dieses Briefes Zwist in die Reihen der Union tragen, auch mich offenbar beschädigen wollen. Ich verwies Portugalow auf die Publikation des handschriftlichen Originals, nannte ihm die Quelle (was er so höflich wie lässig parierte, daß mir klar war: Er kannte den Faksimileabdruck in meinem Buch „Im Streit umstritten" von 1986).

Wir bestellten uns jeder noch einen Schoppen. Portugalow stieß mit mir an: „Herr Barzel: Jetzt kann, jetzt muß ich es Ihnen erzählen: Der Brief kam von mir. Aus meinem Stab. Natürlich wollten wir Ihnen schaden, mehr noch – professionell – Ihre Reaktion testen!" „Und wie war die?" fragte ich prompt. Portugalow antwortete: „Wie ein Profi! Sie veranlaßten nichts. Suchten nicht, auch den Brief nicht, besprachen ihn nicht mit Ihren Mitarbeitern, antworteten nicht."

Wir tranken noch ein Glas, froh, daß diese Zeit des kalten Krieges vorbei sei. Nicht der Wein, dessen bin ich mir sicher, hatte Portugalow den Mund geöffnet. Er wollte nun unverkleidet und nicht getarnt Mann unter Männern sein! Und das im Reichstag, den er als Offizier der Roten Armee mit erobert hatte. Ich unterließ die Frage, wie weit sein Auskunftsbedürfnis sich auf mein Büro erstreckt hatte. Vergangenheit!

Die SPD sah als Opposition der Beschäftigung der Regierung und ihrer Mehrheit mit sich selbst nicht tatenlos zu. Sie brachte im Bundestag den Antrag ein, der Kanzler möge die Vertrauensfrage stellen. Erhard weigerte sich, verwies auf das Grundgesetz. Wir unterstützten ihn in dieser Haltung, weil der Antrag verfassungsrechtlich höchst problematisch war. Er unterlief das Konstruktive Mißtrauensvotum, das so zum negativen Mißtrauensvotum verfälscht wurde, und schränkte die Prärogativen des Bundeskanzlers ein. Das hatte einen „Geruch von Parlamentsabsolutismus". Bundestagspräsident von Hassel dachte und entschied anders. Er ließ diesen Antrag zu.

So debattierten wir am 8. November 1966 diesen denkwürdigen Antrag. Wehner polterte heftig drauflos. Also hatte er vor, so kannte ich ihn inzwischen, etwas Wichtiges zu sagen: Er nannte acht Aufgaben für eine künftige andere Bundesregierung. Dann – verpackt unter Schachtelsätzen und versteckt hinter Attacken – kam der entscheidende Satz: „Diese Aufgaben kann nur eine Bundesregierung lösen, die im Deutschen Bundestag eine Mehrheit hat." Bundeskanzler Ludwig Erhard aber führte eine Minderheitsregierung. Mit Hilfe der FDP wurde der SPD-Antrag angenommen: 255 gegen 246. Wir waren als Minderheit vorgeführt!

Aus heutiger Sicht wird an dieser Stelle mancher fragen: Warum bildete diese gerade erwiesene Mehrheit nicht umgehend eine andere Bundesregierung? Die „Verhältnisse" (Brecht) waren noch nicht so im Jahre 1966! „Mit Sozis redet und regiert man nicht!" Das war ein im deutschen Bürgertum verbreitetes Vorurteil. Es spielte noch 1969 eine Rolle, als Brandt (SPD) und Scheel (FDP) aufeinander zugingen.

In der parlamentarischen Demokratie bestimmen nicht nur Zahlen und Stimmen, sondern auch die Befindlichkeiten der Parteien und ihrer Führung! Was taktisch ging (wie das Ja der FDP zu diesem Antrag), taugte strategisch noch lange nicht! Auch in der Union gab es Kolleginnen und Kollegen, für die ein Zusammengehen mit den „Sozis" undenkbar war! Die Gräben schienen viel zu tief, waren es zum Teil auch.

Ich registrierte den Vorgang – wie die eruptive Deutschlanddebatte am 23. Januar 1958 im Bundestag – als elektrisierendes Warnsignal! Es gelang, meine Empörung über Wehners Rede mit dessen Ausfällen gegen Ludwig Erhard zu dämpfen und behutsam zu antworten. Ich wollte ja, was dringend not tat, eine neue Bundesregierung.

Wehner schätzte meine Haltung so ein, wie sie gemeint war: Er kam nach der Debatte nicht wie ein Triumphator zu mir, sondern wie ein Kollege, der auch einen Ausweg sucht. Er zeigte mir sein ärztliches Attest vom Morgen dieses Tages. Seine Zuckerwerte waren danach miserabel und hätten genügt, sein Aufbrausen verständlich zu machen. Das Ganze wirkte auf mich wie eine Entschuldigung, die zugleich eine Aufforderung war. „Ich habe Ihnen genau zugehört und Sie verstanden", sagte ich zu Wehner.

So gingen wir ans Werk, eine Bundesregierung zu bilden, die im Deutschen Bundestag eine Mehrheit hatte. Was dann begann, hätte ich lieber mit Fritz Erler erörtert und entschieden. Dieser hochbegabte Vorsitzende der Oppositionsfraktion war mir – auch durch unsere Gespräche zur nötigen Notstandsverfassung – wohlvertraut. Ich schätzte ihn sehr – präzise war er und verläßlich. Aber Erler lag nun schwerkrank in Freiburg in der Klinik, wie er mich auch durch einen Brief wissen ließ.

Ich hatte schon geahnt oder gewußt, warum ich Bundeskanzler Ludwig Erhard riet, in der personellen Auswahl seines Kabinetts Kolleginnen und Kollegen in die Disziplin seiner Bundesregierung einzubinden, die mehr auf der deutsch-französischen Seite unseres Disputes standen. Außenminister Gerhard Schröder war der klare Exponent der „Atlantiker", er erfreute sich zudem der Unterstützung von FDP und SPD – vor allem der USA.

Adenauer hatte mir bei unserem letzten Gespräch kurz vor seinem Tode unmißverständlich erklärt: „Wenn Paris uns wirklich in eine Alternative USA oder Frankreich zwingen will, dann müssen wir uns natürlich für Washington entscheiden." Er selbst glaube, daß es weiter möglich bleibe, was ihm gelungen sei: Zugleich Freund zu sein mit Paris und mit Washington, mit Rom und London; und mit den kleineren europäischen Ländern in nachbarlicher Rücksicht wie in stetem Gespräch zu leben.

Gleichwohl hatte Adenauer zuvor nachdrücklich meine Bemühungen gerügt, unter uns in der Union Ausgleich zu schaffen. Dieser war um so schwieriger, als es ja selten um etwas Greifbares, etwa die deutsch-französische Waffenproduktion, ging. Im Grunde war der Streit weder greifbar noch begreifbar – ausgenommen persönliche Rankünen und verletzte Eitelkeiten. Es war nicht zu übersehen, daß Adenauer seinen Nachfolger Erhard ebensowenig liebte wie Gerhard Schröder.

––––––

Ludwig Erhard schlug – was zu wenig beachtet wird – auch für die auswärtige Politik der Bundesrepublik Deutschland Pflöcke ein, die Bestand haben: Ich nenne vor allem seine

Friedensnote vom 25. März 1966 und die Aufnahme diplomatischer Beziehungen mit Israel. Erhard lag daran, die Friedfertigkeit der Bundesrepublik Deutschland in aller Form weltweit zu bekunden und ihre Verständigungsbereitschaft mitzuteilen; so auch Fuß zu fassen im Lager westlicher Entspannungsbemühungen.

Zu diesem Zweck legte seine Bundesregierung ihre „Friedensnote" vor, stellte diese auch Staaten zu, mit denen die Bundesrepublik Deutschland keine diplomatischen Beziehungen unterhielt (Arabien, Warschauer Pakt). Erwin Wikkert aus dem Auswärtigen Amt, zugleich ein angesehener Schriftsteller, gebürt das Verdienst an der Initiative. In dieser Note betonte die Bundesregierung ihr Ziel der Wiedervereinigung, lehnte die Anerkennung der DDR ab, erklärte sich bereit, den Sicherheitsbedürfnissen anderer Staaten entgegenzukommen und schlug vor, Gewaltverzichtsabkommen abzuschließen.

Hinzu kam, daß Gerhard Schröder es verstand, in Ländern des kommunistischen Machtbereichs Handelsmissionen zu errichten. Es gelang auch, ein erstes Passierschein-Abkommen mit der DDR (ohne deren förmliche Anerkennung) abzuschließen.

In der Europapolitik konnte das Ende der Blockade durch de Gaulle („Politik des leeren Stuhls") herbeigeführt und der Gemeinsame Markt durch den hartumkämpften Gemeinsamen Getreidepreis stabilisiert werden. Als Erhard diese Entscheidung im Vorstand der Fraktion bekanntgab, erhob sich Adenauer mit Respekt und Dank. Jean Monnet und ich hatten, auch mit Kurt Birrenbach, die Vorarbeiten geleistet.

Ohne sein Kabinett oder seine Partei zu fragen, nahm Bundeskanzler Ludwig Erhard am 7. März 1965 diplomatische Beziehungen zu Israel auf. Es ist nach meiner Kenntnis der einzige Fall der klassischen Richtlinien-Entscheidung eines Bundeskanzlers! Ich hatte diese Politik in New York und in Washington vorbereitet und an Erhards Entscheidungen mitgewirkt. Diese Beziehungen sind beiden Seiten wie der nahöstlichen Region gut bekommen.

Einmal gerieten wir aneinander: Aus New York und aus Washington erhielt ich Einladungen, am 17. Juni 1966 zu unserem Nationalen Gedenktag Festreden zu halten. Unser Botschafter in den USA, Heinrich Knappstein, mit dem ich freundschaftlich verbunden war, bat, diese Einladung anzunehmen. Mit Sorge beobachtete ich, daß und wie zwischen SPD und FDP Annäherungen in der Deutschlandpolitik unübersehbar wurden und geänderten Inhalten galten. Ich erinnerte mich an die erregte und aufwühlende Bundestagsdebatte vom 23. Januar 1958, in der Thomas Dehler und Gustav Heinemann wegen der Deutschlandpolitik gegen Adenauer explodiert waren.

Auch war mir nicht entgangen, daß im Auswärtigen Amt die Zweifel an unserer Deutschlandpolitik sich verstärkten. Staatssekretär Karl Carstens hat am 14. Oktober 1966 im Kabinett einen geheimen Vortrag gehalten, der das alles zusammenfaßte. Danach sei „die Zeit der aktiven Wiedervereinigungspolitik vorbei". Man müsse „Wiedervereinigungsstreben und Sicherheitsbedürfnis der Bundesrepublik Deutschland gegeneinander abwägen ... Unsere Deutschlandpolitik bringt ein hohes zusätzliches Sicherheitsrisiko für die Bundesrepublik Deutschland mit sich". Diese „nachteilige Entwicklung" hatte ich, so der Historiker Klaus Hildebrand in seinem Buch „Von Erhard zur Großen Koalition", als einer der ersten erkannt und deshalb die New Yorker Rede, die „viel Staub aufgewirbelt" hatte, gehalten.

Ich war nicht bereit, diesen Weg, der sich da abzuzeichnen begann, mitzugehen oder zu unterstützen! Ich war entschlossen, unsere auf Selbstbestimmung in Frieden und Freiheit gerichtete Deutschlandpolitik weiterhin zu verfolgen. Unsere Sicherheit gewährleiste die NATO, also die USA

– nicht deutschlandpolitische Leisetreterei! Die „Siegermächte" Frankreich, Großbritannien und die USA hatten
sich im Artikel 7 des Deutschlandvertrages völkerrechtlich
verpflichtet, mit uns für die Wiedervereinigung einzutreten!
So nahm ich die Einladung nach New York und Washington
an und bereitete mich vor, von New York aus deutschlandpolitische Pflöcke einzurammen.

Das gelang, Präsident Johnson sprach mich in Washington darauf an, die „New York Times" befaßte sich drei Tage
lang mit meiner Rede, die „Financial Times" übertrieb:
„Barzel hat de Gaulle für seinen Moskau-Besuch den Don-
ner gestohlen"; der Generalsekretär der UNO, U Thant, erbat den Text, und de Gaulle gratulierte mir, etwas später,
weil ich „den Ton getroffen" hätte. Ähnlich ließ Amintore
Fanfani sich aus Rom vernehmen.

In dieser Rede stellte ich die Frage, warum die Menschen
in Dresden nicht so leben dürften wie die in Köln – etwa wegen der Interessen der Sowjetunion? Ich ging den militärischen, wirtschaftlichen und politischen Interessen der Sowjetunion nach und schlug vor, der Sowjetunion wirtschaftlich beizustehen und in einem wiedervereinigten Deutschland sowjet-russische Truppen am Rhein hinzunehmen,
wenn Verbände der USA und der NATO an der Elbe stationiert würden.

Die „Kriegsbeute" der Sowjetunion, ihre Herrschaft über
weite Teile Ost- und Mitteleuropas, werde auch für die Moskauer zu teuer. Die Stunde werde kommen, in welcher die
Kommunisten eine konkrete Kosten-Nutzen-Rechnung auf-
machen würden. Dabei werde die Sowjetunion auch erkennen, daß sie nicht durch diese beherrschten Staaten, sondern durch die Rote Armee in diesen Staaten „Sicherheit"
erhalte, Sicherheit also durch sich selbst! Diese Stunde kam
Ende der 80er Jahre – dank Präsident Gorbatschow.

Damals (1966) mauerte die Sowjetunion. Ähnlich war
das Echo zu Hause: Das sei „nicht abgestimmt", gehe „gegen
den Kanzler", bedeute „Ausverkauf" usw. Nach der Demo-

skopie wurde ich im Volk besser verstanden als von der politischen Klasse: 65 Prozent der Bevölkerung erklärten, meine Vorschläge zu kennen, und 56 Prozent stimmten ihnen zu.

Gerhard Schröder tobte vor der Fraktion. Konrad Adenauer und Ludwig Erhard waren unzufrieden mit mir. Einige regten an, man solle mich aus der Partei ausschließen. De Gaulle half, indem er mich alsbald in Ernich – nach einem deutsch-französischen Essen im Rahmen unserer Kooperation – sichtbar zum Gespräch bat. Wenn der mit dem Barzel so herausragend betont und ausführlich spreche ... Er rettete mich.

Als es 1989 um die Wiedervereinigung ging, erinnerten Zeitungen, zum Beispiel die „Frankfurter Rundschau", an meine Vorschläge aus New York, druckten sie zum Teil nach. Auch amtliche Stellen aus dem In- wie aus dem Ausland erbaten den damaligen Text. Das alles ist nun Geschichte! (Wen es noch interessiert: Mein Buch „Auf dem Drahtseil", München 1978, berichtet darüber.)

––––––

Der Streit zwischen „Atlantikern" und „Gaullisten", der Erhard so zu schaffen machte, gehörte – ich muß das nochmals betonen – zum Erbe Adenauers: Konrad Adenauer und Charles de Gaulle hatten am 22. Januar 1963 in Paris eine „gemeinsame Erklärung" feierlich unterzeichnet. Darin heißt es: „In der Überzeugung, daß die Versöhnung zwischen dem deutschen und dem französischen Volk, die eine jahrhundertalte Rivalität beendet, ein geschichtliches Ereignis darstellt, das das Verhältnis der beiden Völker zueinander von Grund auf neu gestaltet ... In der Erkenntnis, daß die Verstärkung der Zusammenarbeit zwischen den beiden Ländern einen unerläßlichen Schritt auf dem Wege zu einem vereinigten Europa bedeutet, welches das Ziel beider Völker ist." Dieser historischen Erklärung war ein Vertrag beigefügt, der die Zusammenarbeit im einzelnen regelt, „um so weit wie möglich zu einer gleichgerichteten Haltung zu gelangen".

Dieser Vertrag krönte das Lebenswerk Adenauers und war die Voraussetzung für seinen Rücktritt. So fühlte er sich düpiert und verletzt, als diesem Vertrag aus dem Parlament, auch von getreuen Weggefährten, eine Präambel mit Gesetzeskraft übergestülpt wurde. Beflissene äußerten Sorgen um den atlantischen Zusammenhalt, fürchteten einen „Zweibund", eine „Blockbildung", das Ende der europäischen Integration – und viele in Washington reagierten verärgert. Ich gehörte damals der Bundesregierung an, erlebte das alles – auch Interventionen der USA – hautnah.

Der Deutsche Bundestag setzte dem Vertrag die bereits erwähnte Präambel voraus. Adenauer war tief enttäuscht, sorgte sich um sein Lebenswerk. Sein Vertrag war doch als ein *zusätzliches Element* seiner Westpolitik gedacht. Und de Gaulle fühlte sich zurückgesetzt, düpiert, der Besonderheit der Beziehungen zu Deutschland beraubt.

Dieses unterschwellige Erdbeben wirkte nach im Streit zwischen „Atlantikern" und „Gaullisten" zur Zeit der Kanzlerschaft Ludwig Erhards. Noch Jahre später, als ich von Bundeskanzler Helmut Schmidt zum Koordinator Deutschland-Frankreich berufen wurde (1986), bekam ich, vor allem in Paris, dieses Nachbeben zu spüren. Der gemeinsame Boden bebte erneut, als Kanzler Kohl am 28. November 1989 im Deutschen Bundestag seine zehn Punkte zur deutschen Einheit vortrug. Frankreich war nicht konsultiert worden, und in der Kohlschen Erklärung fehlte unsere völkerrechtliche Verpflichtung, daß das wiedervereinigte Deutschland in Europa integriert sein werde (Artikel 7, Deutschlandvertrag).

————

Ludwig Erhard kam, später, im Jahre 1966 an sein politisches Ende. Reden über „Maßhalten" und „Bruttosozialprodukt" genügten nicht mehr. Diese Zeit war abgelaufen. Und die „Formierte Gesellschaft" hatte mehr verwirrt als Erneuerung gebracht. Die Beziehungen zu Frankreich glichen schleifenden Zügeln, und sein „Freund" Lyndon B. Johnson, Präsident der USA, ließ ihn mit Geldforderungen für die militärische Anwesenheit der US-Truppen in Deutschland auflaufen, behandelte ihn und seine Delegation im September 1966 so, als wolle er deutlich machen: Dieser „Freund" ist zum Abschuß freigegeben. Kissinger hält in seinen Memoiren fest, daß Erhard wegen dieser „Kontroversen" mit den USA „früher aus dem Amt ausscheiden" mußte.

Die FDP ließ ihr Idol Ludwig Erhard, den auch Alex Möller (SPD) mit Jubel zum „Volkskanzler" ausgerufen hatte, nicht im Stich, sie wandte sich auch nicht von ihm ab, ließ ihn nicht fallen – sie krümelte sich davon. Zu notwendigen Koalitionsgesprächen erschien sie in großer Zahl, und jeder brachte seine Meinung mit. Es war schwer bis unmöglich, eine Meinung der FDP festzuhalten, um einen Ansatz für eine Verständigung zu finden.

Ich erinnere mich an einen Besuch von Siegfried Zoglmann (FDP), der mir anbot, gemeinsam einen anderen Bundeskanzler auszusuchen und zu wählen. Der gegenwärtige sei in der Lage eines Mannes, der Goldstücke unters Volk werfe, die aber keiner aufhebe, weil alle sie für Blech hielten. Walter Scheel gab den Ausschlag für das Ende der „Kleinen Koalition".

Es bleibt festzuhalten, daß der Bundesrat am 28. Oktober 1966 den Haushalt der Bundesregierung Erhard wegen einer Deckungslücke von vier Milliarden DM einstimmig (!) an die Bundesregierung zurückgab.

Gerhard Stoltenberg erklärte am 21. Juni 1999 anläßlich der Geburtstagsfeier der CDU zu meinem 75. Geburtstag im Bonner Konrad-Adenauer-Haus: „Das Zerbrechen der CDU/ CSU/FDP-Koalition im Oktober 1965 war, rückblickend gesehen, die bis dahin einschneidendste Zäsur in der noch jungen Geschichte der Bundesrepublik. Und so ist über die

Gründe, die jeweilige Verantwortung der Hauptakteure viel geschrieben und diskutiert worden. Auch Rainer Barzel wurde in diese kritische Debatte einbezogen. Ich will als Teilnehmer des letzten Koalitionsgesprächs bei Bundeskanzler Ludwig Erhard am 24. Oktober 1966 heute nur festhalten: Es gab damals einen ernsthaften Versuch, die gefährdete Zusammenarbeit wieder zu festigen. Der FDP-Finanzminister Dahlgrün hatte ein Konzept zur Haushaltssanierung vorgelegt, das überwiegend aus Kürzungen und zu einem kleinen Teil aus Verbrauchssteuer-Erhöhungen bestand. Ludwig Erhard, der FDP-Vorsitzende Erich Mende und auch Rainer Barzel signalisierten Zustimmung. In diesem Abendgespräch rief Erich Mende zu später Stunde aus, an Schnaps und Tabak lasse er diese Regierung nicht scheitern. Aber die Abgeordneten Zoglmann und Starke sagten ihm in unserer Gegenwart, daß er dafür keine Mehrheit in der Fraktion bekommen werde. Tage später trat die Regierung zurück."

Am 30. November 1966 beendigte Ludwig Erhard durch seinen Rücktritt die Arbeit seiner Minderheitsregierung. Er ging, wie er gekommen war: Bedächtig, leise, ohne Pomp. Bescheiden ist sein Grab am Tegernsee. Ich habe ihn in Erinnerung als treu – zu seiner Idee wie zu seinen Freunden, seiner Sache gewiß. Selbst überzeugt, wirkte er überzeugend! Wenn er einen Saal mit vielen Menschen betrat, veränderte sich die Menge: Nicht Neugier wandte sich ihm zu, sondern aufmerksame Gläubigkeit. So von der Menge angenommen, strahlte Ludwig Erhard Freundlichkeit, ja Fröhlichkeit zurück. Deutschland schuldet ihm Dank. Er machte uns frei, gründete unsere Demokratie auf neue Realitäten, änderte – wie Adenauers West-Politik – die „Verhältnisse" in Deutschland.

Ludwig Erhard blieb auch nach seiner Kanzlerschaft in Bonn. Wir trafen uns wöchentlich. Er war ohne Groll – auch mir gegenüber. Das Märchen, ich hätte ihn gestürzt, glaubte er – zu Recht – nicht. Er kannte ja die Vorgänge gut: Man hatte mich durch die Parteiführung Nordrhein-Westfalens als Parteivorsitzenden nach Adenauer vorgeschlagen. Ludwig Erhard erhob – als Bundeskanzler – den Anspruch, selbst Vorsitzender zu werden. Ich riet ihm ab. So werde er leichter verwundbar werden! Er beharrte. Ich erklärte öffentlich, dem Älteren den Vortritt zu lassen. Ludwig Erhard hatte das erlebt, wußte das, erinnerte sich auch so. 1971 schrieb Ludwig Erhard im Vorwort zu einem Buch, das einige meiner Bundestagsreden veröffentlichte: „Der Leser soll wissen, daß wir uns das gegenseitige Verstehen nicht leichtgemacht haben. Um so schwerer wiegt die Anerkennung, die ich mit diesem Vorwort dem politischen Wirken von Rainer Barzel zolle. Er gehört zweifellos zu den Männern, die auf ihrem Platz die deutsche Nachkriegsgeschichte entscheidend mitgeprägt haben."

———

Am 21. April 1967 starb Konrad Adenauer. Wie einen König geleiteten wir ihn per Schiff vom Kölner Dom ins Siebengebirge zu Grabe. Die Großen der Welt und viele, viele „kleine Leute" trauerten. Der Moskauer Botschafter drängte sich an meine Seite, angerührt von einem großen Toten, der auch sein Land so gut verstanden hatte. Schließlich hatte er – gegen Widerstand – dem russischen Volk Friedfertigkeit attestiert. Während der Sarg, der Konrad Adenauers Reste einschloß, vom dem Schiff langsam stromauf nach Honnef gefahren wurde, ließ ich meinen Erinnerungen freien Lauf. Immer wieder hatte der „alte Herr" mir Vertrauen und Sympathie gezeigt, mich gefördert, weil ich, so seine Worte, „das beste Pferd im Stall" sei. Wir hatten den Horizont der Gespräche weit über das vordergründig Politische gehoben. Und immer wieder stand der nun tote Kanzler in meiner Erinnerung vor dem Kanzlerstuhl im Deutschen Bundestag, gerade und aufrecht, um die Ehrungen über sich ergehen zu lassen, die ihm anläßlich seines Ausscheidens zuteil wurden.

„Heute sehen wir noch deutlicher", betonte damals Eugen Gerstenmaier als Präsident des Deutschen Bundestages, „wie die Sache, der Sie dienten, sich mit Ihrer persönlichen Erscheinung verbunden und verwoben hat". „Ungebeugt und in Ehren" verlasse der Kanzler „mit einer geschichtlichen Leistung" dieses Amt. Er habe sich „um das Vaterland verdient gemacht".

Mit Konrad Adenauer trat eine Zeit ab. Das war nicht nur eine Etappe, nicht eine Legislaturperiode, eine Amtszeit oder dergleichen. Eine Welt nahm Abschied.

Ludwig Erhard, der Erfolgreiche, der Adenauers Mehrheiten erst möglich machte, war gut, gab sein Bestes. Aber er fühlte selbst, sagte mir das auch, er sei kein Kanzler.

Es ist wahr: Adenauer ragte durch die Zeiten in Deutschland: Kaiserreich, Republik, Diktatur, Demokratie. Da er sich immer treu blieb, konnte er vieles prägen. Mit Adenauers Tod veränderte sich Deutschland. Es wird nicht mehr, wie es war. Wie sehr viele, fühlte ich mich nun ärmer. Erst später besuchte ich Adenauers Grab. Ich warte immer noch auf eine Ehrentafel für ihn im Kölner Dom. Im Abgeordneten-Haus von Berlin durfte ich – gegen den Widerspruch von Bruno Heck – die Trauerrede auf Konrad Adenauer halten. Heinrich Albertz, der Regierende Bürgermeister, machte es besser.

―――

Wie Adenauer hat auch Erhard Deutschland Inhalt und Gesicht gegeben. Seine „Soziale Marktwirtschaft" brachte nicht nur wirtschaftlichen Erfolg, sie veränderte unsere Gesellschaft, auch unseren Staat. Deutschland gewann mehr als ein neues Gesicht.

Alfred Müller-Armarck begleitete wissenschaftlich wie politisch Ludwig Erhard. Er hatte die Formel „Soziale Marktwirtschaft" gefunden, und seine Denkschrift über die „Zweite Phase der Sozialen Marktwirtschaft" von 1960 wartet, wieder entdeckt und mit Konsequenz befolgt zu werden!

Am 4. Februar 1972 gab ich im „Königshof" zu Bonn für Ludwig Erhard einen Empfang zu seinem fünfundsiebzigsten Geburtstag. Die Schar und die herausragende Qualität der Gratulanten taten Erhard sichtbar wohl. Da fehlte keine Partei, keine Gewerkschaft, kein Politiker von Rang. Fußballer und Max Schmeling, Unternehmer und Betriebsräte, Bischöfe und Professoren reihten sich aneinander. Sie bezeugten dem „Volkskanzler" und „Vater des Wirtschaftswunders" Dank und Respekt. Auch Bundespräsident Gustav Heinemann war gekommen. Als ich ans Mikrofon ging, um meine Ansprache zu halten, knisterte es vor erwartungsvollem Schweigen, weil ich für manche als der „Brutus" des Ludwig Erhard galt.

„Sie wissen selbst", sagte ich, „wieviel bleibende Dankbarkeit die allermeisten in unserem Volk für Sie empfinden. Und ich bin sicher, daß Sie selbst dies spüren und weiterhin Kraft daraus schöpfen. Dieses Grundgefühl bleibenden Dankes hat sich immer wieder als stärker erwiesen als zeitweiliger Ärger, der auch Ihnen leider nicht erspart blieb; Ärger auch mit Ihrer Partei, und, einmal, auch mit mir. Es zeigt Ihre Größe, daß Sie dies alles seit langem hintansetzen, weil es Ihnen um mehr ging und geht. Wir haben viel von Ihnen gelernt, auch daß ohne Standfestigkeit Gutes nicht bleibt, ohne Kampf Besseres nicht wird, Neues nicht der Demoskopie zu entnehmen und die Freiheit durch nichts zu ersetzen ist. Also werden wir kämpfen für das, was Sie schufen, denn: Es gibt nichts Moderneres, Sozialeres, Humaneres und Progressiveres als Soziale Marktwirtschaft".

Erhards Antwort war freundschaftlich und zeugte von guter Laune: „Sie haben, verehrter, lieber Herr Barzel, selbst darauf hingewiesen", nahm Erhard den Ball an, „daß wir im Laufe eines langen politischen Geschehens in manchen Begegnungen auch einmal nicht unmittelbar Seite an Seite standen. Aber um so mehr wollen wir heute Seite an Seite stehen, und ich versichere Ihnen, ich werde an Ihrer Seite stehen, wenn es gilt".

Ludwig Erhard strahlte Optimismus, Kraft und Vertrauen aus. Der herausragende Erfolg seines politischen Wirkens hat diesen Grund: Die völlige Übereinstimmung zwischen seiner Theorie, seiner Praxis und seiner urtümlichen Persönlichkeit ... Kraftvoll war er, zäh und knorrig; mit klaren Augen und redlicher Sprache. Man spürte: Der glaubt, was er sagt ... Voll von Willen, Phantasie und Sensibilität; einer der lachen und traurig sein konnte; kein Diplomat, kein Anpasser; keine „Vaterfigur".

———

So war nun die Lage in Bonn: Eine erneute Kanzlerschaft Ludwig Erhards schied aus. Die FDP erklärte: Mit diesem Bundeskanzler nicht wieder! Und dieser machte keinen Hehl aus seiner Abneigung gegen eine Bundesregierung mit der SPD. So half ich, die Weichen in Richtung „Große Koalition", also CDU/CSU und SPD, zu stellen. Im Hintergrund wirkten – seit langem schon – Heinrich Lübke, Heinrich Krone und Johannes Schauf, Mann des Vatikans, in diese Richtung. Ich erhielt ein dringendes Telegramm aus dem Südwesten. Eugen Gerstenmaier, Bruno Heck, Helmut Kohl und andere hatten sich dort – wie schon so oft – getroffen und beraten. Sie bestanden darauf, nichts zu entscheiden, bevor der Parteivorstand beraten habe.

Mir war klar: Das ging gegen mich! Gleichwohl gab ich der innerparteilichen Demokratie den Vorrang, zumal ich ja in der Partei der „erste stellvertretende Vorsitzende" hinter dem Kanzler und Parteivorsitzenden Ludwig Erhard war. Ich berief den Bundesvorstand der Partei zum 8. November 1966 ein, leitete die Sitzung und gab den Bericht zur Lage. Helmut Kohl meldete sich sofort zu Wort – es sah aus wie abgesprochen mit anderen. Er machte den Vorschlag, der Bundesvorstand möge sich auf die möglichen Kandidaten für das Kanzleramt verständigen und der Fraktion empfehlen, einen dieser Kollegen umgehend auszuwählen. So wurde beschlossen. Der Bundesvorstand empfahl der Fraktion zur Auswahl, in alphabetischer Reihenfolge: Rainer Barzel, Eugen Gerstenmaier, Kurt Georg Kiesinger, Gerhard Schröder. Eugen Gerstenmaier war unser Bundestagspräsident, Kurt Georg Kiesinger jetzt Ministerpräsident von Baden-Württemberg und Gerhard Schröder Außenminister.

Am 10. November 1966 wählte die Fraktion Kurt Georg Kiesinger, nachdem Eugen Gerstenmaier seiner Kandidatur zugestimmt hatte. 244 Mitglieder der Fraktion stimmten ab. Es gab drei Wahlgänge. Im ersten erreichte ich 56 Stimmen. Das Ergebnis schrumpfte zum dritten Wahlgang: 137 für Kurt Georg Kiesinger, 81 für Gerhard Schröder, 26 für Rainer Barzel. Eine schmerzliche Abfuhr für mich! Diese Niederlage überraschte mich nicht, aber sie tat weh.

Gar zu deutlich wurden Strippen gezogen und die CSU ins Lager Kurt Georg Kiesingers geführt. Ich wäre ein miserabler Fraktionsvorsitzender gewesen, hätte ich das nicht bemerkt! Mit meiner Kandidatur wollte ich auch einen späteren Anspruch anmelden.

Rückschauend erscheint es einigen als mein damaliger Fehler, nicht direkt Franz Josef Strauß, dem CSU-Vorsitzenden und meinem Stellvertreter in der Führung der Fraktion, die Rückkehr in die Bundesregierung zugesagt zu haben. Dagegen stand nicht nur die FDP, mein möglicher Partner. Im Hintergrund wirkte Helmut Kohl, der wegen eigener Ambitionen meine Kanzlerschaft verhindern wollte und schon deshalb dem älteren Kiesinger den Vorzug gab.

Franz Josef Strauß schrieb, rechts neben mir sitzend, meinen Namen so auf seinen Stimmzettel, daß ich das lesen sollte und konnte. Derweil ging Leo Wagner, Parlamentarischer Geschäftsführer der CSU-Landesgruppe, durch die Reihen der CSU-Kolleginnen und -Kollegen, achtete darauf, daß auch möglichst alle Kurt Georg Kiesinger auf ihren Stimmzettel schrieben ...

Ich blieb bei meiner Absage an Kurt Georg Kiesinger, der mir das Verteidigungsministerium anbot. Ich wollte jedoch

– trotz dieser Niederlage – Fraktionsvorsitzender bleiben und setzte, ohne eine satzungsrechtliche Verpflichtung, eine vorgezogene Neuwahl des Fraktionsvorsitzenden an. Ich bekam zwar mein bisher schlechtestes Wahlergebnis (221 Abgeordnete stimmten ab; 199 für mich, 4 stimmten mit Nein, 8 enthielten sich). Aber ich konnte, mit mehr als Zwei-Drittel-Mehrheit gewählt, meine Arbeit fortsetzen.

Mit Kiesinger

Zum besseren Verständnis der Lage in Bonn und der Entwicklung ist es nötig, nun diese Information einzufügen: Bundespräsident Heinrich Lübke liebäugelte, wie schon erwähnt, seit langem mit der Idee einer Großen Koalition. Sein Zutrauen in Erhards Qualitäten war nicht sehr groß, und von der FDP hielt er nicht viel. Immer wieder schlug der Kanzler seinen Vize-Kanzler Erich Mende für das Bundesverdienstkreuz vor. Der Bundespräsident verweigerte sich ein ums andere Mal.

Im Zusammenhang mit der Bundestagswahl von 1965 hatte Bundespräsident Lübke versucht, die erneute Kanzlerschaft Ludwig Erhards zu vermeiden und eine andere Koalition herbeizuführen. Es gab ein generelles Problem im Hintergrund: Der Vatikan suchte von dem Verdikt gegen die Sozialisten herunterzukommen. Noch immer galt ja der Satz aus der Päpstlichen Enzyklika „quadragesimo anno" von 1931: Der Sozialismus ist für Katholiken „durchaus unannehmbar" („nullo pacto"). „Es ist unmöglich, gleichzeitig guter Katholik und wirklicher Sozialist zu sein."

Aus Anlaß des Vatikanischen Konzils besuchte ich 1963 Rom. Mit Hilfe des Kölner Kardinals Frings erhielt ich eine Zulassung als „Peritus" (Sachverständiger). Ich hatte mich noch als Bundesminister auf diskreten Wegen mit Bischöfen aus der DDR, aus Polen, der Tschechoslowakei und Ungarn verabredet, wollte sie in der Aula des Konzils, dem Petersdom, treffen. Uns anderswo oder anderswann zum Gedankenaustausch zu begegnen, war wegen des „Eisernen Vorhangs" weder ihnen noch mir möglich.

Ich erlebte einen höchst streitbaren Kardinal Bea, wenn es darum ging, korrekt aus der Hl. Schrift zu zitieren. – Die besten Kontakte ergaben sich, wenn die hochwürdigsten Herren sich Bauch an Bauch zum brasilianischen Kaffeestand durch die schmalen Gänge in die zum Steh-Café entfremdete Seiten-Kapelle zwängten. – Kardinal Frings nutzte die parlamentarischen Kenntnisse seines „Peritus", fragte ihn, wie das Konzil bei dieser Flut von Anträgen je fertig werden könne. Ich riet, eine „Antrags-Annahme-Kommission" einzurichten, wie wir es auf unseren Parteitagen machten. So käme Ordnung in die Anträge, würden Häufchen zu Sachthemen gebildet, und aus dem Berg der Papiere erwachse Übersicht ...

Andere Kontakte in Rom machten mir römisch-vatikanische Überlegungen deutlich, welche diesen beiden Fragen galten: Wie weit darf die „apertura a sinistra" (die politische Öffnung nach links) in Italien gehen? Die italienischen Sarragat-Sozialisten gehörten inzwischen zum Spektrum der Regierung der Democrazia Christiana. Man hätte aber gerne die besonders linksorientierten „Nenni-Sozialisten" einbezogen. Und italienische Innenpolitik traf immer, schon wegen Latein-Amerika, auf vatikanische Interessen.

Das andere war die Vatikanische Ostpolitik. Aus einleuchtenden pastoralen Gründen (besondere Schwierigkeiten für die katholische Kirche im kommunistischen Ostblock mit Gottesdiensten, Schulen, Krankenhäusern, Bischofsernennungen und Priesterberufen) suchte der Vatikan amtlich Kontakte auch zu den Staaten des kommunistischen Warschauer Paktes. Erzbischof Casaroli vor allem betrieb das.

Manche in Rom sprachen beide Punkte freimütig an. Sie suchten auch „Äquidistanz" der katholischen Kirche zu den Christlichen Demokraten wie zu den Sozialisten.

In beiden Fragen würde es, so meinten einige in Rom, nicht nur atmosphärisch Erleichterung oder gar Entspannung geben, wenn in Deutschland die mächtige CDU/CSU mit der SPD zusammenarbeite. Hans-Peter Schwarz hält in seinem Buch über „Die Ära Adenauer 1957 bis 1963" fest: „Allerdings hatten genauere Beobachter der Bonner Szene seit dem Herbst 1961 auf seiten der Union schwer faßbare, aber starke Tendenzen zu erspähen geglaubt, die aus der Koalition mit der FDP hinaus – und ins Bündnis mit den Sozialdemokraten hineinstrebten … Auffällig ist, daß es vor allem katholische Spitzenpolitiker der Union gewesen sind, die nun darauf bestanden." Auch Kardinal Frings hatte sich damals öffentlich zugunsten einer Großen Koalition in Deutschland geäußert. Zu jener Zeit gab mir der Leiter des Katholischen Büros in Bonn, Prälat Wissing, ein vertrauliches Papier, das offenbar bei den Sondierungen Lücke/Wehner eine Rolle spielte. Nach diesem Papier sollten beide Kirchen mit den beiden großen Parteien diese Vereinbarung treffen:

„In kulturpolitischen Fragen … hat die Regierung keine Entscheidung zu treffen, die mit den verkündeten Prinzipien eines der Partner offensichtlich in Widerspruch steht. Die besondere Bedeutung der christlichen Kirchen, denen über 95 Prozent der Bevölkerung angehören, … wird anerkannt. Über das geltende, in Weimar formulierte Verfassungsrecht hinaus, wird die öffentliche Verantwortung der Kirchen bejaht, wie es ausdrücklich in den evangelischen Kirchenverträgen der Nachkriegszeit, zum Beispiel im Loccumer Vertrag, geschehen ist. Bei weltanschaulich bedeutsamen Fragen werden daher gegen den gemeinsamen Standpunkt der beiden großen christlichen Kirchen in Parlament und Regierung keine Entscheidungen getroffen. Gemeinsame Vorschläge beider Kirchen werden von beiden Partnern aufgeschlossen und ernsthaft geprüft; bestehen bei einem der Partner Bedenken gegen einen solchen Vorschlag, werden beide Partner mit den Kirchen ein Gespräch führen, um eine allseits befriedigende Lösung zu finden."

Ich war entsetzt! Eine solche Herabsetzung, ja Ausschaltung von Politik, Parlament und Staat – mit kirchlichem Veto-Recht auch noch – kam für mich nicht in Frage! Diese Sorge vor Klerikalismus bestärkte mich in meiner Position für Ludwig Erhard und die Erneuerung der Kleinen Koalition mit der FDP.

Aber dieses Bündnis war nun vorbei, zu Ende.

Kurt Georg Kiesinger, lange Zeit unser – so die Medien – „Star-Redner" im Bundestag, dann erfolgreicher Ministerpräsident in Baden-Württemberg, wollte es nach Erhards Abschied vom Kanzleramt wissen. Er betrat, zunächst mit Glanz, wieder die Bonner Bühne, dort gefördert und plaziert vor allem von Bruno Heck und Helmut Kohl, unterstützt auch von Eugen Gerstenmaier. Die FDP zeigte keinerlei Interesse, erneut mit uns zusammenzukommen. Wir trafen uns mit der Führung der SPD bald in unserem Vorstandszimmer, bald in dem der SPD. Um der SPD – Willy Brandt, Herbert Wehner, Karl Schiller, Helmut Schmidt und Alex Möller – unseren Willen auf künftige gute Zusammenarbeit zu dokumentieren, ließ ich, der langweiligen Butterbrote müde, als wir wieder „bei mir" berieten, kurz vor 11.00 Uhr frische Weißwürste, direkt aus München eingeflogen, noch dampfend und mit süßem Senf und frischen Brezeln, auftischen. Auch das half, unterstrich unsere seriösen Absichten. Wir verabredeten, in der Zeit der gemeinsamen Regierung das Mehrheitswahlrecht einzuführen.

Wir fanden in zwei besonders wichtigen Punkten rasch zueinander: In der Wirtschafts- und Finanzpolitik, vor allem durch die Vorbereitungen und Texte von Kurt Schmücker und seinem Team aus dem Bundeswirtschaftsministerium, auch durch Karl Schiller und Franz Josef Strauß.

Wir verständigten uns mit der SPD auch bald in der Erkenntnis, daß die deutsche Zusammenarbeit mit Frankreich dringend verbessert werden müsse. Dann kamen wir zu den Personalien: Wir berieten sie in kleinstem Kreis. Es gab keinen Streit mehr über Kurt Georg Kiesinger als Bundeskanzler, nachdem NS-Vorwürfe gegen ihn durch Alex Möller von der SPD ausgeräumt worden waren. Es gab auch keinen Zweifel daran, daß Willy Brandt Außenminister der Großen Koalition werden solle.

Streit entstand über Hans Katzer als Arbeitsminister. Die SPD wolle dieses Ministerium, schließlich sei sie die Arbeiterpartei, so Brandt. Wo wir regieren, betonte er, da sei das so. „Hier nicht!" rief ich dazwischen. Willy Brandt war verwundert, wiederholte seinen Vorschlag. Kurt Georg Kiesinger erzürnte. Wir unterbrachen die Sitzung. Ich kämpfte weiter für Hans Katzer und sagte zu Kiesinger: „Wir wollen doch einmal wieder allein regieren. Und das wird nur gelingen, eine absolute Mehrheit wird es für die Union nur geben, wenn fast jeder zweite Arbeitnehmer die Union wählt." Wir könnten doch der SPD nicht attestieren, *die* „Arbeiterpartei" zu sein! Kiesinger gab murrend zu, dem könne man nicht widersprechen. Hans Katzer blieb.

„Bauchschmerzen" gab es auf unserer Seite, als Willy Brandt Gustav Heinemann als Justizminister und Herbert Wehner als Gesamtdeutschen Minister vorschlug. Gustav Heinemann war für einige aus meiner Fraktion ein „Abtrünniger", da er als CDU-Bundesinnenminister das Kabinett Konrad Adenauer wegen des deutschen Wehrbeitrags verlassen hatte. Und „der Kommunist" Herbert Wehner – das war für viele einfach eine „Zumutung". Auch die vorgeschlagene Bestellung von Conrad Ahlers zum Bundespressechef fiel auf unserer Seite vielen schwer. Er hatte als „Spiegel"-Redakteur den Aufsatz „Bedingt abwehrbereit" geschrieben, der die Strauß-Krise ausgelöst hatte.

Die SPD fand sich nur grimmend damit ab, daß Franz Josef Strauß als Bundesminister der Finanzen ins Kabinett zurückkehren sollte. Recht blauäugig wurde dieses „Argument" herumgereicht: Gerade die Zusammenarbeit dieser aus früheren Kämpfen umstrittenen Persönlichkeiten werde durch die gemeinsame Bundesregierung dazu führen, den innenpolitischen Streit zu mäßigen und neues Vertrauen hin und her zu begründen.

Die Koalitionsverhandlungen fanden statt, während in den Ländern Hessen und Bayern Landtagswahlkämpfe gegeneinander geführt wurden. Die Union in Hessen dachte mehr an das Verbleiben Erhards, die CSU in Bayern suchte den Wechsel. Sie erreichte ein – in dieser Lage – als sensationell empfundenes Ergebnis und steigerte sich am 20. November 1966 von 47,5 Prozent im Jahre 1962 auf 48,1 Prozent der Stimmen.

Am 26. November 1966 einigten CDU/CSU und SPD sich auf eine Koalition Kiesinger/Brandt. Der Deutsche Bundestag wählte am 1. Dezember 1966 Kiesinger zum Bundeskanzler der Bundesrepublik Deutschland (340:109:23). Was wir als Koalition konzeptionell zusammengebracht hatten, konnte sich sehen lassen. Wie gefährdet für die Zukunft dieses kunstvolle Gebäude der Zusammenarbeit der beiden großen Parteien in Bonn war, wurde Aufmerksamen deutlich, als in Düsseldorf am 1. Dezember 1966 SPD und FDP ein Bündnis schlossen und Franz Meyers, den Ministerpräsidenten von der CDU, im Wege des Konstruktiven Mißtrauensvotums durch Heinz Kühn von der SPD abwählten. Aus Sicht der FDP (und vieler anderer) galt dieses Düsseldorfer Bündnis vor allem als Sicherheit gegen Wahlrechtspläne der Union in Bonn. Walter Scheel wirkte ein auf diese strategisch angelegte Emanzipation der Liberalen von der Union (hierzu meine Rede im Landtag von Nordrhein-Westfalen am 21. März 2001).

Bald stellte Kiesinger sein Kabinett vor. Ob das wohl gutgehen werde, fragten viele in- und außerhalb des Bundestages. Da saß auf der Regierungsbank eine in jeder Hinsicht geballte Ladung politischer Kraft. Ich war überzeugt davon, daß die „Große Koalition" nützlich für unsere Demokratie sein werde, weil sie schon durch ihre Existenz die offenkundigen Probleme der „Polarisierung und Radikalisierung" der deutschen Politik (Kissinger) lösen und im Ausland den auch unter Bewunderern Adenauers verbreiteten Eindruck, de facto sei die Bundesrepublik Deutschland ein „Ein-Parteien-Staat", beseitigen werde. Bei den Beratungen der Personalfragen hatte ich Willy Brandt zur Seite gebeten, ihm gesagt, daß ich nicht Mitglied der neuen Bundesregierung werden wolle und ihn gefragt, wer wohl mein Partner im Parlament werde. Meine Entscheidung für oder gegen die Große Koalition hänge auch davon ab. Und ich war ja damals nicht nur Fraktionsvorsitzender, sondern führte in der Praxis auch die Partei. Willy Brandt antwortete lapidar: „Helmut Schmidt." Ich gab ihm die Hand. Dann sei alles o. k. Der Einleitungssatz der ersten Regierungserklärung Kiesingers am 13. Dezember 1966 sprach aus, was zu dieser Großen Koalition geführt hatte: „Der Bildung dieser Bundesregierung ... ist eine lange schwelende Krise vorausgegangen, deren Ursachen sich auf Jahre zurückverfolgen lassen. Ihr offener Ausbruch erfolgte kaum ein Jahr nach den Wahlen zum fünften Deutschen Bundestag, die einen eindrucksvollen Vertrauensbeweis für meinen Vorgänger, Professor Ludwig Erhard, erbracht und den Parteien der bisherigen Regierungskoalition deren Fortsetzung ermöglicht hatte. In der Folge belasteten innenpolitische Schwierigkeiten, innerparteiliche Auseinandersetzungen und außenpolitische Sorgen die Arbeit der Regierung, bis schließlich die Uneinigkeit über den Ausgleich des Bundeshaushalts 1967 und über die auf lange Sicht notwendigen finanzpolitischen Maßnahmen zum Auseinanderbrechen der bisherigen Koalition und zu einem Minderheitskabinett führten."

Die Sozialdemokraten hörten das mit Wohlgefallen, wir mit Schmerzen. Aber es war die Wahrheit. Kiesinger war unser dritter Bundeskanzler.

In dieser Regierungserklärung versprach er, das Mehrheitswahlrecht einzuführen: „Die stärkste Absicherung gegen einen möglichen Mißbrauch der Macht ist der feste Wille der Partner der Großen Koalition, diese nur auf Zeit, also bis zum Ende dieser Legislaturperiode, fortzuführen."

Die Absicht, in der Zeit seiner Regierung das Mehrheitswahlrecht schon für 1969 einzuführen, hatte die Zustimmung der CDU/CSU-Bundestagsfraktion zur Großen Koalition bewirkt. In der Fraktion war ja dieses unnatürliche Bündnis der beiden großen, gegnerischen Parteien heftig umstritten.

Ohne die Zusage zum neuen Wahlrecht wäre weder die

Große Koalition (die Alternative zu Neuwahlen) zustande gekommen, noch Kurt Georg Kiesinger Bundeskanzler geworden. Die Protokolle der Bundestagsfraktion belegen, wie sich Kanzler Kiesinger später von diesem Versprechen, das die Grundlage unserer parlamentarischen Demokratie betraf, wieder löste.

————

Im Juli 1967 kam es zu nachhaltigen Spannungen zwischen dem Kanzler und seinem Verteidigungsminister Schröder, dem inzwischen die SPD ihre Sympathie weitgehend entzogen hatte. Kiesinger hatte sich – am zuständigen Verteidigungsminister, dem Oberbefehlshaber, vorbei – mit verantwortlichen Generalen direkt beraten. Schröder bot seinen Rücktritt an.

Von dieser Zuspitzung erfuhr ich am Telefon durch den Kanzler, während ich in Paderborn gerade meine Sprechstunde abhielt. Kiesinger neigte dazu, Schröder zu entlassen. Ich bat, mir sofort einen Hubschrauber nach Paderborn zu schicken und bis zu meiner Rückkehr nichts zu entscheiden. So geschah es. Schröder blieb.

Kiesinger – von einigen so despektierlich wie unzutreffend zum „wandelnden Vermittlungsausschuß" degradiert – neigte dazu, seine Kanzlermacht zu überschätzen und so aufzutreten, daß Betroffene ihn als hochfahrend empfanden. Ich hatte da manche Panne auszubügeln. In diesem Fall war der Verteidigungsminister im Recht! Es gelang, die emotionalen Aufladungen abzubauen, den Kanzler auf seine begrenzten Möglichkeiten hinzuweisen und Schröder zu beruhigen. Diese Erfahrungen kamen mir später zugute, als Kiesinger Hans Katzer entlassen wollte.

Die SPD, unser Koalitionspartner, bekam in der gemeinsamen Bundesregierung erhebliche interne Probleme. Sie brachen in aller Deutlichkeit im März 1968, anläßlich des Nürnberger Parteitags der SPD, auf. Machte schon die Notstandsverfassung, vor dem Hintergrund des Jugendprotestes, der SPD zu schaffen, so galt das um so mehr für so heiße Themen wie Oder-Neiße-Linie und Mehrheitswahlrecht.

Paul Lücke, jetzt Bundesminister des Innern, hatte mit Herbert Wehner seit langem nicht nur gute Kontakte gepflegt, sondern immer wieder über das Mehrheitswahlrecht gesprochen. Dieses sei für die Union ein zentrales Thema und eine Voraussetzung für ein mögliches Zusammengehen. Wehner habe, so Lücke, das eingesehen und dem Mehrheitswahlrecht auch bei seinen Sondierungen zugestimmt. So kam es zur Verabredung der Großen Koalition zum Mehrheitswahlrecht im Jahre 1966.

Der SPD-Parteitag setzte andere Akzente. Eine Wahlrechtsänderung käme, falls überhaupt, nicht für die Bundestagswahl 1969 in Betracht, sondern frühestens für 1973. Und dem müsse ein Parteitagsbeschluß vorausgehen – gefaßt von einem *ordentlichen* Parteitag –, und der sei erst für 1970 geplant und möglich. Das bedeutete das Aus für die verabredete Einführung des Mehrheitswahlrechts in der Zeit der Regierung Kurt Georg Kiesinger! Paul Lücke fühlte sich getäuscht und ließ seiner Empörung freien Lauf. Dieses Wahlrecht sei „die Schicksalsfrage unserer parlamentarischen Demokratie". So erklärte er in der Fraktion am 25. März 1966: Er mache nicht mehr mit! Die SPD-Führung hätte auf dem Parteitag nicht einmal für diese Koalitionsabrede gekämpft!

Ich habe meine Notizen und die Fraktionsprotokolle der CDU/CSU-Bundestagsfraktion jener Tage nochmals sorgfältig gelesen. Danach war schon am 23. März 1968 erkennbar, was sich da zusammenbraute. Am Abend des Mittwoch, 21. März 1968, hatte ich mit Paul Lücke telefoniert und ihn gebeten, nichts zu überstürzen, erst alles zu besprechen.

Über Staatssekretär Carstens ließ ich den Bundeskanzler bitten, am Montag, 25. März 1968, schon vor der Sitzung der Fraktionsgremien Richard Stücklen, mit dem ich gut zusammenarbeitete, und mir für ein Gespräch zur Verfügung zu stehen. Diese Bitte ließ der Kanzler durch seinen Büroleiter Neusel so beantworten: Vor 9.30 Uhr sei montags im allgemeinen kein Gespräch mit dem Kanzler möglich. Vorstandskollegen empörten sich zusätzlich bei mir, weil der Bundeskanzler in seiner Erklärung zum SPD-Parteitag den SPD-Kabinettsmitgliedern „Mut und Loyalität" bestätigt habe. So war auch ich nicht in einer angenehmen Lage, gab meiner persönlichen Empfindlichkeit aber nicht nach (wie ich hoffe). Kiesinger und Lücke prallten in der Fraktion aufeinander, daß die Funken stoben. Viele Kollegen machten aus ihrem Herzen keine Mördergrube: Wegen des Mehrheitswahlrechts hätten sie die Faust in der Tasche geballt und der Großen Koalition zugestimmt! Kiesinger provozierte in einer nervösen, überpointierten Rede Paul Lücke: „Wenn Sie glauben, nur durch eine konstitutionelle Änderung des Wahlrechts die Zukunft unseres Volkes bestimmen zu können, dann stecken Sie lieber Ihren politischen Beruf besser heute als morgen auf."

Bevor ich Paul Lücke das Wort zu seiner von mir erwarteten Explosion mit dramatischem Rücktritt erteilte, verlas ich die Passage aus der Koalitionsabrede: „Die stärkste Absicherung gegen einen möglichen Mißbrauch der Macht ist der feste Wille der Partner der Großen Koalition, diese nur auf Zeit, also bis zum Ende dieser Legislaturperiode, fortzuführen. *Während dieser Zusammenarbeit* soll nach Auffassung der Bundesregierung ein neues *Wahlrecht grundgesetzlich* verankert werden, das für künftige Wahlen zum Deutschen Bundestag nach 1969 *klare Mehrheiten* ermöglicht. Dadurch wird ein institutioneller Zwang zur Beendigung der Großen Koalition und eine institutionelle Abwehr der Notwendigkeit zur Bildung von Koalitionen überhaupt geschaffen. Die Möglichkeit für ein Übergangswahlrecht für die Bundestagswahl 1969 wird von der Regierung geprüft."

Dieser Hinweis versachlichte zwar die heftige Debatte für

kurze Zeit, nahm auch etwas Hitze aus der aufgeladenen Atmosphäre, aber Paul Lücke beharrte erzürnt: „Die Wahlrechtsfrage sei die Bewährungsfrage der Großen Koalition ... Ich habe Ihrer Rede entnommen, Herr Bundeskanzler, daß sie prinzipiell anderer Meinung sind über die Bedeutung des Wahlrechts ... Für meine persönliche Ehre möchte ich selber einstehen. Ich bin jetzt in einer Situation, die mir wirklich keinen persönlichen Ausweg mehr läßt, als Sie zu bitten, dem Herrn Bundespräsidenten meinen Rücktritt vorzuschlagen."

Bevor ich es verhindern konnte, zischte der Kanzler – unüberhörbar für Protokollführer – Paul Lücke zu: „Dann gehen Sie doch!"

In seiner erneuten Antwort an Paul Lücke verstieg sich der Kanzler zu dem Satz, der allen Anwesenden, besonders dem Fraktionsvorsitzenden, auf den Magen ging und gehen mußte: *Ihre Meinung ist nicht die meine. Und darauf kommt es eben an!"*

Kurt Georg Kiesinger hatte sich, so mein Empfinden, mit dieser Selbstherrlichkeit wie ein Prinzipal über die parlamentarische Demokratie erhoben und uns alle, mich eingeschlossen, herabgesetzt.

Es kam damals noch schlimmer: Der Bundeskanzler ließ am 26. März 1968 mitteilen, er habe sich mit Paul Lücke getroffen und diesen gebeten, „in seinem Amt zu verbleiben". Paul Lücke habe dieser Bitte entsprochen.

Dann trat er doch zurück, am 28. März 1968. Dem Witz der Geschichte gefiel es, daß just dieser Slogan den Wahlkampf der Union 1969 bestimmte: „Auf den Kanzler kommt es an!" Wir verloren die Wahl.

Unter uns, nicht im Fraktionsvorstand, wurde erwogen, konsequent zu sein und der SPD den Stuhl vor die Türe zu setzen. Aber: Was dann? Die Mehrheitsverhältnisse im Parlament hatten sich nicht zu unseren Gunsten verändert. Und in der FDP dachte niemand an eine Rückkehr zur Koalition mit uns. Und keiner wollte Neuwahlen vor dem Hintergrund des Scheiterns der Zusammenarbeit der beiden großen Parteien. Unser Ansehen in der Bevölkerung hatte nicht zugenommen.

Kiesinger hatte die parlamentarische Lage zugunsten der Sozial-Liberalen verändert, weniger quantitativ als qualitativ. Wir standen allein da. Da mein Verhältnis zu ihm – wie dargetan – weniger gut war, konnte ich diese Krise nicht abwenden, als sie sich abzuzeichnen begann. Kiesinger fürchtete für sich als Kanzler, wenn wegen des Mehrheitswahlrechts die Große Koalition durch unsere Haltung – als Antwort auf den Wortbruch des Partners – beendet worden wäre.

Diese Krise, in die wir uns selbst begeben hatten, ja, in die wir hineingestolpert waren – ohne Vorplanung und Ausarbeitung alternativer Lösungen –, stärkte das sich abzeichnende Bündnis SPD/FDP gegen uns.

So wie Kurt Georg Kiesinger diese Geschäftsgrundlage der Großen Koalition begründet hatte, warf er sie über Bord. Man sagt, die Große Koalition sei eigentlich gescheitert an der „gegenseitigen anhaltenden Verbiesterung" „zweier Hauptbeteiligter" (so Arnulf Baring). Er übersieht diesen gleichrangigen Punkt: Mehrheitswahlrecht!

Bei allem Pflichtbewußtsein und gutem Willen war es zwischen Kiesinger und mir nicht zu vollkommen offener, vertrauensvoller Zusammenarbeit gekommen. Er begegnete mir, so empfand ich, überheblich und mißtrauisch. Was er mir gegenüber empfand, weiß ich nicht. Vielleicht lag es auch an mir, daß zwischen uns „die Chemie" nicht stimmte, wie man heute sagt? Ich erinnere mich sehr gut an eine Sitzung der „Stiftung Konrad Adenauer Haus" in Rhöndorf zum Thema „Adenauer und die Fraktion". Dort habe ich eingeräumt: Konrad Adenauer als Bundeskanzler und Rainer Barzel als Fraktionsvorsitzender – das wäre nicht gutgegangen; nicht aus sachlichen Gründen.

Der politische Ertrag der Großen Koalition von 1966 bis 1969 war – trotz latenter Spannungen zwischen Kiesinger und Brandt – beträchtlich. Die Wirtschaft wurde wieder flott, auch durch Strauß und Schiller, die man „Plisch" und „Plum" titulierte. Durch Beteiligung der SPD an der Bundesregierung änderte sich Deutschland – nicht nur die Struktur unseres Parteiwesens. Das alles wurde möglich, weil Helmut Schmidt und ich, so Arnulf Baring, „die lautlose, verläßliche Achse der Großen Koalition gewesen" seien.

———

Willy Brandt kam oft zu mir ins Büro zum Gespräch. Kiesinger und Brandt fanden auch in der gemeinsamen Bundesregierung nicht wirklich zueinander. So lag die Tagesarbeit mehr und mehr bei den beiden Fraktionsvorsitzenden. Zwischen Helmut Schmidt und mir entwickelte sich ein wirksames Vertrauensverhältnis. Wir verstanden einander immer besser. Wir verhandelten zügig, präzise, erfolgsorientiert und zupackend. In dieser Zeit wuchs unsere Freundschaft. Sie hält an.

Ich kannte inzwischen Helmut Schmidt ganz gut. Wir sprachen nicht nur über unsere parlamentarischen Geschäfte und Politik, sondern auch über Religion und Kunst. Helmut Schmidt war allezeit den Musen zugetan, er schätzte moderne Malerei und malte eindrucksvoll, spielte Orgel und Klavier, las viel und diskutierte gerne. Sein Urteil war wohlerwogen und mit Bedacht formuliert. Auf ihn war Verlaß, ihm konnte man glauben, mit ihm verbindliche Abreden treffen. Mit ihm zu arbeiten, auch zu gestalten, war eine Freude. Der Gedankenaustausch mit ihm brachte und bringt Gewinn.

So gelang es der Großen Koalition, wichtige Gesetze zu verabschieden. Ich nenne die Notstandsgesetzgebung, die Gesetzgebung zur Finanzverfassungsreform, die mittelfristige Finanzplanung, das Arbeitsförderungs- und das Berufsausbildungsgesetz, das Bundesgesetz über Stabilität und

Wachstum mit der „Konzertierten Aktion". Die Große Koalition wirkte mit an der neuen NATO-Strategie, dem sogenannten Harmel-Bericht, der die Wiedervereinigung Deutschlands zur Bedingung wirksamer Entspannung machte. Sie verbesserte das Verhältnis zu Frankreich, bemühte sich, mit der Sowjetunion, mit der DDR und anderen Staaten des Warschauer Pakts zu Verträgen über Gewaltverzicht zu kommen. Der Bundeskanzler schrieb – das war neu! – am 13. Juni 1967 einen Brief an den Vorsitzenden des Ministerrats der DDR und schlug seinen Staatssekretär, Karl Carstens, als Gesprächspartner vor.

Gerhard Stoltenberg hielt am 21. Juni 1999 mit besonderer Betonung im Blick auf die Große Koalition fest: „Bald wurden auch die programmatischen Differenzen der beiden großen Parteien deutlicher. So kam den Fraktionsvorsitzenden Rainer Barzel und Helmut Schmidt eine wachsende Bedeutung für die notwendigen einzelnen Entscheidungen, für tragfähige Kompromisse, kurz gesagt das Management des Regierungsbündnisses zu. Sie hatten diese Aufgabe nach dem vorherrschenden Urteil ihrer Kollegen gut gelöst, kompetent, fair, zur Partnerschaft fähig."

Ich möchte ausdrücklich betonen, daß in der Großen Koalition – entgegen vielerlei Befürchtungen – der Deutsche Bundestag ein lebendig debattierendes und subtil kontrollierendes Parlament blieb.

Die Große Koalition hatte bei den Beratungen über die Zusammenarbeit von Union und SPD beschlossen, in einigen Ministerien Parlamentarische Staatssekretäre einzuführen. Ich war gegen diese neue Institution, weil ich die zusätzlichen Kosten für zu hoch, auch deren Einrichtung für überflüssig hielt. Ich sah nicht ein, wozu es gut und nützlich sein sollte, zwischen dem Staatssekretär als oberstem Beamten und dem Minister zusätzlich noch einen Politiker anzusiedeln. Hans Katzer dachte wie ich. Er lehnte es ab, in seinem

Ministerium diese neue Einrichtung zu etablieren: Er habe schließlich in Herrn Kattenstroth einen erstklassigen Staatssekretär. Später bekamen alle Bundesminister einen Parlamentarischen Staatssekretär. Ich hatte oft den Eindruck, daß auf diese – kostspielige – Weise Proporz nach Landsmannschaften und gesellschaftlichen Gruppen befriedigt wurde. Ich kann nicht erkennen, daß diese neue Institution zur größeren Wirksamkeit der Bundesregierungen beigetragen hat. Einige Minister überließen ihren Parlamentarischen Staatssekretären die Fragestunde des Deutschen Bundestages. So standen im Parlament immer seltener die verantwortlichen Minister Rede und Antwort. Und die Fragestunde ist ein wichtiges Instrument parlamentarischer Kontrolle! Im Kampf um die Ostverträge haben wir als Opposition wirksam von dieser Einrichtung Gebrauch gemacht.

———

Am 2. Juni 1967 wurde der Student Benno Ohnesorg von der Polizei in Berlin erschossen. Die „APO" (Außerparlamentarische Opposition) hatte einen Märtyrer und in Rudi Dutschke einen hochbegabten Agitator. Auf Dutschke wurde in der Woche vor Ostern 1968 ein Attentat verübt. Ich brach eine Ostasienreise ab, weil über Bonn politisch Gewitterwolken aufzogen: Ich besuchte nach meiner Rückkehr, direkt nach der Landung, Bundeskanzler Kiesinger. Er berichtete von den – nach seiner Meinung – explosiven innenpolitischen Spannungen. Es könne Tote geben, betonte er besorgt. Ich sprach mit Ernst Benda, unserem Innenminister. Er sähe das anders, nicht so dramatisch wie der Bundeskanzler, meinte er, und er bat: Tun Sie, was Sie nur können, um den Kanzler aus den operativen Planungen herauszuhalten! Die Entwicklung gab Benda recht.

In meinem Büro lagen zwei wichtige Schriftstücke: Das eine war dieser Text des Telegramms, das der Bundeskanzler an Frau Dutschke gesandt hatte: „Ich bin über das Attentat auf Ihren Mann aufs tiefste empört. Was immer uns Deutsche an Verschiedenheit der politischen Meinung trennen mag, es darf in unserem Land nicht dazu kommen, daß Meinungsverschiedenheiten mit Gewalt ausgetragen werden. Ich hoffe von Herzen, daß Ihr Mann von seinen Verletzungen völlig genesen wird." Das andere Dokument war die Radio-Ansprache Kiesingers vom Ostersamstag, dem 13. April 1968. Da hieß es: „Unsere Bevölkerung erwartet, daß der Staat die öffentliche Ordnung sichert ... Ich weiß, daß manche von Ihnen härtere Zusammenstöße bewußt provozieren wollen. Ich warne Sie vor den dann unvermeidlichen Folgen, für die Sie die Verantwortung tragen müßten. Ich weiß mich in der Entschlossenheit, keine gewaltsame Störung der rechtsstaatlichen Ordnung, komme sie von wem sie wolle, zu dulden, mit unserem Volke einig."

Hier fehlte die meines Erachtens unerläßliche Erklärung, zum Dialog bereit zu sein und dabei auch Fehler des Staates einzubeziehen. Richard Stücklen hatte, wie ich schon am Frankfurter Flughafen erfuhr, erklärt: „Die gegenwärtigen Unruhen seien keine Angelegenheit der Politik, sondern der Polizei." Das hielt ich für falsch, für einseitig und empfahl, unbefangen und selbstsicher auch den Dialog anzubieten.

Helmut Schmidt und ich verabredeten eine Diskussion – zu dieser Lage – im Deutschen Bundestag. Wir suchten mit den Aufmüpfigen zu reden *und* den Gerichten und der Polizei den Rücken zu stärken. Der Aufruhr der „APO" war, was die Universitäten betraf, ich wiederhole, weitgehend berechtigt!

Wir suchten den Dialog, führten ihn manchmal gemeinsam, oft in Zeitungen und im Fernsehen. Die globalen Vorwürfe – die Bundesrepublik Deutschland sei ein „Obrigkeitsstaat" und habe sich nicht genügend von der Nazi-Diktatur abgesetzt – hielten (und halten) wir für unbegründete, verleumderische Polemik im Interesse derer, die hierzulande lautstark für „Revolution" kämpften.

Der Protest entfaltete sich zunächst immer mehr in gewaltfreien Bahnen. Aber er war so stark, daß dieser Jugendprotest im Jahre 1969 zur Abwahl Kiesingers und zum Wahlsieg Willy Brandts beitrug. Kanzler Kiesinger hatte sich als „starker Mann" in Szene gesetzt – nicht als weiser Landesvater gehandelt. Aber er paßte gewiß gut zur CDU – so wie sie damals war. Bestimmt besser als ich. Nach einer Mitteilung der Bundestagsfraktion vom 4. Februar 1969 habe ich damals zu den „Krawallen und Gewalttätigkeiten der letzten Wochen" vor der Fraktion erklärt: „Ich bitte, säuberlich zu unterscheiden zwischen diesen Krawallen und der Unruhe, die in unserem Land vorhanden ist! Dr. Barzel bat die Abgeordneten darum, in solchen Situationen nicht das Kind mit dem Bade auszuschütten, sondern immer darauf hinzuweisen, daß die wenigen, die solche Schwierigkeiten machten, nicht etwa *die* Studenten seien, sondern linksradikale Krawallmacher. Weiter führte Dr. Barzel aus: ‚In unserem Land ertönt der Ruf nach Gesetz, Ordnung und Recht. Dieser Ruf, den ich unterstütze, wäre noch besser, wenn er begleitet wäre von konkreten Mitteilungen der Verantwortlichen über vollzogene Reformen auch im Bildungsbereich!'"

––––––––

Mit den „Achtundsechzigern" kam ich in hautnahe Berührung: Es begann ganz privat beim Schlittschuhlaufen in Garmisch-Partenkirchen. Wir hatten auf dem Eis die Bekanntschaft mit einem Ehepaar gemacht, das schon durch seine schönen, heranwachsenden Töchter auffiel. Deren Vater bat uns, während wir unsere Kunstfiguren probten, „ihm und seiner Frau die Ehre zu geben" (so seine Worte), „in sein Haus zum Abendessen mit seiner Familie zu kommen". Als wir tags darauf zusagten, drehten wir beide ein paar Runden und er kam mit der Sprache heraus. Seine „schicken" Töchter, wie ich sie genannt hätte, machten ihm

Sorgen. Sie brächten, er wisse nicht woher, „alle möglichen Sachen, auch politische", mit nach Hause. Damit würde er, „ehrlich gesagt", nicht fertig. Diese „linken Spinnereien" paßten ihm nicht. Er verspräche sich viel davon, wenn seine Töchter einmal mit uns zusammenträfen. Von seiner Frau sprach er nicht. Der Abend in seinem Haus, besser ein Besitz zu nennen, wurde zur langen Nacht. Die Töchter erwiesen sich als wohlerzogen und auffallend höflich, kamen mehr und mehr aus sich heraus – zuerst als der Vater in den Weinkeller ging. Einem Freund ihres Vaters, so fragten sie sich frei für ihre kritischen Punkte, dürften sie doch offen begegnen? Vater würde ihren Fragen immer ausweichen, auch autoritär auftrumpfen, weil er der Vater sei, sie zurückweisen mit ihrem „dummen Zeug". Er selbst frage sie aber, ob sie Freunde „mit langen Haaren" hätten. Und die Fragen nach den Notstandsgesetzen und nach Vietnam empfände er als „ungezogen" – wie die, was er eigentlich in der Nazi-Zeit gemacht und getan habe.

Diese Nacht im Wohlstand mit den ebenso aufgeweckten wie aufgewühlten Töchtern, dem steifen Vater und der überwiegend schweigsamen Mutter wurde zur Übungsstunde für das, was mich fortan landauf landab, öffentlich und weniger „artig" erwartete. Meine Frau und ich verabschiedeten uns lange nach Mitternacht von einer nachdenklich gewordenen Familie, die auch uns zu Antworten bewegt hatte, die in uns fortlebten und weiter gedacht werden wollten. Autorität entstehe eben nicht, so Timmchen, durch Ämter und Funktionen wie Minister, Lehrer oder Vater, sondern durch die Inhalte, welche diese formalen Autoritäten vermitteln – und wie sie es tun.

Ich hatte vor allem gelernt, daß schon Zuhören den Beginn einer Unterhaltung bedeuten kann; daß sich so oftmals Lippen und Herzen öffneten; daß Dialog die Offenheit für den anderen voraussetzt. Ich versuchte, diese erste Erfahrung zu beherzigen – oft mit Erfolg. So traf ich nicht nur brüllende junge Menschen mit ihrem Geschrei, sondern kritische Mitbürger mit vielen berechtigten Fragen und persönlichen Problemen. Ich wiederholte oft meinen Satz, daß Demokratie Widerspruch bedeute, alles andere sei als „gepanzerte Ruhe". Mein erster großer Aufsatz fiel mir wieder ein, er handelte vom Widerstandsrecht. 26 Jahre alt war ich, als ich das geschrieben hatte.

Von der „Kultur des Gesprächs" und vom „Rang des Dialogs" wurde viel geredet, aber selten so gehandelt. Viel Zeit und ein gerüttelt Maß an Geduld habe ich darauf verwandt, zunächst verstehen zu lernen, was so viele intelligente junge Menschen in den radikalen Protest trieb. Hinter nachgeplappert erscheinenden ideologischen Phrasen hörte und spürte ich oft Engagement für eine bessere Welt.

Sie sprachen von sozialen Ungerechtigkeiten, von Not in der Welt. Auch von gewalttätiger Polizei und dem alles kontrollierenden Staat, der heuchlerischen Gesellschaft, der sexuellen Verlogenheit, der männlichen Vorherrschaft, vom wieder erwachten „Faschismus". Einige nannten sich „Pazifisten", neigten aber zur Gewalt.

Da ich zu verstehen begann, was da aufbrach – ohne zu billigen, was von dieser oder jener Seite an Maßlosigkeit geschah –, wurde ich fähig zum Gespräch. Auch „Linke" anerkannten das, nutzten das.

Gewiß konnte man an einigen Universitäten „Mief unter Talaren" feststellen – wie auch in den USA, in Frankreich und anderswo. Von daher war ja der deutsche Protest gespeist. Es hatte begonnen, indem Kritiker, oft zu Recht, Behäbigkeit, Spießertum und Heuchelei in unserer Gesellschaft brandmarkten. Aber bald wurden die Slogans laut: „Raus aus der NATO!" und „Schafft viele Vietnams!"

In der „Sowjetischen Literaturzeitung" aus Moskau wurde ich der dortigen Öffentlichkeit in einem „ungeschminkten Portrait" vorgestellt: Ich sei das „Musterstück eines deutschen Nachwuchsrevanchisten", „karrierehungrig" und ein „in den Traditionen des Dritten Reiches aufgewachsener

Antikommunist", der sich „geschickt tarne", aber den Status quo in Europa „untergraben" wolle.

Dieses „Portrait" sei mit einer „kaum noch zu überbietenden Dosis absichtlicher Enthüllungen, Auslassungen und Verdrehungen geschrieben", meinte die „Süddeutsche Zeitung" am 14. Juli 1966. Ähnliches berichtet der Moskauer Korrespondent der „Badische Neueste Nachrichten" vom 13. Juli 1966 und der des „Münchner Merkur" vom gleichen Tag. Im Mai 1966 hatte Ulrike Meinhoff mich in der Zeitschrift „Konkret" angegriffen: Ich sei nicht „begabt", sondern „gefährlich". Meine Forderung nach einem „Deutschland ohne Stacheldraht", mit Freiheit und Menschenrechten, verfälschte sie zum Verlangen nach „Befreiung der DDR" und „der osteuropäischen Länder gleich mit". Das sei „gemeingefährlich", nicht nur „ärgerlich". Ich stünde „auf Kriegsfuß mit Demokratie und Vernunft" und sei imstande, „mein Programm durchzusetzen". Meine Ziele seien „Kriegsziele".

Das Echo radikal Linker bekam ich hautnah und massiv in meinen Versammlungen durch Schreihälse und Eier-Werfer zu spüren. Rempeleien und Prügel, nicht nur mit Worten, habe ich einstecken müssen wegen meiner Haltung zur ausstehenden deutschen Einheit – weil ich sie beharrlich einforderte. Oft zitierte ich gegen aufgehetzte, radikalisierte Störer, die mich niederzuschreien versuchten, Rosa Luxemburg: „Am Geschrei meiner Gegner erkenne ich, daß ich auf dem richtigen Wege bin."

Ich erhielt zunehmend Morddrohungen und Schmähbriefe, folglich auch – von Amts wegen, wie das hieß – verstärkten „Personenschutz". Das Echo auf den Aufruf der Frau Meinhoff mußte ich immer wieder erfahren, als Schreihälse, auch mit Megaphonen und Tomaten, versuchten, mich weder in den Versammlungssaal noch zu Wort kommen zu lassen. Ich empfand den Versuch, mich *mundtot* zu machen – dem angebotenen Gespräch auszuweichen zugunsten gebrüllter Parolen –, als *Gewalt*. Sie suchten die

Diskussion zu verhindern, um zu beklagen, sie fände nicht statt. Was ist eine Demokratie wert, deren Abgeordnete man nicht zu Wort kommen läßt? Ich mußte mich wehren! Die „wehrhafte Demokratie" hatten unsere Verfassungsmütter und -väter uns als Vermächtnis ihrer Weimarer Erfahrung ins Grundgesetz geschrieben.

Dem Frieden wie dem demokratischen Rechtsstaat verpflichtet, wollten, durften und konnten wir nichts hinnehmen, was Rudi Dutschke im Herbst 1967 im Fernsehgespräch mit Günter Gaus erklärte: „Es ist sicher, daß wir Waffen benutzen werden, wenn bundesrepublikanische Truppen in Vietnam oder anderswo kämpfen – daß wir dann *im eigenen Land auch kämpfen* würden." „Natürlich kann geschossen werden", erklärte Ulrike Meinhoff laut „Spiegel" (Nr. 5, /2001).

Ulrike Meinhoff und Andreas Bader suchten nicht den Dialog, sondern Provokation, Kampf und Vernichtung, den *„Wandel von der Reformpolitik zur Systemveränderung"*, so Wolfgang Jäger in Band 5 der „Geschichte der Bundesrepublik Deutschland". Er zitiert Ulrike Meinhoff so: „Wir sagen, der Typ in der Uniform ist ein Schwein, das ist kein Mensch, und so haben wir uns mit ihm auseinanderzusetzen … es ist falsch, überhaupt mit diesen Leuten zu reden, und natürlich kann geschossen werden."

————

Die „Achtundsechziger" haben unsere Gesellschaft, auch unseren Staat – wie viele westliche Länder – verändert. Ausgerechnet zur Zeit der Regierung Brandt schlug der radikale Protest in Deutschland um, wurde aus so manchem Protestierer ein „Sponti", gar ein Revoluzzer oder Terrorist. Viele wollten einen anderen oder gar keinen Staat, träumten von irgendeinem „Sozialismus" und bekämpften die westliche Orientierung unserer parlamentarischen Demokratie.

Sie waren, wie einer von ihnen, Joschka Fischer, im Januar 2001 öffentlich und ehrlich erklärte, keine Demokraten. Wir Demokraten fühlten uns herausgefordert, waren es auch. So bekämpften wir einander. Das rechtfertigte weder Molotow-Cocktails noch andere Formen von Gewalt. Nicht alles, was dabei im Namen unserer Republik geschah, entsprach der gebotenen Verhältnismäßigkeit der Mittel. Viele junge Menschen erlebten repressive, obrigkeitliche Gewalt, bevor sie zu Steinen griffen. Gewiß, den ersten Toten hatte es durch die Polizei gegeben: Benno Ohnesorg, gewiß kein gewalttätiger Revolutionär. Rudi Dutschke wurde von einem Rechtsradikalen fast ermordet. Die Morde durch Linksradikale an Schleyer, Ponto, Buback, Herrhausen, Rohwedder und Zimmermann, um nur diese zu nennen, sowie die Anschläge in Stockholm, auf Lorenz und Thietmaier, erfolgten erst später, in den siebziger Jahren.

Ein „Obrigkeitsstaat", der zum Widerstand zwang, war die Bundesrepublik Deutschland nie. In Mogadischu, auch dort, wehrte sich unser freiheitlicher und sozialer Rechtsstaat. Warum mußte er, und mit ihm alle Demokraten, sich gegen diese brutale Gewalt wehren?

Am 30. April 1968 berichtete Ernst Benda als Bundesminister des Inneren dem Deutschen Bundestag über die innenpolitische Situation nach dem Anschlag auf Dutschke:

„Es gab an fünf Tagen in 27 Städten Demonstrationen. Manche verliefen friedlich, aber in insgesamt zwanzig Fällen waren sie mit Ausschreitungen, Gewaltakten und schwerwiegenden Rechtsverletzungen verbunden. In München wurde der Journalist Frings durch den Steinwurf eines Demonstranten getötet, und es gab ein weiteres Todesopfer. Insgesamt 280 Polizeibeamte erlitten Verletzungen."

Der zweite Vorsitzende des Sozialistischen Deutschen Studentenbundes (SDS), Frank Wolff, äußerte zwar sein Bedauern über den Tod des Journalisten Frings, erklärte aber zugleich, daß man jetzt „auch nicht rührselig werden" dürfe. Horst Mahler – heute auf der äußersten rechten Seite angekommen – erklärte, „daß man von vornherein mit solchen Unglücksfällen gerechnet" habe. Und bei den Frankfurter Demonstrationen am 15. April 1968 wurden folgende Kampfparolen ausgegeben: „Bildet Greifer-Truppen von 12 Mann Stärke, die besonders tatkräftige Polizisten schnappen und zusammenschlagen. Das Anzünden umgestürzter Autos und das Werfen von Molotow-Cocktails ist ab sofort als Notwehr zu betrachten ..."

Die das sagten und so handelten, waren keine „Blumenkinder". So Ernst Benda am 31. Januar 2001 in der „Frankfurter Allgemeinen".

Ich habe diesen Bericht, aus dem Benda hier zitiert, nachgelesen. Ich zitiere nur wenige Sätze aus diesem Text, der ein bleibendes Dokument unserer Demokratie ist:

„Wir haben den Auftrag, ... daß wir Konflikte mit den Mitteln des Rechts und der freien Auseinandersetzung bewältigen ... Jeder Staatsbürger, jede politische und soziale Gruppe ist berechtigt ... wirkliche oder vermeintliche Mißstände anzusprechen. Sie alle sollen und dürfen auf die Änderung der von ihnen für falsch gehaltenen Verhältnisse drängen. Weder die Diskussion noch die kämpferische Auseinandersetzung hierüber verstößt gegen die verfassungsmäßige Ordnung ... Die verfassungsmäßige Ordnung setzt zugleich die freie Auseinandersetzung und die Ordnung voraus ... Dies schließt Gewalt in jeder Form und gegen jedermann aus." (Bundestag, 30. April 1968)

———

Versäumnisse der Union insgesamt traten mit dem Aufkommen der APO und später der Grünen zutage.

Das alles ist vor langer Zeit gewesen. Nun sind sie alle Demokraten. Gut so! Wir sollten das gelten lassen. Wie wir ja auch akzeptieren, daß die früher kommunistischen Führer in Europa sich anders orientieren. Fortdauernder Zweifel bringt die erstrebte europäische Demokratie nicht weiter.

Wir sind stark genug, diesen Wandel wohlwollend aufzunehmen und aufmerksam zu begleiten.

———

Mit Recht konnte Müller-Armack schon 1960 feststellen: „Das ideelle Ergebnis der Sozialen Marktwirtschaft muß über die Erfolgszahlen der Produktion, des Außenhandels und der Einkommen hinaus darin gesehen werden, daß es mit diesem neuen Wirtschaftsstil gelungen ist, die Bundesrepublik Deutschland von der Wirtschaftspolitik her wesentlich zu festigen. Die ist nicht allein ein wirtschaftlicher, sondern – im Rahmen der europäischen Politik – auch ein politischer Erfolg. An der Stelle, die als die bedrohteste gelten konnte, ist ein Staat entstanden, der sich in kurzer Zeit wirtschaftlich zu konsolidieren vermochte. Es hat sich ferner mit dem Ansteigen des Einkommensstandards ... eine starke Demokratisierung des Konsums vollzogen ... Zu erwähnen sind noch die zweifellos in letzter Zeit sich vollziehende Entlastung von der Arbeitsmühe, die Verkürzung der Arbeitszeit, Vorgänge, die im Zusammenhange mit dem steigenden Lebensstandard zu einer wirklich nachhaltigen Entproletarisierung in der Bundesrepublik Deutschland führen."

Es ist noch nicht zu spät, Müller-Armacks „Studien zur Sozialen Marktwirtschaft" von 1960 neu zu lesen und entsprechend zu handeln! Um Geist und Politik ist es in Deutschland nicht gut bestellt. Politik erscheint vielen, auch vor dem Partei-Spenden-Skandal, als Geschäft; wirkt wie Betriebsamkeit. Oft entsteht der Eindruck, der Betrieb betreibe sich selbst, gebe kaum Antwort auf die Fragen warum? und wozu? Der Staat müsse Ziele setzen, forderte einst Ludwig Erhard!

———

Rückschauend auf diese Jahre von Adenauer über Erhard zu Kiesinger, die ich so hautnah erlebte, muß ich, auch selbstkritisch, festhalten: Die Union war über längere Zeit zu sehr mit sich selbst und mit der Frage Adenauer/Erhard beschäftigt. So blieben wichtige Anstöße, die Politik zu erneuern und zu verbessern, weitgehend unbeachtet: Otto Schmidt und Franz Meyers hatten 1960 auf dem Parteitag in Karlsruhe wichtige Anregungen zur Umweltpolitik eingebracht. Es gelang leider nicht, diese Ansätze in den Mittelpunkt der politischen Debatte zu rücken.

Alfred Müller-Armack forderte 1960 in seiner erwähnten Universitätsstudie „Zur zweiten Phase der Sozialen Marktwirtschaft", „daß in der nächsten Phase gesellschaftspolitische Probleme vor die ökonomischen treten werden. Das Eigentum müsse breiter gestreut, dem Mittelstand geholfen, neue Selbständigkeit gefördert, betriebliche Dezentralisation erreicht, der Konzentration entgegengewirkt, die Umwelt geschützt und mehr in geistiges Kapital investiert werden".

Er warnte vor Entwicklungen, die uns seither beschwerten und beschweren: Er sah Unruhe, Gewalt und Einsamkeit aufkommen, mahnte Umweltschutz an und erinnerte an Röpkes „Jenseits von Angebot und Nachfrage". Er fragte auch, wie es komme, daß „die Sicherung der Arbeitsplätze durch die Vollbeschäftigung und der Zuwachs der Produktion in einer kontinuierlich ansteigenden Konjunktur ... nicht die erwartete soziale Befriedigung gezeitigt, sondern geradezu neue Unruhe und Unzufriedenheit wachgerufen" hätten? Ob nicht die Unruhe und Erregbarkeit der öffentlichen Meinung „in tieferen Schichten des Bewußtseins" wurzele und einen Hinweis gebe „auf jene Fragen einer freien Gesellschaft, die noch ungelöst sind".

Müller-Armack empfahl dringend eine umfassende, neuartige Gesellschaftspolitik; drängte, „die Gesamtheit der Umwelt" zu sehen. „Ausbildung, Aufstiegschancen, Wertstabilität und Konjunktur, die Beteiligung des einzelnen an der betrieblichen Verantwortung, die Prägung seiner räumlichen und sozialen Umwelt, öffentliche Leistungen in den verschiedenen Erscheinungsformen – all dies gehöre zusammen." – So faßt Arnulf Baring diese Studie in seinem Buch „Machtwechsel"zusammen. Er berichtet: „Rainer Barzel, auch der alte Konrad Adenauer, gehörten zu den ganz, ganz wenigen in der Union, die spürten, daß Neues in der Luft lag. ... Der Pragmatismus der bisherigen Politik reiche nicht aus!"

Für mich ist kein Zweifel an dieser Feststellung erlaubt: Hätte die Union ernsthaft aufgenommen, was Müller-Armack und auch ich aufgeschrieben hatten, weder die APO noch die Grünen hätten ihr Gewicht bekommen. Wer auf Müller-Armack Bezug nimmt und sich zur Sozialen Marktwirtschaft bekennt, der muß die Studie über „Die zweite Phase der Sozialen Marktwirtschaft" einbeziehen. Müller-Armack besuchte mich oft und drängte darauf, ihn für „Soziale Marktwirtschaft" nur in Anspruch zu nehmen, wenn dabei seine „zweite Phase" eingeschlossen sei.

———

Kurt Georg Kiesinger hätte mich lieber in seinem Kabinett als an der Spitze der Fraktion gesehen! Bruno Heck war dafür sein Favorit. Aber es fehlte beiden an Mut und Kraft, diese Änderung herbeizuführen – und mir am Willen, den Vorsitz abzugeben.

Bald anerkannte Kiesinger meine Arbeit. „Wenn Sie die Notstandsgesetze durchbekommen, mein Lieber, lade ich Sie zu Austern ein." „Aber doch nicht im Sommer, Herr Bundeskanzler!" antwortete ich spontan. Gewiß, diese Antwort war ungeziemend. Aber die gönnerhafte Attitüde des Bundeskanzlers, mir Austern – „Austern vom Chef" – zu versprechen, hatte mich doch empört.

Kiesinger hat, wie Willy Brandt, wenig getan, um das wichtigste Gesetzeswerk der Großen Koalition, die Notstandsverfassung, zu gestalten und zustande zu bringen. In unermüdlicher, vertrauensvoller Kleinarbeit kam es durch die Arbeit mit Helmut Schmidt zustande. Diese Gesetze beendeten die Vorbehaltsrechte der Alliierten! Ohne sie hätten die Siegermächte jederzeit die deutsche Politik wieder ganz in ihre Hände nehmen können!

Es gelang Kiesinger, die deutsch-französischen Beziehungen zu verbessern und unser Verhältnis zu den USA zu stärken. Er setzte die Politik der Friedensnote Ludwig Erhards fort und bot Gewaltverzichtsverträge an. Die Sowjetunion brach am 3. Juli 1968 diesen Notenwechsel brüsk ab: Es genüge nicht, daß die Bundesrepublik Deutschland auf Gewalt verzichte; ihre Politik sei aggressiv und revisionistisch, also müsse sie auf diese Politik verzichten.

Nach intensiven Beratungen mit Wehner, Brandt, Stücklen und mir schrieb Kiesinger, wie schon erwähnt, am 13. Juni 1967 einen Brief an den „Vorsitzenden des Ministerrates der DDR, Herrn Stoph" und schlug für politische Gespräche seinen Staatssekretär Karl Carstens vor. Auch diese neue (!) Initiative wurde von der DDR abgelehnt.

Die SPD hatte längst, auch über italienische Kommunisten in Rom, eigene Sondierungen hinter dem Rücken des Kanzlers begonnen. Die kommunistische Illustrierte „Vie Nuovo" vom 25. Oktober 1970 offenbart eingehend und präzise diese Beziehungen, beginnend im April 1967 und weitergeführt bis 1969. In Moskau entstanden Hoffnungen auf eine künftig andere Politik in Bonn durch eine andere Regierung. Die Moskauer mischten sich ein und suchten diesen Wechsel zu fördern. Die nächste deutsche Bundesregierung werde in Moskau gezeugt – so tuschelte es durch die Salons in Europa. Deutsche Sozial- und Freie Demokraten wurden nach Moskau eingeladen und dort mit betonter Freundlichkeit empfangen.

Was Walter Scheel und seine FDP betrifft, so ist festzuhalten, daß er von sich aus – auch nach, wie er meinte, schlechten Erfahrungen mit den Koalitionspartnern CDU/CSU – das Bündnis mit Brandt schon längst anstrebte. Am 12. Februar 1969 hatte mich Scheel zum Mittagessen im „Adler" in Bad Godesberg eingeladen und mir eröffnet: Er strebe eine Bundesregierung mit der SPD unter Willy Brandt an, und diese solle und werde eine andere Deutschland- und Ostpolitik betreiben. Das wolle er mir in unserer besonderen Verbundenheit und gemeinsamen Verantwortung vertraulich sagen.

General Gehlen behielt recht. Meine bewährte Sekretärin Hanneliese Kress, die schon bei der Landesvertretung von Nordrhein-Westfalen und im Bundesministerium für Gesamtdeutsche Fragen mit mir gearbeitet hatte, geriet in Bedrängnis: Ich zitiere aus einem Dokument des Generalbundesanwalts vom 16. September 1992: „Im Jahre 1968 ging der Agent Wolfgang Hammer, geführt durch Abteilung II der HVA, ein Liebesverhältnis mit Johanna Kress ein, Sekretärin von Dr. Barzel, heiratete sie 1969 unter seinem Decknamen ‚Rudolf Reggentin‘ und schöpfte sie bis in das Jahr 1977 – ohne seinen nachrichtendienstlichen Hintergrund zu offenbaren – über ihre Kenntnisse bei Dr. Barzel ab ... Johanna Kress befand sich in dem gegen sie geführten Ermittlungsverfahren im Jahr 1977 sechs Monte in Untersuchungshaft.“

Später wurde nach diesem Dokument des Generalbundesanwalts auch bekannt, daß im Jahre 1972 der Staatssicherheitsdienst der DDR den Schriftsteller Horst Bastian beauftragt hatte, eine „Schmäh-Schrift" gegen mich zu verfassen. Die DDR-Agenten Fischer und Brode wurden angewiesen, diese „Schmähschrift" anhand einer vorgegebenen Adressenliste durch Einwurf in Hausbriefkästen in verschiedenen Städten der Bundesrepublik zu verbreiten.

Diese „Schmähschrift" wurde als „Taschenbuch" mit dem Titel „Markus – die ganze Wahrheit" vom Staatssicherheitsdienst der DDR, Abteilung 35, Druck- und Satztechnik, in Form eines Ullstein Taschenbuchs produziert und in einer Auflage von 1000 Stück als „Barzel-Biographie" im Westen Deutschlands verteilt. Diese Information teilte mir mit

Schreiben vom 29. Mai 1993 der „Bundesbeauftragte für die Unterlagen des Staatssicherheitsdienstes der ehemaligen Deutschen Demokratischen Republik" mit und fragte bei mir schriftlich an, ob ich ihm bei der „Rekonstruktion des konspirativen Netzes im literarischen Bereich" durch ein Exemplar dieser Schrift oder Mitteilungen zu diesem „Werk" helfen könne. Denn: „Ihre Auskunft ist insofern wichtig, da die HVA (Hauptabteilung Aufklärung) dank des „guten Menschen aus Dresden, Herrn Modrow, alle ihre Unterlagen vernichten konnte".

Nach diesem Pamphlet, das ich nicht besitze, aus dem aber das Schreiben des Bundesbeauftragten zitierte, sei ich „bisexuell", mein politischer Werdegang habe „über Leichen geführt"; das Machwerk habe „an Rainer Barzel kein gutes Haar" gelassen. Markus Wolf soll „persönlich sein o. k. für die Aktion Gürtellinie" gegeben haben.

Aus der Anklageschrift des Generalbundesanwalts vom 16. September 1992 gegen Markus Wolf, Chef der HVA, ergibt sich der amtliche Auftrag der Stasi, sich in die Bundesrepublik Deutschland politisch einzumischen, „insbesondere hinsichtlich der Entwicklung von Führungspersönlichkeiten". In diesem Dokument ist auch über Stimmenkauf, Ausspähung und den Fall Kress/Reggentin einiges zu lesen.

Nach der Wiedervereinigung bat ich die Bundesregierung um amtliche Auskunft zu den Aktivitäten der DDR gegen mich. Ein Besuch von Joachim Gauck, des Bundesbeauftragten für die Stasi-Unterlagen, bei mir in Bonn wurde verabredet. Ich räumte meinen Schreibtisch auf und schuf Platz auf unserem Küchentisch, um die vielen Papiere, die ich erwartete, aufnehmen zu können. Ich war neugierig, lesen zu können, was die Stasi der DDR aktenkundig über mich bereithielt, fragte mich, ob ich mich wohl in den Protokollen der abgehörten Telefongespräche wiedererkennen könne. Gauck sagte kurzfristig ab, ließ mir aber durch Boten einen (nur diesen!) Bericht der Stasi über einen Besuch zur Messe in der Ost-Berliner St.-Hedwigs-Kirche zukommen. Daraus ergab sich nur, daß meine Frau offensichtlich nicht katholisch sei und ich ihr mein Portemonnaie gegeben hätte, als ein Kirchendiener mit dem Klingelbeutel zu uns gekommen sei: Das! Sonst nichts!

Am 26. August 2000 schrieb mir ein Herr Lothar Cerny aus Gera: Er habe in der DDR erhebliche Schikanen und berufliche Beeinträchtigungen hinnehmen müssen, weil er 1972 in einer privaten Unterhaltung „ganz nebenbei" gesagt habe, er sei dafür, „daß am besten Barzel Bundeskanzler werden soll". Er fügte Belege bei.

Gegen Brandt

Früh erkannte Willy Brandt die erkennbare offene Schwach-
stelle der Union – den anwachsenden Gegensatz von Geist
und Macht, die Vernachlässigung von Bildung, Umwelt und
demokratischer Direktheit, zumindest in der öffentlichen
Wahrnehmung. Er stieß zu; nutzte dazu seine emotionalen
Möglichkeiten, auch seinen Lebenslauf. Einige lächelten,
weil sie nicht begriffen, welchen Horizont und welche
Sehnsüchte nach Immateriellem Brandt aufriß mit seinem
Satz: „Der Himmel über der Ruhr muß wieder blau werden!" Natürlich wußte er, daß die Kumpels an der Ruhr zuerst andere Sorgen hatten; auch, was alles dagegenstand,
dieses Ziel zu erreichen. Aber er spürte, mit diesem Ausruf
einen Aufruf zu wagen und so ein politisches Feld zu er-
obern und zu besetzen, das die Union hatte brachliegen
lassen. Ähnlich verhielt es sich, als er „Compassion" (Mit-
leid) in die politische Diskussion einbrachte. Die Union aber
hatte begonnen, ihr „C" zu verstecken.

In Deutschland tummelte sich zunehmend – vor allem
nach der Ermordung Benno Ohnesorgs und dem Attentat
auf Rudi Dutschke – eine kraftvolle „Außerparlamentarische Opposition". Sie agierte auch gegen unsere Notstandsgesetze und die USA (wegen des Krieges in Vietnam). Dieser
jugendliche Protest der „68er", der mit berechtigten Be-
schwerden gegen Verkrustungen auch in einigen Universitäten begonnen hatte, reichte breiter und tiefer als nur in die
„APO". Auch Sozialdemokraten, Liberale und Christliche
Demokraten beachteten dieses Aufbegehren mit Sympathie. Dazu kam die unschlagbare Parole gegen uns: „Zwanzig Jahre sind genug!"

Willy Brandt gewann die Bundestagswahl, Kiesinger wur-
de abgewählt. Eine erste Hochrechnung des Fernsehens am
Wahlabend, 28. September 1969, erwartete die absolute
Mehrheit für die Union. Das Ergebnis sah anders aus: Uns

fehlten zusammen mit der FDP 7 Sitze zur Mehrheit. Das Ergebnis: CDU/CSU 46,1 Prozent, SPD 42,7 Prozent, FDP 5,8 Prozent, NPD 4,3 Prozent. Im Deutschen Bundestag ergab das eine Mehrheit für die sozial-liberale Koalition aus SPD und FDP: 224+30 = 254 gegen 242 Mandate der Union. Kiesinger wollte diese Lage nicht wahrhaben und bot mir am Tage nach der Wahl an, sein Außenminister zu werden. Ich lehnte ab und hielt ihm entgegen, er werde die nächste Bundesregierung weder bilden noch führen. Hans-Dietrich Genscher, Geschäftsführer der FDP-Fraktion, hatte mir durch Will Rasner sagen lassen: „Der Zug fährt schon in die andere Richtung."

Bruno Heck und Kurt Georg Kiesinger legten ein anderes Problem sperrig auf den Weg. Sie intervenierten bei mir: Bundeskanzler a. D. Kiesinger sei unser „erster Mann", deshalb müsse er die Fraktion führen und die Opposition; ich aber solle die Arbeit machen. Ich setzte die Wahl zum Fraktionsvorsitzenden an und bestand darauf, als Oppositionsführer die erste Rede gegen die Regierungserklärung Willy Brandts zu halten. Das setzte sich durch, und ich wurde mit 199 von 221 abgegebenen gültigen Stimmen erneut zum Fraktionsvorsitzenden gewählt.

Am 29. Oktober 1969 antwortete ich auf den Kanzler als erster Redner der Union. Diese Bundestagsrede machte nicht nur klar, wer die Opposition anführte. Sie markiert auch inhaltlich einen politischen Punkt, der für mich sehr wichtig ist. Ich erklärte damals: „Bei Freizügigkeit, bei europäischem Volksgruppenrecht, bei Abbau aller Diskriminierungen nach Herkunft, Stand, Religion und Meinung überall in Europa erschienen Grenzfragen in einem anderen Licht."

Ich schlug Brandt vor, allen Ländern Europas den Entwurf einer Charta der Freizügigkeit, des Volksgruppenrechtes und der Nichtdiskriminierung vorzulegen. „Grenzfragen werden nur lösbar, wenn Grenzen offener, Freizügigkeit besser und Minderheiten geschützt werden." Das spielte in einer späteren Debatte, am 25. Februar 1970, in aller Leidenschaft noch mal eine Rolle. Herbert Wehner verstieg sich, mir „Blödsinn" zuzurufen. Dabei gelang es uns, der Opposition (!), – wir hatten gute Freunde im Westen –, daß in das Kommuniqué der NATO-Tagung in Rom vom 27. Mai 1970 diese Passage aufgenommen wurde: „Zu den zu erkundenden Themen, die die Sicherheit und Zusammenarbeit in Europa berühren, gehören insbesondere: ... Freizügigkeit für Menschen, Ideen und Informationen." Die NATO hat diese Freizügigkeitspolitik sich zu eigen gemacht und sie mit Geschick und Geduld bis in die Schlußakte der Konferenz von Helsinki (1975) gebracht.

———

Mit fast jugendlichem Elan und unbeirrbar entschlossen übernahm der sonst eher behutsam-zögerliche Willy Brandt die Führung. Noch in der Wahlnacht nahm er das Steuer in die Hand! Die ihn damals erlebten, berichten, er habe sie „mitgerissen". Ähnliches ging damals von Walter Scheel aus. Er habe wie ein „Überzeugungstäter" gewirkt, war zu hören.

Zu uns drangen Worte wie „historische Zäsur", „Machtwechsel", „Einschnitt in die deutsche Geschichte". Emotionen erfüllten das Bundeshaus, Visionen und hohe Erwartungen viele Gazetten. Diese Woge, die vor allem Brandt selbst erzeugt hatte, wußte er zu nutzen: Er ritt, wenn das Bild erlaubt ist, auf seiner eigenen Welle.

Seine erste Regierungserklärung galt als Koalitionsabrede. Sie war es wohl auch. Sie verkündete die Bereitschaft zu einem ganz neuen Anfang: Wir fangen jetzt erst richtig an! Jetzt geht es mit der Demokratie erst richtig los!

Wir horchten kritisch auf: Hatte Brandt doch im Mai 1969 in der „Neuen Gesellschaft" geschrieben: „Für die CDU/CSU bedeutet Demokratie eine Organisationsform des Staates. Für die SPD bedeutet Demokratie ein Prinzip, das alles gesellschaftliche Sein der Menschen beeinflussen und durchdringen muß."

Das riß fundamental Gräben auf! „Demokratisierung aller Lebensbereiche" – was sollte das bedeuten? Für die Familie, für den Betrieb, für die Wissenschaft, für die Presse? Der neue Kanzler betonte diesen Satz: „Ich verstehe mich als Kanzler nicht eines besiegten, sondern des befreiten Deutschland." Das stempelte den Regierungswechsel mit dem „Pathos des Neuanfangs", zudem wirkte Brandt auch durch ein „brillantes Sprechwerk". Manche meinten, daß der „Notgründung" der Bundesrepublik Deutschland nun – in einer „zweiten Stunde Null" – die „Neugründung" gefolgt sei.

––––––––

Dieser Satz von der Befreiung beschwerte so manchen aus der Kriegsgeneration: Sie waren als Kriegsgefangene von einem Kommando unter das andere geraten, wurden als Gefangene gehalten und blieben befreit von ihrer Freiheit – wie Vertriebene von ihrer Heimat und ihrem Besitz.

Theodor Heuss hatte davon gesprochen, Deutschland sei sowohl besiegt als auch befreit worden. Willy Brandts Satz gab sein persönliches Erleben, auch seine politische Einschätzung, wieder. Ich hatte für mich mit diesem Satz kaum Probleme – auch dank meines gütigeren Schicksals. Die meisten in Deutschland stimmten zu, weil des Kanzlers Satz ihrem geänderten Lebensgefühl entsprach. Dieses war nicht mehr vom verlorenen Krieg, sondern von der lebenden Demokratie bestimmt. Insofern setzte Brandt einen Markstein.

Ich freute und freue mich über Frieden und Freiheit, und zugleich trauere ich um meine gefallenen Kameraden, um meine verlorene Heimat, auch um meine betrogene Jugend.

Wer Deutschland politisch führen will, darf und kann sich nicht aussuchen, was ihm an unserer Geschichte paßt und gefällt. Der muß alle Schicksale mitzählen und mittragen, die unser Volk erlitt oder herbeiführte – auch die, welche er nicht verantwortet. Als – später – Helmut Kohl in Israel für sich von der „Gnade der späten Geburt" sprach, ließ er alle die allein, denen diese „Gnade" nicht zuteil geworden war. Die Summe, die unser ganzes Volk aus unserer Geschichte gezogen hat, lautet: Nie wieder Krieg! Nie wieder Diktatur! Das bleibt als Vermächtnis des Schreckens und der Schande.

Zu diesem Vermächtnis gehört auch die Erkenntnis, daß Demokratie nur bleibt, wo sie von wehrhaften Demokraten gestaltet wird. Nie dürfen wir vergessen, was Hitler so aufgeschrieben hat: „Nicht durch Dolch und Gift oder Pistole kann der Bewegung die Bahn freigemacht werden, sondern durch die Eroberung der Straße. Wir haben beizubringen, daß der künftige Herr der Straße der Nationalsozialismus ist, genauso, wie er einst Herr des Staates sein wird." („Mein Kampf", München 1940, Seite 608) Diese Maxime Hitlers kommt mir immer wieder in den Sinn, wenn ich im Fernsehen rechts-radikale Aufmärsche sehe.

Der geniale Franz Böhm, Schwiegersohn der großen Schriftstellerin Ricarda Huch, hat nicht nur den politischen und wirtschaftlichen „Wettbewerb als das genialste Kontroll-Instrument der Geschichte" bezeichnet, sondern auch seine Lebenserfahrung in diesem Satz auf den Punkt gebracht: „Nicht die Atombombe ist die Gefahr, sondern diese Waffe in der Hand der Diktatur."

Jedenfalls führte dieser Satz Willy Brandts für viele dazu, neu nachzudenken über unsere Geschichte. Ich las damals Wolfgang Borcherts Werk „Draußen vor der Tür" und Thornton Wilders „Wir sind noch einmal davongekommen". Die schreckliche Tatsache wurde vielen wieder bewußt, daß der Zweite Weltkrieg 55,3 Millionen Menschen das Leben gekostet, daß Hitler ihn vom Zaun gebrochen hatte und auch Deutsche von ihm benutzt, mißbraucht und geschädigt worden waren, denn er hat auch Deutschland und den Deutschen Gewalt angetan.

Bald schüttete Brandt selbst Wasser in den Wein, indem er – statt die angekündigten großen Reformen anzugehen – ganz hausbacken die Kriegsopferrenten und die Besoldung im öffentlichen Dienst verbesserte, wie Kindergeld und vermögenswirksame Leistungen.

Ich kritisierte die Anmaßung des Satzes, daß „erst jetzt" Demokratie „richtig" beginne wie die Politik, „erst mal einen auszugeben, statt die notwendigen Anstrengungen zu fordern".

Der Kanzler richtete in allen Ministerien neue „Planungsbeauftragte" ein und stockte das Personal des Bundeskanzleramtes von 250 auf 400 Mitarbeiter auf. Ich orakelte: „Diese Politik, die sich zu Beginn so billig macht, wird uns am Schluß allen zu teuer kommen."

Während die siegreiche sozial-liberale Koalition sich fühlte und gerierte wie der Mann, der vor Kraft kaum laufen kann, boten wir das Bild einer versprengten Truppe, die gezwungen ist, auf dem Rückzug auch noch durchs Jammertal zu stolpern. Vielen klang Adenauers Warnung nach, die Union „tauge nicht" zur Opposition. Zu allem Überfluß verdüsterte Kiesinger auch künftige koalitionspolitische Horizonte: Er wolle die FDP aus den Landtagen „herauskatapultieren". Das vergiftete die Atmosphäre.

Bald kam es in der SPD zu Turbulenzen. Hans-Jochen Vogel, der in München mit Traumergebnissen gewählte Oberbürgermeister, nahm den Kampf mit den Linksaußen in der SPD auf. Er kritisierte öffentlich „eine kleine Gruppe pseudo-revolutionärer Scharfmacher". Diese bemühe sich, „die Partei in die Hand zu bekommen". Karl Schiller mahnte die „Genossen", doch bitte „die Tassen im Schrank zu lassen", dagegen forderte Jochen Steffen aus Schleswig-Holstein, die SPD solle die „Grenzen der Belastbarkeit" der deutschen Wirtschaft und Gesellschaft erproben.

Schon bald klafften im Bundeshaushalt Lücken, die viele Vorgaben der mittelfristigen Finanzplanung zu Fragezeichen machten. Das konnte nicht gutgehen – und es ging auch nicht gut. Im Mai 1971 trat der weithin hochgeachtete Bundesfinanzminister Alex Möller wegen der Finanzpolitik der Bundesregierung zurück. Brandts Kanzlerschaft scheiterte offiziell an dem DDR-Spion Guillaume am 6. Mai 1974. In Wahrheit hat er die Innenpolitik nie in den Griff bekommen. Das Hamburger Wahlergebnis vom 3. März 1974 läutete das Ende seiner Amtszeit ein. Es war eine Erdrutsch-Niederlage: Nach dem Minus der Wahl vier Jahre zuvor von 4 Prozent verlor die SPD nochmals 10,4 Prozent. In Hamburg!

Wehner hat Brandt gestürzt – nicht weil, wie er sagte, der Kanzler „gerne lau bade", sondern weil er diesem Kanzler weder die Führung einer erfolgreichen Bundesregierung noch einen neuen Wahlsieg zutraute.

———

Inzwischen haben wir uns an die Demokratie in Deutschland gewöhnt: Wer also kann noch nachvollziehen, was der Wechsel von Adenauer zu Erhard von Kiesinger zu Brandt, für unsere junge Demokratie und für das Urteil im Ausland über das demokratische Deutschland wog, auch für uns bedeutete? Und die gute Meinung über uns im Ausland war die Voraussetzung für jede Hoffnung auf Wiedervereinigung.

Wir fühlten uns immer noch mit der bangen Frage zur Demokratie hin unterwegs: Werden wir es diesmal, anders als im Weimarer Demokratieversuch aus Berlin, schaffen? Der Wechsel von Kiesinger zu Brandt nach zwanzigjähriger Regierung durch die Union (!) – der Wechsel von „rechts" nach „links", von „christlich" zu „sozialistisch" und wie die Aufkleber alle hießen, die drinnen wie draußen (Schablonen zwar) angeklebt wurden –, dieser Wechsel wurde von sehr vielen als fundamental empfunden.

Es war eine Zeit des Umbruchs, des neuen Anfangs. Wie anders würde alles werden? wurde gefragt; mit Bedacht gefragt. Besonders, als der neue Bundeskanzler Willy Brandt in seiner Regierungserklärung betonte: Jetzt wolle er mehr Demokratie wagen, jetzt fange die Demokratie erst richtig an.

Im Bewußtsein vieler überlagerte das Erlebnis dieses Wechsels die nüchterne und normale Feststellung, daß – parlamentarisch und pragmatisch betrachtet – der Außenminister zum Bundeskanzler avancierte; daß die Partner-Partei tonangebend wurde. Aber: Was war aus der Sicht der Geschichte an Deutschland schon politisch „normal"? Die Gefühlslage damals war nicht so „normal". *Das war der Wechsel,* herbeigeführt auch von den 68ern! Kommt da die (befürchtete) „andere" Republik? Das war nun *die* Frage.

Meine Weggefährten von damals können nicht mehr bestätigen, was sie erlebten: Einen Kollegen, Kameraden, Freund, den es umtrieb, diesen Wechsel als möglichst „normal" erscheinen und verarbeiten zu lassen, ohne Siegesgeheul der Gewinner wie ohne Verkrampfung der Verlierer: *Parlamentarischer Wechsel als Ausweis der gewonnenen und gesicherten Demokratie!*

Meine maßvollen öffentlichen Einlassungen zu diesem Wechsel wurden beachtet. Kein Wunder: Ich war ja längst durch Walter Scheel auf diese Entwicklung vorbereitet. Bei allem Wechsel: Der parlamentarische Führer der Union war derselbe wie vor dieser „Wende". Ich suchte, auch als Person, Mitte und Stabilität zu beweisen. Jedenfalls hatte die Wahlkampf-Parole der Union „Auf den Kanzler kommt es an!" nicht den erhofften und erwünschten Erfolg. Nach 20 Jahren an der Regierung fanden wir uns – unvorbereitet und ungewollt – in der Opposition wieder. Viele schmollend.

———

Zum besseren Verständnis ist es nötig, zeitlich etwas zurückzublättern: Die Wahl des Bundespräsidenten in der Berliner Ostpreußen-Halle am 5. März 1969 zeigte, daß Veränderungen anstanden. Mit 512 Stimmen wurde Gustav

Heinemann (SPD) im nötigen dritten Wahlgang mit einfacher Mehrheit gewählt. Unser Kandidat Gerhard Schröder konnte 506 Stimmen auf sich vereinigen. Viele von uns, auch Gerhard Schröder, hatten auf die Entscheidung der FDP für Schröder gehofft. Diese aber setzte das Signal auf sozialliberal – um den Preis der Verhinderung des Mehrheitswahlrechtes. Wieder spielte sie eine Rolle als Zünglein an der Waage. Mich persönlich überraschte das nicht, hatte mir doch – wie schon berichtet – Walter Scheel vorher seine Absicht, sich der SPD zu öffnen und mit ihr zu koalieren, offenbart. So rückte die weit rechts stehende, ja rechtsradikale NPD mit ihren 22 Stimmen in der Bundesversammlung mehr ins Blickfeld der Überlegungen.

Wir hatten erhebliche interne Schwierigkeiten mit dieser Präsidentenwahl. Kiesinger hatte Gebhard Müller ins Kandidatenspiel gebracht, den früheren Ministerpräsidenten im Südwesten und Präsidenten des Bundesverfassungsgerichts. Andere verwiesen wie ich auf den Präsidenten des Evangelischen Kirchentages, Richard von Weizsäcker. In einer internen Probeabstimmung unterlag dieser gegen Gerhard Schröder.

Unsere Mehrheit genügte nicht, unseren Kandidaten durchzusetzen. Wir rechneten uns 482 CDU/CSU-Stimmen in der Bundesversammlung aus. Die notwendige Mehrheit für den ersten Wahlgang betrug: 518. Die anderen Parteien stellten 449 (SPD), 83 (FDP), 22 (NPD) Wahlmänner oder -frauen.

Was würde die FDP, was die NPD machen? Im Fraktionsvorstand gab es eine hitzige Debatte über die Frage, ob wir die Stimmen der Rechtsradikalen überhaupt, falls sie kämen, annehmen dürften. Ich war dagegen, kämpfte nur verhalten, da ich der anderen Mehrheit gewiß war. Die Mehrheit im Fraktionsvorstand ließ die Frage offen (war mithin bereit, Gerhard Schröder auch mit solchen Stimmen zur Mehrheit zu verhelfen). Walter Scheel, persönlich Gerhard Schröder sehr verbunden, stimmte die FDP auf Heinemann ein. So signalisierte die FDP das, was Arnulf Baring den „Machtwechsel" nannte und nennt: Das Zusammengehen von Sozialdemokraten und Liberalen.

Die Sowjetunion protestierte gegen die Wahl in Berlin, drohte auch aus der Luft. Die „APO" demonstrierte gegen die Bundesversammlung in Berlin.

Vom 1. Juni 1969 bis zum 30. Juni 1974 wirkte Gustav Heinemann als Bundespräsident. Es entwickelte sich auch zu uns ein gutes Arbeitsverhältnis. Olaf von Wrangel trug wesentlich dazu bei. Ich habe mich bei Gustav Heinemann anläßlich meines Abschiedsbesuchs nach meinem Rücktritt im Mai 1973 ausdrücklich für „gute Zusammenarbeit" bedankt.

Aus den geschilderten Gründen gewann Willy Brandt die Bundestagswahl 1969, wurde Kiesinger abgewählt. Der sozialliberalen Regierungsmehrheit von 254 Sitzen stand die CDU/CSU mit 240 Mandaten als Opposition gegenüber.

Bei meiner Antwort auf die Regierungserklärung des neuen Bundeskanzlers am 29. Oktober 1969 sagte ich:

„Für uns ist Fortschritt, wo Menschenrechte und ihre gesellschaftliche Basis mehr zur Alltagswirklichkeit werden. Im Interesse unseres ganzen Volkes wünschen wir Ihnen Erfolg und eine glückliche Hand.

Erlauben Sie mir ein persönliches Wort. Sie haben zwar, Herr Kollege Brandt, zum Bundeskanzler der Bundesrepublik Deutschland gewählt, nun mehr Sorgen als andere. Zugleich beginnen Sie in einer Zeit besonderer Möglichkeiten und in einer Lage, die Ihnen den Kopf völlig frei läßt für diese neuen Möglichkeiten. Der Schutt der Nachkriegsjahre ist weggeräumt. Die Hektik des Wiederaufbaus ist vorbei. Sie treten Ihr Amt an bei Vollbeschäftigung, stabilem Geld und wohlgeordneten Finanzen.

Sie finden auf den Gebieten der Bildungspolitik, der Finanz- und der Wirtschaftspolitik bessere Kompetenzen und ein gerade geschaffenes modernes Instrumentarium vor. Dazu treten die neuen Möglichkeiten des Arbeitsförderungs- und des Berufsausbildungsgesetzes sowie die anderen Reformwerke der Großen Koalition.

Außenpolitisch bleibt festzuhalten: Frankreich setzt seine Akzente der Europapolitik näher zu den unseren. Polen zeigt Gesprächsbereitschaft. Die Sowjetunion denkt, so scheint es, neu nach über Mitteleuropa. Die Verantwortlichen in Ost-Berlin beginnen sich von starren Formeln zu lösen. Das weltpolitische Gespräch der beiden Großmächte wendet sich den Raketenproblemen zu und nimmt damit zugleich – endlich – auch politische Spannungsursachen als Thema auf. Seit Bestehen der Bundesrepublik Deutschland stand kein Bundeskanzler bei seinem Amtsantritt in einer vergleichbaren Situation.

Wir werden sehen, Herr Bundeskanzler, wie Sie von diesem soliden Fundament aus ‚den Nutzen des deutschen Volkes mehren'. Wir sind bereit, Ihnen dabei zu helfen.

Unsere Politik umgreift auch die Pflicht, ‚Schaden vom deutschen Volk zu wenden'.

Es hätte Ihnen und uns allen besser angestanden, nicht einen fröhlichen Einstand zu geben, sondern die Anstrengungen zu fordern, die unser Land machen muß, wenn es modern bleiben will.

Wir fragen Sie, auf welche Lagebeurteilung, auf welche Finanzplanung, auf welche Konjunkturverläufe Sie, Herr Bundeskanzler, diese Politik, erst einmal einen auszugeben, gründen wollen.

Das Wort ‚Wiedervereinigung' kommt in der Regierungserklärung nicht vor. Trotzdem gilt das Urteil des Bundesverfassungsgerichts vom 17. August 1956 mit dem Wiedervereinigungsgebot und mit diesen Sätzen, die ich zitiere:

‚Nach der negativen Seite hin bedeutet das Wiedervereinigungsgebot, daß die staatlichen Organe alle Maßnahmen zu unterlassen haben, die die Wiedervereinigung rechtlich hindern oder faktisch unmöglich machen. Das führt aber zu der Folgerung, daß die Maßnahmen der politischen Organe verfassungsrechtlich auch darauf geprüft werden können, ob sie mit dem Wiedervereinigungsgebot vereinbar sind."" Ein Oppositionsführer macht noch keine Opposition! Ich gab mir viel Mühe, auch personell eine erstklassige Oppositionsführung ins Leben zu rufen. Ich nutzte zum Nachdenken und Notieren auch die Distanz einer Nacht in London, wo ich zu tun hatte. Es müsse gelingen, so mein Tagebuch, nicht alte Flaschen mit alten Korken ins Regal zu stellen, also nicht einfach bewährte Bundesminister nun in der Führung der Opposition zu etablieren. Neuer Wein in neue Schläuche!

Der schwierigste Punkt war Gerhard Schröder – ein bewährter Innen-, Außen- und Verteidigungsminister. Ich bemühte mich, den Vorsitz des Auswärtigen Ausschusses für uns zu bekommen – wir suchten den Konsens mit allen Fraktionen in diesen wichtigen Personalfragen des Parlaments –, um Schröder dort zu plazieren. Das gelang und gab ein Zeichen an andere, sich auch zu bescheiden und einzufügen.

So konnte ich als stellvertretende Vorsitzende Hans Katzer für Arbeit und Soziales, Gerhard Stoltenberg für Wirtschafts- und Finanzpolitik und Ernst Benda für Innen- und Rechtspolitik gewinnen. Richard Stücklen wurde erneut Vorsitzender der CSU-Landesgruppe und damit mein sehr bewährter erster Stellvertreter. Auch Manfred Wörner war mit von der Partie. Parlamentarische Geschäftsführer wurden Will Rasner, Olaf von Wrangel und Heinrich Köppler. Die Opposition begann sich Respekt und Gehör zu verschaffen.

Gerhard Stoltenberg nannte am 21. Juni 1999 die „damalige Arbeit eine der erfreulichsten Erfahrungen meines politischen Lebens". „Wir waren ein Team", betonte er, „das gut zusammenarbeitete und mit Rainer Barzel einen kompetenten, engagierten und anerkannten Teamführer hatte".

Das ist heute, Gott sei Dank, leichter gesagt, als es damals getan werden konnte! Die zwanzigjährige Regierungszeit steckte uns allen in den Knochen. Ich richtete einen Planungsstab unter Führung von Ministerialdirektor Dr. Frank ein und gewann erstklassige Mitarbeiter für die Fraktion. Natürlich konnte ich nicht alle personellen Wünsche erfüllen. Ich suchte den unbefriedigten Rest zu erkennen und zu „lokalisieren", um künftige Explosionen möglichst zu vermeiden. Denn: Keiner geht in die Politik ohne Ehrgeiz.

———

Ein anderer Streit hatte rechtzeitig vor der Bundestagswahl 1969 dafür gesorgt, daß die beiden großen Parteien wieder heftig aneinandergerieten: Es ging um die Aufwertung der DM. Schiller und Strauß führten die Debatte, nicht mehr als „Plüsch" und „Plum", sondern als ernsthafte Streiter. Beide Seiten gingen mit diesem Streit, den Schiller bei den Wählerinnen und Wählern gewann, in den Bundestagswahlkampf 1969.

Der Vorrat der verabredeten Gemeinsamkeiten ging auch für die Große Koalition bald zur Neige. Es kam zu heftigen internen Debatten, auch über Ost- und Deutschlandpolitik. Kiesinger hätte gern die Große Koalition auch nach der Wahl von 1969 fortgesetzt. Auch Herbert Wehner dachte so. Falls die rechtsradikale NPD in den Deutschen Bundestag eingezogen wäre, hätte man die Große Koalition wohl fortsetzen müssen. Ich führte meinen Wahlkampf heftig gegen rechts, wollte zugleich das Ende dieser unnatürlichen Koalition, zumal sie die verabredete Einführung des Mehrheitswahlrechts nicht zustande gebracht hatte. Auch war sie ja nur fest befristet verabredet!

———

Bundeskanzler Willy Brandt wollte, wie er mir sagte, nach Osten erreichen, was Adenauer nach Westen geschafft hatte: Ausgleich und Verständigung. Hierfür sagte ich ihm meine nachhaltige Unterstützung zu. Wehner zerschlug diese Zusammenarbeit: Er brauche die Opposition nicht, erklärte er dem „Spiegel".

Als dann die ersten amtlichen Papiere auch uns zu Gesicht kamen, mußten wir etwas ganz anderes lesen: Während Adenauer nach Westen in seinen Verträgen die deutsche Wiedervereinigung als „gemeinsames Ziel" Frankreichs, Großbritanniens, der USA und der Bundesrepublik Deutschland völkerrechtlich verankert hatte (Artikel 7 Deutschlandvertrag), enthielten die ersten Texte der Bundesregierung Brandt das Gegenteil, die Anerkennung der deutschen Spaltung: „Die Regierung der Bundesrepublik Deutschland erklärt ihre Bereitschaft ... ihre Beziehungen zur Deutschen Demokratischen Republik auf der Grundlage der vollen Gleichberechtigung, der Nichtdiskriminierung, der Achtung der Unabhängigkeit und der Selbständigkeit jedes der beiden Staaten in Angelegenheiten, die ihre inneren Kompetenzen in ihren entsprechenden Grenzen betreffen, (zu) gestalten." (Ziffer 6 Bahr-Papier)

Willy Brandt wollte Entspannung und Frieden. Ich stimmte ihm im Ziel zu, war aber nicht bereit, *für eine vage, auf atomare Abschreckung gestützte „Entspannung" mit der andauernden Verletzung der Würde und der Rechte der Menschen, mit der bleibenden Unfreiheit von 16 Millionen Deutschen in der DDR zu zahlen.* Brandt war bereit, den Verzicht auf die staatliche Einheit und Freiheit Deutschlands in seine Friedenspolitik einzufügen.

Die Wiedervereinigung sei eine „Lebenslüge" schrieb Willy Brandt in seinen Erinnerungen von 1989. Er habe „aufgehört, von Wiedervereinigung zu sprechen", erklärte er als gerade gewählter Bundeskanzler („US-News and World Report" vom 29. Dezember 1969). Aus dem Bundesministerium für Gesamtdeutsche Fragen machte er das Bundesministerium für innerdeutsche Beziehungen und stellte die Arbeiten des „Forschungsbeirates für die Fragen der Wiedervereinigung" ein. Noch vor Brandts erster Regierungserklärung betonte die Bundesregierung, von zwei deutschen Staaten auszugehen. Der Streit um die Ostpolitik hatte begonnen. Er bestimmte wesentlich das parlamentarische Geschehen.

Am Schluß stand eine völkerrechtlich wirksame „Gemeinsame Entschließung" des Deutschen Bundestages vom 17. Mai 1972, die zum Vertragswerk gehört. Da wurde – anders als in den Texten der Bundesregierung – verbindlich unser Ziel der Wiedervereinigung durch friedliche Selbstbestimmung festgestellt!

Zur Dramatik dieses Ringens gehört leider die Tatsache, daß die Sozialdemokratische Partei Deutschlands – durch ihre Geschichte als vorbehaltlos demokratisch legitimiert – unter Vorsitz von Willy Brandt am 27. August 1987 mit der SED, der Partei der „Diktatur des Proletariats", eine „Grundsatzvereinbarung" unterschrieb, in der festgestellt wird: „Keine Seite darf der anderen die Existenzberechtigung absprechen." Mir bleibt diese Anbiederung unverständlich.

In unserem Kampf um die Ostverträge mußte ich auf das Vertrauen, das ich als Vorsitzender erwartete, setzen. Ich konnte nicht jeden Schritt mit jedem erörtern, auch nicht alles einem größeren Kreis offenlegen.

Die Doppelköpfigkeit unserer Führung – hie Kurt Georg Kiesinger als Parteivorsitzender und Bruno Heck als Generalsekretär der Partei, da Rainer Barzel als Fraktionsvorsitzender (mit Strauß im Nacken) – erschwerte unseren Kampf. Wegen dieses – für mich historischen – Ringens um Deutschland wollte ich, daß die beiden Vorsitze für diese Zeit in einer Hand vereinigt würden! In der Öffentlichkeit waren Differenzen zwischen Partei und Fraktion offenkundig geworden. Das half nur Brandt.

In dieser Situation trat Helmut Kohl auf, reiste durchs Land und verlange lauthals, beide Ämter müßten weiter getrennt bleiben! Er wolle für den Parteivorsitz kandidieren, und Gerhard Schröder werde als Kanzlerkandidat an seiner Seite sein. Kiesinger hatte Kohl ermuntert zu kandidieren, wie man unschwer dem Protokoll des Parteitages in Saarbrücken 1971 entnehmen kann.

Dieser Kampf war zwar verständlich, aber er kräftigte uns in der deutschlandpolitischen Auseinandersetzung nicht. Der Parteitag in Saarbrücken vom 4. bis 5. Oktober 1971 sollte die Entscheidung bringen. Helmut Kohl trat gegen mich an. Er unterlag: 344 zu 174 Stimmen. Ich wurde auch Parteivorsitzender, gewann noch mehr Gewicht und Verantwortung. Diese Niederlage hat Kohl mir nie verziehen, auch nicht vergessen. Er belauerte mich und mißtraute mir. Ich lud später, als Kohl mir im Vorsitz der Fraktion nachgefolgt war, Hanns Martin Schleyer, Kohl-Freund und sein Kandidat als Schatzmeister der CDU, zum Gespräch ein. Ich bat ihn eindringlich, bei Kohl das Gefühl auszuräumen, daß ich immer noch sein Rivale sei.

„Nichts lieber als das!" so nahm Schleyer diese Bitte an. Er könne Kohl versichern, gab ich Schleyer mit auf den Weg, daß ich weder den Willen hätte, ihm nachzufolgen, noch die Möglichkeit dazu. Ich hätte mich so langfristig bei der Praxis Dr. Albert Paul verpflichtet, daß ich selbst bei einem plötzlichen Regierungswechsel für das Kabinett nicht werde zur Verfügung stehen können. Auch meine zur Zeit weniger starke Gesundheit ließe das gar nicht zu. Von dieser Aktion unterrichtete ich Philipp Jenninger, mit Kohl aufs innigste verbunden als Parlamentarischer Geschäftsführer der Unionsfraktion.

Nach zwei Wochen meldete sich Schleyer und kam zum Frühstück in mein Büro im Bundestag – wenige Schritte entfernt vom Büro des Fraktionsvorsitzenden, in dem nun Kohl residierte. „Erfolglos!" rief Schleyer mir zu und ließ sich in den Sessel fallen, griff zu Brötchen, Eiern und Kaffee. Es sei ihm, so Schleyer, nicht gelungen, das Gespräch auch nur auf Barzel zu bringen, um sein Anliegen vortragen zu können. Barzel sei für Kohl ein „Un-Thema".

Auf meinen Vorschlag wählte der Bundesparteitag am

4. Oktober 1971 in Saarbrücken Konrad Kraske zum Generalsekretär der Partei. Ich hatte gefordert, einen „erstklassigen" Generalsekretär an meiner Seite zu haben und nach meiner Wahl zum Parteivorsitzenden Kraske zum Generalsekretär vorgeschlagen. Er wurde gewählt (305 von 492 Stimmen). Er erwies sich als erstklassig. Das kommt auch in der Mitgliederentwicklung der CDU Deutschlands zum Ausdruck. Als Schatzmeister schlug ich Walther Leisler Kiep vor. Er erhielt 401 von 443 Stimmen.

Weniger Glück hatte ich mit meinem Vorschlag, einen besonderen Ausschuß einzusetzen: „Der Bundesvorstand sollte einen Grundsatz-Ausschuß aus fünf Mitgliedern einsetzen. Dieser sollte in engem Kontakt mit der Wissenschaft die für die Politik relevanten, neu auftretenden Fragen von der Biologie über die Pädagogik bis zur Waffentechnik rechtzeitig erfassen und dem Vorstand vorschlagen, in welcher Weise und mit welchem Ziel die Partei sich damit befassen soll. Dieser Ausschuß soll sich ferner in besonderer Weise, also noch mehr als alle anderen, als beauftragt begreifen, den Grundsätzen unserer Partei, also unserem Programm und der Verwirklichung durch die praktische Politik, zu dienen und darauf zu achten. An diesen Ausschuß sollen sich wie selbstverständlich alle Parteimitglieder direkt mit Anregungen wenden können."

Der Vorschlag lag auf der Linie meiner erwähnten Parteistudie und entsprach meinem Gespür, daß Neues in der Luft läge. Es war der Versuch, Macht und Geist, Theorie und Praxis in fruchtbare Spannung zu bündeln und die Partei zu rechtzeitigem, zukunftsorientiertem Handeln anzuhalten.

Der Ausschuß wurde unter Vorsitz Richard von Weizsäckers gebildet. Er orientierte sich nicht an diesem Auftrag, sondern arbeitete ein neues Grundsatzprogramm aus. Mir fehlten – im Kampf um die Ost-Politik – Zeit und Kraft, ordnend einzugreifen. In dieser Ausschußarbeit fanden Kohl und Köppler, der rheinische CDU-Vorsitzende, eng zueinander. (Ich hatte es nicht verstanden, aus meiner Arbeit für die CDU Nordrhein-Westfalen eine „Hausmacht" werden zu lassen.)

———

Es war gelungen, unsere Fraktion aus ihrem verstörten Zustand herauszuführen. Durch Arbeit! Ich richtete Arbeitsgruppen ein mit der Verpflichtung, der Fraktion zu festen Terminen Ergebnisse vorzutragen. Mühsam, auch langsam, faßten wir wieder Tritt. Das wurde erleichtert, weil bald die erregende, tiefgreifende Debatte über die Ostverträge der Bundesregierung alles andere in den Schatten stellte.

Meine Haltung zum Moskauer Vertrag hielt ich damals in meinen persönlichen Notizen so fest: „Auf keinen Fall einen Vertrag, der die Wiedervereinigung ausschließt oder behindert! Möglichst kein Scheitern des Vertrages; das würfe die dringende Verständigung mit Moskau weit, weit zurück – und verlangsamte erheblich den offenkundigen Prozeß zum Scheitern des Kommunismus und dessen erwünschten Zusammenbruch."

Kiesinger hatte Ost-Block-Staaten, auch der DDR, Vorschläge gemacht, vertraglich Gewaltverzicht zu vereinbaren. Die NATO verabschiedete 1967 ihre neue Strategie, den sogenannten „Haarmel-Bericht", in der festgelegt wurde: „Der Friede in Europa hängt ab von der Beendigung der Teilung Deutschlands." Willy Brandt setzte andere Akzente.

Die erwähnte abrupte Beendigung des Notenwechsels zum Gewaltverzicht durch die Sowjetunion am 3. Juli 1968 war das Eröffnungssignal für eine neue Politik aus Moskau: Die Sowjetunion wollte eine andere Bundesregierung in Bonn! Sie forderte öffentlich von uns die völkerrechtliche Anerkennung der DDR, also die rechtlich festgeschriebene, dauerhafte Spaltung Deutschlands und die Anerkennung der Oder-Neiße-Linie als endgültige Westgrenze Polens.

Der schwedische Botschafter in Bonn, Sven Backlund, hatte – auf Wunsch des sowjet-russischen Botschafters in

Ost-Berlin, Pjotr Abrassimov – seinem Freund Willy Brandt die Bitte der Sowjetunion übermittelt, „er möge so schnell wie möglich eine SPD/FDP-Koalition in Bonn zustande bringen". Die Gespräche der SPD mit italienischen Kommunisten in Rom gingen in eben diese Richtung. Kiesinger fühlte sich als Bundeskanzler hintergangen und war darüber – zu Recht – empört.

SPD und FDP erhielten offizielle und angemessene Einladungen, mit Delegationen Moskau zu besuchen. Diese Einladungen wurden angenommen. Im Juli und August 1969 reisten die Delegationen. Sie wurden in Moskau respektvoll aufgenommen. Dem genauen Beobachter entging nicht, daß die Moskauer – geschickter als mit ihrer Propaganda-Note von 1952 – ein neues Kapitel ihrer West- und Deutschlandpolitik aufschlugen.

Wir erhielten solche Einladungen nicht. Der sowjet-russische Botschafter in der Bundesrepublik Deutschland, Semjon Zarapkin, lud uns offiziell zum Essen ein. Einige von uns wollten, daß wir diese Einladung – als Diskriminierung – ausschlügen. Ich empfahl, hinzugehen und diesen amtlichen Kontakt politisch zu nutzen. Das Essen fand am 2. Juni 1969 statt. Ich nutzte diese erwünschte Gelegenheit, Zarapkin in Anwesenheit seiner Mitarbeiter und meiner Vorstandskollegen zu erklären:

„Ich verstehe das Interesse der Sowjetunion, vertraglich politische Stabilität in Mitteleuropa zu sichern. Um Ihnen das zu sagen, habe ich meine Freunde veranlaßt, Ihre Einladung zu diesem Essen anzunehmen. Nehmen Sie bitte, Herr Botschafter, ganz ernst, wenn ich Ihnen versichere: Ihr Versuch unter Ausschaltung und Umgehung der Union wird scheitern! Stabilität in Europa gegen die Partei Adenauers und bei Demütigung Deutschlands wird es nicht geben! Deutschland gehört zu Europa wie Frankreich und Rußland."

Dieses Argument, das ich fortan immer wieder nach allen Himmelsrichtungen vortrug – die Ausklammerung der Union durch die Sowjetunion hatte uns international besonders interessant gemacht –, sprach sich herum in Europa, auch unter Russen. Viele zeigten Verständnis. Wir fanden Gehör mit diesem Argument.

Am 13. Dezember 1971 empfing mich Außenminister Andrej Gromyko in Moskau. Wir konferierten drei Stunden lang. Ich frage ihn, ob ich den Geist und den Buchstaben des Moskauer Vertrages korrekt wiedergebe, wenn ich der Überzeugung sei, daß dieser Vertrag einen Modus vivendi bedeute, der die deutsche Frage bis zu einer Regelung im Friedensvertrag offenhalte? Das sei nicht Vertragsgegenstand, erwiderte Gromyko. Die Politik Kiesingers, die auch ich vortrüge, sei „Aggression". Die „Grenze zwischen der BRD und der DDR" sei „unerschütterlich"! Warnend wies er hin auf die geltende Feindstaatenklausel in der Satzung der Vereinten Nationen!

Meine persönlichen Aufzeichnungen vom April 1972 enthalten diese Notiz über meine Strategie: „Sollte es – wider Erwarten und Ausrechnen – nicht gelingen, die Bundesregierung und damit die Verträge zu übernehmen, so wird schon die Erschütterung der Position des Bundeskanzlers Brandt von großem Wert sein: Die Moskauer würden sehen, daß ihr Vertragspartner wankt! Wir müssen danach trachten, dann den ganzen deutschen Bundestag als Partner Moskaus ins Spiel zu bringen. Dem wird sich Moskau kaum widersetzen können." Ich war mir sicher, daß auch in Moskau Verantwortliche das Vertragswerk – in der größeren und besseren Perspektive – möglichst nicht scheitern lassen wollten. Mit wem in Deutschland hätte die Sowjetunion bei Ablehnung der gemeinsamen Entschließung des Deutschen Bundestages künftig tragfähige Regelungen vereinbaren können?!

Im Kampf um Brandts Ostpolitik habe ich die Anstrengungen meiner Fraktion, einen eigenen Beitrag zur Frage Polen zu leisten, angeregt und gefördert. Da rangen die Meinungen auf hohem Niveau – Richard von Weizsäcker auf der einen, Herbert Hupka und Herbert Czaja auf der anderen Seite. Die Fraktion machte sich dieses schlicht „Polen-Papier" überschriebene Dokument zu eigen. Darin bezogen wir diese Positionen: „Die Union hat nicht die Absicht, das Rad der Geschichte zurückzudrehen!"

Dieses Dokument in der Hand und im Rücken, reiste ich nach Warschau mit der Überzeugung: Polen müsse in sicheren Grenzen, Deutschland in gesicherter Freiheit und Einheit leben. Dort hielt ich am 22. Januar 1971 auf Einladung des „Instituts für Internationale Beziehungen" eine mit Respekt aufgenommene Rede. Viele waren von weither aus dem Bereich des Warschauer Pakts angereist, um dieses Ereignis, so sahen sie offenbar den Besuch des Oppositionsführers aus Bonn, mitzuerleben. Ich sagte unter anderem:

„Was zwischen uns steht, ist sehr, sehr schwer ... Durch Aufrechnungen aus der Vergangenheit ist niemals etwas Neues, Besseres, Dauerhafteres geworden. Ohne Zustimmung der Völker steht alles auf tönernen Füßen. Wer Frieden will, muß Grenzen auf und Krieg unmöglich machen. Krieg ist unmöglich, wo Volksverhetzung unmöglich ist. Und diese ist unmöglich, wo jedermann sich ungehindert aus allen Quellen frei informieren und so seine Meinung bilden kann. Dies ist eine Grunderfahrung meiner Generation ... Wir wollen, daß Sie in gesicherten Grenzen und wir in gesicherter Freiheit leben können ... In der Vergangenheit habe ich – vielleicht geht es Ihnen, ohne daß ich das weiß, ähnlich – zu oft von polnischer Seite Sätze gehört, die mit den Worten anfingen: ,Ihr müßt ...!' Zu selten waren Sätze, die begannen mit: ,Wir sollten zusammen ...' oder ,Wir wollen gemeinsam ...'. Vertrag kommt eben, so meine ich, von vertragen, von sich vertragen, also von einem konkreten Punkt gemeinsamer Interessen, Meinungen und Willensrichtungen.

Was uns gemeinsam angeht, ist: Zwischen den Polen und

den Deutschen zu Ausgleich, Verständigung und Gemeinsamkeit zu kommen. Ich sehe nicht, wie sonst eine europäische Friedensordnung, die diesen Namen verdient, zustande kommen könnte.

Die Lage der Deutschen in Deutschland ist eine fundamentale Frage, ohne deren befriedigende Lösung es ebensowenig eine europäische Friedensordnung geben wird wie ohne den Ausgleich zwischen Deutschen und Polen." Wortgleich sprach ich wenige Wochen später in Stuttgart auf einer zentralen Tagung der Heimatvertriebenen. Wieder gab es besonderen Beifall.

Später, 1976, gelang es Helmut Schmidt als Bundeskanzler, einen Vertrag mit Polen, ein Ausreiseprotokoll für 120 000 Deutsche, auszuhandeln und abzuschließen. Wieder stritten wir in unserer Fraktion. Die Mehrheit lehnte diesen Vertrag ab. Ich verwies auf meine Haltung zum Freikauf aus der DDR und warb für diesen Vertrag. Deswegen wurde ich heftig angegriffen. Gegen die erregte Stimmung in der Sitzung der Fraktion erklärte ich, daß ich für diesen Vertrag stimmen werde. Als es danach hoch herging, antwortete ich: „Sie können alle meine Posten haben, nur nicht mein Gewissen!"

Am 19. Februar 1976 stimmte ich dem Vertrag zu – gegen die klare Mehrheit der Fraktion.

Dieser Kampf um die Ostverträge ging auch an der Koalition nicht spurlos vorbei. Einige Abgeordnete aus anderen Fraktionen suchten das Gespräch, weil ihre grundsätzlichen Überzeugungen sie zu sehr kritischen Fragen bewegten. Ich erinnere mich an ernsthafte Gespräche mit Kollegen, die das Gewissen peinigte.

Die Kollegen Mende, von Kühlmann-Stumm, Starke und Zoglmann von der FDP, Hupka, Seume und Müller von der SPD kamen zu uns. Klaus-Peter Schulz verließ die Fraktion der SPD, Kienbaum und Helms lösten sich von der FDP. Wir waren tief verletzt, als der Kanzler den unberechtigten Vorwurf erhob, da sei „Geld im Spiel".

Die Mehrheit für Willy Brandt und Walter Scheel bröckelte. Unser Erfolg bei der Landtagswahl vom 23. April 1972 in Baden-Württemberg stärkte uns. Mein „So nicht!" für bessere Ostverträge fand nachhaltig Anklang: Wir gewannen 8,8 Prozent dazu.

———

Da ich niemanden mehr gefährde, kann ich jetzt diese Karte auf den Tisch legen: Einige meiner Moskauer Kontakte hatte Robert Schmelzer, Chefredakteur der „Westfalenpost", zum Teil selbst, zum Teil durch sein Moskauer Büro, so diskret wie verläßlich eingefädelt. Ich zitiere aus meinen Akten eine Notiz für mich vom 24. August 1972:
„1. Die sowjetische Regierung will durch Druck auf die DDR in puncto menschliche Erleichterung der Bundesregierung in den nächsten Monaten Hilfe verschaffen. Sie will aber nicht direkt in den Wahlkampf eingreifen, etwa durch Stellungnahmen gegen die CDU/CSU.
2. Die sowjetische Regierung hält nach wie vor die CDU/CSU-Haltung in Fragen der Ostpolitik für anti-sowjetisch; mit Ausnahme vielleicht von Dr. Barzel.
3. Schröders China-Reise wird in Moskau als Indiz dafür gewertet, daß die CDU/CSU anstelle von Ostpolitik eine anti-sowjetische Fernostpolitik machen will.
4. Hinsichtlich des Besuches von L. in Bonn hat es schwierige Überlegungen gegeben, ob die Reise opportun sei. Die Entscheidung sei an allerhöchster Stelle gefallen. L. muß sofort nach Moskau zurück, um an höchster Stelle Bericht zu erstatten. Er bittet um absolute Vertraulichkeit."
Ich kannte, wie schon erwähnt, die Protokolle der Moskauer Vertragsverhandlungen. Danach hatte Bahr einen versteckten Grenzvertrag angeboten Berlin vom Bund getrennt und völkerrechtliche Beziehungen vorgeschlagen. Später solle ein Friedensvertrag lediglich „bestätigen", was in diesen Ostverträgen stehe!

Nach meinen Informationen und der textkritischen Beurteilung war mein Urteil so: Der Vertrag wurde in Bonn anders dargestellt, als es seinem Inhalt entsprach; anders auch, als er in Moskau inhaltlich gesehen wurde. Ein Vertrag – zwei Inhalte! Und das sollte halten? Gegenüber der mächtigen Sowjetunion? Mir war klar, daß wir zur Verständigung mit der Sowjetunion kommen mußten. Ebenso klar war mir, daß Stabilität in Europa und eine friedliche Zukunft bei einer Demütigung Deutschlands durch förmliche Anerkennung seiner Spaltung nicht zu erreichen sein werde. Was immer jetzt geschehe – später werde die deutsche Frage bestimmt energisch auf den Tisch der internationalen Politik gelegt werden – und das schließe erhebliche außen- und innenpolitische Turbulenzen ein! Nie werde der Verzicht der Deutschen auf Deutschland von Dauer sein! Zu diesen Verträgen, wenn sie so blieben, gehöre die Gewißheit künftiger Explosionen aus Deutschland. Mein Urteil deckte sich weitgehend mit dem des Historikers Werner Link in „Republik im Wandel" von 1986: „Vieles spricht dafür, daß das Konzept darin bestand, ohne Verletzung der Vier-Mächte-Klammer mit Hilfe eines völkerrechtlichen Gewaltverzichts eine Gesamtregelung zu vereinbaren, die de facto *einer friedensvertraglichen Regelung entsprach.*

Die Respektierung der sowjetischen Hegemonie in Ost- und Mitteleuropa drückte sich nicht nur in den Aussagen zu den Grenzen aus; die Leitsätze sahen des weiteren vor, daß die Bundesregierung ... gegenüber der Sowjetunion ihre Bereitschaft bekundete, mit anderen sozialistischen Staaten, insbesondere mit der DDR, mit Polen und der CSSR entsprechende Abkommen zu schließen ... Die Sowjetunion setzte also durch ... daß der ... angestrebte Gewaltverzichtsvertrag zugleich ein Grenzvertrag zu sein habe ... Schon während der Bahr-Gromyko-Gespräche hatte sich Außenminister Scheel dagegen gewandt, daß Bahr ... über konkrete Grenzaussagen verhandele."

Durch unsere Aktionen im Deutschen Bundestag – Debatten, Fragestunden, Anfragen, Anträge – wurden auch Moskauer darauf aufmerksam, daß Bonn ein doppelbödiges Spiel spielte. Sie mußten so aus Bonn hören und lesen, was sie in den Verhandlungen nicht erfahren hatten.

Damals stand ich vor der Gewissensfrage, diesen ganzen Vertragsentwurf zu zerstören, indem ich mit dem Hinweis auf meine Informationen das Bundesverfassungsgericht anrief. Der Vertrag wäre gescheitert, weil Artikel 79 des Grundgesetzes bestimmt, daß „völkerrechtliche Verträge, die einer Friedensregelung, der *Vorbereitung einer Friedensregelung* oder den Abbau einer besatzungsrechtlichen Ordnung zum Gegenstand haben, der Zustimmung von Zweidritteln der Stimmen des Bundestages und des Bundesrates bedürfen". Nie hätte Brandt diese qualifizierte Mehrheit für sein Vertragswerk zustande gebracht! Schon eine qualifizierte Minderheit hätte diesen Vertrag verhindern können.

Ich zog diese Karte nicht, erörterte diese Möglichkeit auch nur mit zwei vertrauten Mitarbeitern, weil mir an Verständigung mit Moskau lag und ich nicht das Scheitern, sondern die Verbesserung des Vertragswerks wollte. Deshalb verschwieg ich meine Information. Mit diesem Wissen hätten andere leicht eine andere Politik machen können! *Ich wollte die Türe zur Einheit offenhalten, nicht die Moskauer düpieren.*

Die Doppelbödigkeit der Brandtschen Ostpolitik wurde im Vertrag selbst signifikant: Er nahm Bezug auf die „verwirklichten" Abreden der deutsch-sowjetischen Verabredung anläßlich der Herstellung der diplomatischen Beziehungen zwischen Moskau und Bonn vom 13. September 1955. Absatz 3 der Präambel des Moskauer Vertrages bezieht sich auf „die früher von Ihnen *verwirklichten* vereinbarten Maßnahmen, insbesondere den Abschluß des Abkommens vom 13. September 1955 über die Aufnahme der diplomatischen Beziehungen". In diesem Abkommen, des-

sen deutscher Partner Konrad Adenauer war, gaben beide
Seiten amtlich der Hoffnung Ausdruck, daß die Aufnahme
diplomatischer Beziehungen „zur Lösung der ungeklärten
Fragen beitragen wird, die das ganze Deutschland betreffen,
und so weit zur Lösung des nationalen Hauptproblems des
gesamten deutschen Volkes – der Wiederherstellung der
Einheit eines deutschen demokratischen Staates – verhelfen wird".

Die deutsche Einheit aber war *nicht verwirklicht!*
Gleichwohl pries die Bundesregierung den Hinweis auf den
Vertrag vom 13. Dezember 1955 als Klausel zugunsten der
Wiedervereinigung. Das Gegenteil war die Wahrheit! Man
strich aus dem Adenauerschen Abkommen von 1955 die
Wiedervereinigung, indem man nur noch die „verwirklich-
ten" Abreden gelten ließ!

Mir war bekannt, daß Genscher und Schmidt im Kabinett
verfassungsrechtliche Probleme aufgeworfen hatten.

———

In Moskau hatte man beachtet – und ließ mich das wissen –,
daß ich in der Zeit des Kampfes um den Moskauer Vertrag
eine Einladung nach Rot-China erhielt, diese aber für mich
ausschlug, da ich mich nicht zugleich mit den Moskauern
im Clinch befinden und mit deren, wie sie meinten, Haupt-
gegnern in Peking zu Tisch sitzen wollte. Ich bat Gerhard
Schröder, diesen Besuch abzustatten. Mit Bravour erledigte
er diese delikate Aufgabe.

Manche in Moskau begannen zu ahnen, daß ich gegen
diesen Vertrag, nicht gegen Rußland, schon gar nicht gegen
Ausgleich war. Auch in Moskau begriffen Einsichtige, daß
das deutsche Selbstbestimmungsrecht sich, in der Mitte Europas, in der Perspektive des europäischen Friedens und der
europäischen Stabilität, nicht ausschließen lasse. Ein Moskauer hatte mir gesagt:

„Befriedigung Mitteleuropas auf Dauer bei Demütigung

Deutschlands, das zu Europa gehöre wie Frankreich und Rußland – das würde nicht gutgehen." – Diese Gedanken waren mir natürlich nicht fremd.

Manche dort hatten – als Russen (es arbeiteten dort nicht nur Kommunisten) – mehr historischen Atem als einige Verantwortliche in Bonn! Auch Pompidou, dem Brandtschen Vertrag an sich zugeneigt, verstand das. Wie viele rundum in Europa. Durch stilles, beharrliches, taktvolles Tun wuchs uns ein Trumpf in die Hand.

Unser Einwirken blieb nicht ganz unbemerkt: die kommunistische Zeitung in Paris „Combat" schrieb am 21. März 1972: „Während die Mehrheit des Bundeskanzlers nur noch an einem Faden hängt, zeichnet sich eine – gleichzeitig von der CDU und von Moskau ausgearbeitete – Ersatzpolitik für die Ostpolitik ab."

Keiner hohnlachte, schalt gar die Moskauer, als sie dem Deutschen Bundestag gewährten, was sie der deutschen Bundesregierung verwehrt hatten: Die Perspektive der deutschen Einheit! Moskau erlebte dafür rundum Verständnis. Der Rang und die Würde Rußlands hatten ja keinen Schaden genommen, sondern eine neue Hoffnung gewonnen. –

Beim deutsch-russischen Historiker-Colloquium am 24. Juni 2000 in Berlin teilte der Moskauer Co-Präsident, Professor Alexander Tschubarjan, mit, daß sich in Moskauer Akten Hinweise auf mögliche Lösungen des „Modus vivendi-Problems" finden ließen.

Vertreter der damaligen Koalition wie die früheren Brandt-Mitarbeiter Bahr und Ehmke behaupten – zu ihrem Schutz – immer wieder (zum Beispiel am 30. Juni 1999 im WDR-Fernsehen), das alles (gemeint: der Text der Bundestagsentschließung vom 17. Mai 1972) habe schon in den Verträgen gestanden, sei nur geschehen, damit ich „mein Gesicht wahren" könne. Wenn das – schöngeredet – so wäre: Warum stand das nicht in den Verträgen? Warum kann und muß man anderes in den Protokollen der Moskauer Verhandlungen lesen? Und: Warum haben sie dann im Bundestag diesen klärenden Texten zugestimmt? Meines Gesichtes wegen?

Werner Link hebt in seinem Buch hervor: „Am liebsten wäre es der Fraktion gewesen, wenn sie hinsichtlich eines Vertrages mit Polen und hinsichtlich der Berlin-Verhandlungen mit der Bundesregierung eine gemeinsame Basis hätte finden können, um wenigstens in diesen beiden Bereichen zu einem Ja zu kommen und dadurch für die Ablehnung des Moskauer Vertrages Kraft und Beachtung im In- und Ausland zu gewinnen." Das kann ich nicht bestätigen. Hinsichtlich Berlins wurde ich von den Westmächten informiert und konsultiert, auch zweimal vom US-Präsidenten Nixon empfangen. Insoweit gab es für uns keine Probleme. Wir brachten eigene Gedanken ein, die aufgenommen wurden. – Hinsichtlich Polens war mir klar, daß die westlichen Siegermächte die deutschen Gebiete jenseits der Oder-Neiße-Linie keinesfalls an Deutschland zurückzugeben bereit waren.

Mein Kampf galt dem Moskauer Vertrag, der nach Moskauer Interpretation die deutsche Spaltung verewigte.

———

Meine Arbeit als Parteivorsitzender galt vorwiegend dem Ziel, eine schlagkräftige Opposition zu bilden und zu führen und den Streit um die Ostverträge zu gewinnen. Zugleich bemühte ich mich um die Partei. Die CDU hatte zur Zeit meines Amtsantritts ca. 350 000 Mitglieder. Als ich ausschied, waren es mehr als 450 000.

Im parlamentarischen Patt – nach dem Konstruktiven Mißtrauensvotum vom 27. April 1972 – hatten wir uns auf Neuwahlen alsbald nach der Münchner Olympiade verständigt, also die Wahlperiode von vier auf drei Jahre zu verkürzen. CDU und CSU wählten mich am 24. November 1971 zum Kanzlerkandidaten.

Die Münchner Olympiade fand statt zur Zeit des beginnnenden Wahlkampfes 1972. Henry Kissinger besuchte mich im „Hotel Regina". Der Fahrstuhl, der uns in den obersten Stock bringen sollte, stürzte in den Keller – zu gewichtig waren die Bodyguards mit ihren ausgebeulten Taschen. Auch der Präsident Frankreichs, Georges Pompidou, wollte anläßlich seines Besuchs der Olympiade mit mir zu einem Gespräch zusammentreffen. Der Einfachheit halber könnten wir uns ja, so das französische Protokoll, auf der Ehrentribüne nebeneinander setzen. Die Bundesregierung unterband das: Sie sei Platzherr dieser Tribüne! Pompidou antwortete unmißverständlich: Er verlängerte seinen Aufenthalt in München, lud mich für 18 Uhr ins Generalkonsulat Frankreichs ein und ließ dazu die Presse bestellen. Wir sprachen vor allem über Fortschritte in der europäischen Vereinigung.

Mein guter und enger Freund Henri François-Ponçet stand mir in allen diesen Sachen hilfreich, treu und selbstlos zur Seite.

———

Historiker von Rang haben sich bemüht, meine Handlungen und Verhaltensweisen in diesem Kampf um die Verträge zu erkennen und nachzuzeichnen, so der schon zitierte Werner Link: „Das war eine differenzierte und differenzierende Politik des sachlichen Vorbehalts, die mit dem Lackmuspapier der Menschenrechte und des Selbstbestimmungsrechtes arbeitete und ein hohes Maß an Flexibilität erforderlich machte." Mir sei es darum gegangen, schrieb Link, unsere Vorstellungen „in die deutsche Außenpolitik einzubringen", „die deutsche Frage offen" und die „auseinanderstrebende Fraktion geschlossen und damit regierungsfähig zu halten. Ein schwieriges Unterfangen, zumal der Fraktionsvorsitzende sich im innerparteilichen Kampf um Parteivorsitz und Kanzlerkandidatur durchsetzen mußte". Da seien auch taktische Schwenkungen notwendig gewesen.

Das ist richtig. Ebenso richtig ist, daß ich in diesem Kampf kaum jemand in meine Züge und Finten einweihte, glaubte einweihen zu dürfen. So sind die Quellen für Erkenntnisse und Bewertung meiner Haltung und meiner Absichten durch Historiker dürftig. Wie kann Licht eine Politik erhellen und verständlich machen, wenn der, der sie betrieb, so wenig mitteilsam war? Ich erfuhr und nutzte: Patrioten gibt es in jedem Land. Und immer wieder. Und nie sind alle, auf die es ankommt, völlig einig mit dem Kurs ihrer Regierung. Selbst mein väterlicher Freund Heinrich Krone verzweifelte an mir: Er schrieb mir besorgte Briefe. Ich mußte mich an meine vertraulichen Informationen und persönliche Einsichten halten. Sie waren nicht für andere bestimmt. Ich mußte meinem Gewissen folgen und tun, was mir auf unser Ziel hin erforderlich und möglich schien. Unser und mein Risiko seien zu groß, meinte Heinrich Krone. Das war fürsorglich gemeint. Dann warnte er mit einem sehr, sehr ernsten Brief: Wie das wohl gehen solle, Zusammenwirken mit der Bundesregierung und den drei Mächten und Einfluß nehmen auf die Sowjetunion? Wie das gelingen könne bei unserer sichtbaren Uneinigkeit? Diese Lage aber, genau diese Lage, bot Trümpfe, wenn man die Übersicht behielt und wußte, was man will.

Dieses Zerwürfnis mit Krone war ein hoher Preis auf den so nötigen wie verschlungenen Pfaden zum Ziel. Ich antwortete Freunden, die mich nicht verstanden – ich war ja für den Moskauer Vertrag, den ich freilich verbessern wollte: Zur Zeit erhalte ich Beifall von der falschen Seite. „Das paßt mir nicht, aber ich muß es ertragen, weil dies wohl der Preis für das Gelingen meiner Operation ist." Deren Ziel: Das freie Berlin und die offengehaltene deutsche Frage.

Nach Links Quellen habe ich damals behauptet, „ein Textbuch zu einem neuen Beitrag der Politologie in Deutschland geschrieben zu haben mit der doppelten Fragestellung: einmal, wie macht man als Opposition Außenpolitik? Und zweitens: Wie macht man mit 247 Kollegen *ein* Gesicht?" Es war, zugegeben, eine schwierige, für mich auch riskante Operation. Mir ging es, so pathetisch das klingt, um Deutschland. Was mir aus dieser Zeit unterstellt wird an Nebenabsichten, Eigennutz, Rivalitäten und Rang der Einheit der Partei – so war es nicht: Seit dem Mißtrauensvotum am 27. April 1972, als ich spürte und für mich wußte: Du wirst kein Kanzler – spätestens von diesem Zeitpunkt an wollte ich im ostpolitischen Kampf nur noch dieses Ergebnis: Die Tür zur deutschen Einheit bleibt offen.

Mich interessierten nicht mehr Brandt oder Strauß, keine Demoskopie oder was immer. Nur auf dieses Ergebnis fixiert arbeitete ich, fast wie mit Scheuklappen. Ich kannte das Risiko meiner Haltung. Ich war ja *für* den Moskauer Vertrag, den ich verbessern wollte. In Gedanken wob ich weiter an meinem Faden aus New York 1966: Die Deutschen in Dresden sollen leben können wie die in Köln.

Nun ist es so. Das habe nicht ich bewirkt. Gott hat dem deutschen Volk seine Einheit geschenkt. Irgendwann und irgendwie wurde mein Fuß in die Tür gestellt, damit sie nicht zufalle.

Werner Link nennt das, was ich da angestellt habe, „kompetative Zusammenarbeit". Wer weiß schon, was das ist? Mich belehrte mein Lexikon: „mitbewerbende Zusammenarbeit". Sei's drum!

————

In diesem Kampf um die Verträge entschlossen wir uns am 27. April 1972 zu dem Versuch – wegen der Verträge –, Brandt abzuwählen. Der Entschluß, dieses äußerste Mittel des parlamentarischen Kampfes einzusetzen, es anzuwenden, war nicht leicht. Aber ich hatte dieses Mittel nie ausgeschlossen. Schon mit meiner Wahl zum Parteivorsitzenden in Saarbrücken brachte ich auch öffentlich diese Möglichkeit ins Spiel.

Bei einem privaten Mittagessen in Paris am 21. März 1972 hatte ich den Herren Giscard d'Esting und Jacques Chirac auf die Frage nach dem Schicksal der Ostverträge geantwortet: Eine andere Bundesregierung werde „bessere Ergebnisse in Moskau erreichen".

Freilich: Planen, reden und überlegen, auch diskutieren – das ist das eine. Das andere ist, es zu tun. In Schillers „Wallenstein" wird das deutlich: Die Tat bedacht – oder – vollbracht ... Mir war mein Risiko bewußt: Nur der Erfolg zählt bei den Mitstreitern. Wenn Demokratie in Form geheimer Abstimmungen ausbricht, ist nichts so ungewiß wie das Ergebnis! Ich erwog und bedachte, traf dann die Entscheidung, es zu wagen. Für mich war es zu früh, die Kanzlerfrage zu stellen. Sie nicht zu stellen, wäre für Deutschland und seine Einheit zu spät gewesen. So sah und so sehe ich es. Es galt, die Türe zur deutschen Einheit offenzuhalten. Die Verträge, wie sie vorlagen, hätten die Türe geschlossen.

Ich hatte Walter Hallstein gebeten, die Rede zu dieser Aktion im Bundestag zu halten. Er war dazu bereit, erkrankte aber. Kurt Georg Kiesinger übernahm diese schwere Arbeit und warb dabei für unseren Antrag. Sowohl Willy Brandt als auch ich verfehlten die notwendige Kanzlermehrheit von 249 Stimmen. Die Abstimmung ergab ein Patt: 247 zu 247.

Wir waren Gegner im Wettbewerb, nicht Feinde. Das bewies auch das Bier, das wir damals auf meine Anregung nach dieser Kampfabstimmung, im Patt, im Restaurant des Deutschen Bundestages öffentlich miteinander tranken. Wir verständigten uns auf eine gemeinsame Entschließung zum Vertragswerk und auf Neuwahlen, bald nach der Olympiade in München.

Das Konstruktive Mißtrauensvotum, obzwar formal gescheitert, trug doch seine Früchte: Die deutsche Frage blieb offen, es blieb auch gegenüber der Sowjetunion völkerrechtlich zulässig, unsere auf Wiedervereinigung in Frieden und Freiheit gerichtete Politik fortzusetzen.

Moskau widersprach damals unserer zur dortigen Ratifikation vorgelegten Bundestagsentschließung nicht. Man hatte in der sowjetischen Hauptstadt erkennen müssen, daß der erstrebte Ausgleich mit Mitteleuropa, den die Sowjetunion schon wegen des wachsenden Drucks der rotchinesischen Weltmacht nötig zu haben glaubte, nicht so wie erwünscht zustande kommen werde. Auch, daß Willy Brandt nicht durchsetzen konnte, was er mit den Moskauern verabredet hatte. Um nicht vor aller Welt mit leeren Händen, auch gegenüber den eigenen Partnern düpiert dazustehen, akzeptierte die Sowjetunion die „Gemeinsame Entschließung" des Deutschen Bundestages. In dieser stand völkerrechtlich wirksam: „Die Verträge dienen der Herstellung eines Übergangszustandes, sie nehmen den Friedensvertrag nicht vorweg und schaffen keine Rechtsgrundlage für die heute bestehenden Grenzen; das Selbstbestimmungsrecht des deutschen Volkes wird durch die Verträge nicht berührt; eine friedliche Politik der Wiederherstellung der nationalen Einheit des deutschen Volkes steht nicht im Widerspruch zu den Verträgen."

Wir wollten, für den Fall, daß wir das Konstruktive Mißtrauensvotum gewannen, die Bundesregierung übernehmen und die vorliegenden Verträge verbessern. Nach meinen Sondierungen (siehe hierzu auch die Äußerung von Professor Tschubarjan auf Seite 290) hielt ich das für möglich. Zu verbreitet war in der Moskauer Führung die Sorge, ihr Versuch mit Willy Brandt werde – weltweit sichtbar – für sie peinlich scheitern. Wehe für alle die in Moskau, die sich an diesem gescheiterten Versuch herausragend beteiligt hätten! Sie hätten nicht nur ihre Datscha eingebüßt.

Für den Fall, daß wir die Abstimmung über das Konstruktive Mißtrauensvotum am 27. April 1972 knapp verlören, so war mein Kalkül, wäre die Stellung der Bundesregierung in Moskau als erschüttert und geschwächt erschienen – vor allem, wenn Brandt bei dieser Abstimmung mehr als schwach erscheinen würde. So würden auf jeden Fall unsere Änderungswünsche zum Vertragswerk mehr Gewicht bekommen.

Es gelang, den ganzen Deutschen Bundestag (gegen 6 Stimmen) für die gemeinsame Entschließung zu gewinnen, und so der Sowjetunion statt einer wackelnden Bundesregierung das geeinte deutsche Parlament als Vertragspartner anzubieten. Folgenschwer! Und ohne diese Entschließung hätte Brandt sich wohl kaum der Zustimmung seiner ganzen Sozialdemokratie sicher sein können. Es gelang, ein nationales wie internationales Desaster zu vermeiden.

———

Wer die zwei (oder drei) Stimmen waren, die mir damals gefehlt haben, weiß ich nicht. Ein Parlamentarischer Untersuchungsausschuß brachte nicht das nötige Licht ins Dunkel. Auch gelang es mir nach der Wiedervereinigung nicht, irgendwelche Unterlagen aus der DDR zu diesem Thema beizuziehen. Es gelang mir leider auch nicht, überhaupt das Interesse amtlicher Bonner Stellen an diesen Vorgängen zu wecken.

Es ist erwiesen, daß der Staatssicherheitsdienst der DDR bei meinem Konstruktiven Mißtrauensvotum seine Finger im Spiel hatte. Die Stimme von Julius Steiner war gekauft. Über die zweite oder dritte fehlende Stimme wird gerätselt und spekuliert. Ich habe mich daran nicht beteiligt. Markus Wolf, Spionage-Chef der DDR, muß es wissen. Er lebt unter uns.

Herbert Wehner hat öffentlich mitgeteilt, er habe „bewerkstelligt", daß zwei Abgeordnete mir nicht ihre Stimme gegeben haben. Ein anderer, der nicht mehr dem Parlament angehöre, habe da mitgespielt. Sie wollten „mehr Demokratie wagen" und kauften Stimmen!

Der „andere" ist nach verbreiteter Ansicht wohl Karl Wienand, Wehners Parlamentarischer Geschäftsführer, der später wegen „geheimdienstlicher Agententätigkeit" zu einer hohen Gefängnisstrafe verurteilt wurde. Der Moskauer Botschafter in Bonn, Valentin Falin, berichtet in seinen Memoiren 1993 dazu: Karl Wienand habe am 26. April 1972 die „Taufe" seines neuen Hauses in Bonn übernommen. Es sei der Vorabend der Abstimmung über mein Konstruktives Mißtrauensvotum gewesen. Nachdem Wienand sein Haus wieder verlassen habe, so resümiert der sowjetische Botschafter, „sah ich dem 27. April mit großer Zuversicht entgegen". – Der (damals noch nicht enttarnte) Kanzler-Spion Günter Guillaume redete in Bonn herum: Barzel würde scheitern. – Im November 2000 machten Mitteilungen der Staatsanwaltschaft Schlagzeilen, der frühere Strauß-Vertraute Leo Wagner, Parlamentarischer Geschäftsführer der CSU, habe für die DDR gearbeitet, Zeitungen fügten hinzu: Wagner habe damals nicht für mich gestimmt.

Im Schwäbischen, um Biberach herum, wohin Steiner sich zurückzog, mußte ich im März 2001 hören, Steiner habe sich gebrüstet zu wissen, wer der andere „Verräter" gewesen sei. Von amtlichen Nachforschungen hierzu ist nichts bekanntgeworden.

Wie immer: Stimmenkauf und Landesverrat waren im Spiel, als es zum Patt zwischen Brandt und mir im Deutschen Bundestag am 27. April 1972 kam. So wurde Politik gestaltet. Ohne diese Rechtswidrigkeit hätte die deutsche Geschichte – und auch mein persönliches Leben – einen anderen Verlauf genommen. Aber: Hätte und wenn – das zählt nicht in der Politik.

Ich bin oft gefragt worden, was ich denn als Kanzler anders gemacht hätte. Meine Antwort: Ich hätte den Moskauer Vertrag in Verhandlungen mit der Sowjetunion verbessert – so wie ich das später durch die „Gemeinsame Entschließung des Deutschen Bundestages" erreicht habe. In Moskau war man darauf vorbereitet. – Auch hätte ich initiativ weitere Schritte zur europäischen Vereinigung vorgeschlagen. Im Westen wartete man darauf, weil ja die Sorge angewachsen war, Brandt binde Deutschland nach Osten und lockere nach Westen. – Natürlich hätte ich durch klare Prioritäten in den Bundesfinanzen wieder Ordnung geschaffen – wie Helmut Schmidt das später tat – und den aufgeblähten Beamtenapparat reduziert. Meine Wiesbadener Parteitagsrede vom 9. Oktober 1972 enthält mein Regierungsprogramm.

––––––––

Am 9. Oktober 1972, mitten im Wahlkampf, eröffnete ich den Parteitag der CDU in Wiesbaden. Ich hielt eine – mäßige – Rede und war mit mir selbst nicht zufrieden. Wir machten auch den Fehler, die ersten Reihen, in denen Kohl später „seine" jubel-freudigen Rheinland-Pfälzer geschickt zu plazieren wußte, dem Fernsehen und den Journalisten einzuräumen statt den Delegierten. Sie, die Adressaten unserer Reden, waren so durch einen Wall von Apparaten und Kritikern, durch Neutralität und viel Technik von uns getrennt. Der Funke sollte diesen Sperriegel überspringen. Er sprang nur selten. Ein französischer Journalist machte mich darauf aufmerksam. Am zweiten Tage machten wir es anders. Und siehe da: Die Funken sprangen über, als ich unser sehr konkretes Regierungsprogramm einbrachte. Es war, erstmalig, ein CDU und CSU gemeinsam verpflichtendes Regierungsprogramm.

„Dem Kanzler", so sagte ich, „sind die Minister und die Staatssekretäre und die Abgeordneten und die Staatsfinanzen und die Preise weggelaufen, nun werden ihm die Wähler, auch die jungen Wähler, weglaufen". Er habe bewiesen, daß Sozialismus die falsche Methode ist, Lebensqualität zu verbessern.

„Wir versprechen in diesem Programm nur, was wir auch leisten können, und wir fordern die Anstrengungen, die nötig sind, damit es sozial und gerecht in Deutschland zugeht. Ohne Leistung und ohne Anstrengung gibt es weder Stabilität noch Fortschritt. Wir bauen den Fortschritt auf

Stabilität." Das war die klare Alternative zu Brandt (und die Vorwegnahme des späteren Schmidt-Kurses). „Fortschrittliche Gesellschaftspolitik entscheidet über die Zukunft der Freiheit." Ich forderte den „eigenständigen Anspruch der Frau auf soziale Sicherheit", „funktionsgerechte Mitbestimmung", „Beteiligung der Arbeitnehmer am Produktivvermögen der Wirtschaft" und „ein Bildungssystem, das die Leistungsbereitschaft des einzelnen weckt und ihn nach Begabung und Leistung fördert". Ich begrüßte „Entspannung", forderte „Freizügigkeit für Menschen, Informationen und Meinungen" und bejahte „Verhandlungen und Vereinbarungen zwischen den beiden Teilen Deutschlands, die das Leben im geteilten Land erleichtern, die Fundamente künftiger Einheit erhalten und den Weg zu einer friedlichen Ordnung in Europa ebnen".

Rücktritt

„Gemeinsam werden wir es schaffen!" Das war unsere Aussage für die Bundestagswahl 1972. Ich war Kanzlerkandidat. Wie versprochen, unterstützte Ludwig Erhard mich nachdrücklich im Wahlkampf. Zusammen mit Alfred Müller-Armack gab Erhard ein Buch heraus mit dem Titel „Soziale Marktwirtschaft, Manifest 1972". Mit herzlichen Wünschen für meinen Wahlsieg widmete er mir dieses Buch.

Für die Wahl bildeten wir eine „Vierermannschaft" (Barzel, Katzer, Schröder, Strauß) und wählten den Slogan „Wir bauen den Fortschritt auf Stabilität". Wir setzten unsere Akzente überwiegend innenpolitisch. Die Stimmenthaltung zu den Ostverträgen und deren Änderung durch die „Gemeinsame Entschließung" trugen, wie wir meinten, für unsere Geschichte, aber bei den Wählern noch nicht weit genug. In diesem Wahlkampf kochten die Emotionen über. An die Stelle von Argumenten und Alternativen traten „Willy!"-Rufe. Viele trugen das „Willy"-Abzeichen. Für viele wurde Brandt zur „Kultfigur".

Kurt Plück berichtet aus Bonn: „Die Stimmung des Hasses gegen den demokratischen politischen Gegner hielt bis zu den nachfolgenden Bundestagswahlen im Dezember 1972 an. Ältere Freunde, die schon an den Reichstagswahlen im Januar 1933 teilgenommen hatten, erinnerten sich an die Ähnlichkeit der Verhältnisse. Die 16jährige Tochter eines Freundes wurde an einer Omnibus-Haltestelle geohrfeigt, als man eines CDU-Buttons gewahr wurde, den sie am Mantelaufschlag trug. In der Straßenbahn hatte eine Frau aus ebendiesem Grunde hinzunehmen, von einer anderen angespuckt zu werden. In Bonner Geschäften wurden Kunden nicht bedient, die solche CDU-Abzeichen trugen. Einer Hebamme, die sich durch Aufkleber an ihrem Volkswagen als CDU-Wählerin bekannte, wurden die Reifen zerstochen."

In meinem Wahlkampf begleitete mich Claudia. Auch in Heidelberg hagelte es Farbbeutel, Tomaten, Eier, Äpfel. Bald standen oben am Pult nur noch ich, ein Kriminalbeamter, der mit dem Regenschirm solche Geschosse aufzufangen suchte, und Claudia, die auch so half.

Als sie uns später in Bonn besuchte, sah ich, daß ihr Schirm Flecken hatte. Ich raunzte über ihren schmutzigen Schirm. Ich tat ihr ganz unrecht! Es war der Schirm von Heidelberg ... Verzeih!

Wir verloren die Wahl. Ich hatte das befürchtet: Weder beim Kampf um die Verträge noch beim Konstruktiven Mißtrauensvotum hatte die Union geschlossen hinter mir gestanden. Und vor allem war gegen den Träger des Friedensnobelpreises schwer anzukommen.

Kai-Uwe von Hassel, der Bundestagspräsident, hatte am 20. November 1971 dem Deutschen Bundestag während der Sitzung mitgeteilt, Bundeskanzler Willy Brandt sei mit dem Friedensnobelpreis ausgezeichnet worden. Jubel brach aus, viele Abgeordnete erhoben sich. Ich stand auf, ging zu Willy Brandt an die Regierungsbank und gratulierte ihm – wie man sich nach einem Tennisspiel am Netz die Hand reicht. Viele von der ultra-rechten Flanke der deutschen Politik haben mir diese Geste nie verziehen.

Das Wahlergebnis vom 19. November 1972: SPD 45,8 Prozent, CDU/CSU 44,9 Prozent, FDP 8,4 Prozent. Wir hatten es nicht geschafft. Viele zeigten mit dem Finger auf mich, nörgelten: „Wir? Nein! Der da."

Wir hatten 45 Prozent der Stimmen errungen – 1,6 Millionen Wähler mehr als bei der Wahl zuvor im Jahre 1969, als wir den Kanzler stellten und Regierungspartei waren. „Das Jahr 1972 hat der CDU den größten Mitgliederzuwachs ihrer Geschichte gebracht. Die Partei hat sich im Wahlkampf wie nie zuvor engagiert" (so der Bundesvorstand am 20. November 1972). Kein anderer Kandidat hätte eine bessere Chance gehabt: Sachfragen seien entscheidend gewesen – so stellte es die CSU-Analyse fest. Elisabeth Noelle-

Neumann war da anderer Meinung: Ich sei der falsche Kandidat gewesen.

Am 5. Dezember 1972 sprach ich zu den Mitgliedern der CDU/CSU-Fraktion des 7. Deutschen Bundestages in unserer ersten Sitzung nach der Wahl: „Wir hätten unser Handwerk nicht gelernt, wären keinen Schuß Pulver wert und 1976 würde sich keiner mehr auch nur noch nach uns umdrehen, wenn wir mit dieser Opposition nicht imstande wären, das Gröbste zu verhindern und mit einer klaren Alternative eine neue Hoffnung zu begründen ... Ich bin nun seit neun Jahren Fraktionsvorsitzender. So lange war das noch niemand. Warum soll das nicht zu Ende gehen? Ich habe in diesen Jahren viele Krisen gemeistert und habe immer erklärt, daß ich einer neuen Entwicklung nicht im Wege stehe. Das gilt. Ich habe viel Unangenehmes erledigen müssen. Es geschah nie hintenherum! Keiner der Betroffenen und keiner meiner Gegner hat das – auch nicht in der dunkelsten Stunde der Enttäuschung – behauptet. Es gab keinen Anlaß.

Da ich also selbst Wechsel bewirkt habe, kann man mit mir offen darüber reden. Und ich unterstelle keinem mangelnden Respekt, der gegen Rainer Barzel zu kandidieren wünscht. Ich bin bereit, ins Glied zurückzutreten und dort meine Pflicht zu tun und als Abgeordneter von Paderborn und Wiedenbrück wieder auf den normalen Bänken Platz zu nehmen. Nicht wo, sondern ob und wie man seine Pflicht tut, ist entscheidend. Mein Maßstab für Glück und Pflicht liegt anderswo als beim Beifall oder beim Haß anderer.

Ich bin ebenso bereit, weiterhin Ihr Vorsitzender zu sein. Auch das freilich ohne Wenn und Aber. Was jetzt zu tun ist, erfordert langen Atem und feste Beine. Wer jemanden zum Zwerg macht, um ihn später zu schelten, er sei kein Riese gewesen, handelt unfair."

Man lehnte meinen Rücktritt ab – „vorerst", wie ich wohl zu Recht empfand. Peter Lorenz war so ehrlich, mir das auch zu sagen. In der Fraktion raunzte es: „Nun brauchen wir eine härtere Gangart und mithin einen anderen Vorsitzenden." Aus der streng konservativen Ecke wurden vor allem Strauß und Dregger genannt. Sie ließen sich auch so anpreisen.

Ich übersah nicht, daß Kiesinger sich bemühte, seinen früheren Staatssekretär Karl Carstens, jetzt Mitglied des Deutschen Bundestages, nach vorne zu schieben. Ich bat Carstens zu mir und fragte ihn, ob er bereit sei, zum Fraktionsvorstand zu kandidieren; ich würde das unterstützen. Die Antwort war eindeutig: In meinen Vorstand wolle er nicht.

Ich kandidierte erneut zum Vorsitzenden der Fraktion und erhielt von 197 abgegebenen Stimmen 165, es gab 22 Stimmenthaltungen und 10 Gegenstimmen. Das war mein bisher schlechtestes Ergebnis. Ich fing an, auch wegen der Fraktion über meinen Rücktritt nachzudenken.

———

Die Stunden und Tage nach der verlorenen Wahl gehörten, ich gebe das zu, auch in der persönlichen Reflexion, nicht zu den heitersten meines Lebens. Während ich vieles bedachte, mich besonders im Gespräch mit Timmchen und Claudia, auch mit den wenigen Freunden, öffnete, überraschte und erfreute mich ein mir kostbar bleibendes Geschenk: Heinrich Böll sandte mir – mit Datum vom 26. November 1972, eigenhändig und handschriftlich – seinen Gedichtband von 1972. Auf die Titelseite schrieb er mit grünem Stift:

———

„Sehr geehrter Herr Dr. Barzel,
    warum ich Ihnen als erstem aus einer Fülle von Gratulanten zum Nobelpreis danken möchte, weiß ich gar nicht genau – nehmen Sie es bitte nicht als irgendeine Form der Herablassung, nur als Dank für Ihren Glückwunsch, der mich besonders gefreut hat. Sollte Sie – verzeihen Sie, daß ich diese Möglichkeit erwäge – gelegentlich eine gewisse Bit-

terkeit ankommen, so mag Ihnen die letzte Strophe auf Seite 8 vielleicht nicht zum Trost, jedoch möglicherweise zur
Erklärung des Wortes ‚deutsch' dienen.

Mit Dank und Grüßen an Ihre Familie
Ihr Heinrich Böll"

Bölls Hinweis auf Seite 8 galt diesen Versen:

„Meine Muse hat Aussatz
wie ich
wir küssen einander den Schnee
von den Lippen
erklären einander für rein.

Meine Muse ist eine Deutsche
sie gibt keinen Schutz
nur wenn ich in Drachenblut bade
legt sie die Hand mir aufs Herz
so bleib' ich verwundbar."

Und auf Seite 20:

„Gib Alarm
Sammle Deine Freunde /
nicht / wenn die Hyänen heulen /
nicht / wenn der Schakal Dich umkreist /
oder / die Haushunde kläffen /
nicht / wenn der Ochs unterm Joch
einen Fehltritt tut /
oder der Muli am Göpel stolpert
Gib Alarm /
sammle deine Freunde /
wenn die Karnickel die Zähne blecken /
und ihren Blutdurst anmelden /
wenn die Spatzen Stoßflug üben /
und zustoßen.
Gib Alarm."

Ich glaubte und glaube, daß ich Heinrich Böll damals verstanden habe. Wir kannten uns gut, seit Paul Botta uns in Köln zusammengebracht und ich ihn in Köln wie in seinem Haus in der Eifel besucht hatte.

———

Da ich Kanzlerkandidat war und bekanntlich nur der Sieg viele Väter hat, war mir klar, daß meine Zeit an der Spitze nur noch kurz bemessen sein werde. So bemühte ich mich, in der verbleibenden Zeit Kurskorrekturen an Programm und Arbeit von Partei und Fraktion durchzusetzen, damit wir 1976 mehrheitsfähig würden. Der Versuch, Hans Katzer mit politischen Koordinierungsarbeiten zu beauftragen, stieß auf leider nicht zu überwindenden Widerstand. Zwar gelang es, das Parteipräsidium für diesen Vorschlag zu gewinnen, nicht aber die Fraktionsführung. Stücklen, Dregger, Müller-Hermann, Weizsäcker widersprachen heftig. Ein weniger bekannter Kollege sagte mir: Sie sind schon „links" genug. Bitte nicht noch einen von Euch …

Zur Richtung und Art unserer Oppositionspolitik schlug ich vor, nicht generell den Konflikt mit der Koalition und der Bundesregierung zu suchen, „sondern im abgewogenen, schwerpunktorientierten Wettbewerb die Leitlinie zu setzen". Einer der Schwerpunkte sei die Gesellschaftspolitik mit den Fragen Mitbestimmung, Bodenrecht, Wettbewerb, Eigentumsstreuung, Bildung, Umwelt, soziale Dienste, Familie, soziale Sicherung der Frau, Jugend, Altenhilfe. Das sei keine Rangfolge – so im Bundesvorstand am 27. Januar 1973.

Zu diesen Themen setzten wir Kommissionen ein. Das heißeste Thema, die Mitbestimmung, nahm ich selbst in die Hand. Wir seien, so sagte ich immer wieder, *als sozial-reformerische Partei angetreten* und hätten so Erfolg gehabt. Auf dem Parteitag der CDU von Westfalen-Lippe erklärte ich am 12. Januar 1973 in Siegen: „Wenn wir, wie zum Beispiel bei der Lohnfortzahlung, wie beim 312-DM-Gesetz, bei unseren Mitbestimmungsgesetzen und beim Beteiligungslohngesetz, uns hier und da eher für diese sozialen und reformerischen Schritte entschuldigen, statt diese als mühsam errungene, aus unserem Leitbild geformte, von einer Volkspartei durchgesetzte Neuerungen lobend zu bekennen, wenn man sich dann gar noch etwa entschuldigt bei den jeweiligen Interessenten für eine durchgesetzte Reform, die hier oder dort einem für kurze Zeit auf die Hühneraugen tritt, dann wird man eben nicht als Reformer gelten, sondern in die Ecke gestellt, in welche die anderen uns haben wollen. Da müssen wir raus!"

Viele fanden, dies sei „starker Tobak" gewesen. Das paßte nicht allen. Ich ließ nicht locker. Insbesondere in Reden vor der Landesversammlung der CDU Nordrhein-Westfalen (11. März 1973) und vor dem Bundespartei-Ausschuß der CDU (2. April 1973) warb ich für die *Politik des „Gleichgewichts der Partner"*.

Zur Frage der Mitbestimmung berichtete ich dem Bundesvorstand der CDU am 12. Mai 1973: „Ich hatte, wie Sie wissen, ungefähr 30 Einzelgespräche mit führenden Männern der Arbeiterschaft, der Wirtschaft, der Partei und von anderen Seiten. Niemand verkannte die Notwendigkeit, unseren Standpunkt zu überprüfen. Es gibt lediglich einige, allerdings mehr aus zweiten und dritten Gliedern, die meinen, die CDU dürfe sich in dieser Frage auf gar keinen Fall bewegen, weil sie so eine Bremswirkung auf die FDP habe, die dadurch wiederum besser die SPD bremsen könne. Ich hoffe nicht, daß sich irgend jemand unter uns von diesem Gedanken leiten läßt. Denn als zweite Hilfsbremse der gegenwärtigen Regierung ist die Union zu schade. Ob die Koalition hier zu einem Entwurf kommt oder nicht, wissen wir nicht. Wir wissen nur, daß sie einheitlich handeln wird. Und es gibt viele, die meinen, daß wir uns deshalb nicht neu zu bewegen brauchen. Denen kann ich nur sagen: Laßt Euch den Gedanken Mitbestimmung nicht stehlen."

Wir mußten uns, so meine Absicht, auf die gleichgewichtige Partnerschaft hinbewegen, unsere Politik also in Richtung auf mehr Mitbestimmung verändern. Ich warb für diese erweiterte Mitbestimmung ebenso wie für den „eigenständigen Anspruch der Frau auf soziale Sicherheit". Ich redete – unter Pfiffen von „Parteifreunden" – auf dem Hamburger Parteitag am 19. November 1973 für das Mitbestimmungskonzept der Jungen Union und der Sozialausschüsse und stimmte entsprechend mit der Minderheit ab. Mitten in dieser Diskussion erfolgte am 9. Mai mein Rücktritt als Fraktionsvorsitzender über eine außenpolitische Frage, und am 16. Mai 1973 schrieb ich an die Mitglieder der Parteiführung und an die der Bundestagsfraktion: „Zusammen mit meinem Rücktritt vom Vorsitz der Bundestagsfraktion der CDU/CSU hatte ich die Absicht, in Konsequenz meiner Haltung gleichzeitig den Verzicht auf die Kandidatur zum Parteivorsitzenden der CDU zu erklären. Da aber zum Zeitpunkt des Rücktritts weder abzusehen war, wer die Fraktion interimistisch leiten noch wie lange es dauern werde, einen neuen Fraktionsvorsitzenden zu wählen, folgte ich dem Rat, hinsichtlich des Parteivorsitzes *eine Erklärung erst abzugeben,* wenn ein neuer Vorsitzender der Bundestagsfraktion gewählt sei. Für die Zwischenzeit müßte die CDU durch einen gewählten Parteivorsitzenden voll handlungsfähig bleiben. Nur so konnte vermieden werden, daß die Krise ausuferte. Die Entwicklung erlaubt nun, Ihnen heute *mitzuteilen,* daß ich für das Amt des Parteivorsitzenden nicht zur Verfügung stehen werde."

Mir war natürlich zu Beginn des Jahres 1973 und in dessen Frühjahr nicht verborgen geblieben, daß meine Stellung in Partei und Fraktion schwächer wurde. Der gesellschaftspolitische Kurs erregte Anstoß – wie früher meine ostpolitische Haltung.

In meinem Buch „Es ist noch nicht zu spät" habe ich das beschrieben und halte das auch jetzt für richtig: „Als ich nach der Bundestagswahl 1972 den sozialen Akzent der

CDU noch stärker betonte und die Fortentwicklung unseres Programms auch hinsichtlich der Gesellschaftspolitik verlangte und einleitete, gab es in der Bonner ‚Lobby' spitze Ohren und mißtrauische Augen. Das überschlug sich, als ich die kühne Vermessenheit hatte zu sagen, die Partnerschaft dürfe nicht aufhören, wo der Gewinn beginne. Ich wurde zum ‚Linken' erklärt – durch Flüstern, durch Mundfunk, durch Informationsbriefe, vertrauliche Nachrichten. Ja, von rechts her betrachtet, steht links, wer die Mitte ausfüllt! Und in der Mitte wird in Deutschland mit den Wahlen die Zukunft entschieden! Da entscheidet sich auch das Schicksal der Demokratie. Wo – ich wiederhole – soziale Gerechtigkeit blüht, ist für Faschismus und Kommunismus kein Platz. Die kommunistische Gefahr in Portugal, Italien und Frankreich kommt nicht von außen. Sie kommt von innen aus – Verzeihung – nicht genügender Sozialqualität."

———

Wenn ich jetzt, im nachhinein, diese Sätze lese, erscheinen sie mir weiterhin richtig und wichtig – bedeutsam in der Erinnerung an den damaligen Ost-West-Konflikt, der auch eine innenpolitische Dimension hatte: Die Kommunisten in Moskau beschworen ihr Ziel der „Weltrevolution", sahen Religion und westliche Gesellschaftspolitik in ihrem Programm als wichtige Gegner und gewannen Einfluß auf die Politik von NATO-Staaten, wie Italien, Frankreich und Portugal. Henry Kissinger hatte prophezeit: „In zehn Jahren ist Europa sozialistisch." Ich trat dem mit der optimistischen Prognose meines Buches „Es ist noch nicht zu spät" (1976) entgegen.

Die Partei-Ideologen in Moskau sahen West-Europa bereits in der „vorrevolutionären Phase". Ich schrieb dazu: „Der NATO-Panzer schützt vor dem Eindringen der Rotarmisten, er schützt nicht vor dem Ministersessel für einen kommunistischen Abgeordneten. Und wenn dieser da säße, wäre der Panzer wohl bald nicht mehr da."

Viele in Europa bemühten sich damals um den sogenannten „Historischen Kompromiß" zwischen kommunistischer und freier Welt. Ich hielt es für untauglich, den Versuch zu wagen, Feuer und Wasser zu vermengen, vertraute auf die westliche Überlegenheit, falls der Westen sich mit Entschlossenheit nicht nur durch militärische Abschreckung nach außen sichere, sondern zugleich durch soziale Reformen und die skizzierte Gesellschaftspolitik auszeichne. Der soziale Rechtsstaat hat den Kampf gegen die „Diktatur des Proletariats" gewonnen – nicht nur durch unsere Außen- und Verteidigungspolitik, sondern auch durch die überlegene Ordnung im Inneren. Der kommunistisch geführten DDR gelang es nicht, die Zustimmung der Menschen, die in dieser Arbeiter- und Bauern-Politik lebten, zu gewinnen.

————

Ich konnte damals auch nicht übersehen, daß die tiefenpsychologisch angesetzte, systematische Abwertung meiner Person – begonnen in „SPD-intern" Nr. 18/71 sofort nach meiner Wahl zum Parteivorsitzenden auf dem Saarbrücker Parteitag 1971 – nicht ohne Wirkungen blieb. Die „Kölnische Rundschau" schrieb am 29. Januar 1973: „Union-Anhänger machten Gebrauch von ‚Negativ-Katalog Barzel'." Die Zeitung rief in Erinnerung, daß die SPD unmittelbar nach meiner Wahl zum Parteivorsitzenden in ihrem internen Informationsdienst zum persönlichen Angriff gegen mich aufgefordert hatte: „Barzel belastet die CDU ... Nachhaken: Weitersagen: Barzel ist ohne Grundsätze ..., arbeitgeberfreundlich, abhängig von Strauß ... Er polemisiert ..." („SPD-intern" 18/71)
Natürlich wirkten auch die Tiefschläge, die Günter Grass mir versetzt hatte: „Im Wahlkampf 1972 zeichnete Günter Grass den Kanzlerkandidaten der CDU/CSU in fortlebender

Prosa als Ausbund menschlicher Ekligkeit. Der Mensch Barzel wurde von Grund auf zerstört." So das Urteil der Historiker Bracher, Jäger und Link in ihrem Buch „Republik im Wandel".

Es kam hinzu, daß Helmut Kohl am 27. Januar 1973 mitgeteilt hatte, er wolle sich erneut um den Parteivorsitz bewerben. Er reiste werbend durchs Land. Der „Zermürbungskrieg gegen Barzel", wie dpa das nannte (6. März 1973), erhielt eine neue Dimension, als nicht nur Kohl im Lande für seine Kandidatur zum Parteivorsitz warb, sondern Franz Josef Strauß sein Interesse am Vorsitz der CDU/CSU-Bundestagsfraktion bekundete. Am 4. März antwortete er auf die Frage des Deutschlandfunks, ob er als Fraktionsvorsitzender zur Verfügung stehe: „Das würde für mich eine sehr schwierige Entscheidung werden ... Sollte allerdings die Zukunft der CDU/CSU, ihre Konsolidierung und ihre Kampfkraft eine Mitwirkung von mir auch in parlamentarischer Position verlangen, dann würde ich zu dieser Verantwortung nicht Nein sagen."

Die „Neue Züricher Zeitung" hielt am 17. März 1973 fest: „Die Fronde gegen Barzel gewinnt an Terrain." Robert Schmelzer hatte schon am 17. Februar 1973 einen Leitartikel über „Die Hinrichtung Barzels" in der „Frankfurter Neue Presse" geschrieben: „Trotzdem findet seine stückweise Hinrichtung statt. Die eigene Partei zaust und schüttelt ihn ... All das gehört zur Abwertungsroutine gegenüber einem Mann, auf dessen Kabinettsliste zu stehen sich mancher der heutigen Zwirnsfädler vor kurzem noch zur großen Ehre anrechnete ... Fast alle zeigen der sinkenden Sonne den Rücken ..."

Am 2. Mai 1973 schrieb der Helmut Kohl verbundene „Mannheimer Morgen": „Nach den neuesten Informationen aus CDU-Kreisen gibt es innerhalb der Unionsfraktion Gruppen, die im Herbst dieses Jahres Barzels Ablösung als Fraktionsvorsitzender ernsthaft anstreben. – Diese Entwicklung hat ihren Hintergrund in dem regen Besuchspro-

gramm, das die beiden Konkurrenten Barzel und der rhein-
land-pfälzische Ministerpräsident Helmut Kohl in den letzten Wochen der Parteibasis gewidmet haben. Obzwar sie
selten gemeinsam, sondern mit zeitlichem Abstand vor dem
gleichen Publikum auftreten, hat sich in den unteren Regio-
nen der CDU der Eindruck verstärkt, daß Barzel dabei ist,
gegenüber Kohl Punkte zu sammeln. Die Zweifel, ob Rainer
Barzel im Herbst wirklich als CDU-Vorsitzender abgewählt
wird, haben dazu geführt, daß die Aktivitäten gegen ihn sich
auch auf die Fraktionsebene verlagern. Die Rechnung der
Barzel-Gegner lautet: Wenn es nicht gelingt, Barzel durch
Abwahl vom Amt des CDU-Vorsitzenden an der Kanzler-
kandidatur 1976 zu hindern, müsse dies durch seine Abwahl als Fraktionsvorsitzender erreicht werden. Der Parteitag ist im Oktober, die turnusmäßig fällige Wahl des Fraktionsvorsitzenden für den Rest der Legislaturperiode im Dezember."

Wir hatten nach der verlorenen Wahl 1972 den Kampf um
die Ostverträge und den Streit unter uns über unsere Haltung zu diesen Fragen noch gut in Erinnerung, uns steckten
der Wahlkampf und das Wahlergebnis noch in den Knochen
– schon sollten wir entscheiden, ob die Bundesrepublik
Deutschland ebenso wie die DDR den Vereinten Nationen
beitreten solle. Viele von uns gingen zurück in alte Start-
löcher. Werner Marx und Aloys Mertes führten da das Wort.
    Konrad Adenauer hatte als Bundeskanzler in verpflich-
tender Form erklärt: Die Bundesrepublik Deutschland werde ihre Politik an den Prinzipien und Normen der Vereinten
Nationen ausrichten, auch ohne Mitglied der UNO zu sein.
Ich neigte dazu, dem Ratifikationsgesetz des Beitritts zur
UNO zuzustimmen. Nachdem es uns – wie dargetan – gelungen war, unser nationales Selbstbestimmungsrecht im
Ostvertrags-Werk völkerrechtlich wirksam zu verankern,

war es für mich so logisch wie selbstverständlich, den Vereinten Nationen beizutreten – auch wenn die DDR da nun mit uns Mitglied würde. Unsere Rechte auf Wiedervereinigung waren ja gewahrt.

Die anderer Meinung waren, belebten den alten Streit, sahen in der Mitgliedschaft der DDR in der UNO eine Aufwertung der DDR und eine Vertiefung der deutschen Spaltung. Einige waren nur einfach gegen mich. Strauß gehörte zu ihnen. Einige hielten mich wohl einfach für einen Mann „ohne Fortune".

Wieder diskutierten und stritten wir. Ich sah und betonte auch die Chance, vor dem Forum der Vereinten Nationen unsere Menschenrechte und unser Selbstbestimmungsrecht zur Sprache bringen und beiden Zielen näherkommen zu können. Ich hielt es staatspolitisch jedenfalls für unerträglich, aus innerparteilicher Ranküne und parteiischem Geist die Mitgliedschaft in den Vereinten Nationen auszuschlagen.

Ich hatte für das Frühjahr 1973 ohnehin wieder eine USA-Reise geplant. So meldete ich mich auch bei der UNO in New York zu Gesprächen an. Generalsekretär Waldheim empfing mich gerne. Man wußte in der UNO von dem Interesse des Generalsekretärs U Thant an meiner New Yorker Rede vom 17. Juni 1966 und schätze, wie man sagte, meine Politik. Die Auskünfte, die ich erhielt, befriedigten. Es wurde gesichert, daß West-Berlin in den Vereinten Nationen „entsprechend dem Vier-Mächte-Abkommen durch die Bundesrepublik Deutschland vertreten werde".

Nach Hause zurückgekehrt, bat ich Gerhard Schröder, unseren ersten Außenpolitiker, zu mir und unterrichtete ihn. Er war sehr interessiert. Ich erklärte ihm, diesmal wolle ich es wissen: Ich sei für den Beitritt zu den Vereinten Nationen und würde, falls eine Mehrheit der Fraktion mit „nein" votiere, zurücktreten. Ich sei dieses Lamentieren und Lavieren leid! Natürlich war das unvorsichtig! Ich gab meinen Gegnern ein Mittel in die Hand, mich zu stürzen, ohne gegen mich als Person stimmen zu müssen. Das war mir klar. Aber ich wollte es wissen! Am 8. Mai 1973 diskutierte die Fraktion den UNO-Beitritt.

Die Abstimmung verlief dramatisch: Für den Beitritt zu den Vereinten Nationen hatte sich das Partei-Präsidium der CDU ausgesprochen. Die Kommission der Fraktion, die ich eingesetzt hatte und der Karl Carstens vorsaß, empfahl mit 12 gegen 4 Stimmen den Beitritt. Auch die CDU/CSU-Ministerpräsidenten votierten so. Die offene Abstimmung in der Fraktion ergab mit 97 zu 96 Stimmen eine knappe Mehrheit für den Beitritt. Auf Antrag wurde die Abstimmung zugunsten einer geheimen Abstimmung wiederholt. Das Ergebnis: Diesmal waren 101 zu 93 für Nein!

Die Zeitungen berichteten am folgenden Tage in großer Aufmachung über meine „empfindliche" und „schwere" Niederlage. Viele wiesen auf Franz Josef Strauß als Anführer der Nein-Sager hin. Ich müsse das überschlafen, erklärte ich, berief aber sofort für den kommenden Morgen die Fraktion ein und kündigte eine wichtige Erklärung an, sprach auch von „Konsequenzen für die Führung". Mein Rücktritt lag in der Luft, Gerüchte schwirrten durch das Bundeshaus am Rhein.

Hans Katzer riet mir, nicht so konsequent zu sein. Franz Josef Strauß meinte, es genüge doch, wenn ich einen der beiden Vorsitze (Fraktion oder Partei) abgäbe. Ich empfing Aloys Mertes, dem ich menschlich besonders verbunden war, am kommenden Tage frühmorgens vor der Sitzung der Fraktion und erklärte ihm, daß ich in ganz kurzer Zeit zurücktreten werde. Er bedaure das, antwortete er, aber auf keinen Fall werde er seine negative Einstellung zum UNO-Beitritt ändern. Ich eröffnete die Sitzung der Fraktion und erklärte meinen Rücktritt:

CDU/CSU-Fraktion im Deutschen Bundestag

Bonn, den 9. Mai 1973
VII/I/26

Fraktionsprotokoll

„Meine Damen und Herrn! Ich eröffne die Sitzung der Fraktion und gebe zu Beginn, wie gestern angekündigt, eine persönliche Erklärung ab.

Die Fraktion hat gestern in einer wichtigen und grundsätzlichen Frage, die ich als fundamental für die Richtung unserer künftigen Politik bezeichnet habe, mit knapper Mehrheit gegen meinen Rat entschieden. Seit langem und mit Nachdruck hatte ich meine Meinung hierzu in vollkommener Übereinstimmung mit dem Präsidium der CDU und den Ministerpräsidenten der CDU und CSU vertreten. Nachdem die Bedingungen erfüllt sind, die unser Sprecher in der 1. Lesung des Gesetzes über den Beitritt der Bundesrepublik Deutschland zu den Vereinten Nationen im Auftrage der Fraktion verbindlich im Deutschen Bundestag genannt hatte, hielt ich es für ein Gebot der Redlichkeit, nun mit Ja zu stimmen, zumal ein Nein niemand in der Welt – schon gar nicht unsere Freunde – verstehen würde.

Immerhin stand am Beginn der Außenpolitik der Bundesrepublik Deutschland Konrad Adenauers feste Zusage, Inhalt und Charta der Vereinten Nationen zu achten und zu befolgen.

Seit fast zehn Jahren führe ich unsere Bundestagsfraktion. Ich habe diesen verantwortlichen Dienst gerne geleistet und wurde immer wieder in geheimen Wahlen von Ihnen zum Vorsitzenden gewählt. Ich habe nie einen Zweifel an meiner Meinung gelassen, immer von mir aus Vorschläge über den künftigen Weg gemacht, jedem Kollegen Achtung und jeder abweichenden Meinung Respekt gezollt. Demokratie kennt Ämter nur auf Zeit. Ich habe dieses Amt nach besten Kräften geführt. Ich bin nicht bereit, eine Mehrheitsentscheidung, die in einer wichtigen Sache gegen meine engagierte Überzeugung erfolgte, nun als Vorsitzender zu vertreten.

Ich habe, wie ich Ihnen gestern sagte, die Konsequenzen überdacht. Hiermit trete ich vom Amt des Fraktionsvorsitzenden der CDU/CSU-Bundestagsfraktion nach gewissenhafter Prüfung des Für und Wider zurück. Meinen Mitarbeitern, von denen ich viel, oft zuviel, verlangt habe, danke ich herzlich. Im Kreis der Kolleginnen und Kollegen, in den ich nun aus eigenem Entschluß zurückkehre, werde ich weiter für unsere Sache aktiv eintreten und weder meine Freunde noch die Wähler, noch die Ideale, für die ich kämpfe, im Stich lassen."

———

Der Entschluß zum Rücktritt fiel leichter als die Zeit danach. Politische Führung, die ich so lange Jahre erstrebt, erkämpft und ausgeübt hatte, wird Lebensinhalt. Sie beansprucht rund um die Uhr – werktags wie sonntags. Nie ist man allein. Sicherheitsbeamte, Bürger, Wähler, Kameras, Kollegen, Journalisten, Akten, Telefone, Mitarbeiter – irgendwer oder irgend etwas ist immer um dich. Und kommt es einmal zu ruhigerem Durchatmen, dann treten die Sorgen und Probleme plastischer hervor und rücken hautnah heran. Verantwortung lastet.

Nun war es – plötzlich, von einem Moment auf den anderen – still um mich. Fast niemand wollte mehr etwas. Ich käme mir vor wie eine ausgepreßte Zitrone, schrieb Walter Henkels. Damals traf das Berliner Bonmot ganz und gar auf mich zu: „Geh in dir, Mensch!" – „War ich schon. Auch nichts los."

Kein Telefon, keine Mitarbeiter, keine Kameras, kaum Kollegen ... Stille und Leere. Ganz plötzlich. Und ebenso plötzlich merkte ich, auf eine neue Art, was meine Frau, meine Tochter, meine Mutter und mein Vater, was meine Familie für eine Kraft gaben. Ich erkannte es neu und dankbar.

Ich lernte die Freunde zählen, auf sie zählen, und „Freunde" vergessen. Ich lernte auch, wie man sich unterwegs einstellen muß, wenn einige nicht mehr grüßen: Du darfst nicht warten, bis sie dir Respekt und Achtung erweisen. Dann wartest du lange und wohl vergebens. Sie bringen es nicht. Auch hier gibt es keinen Status quo. Du mußt die, die eigentlich Bringschulden bei dir haben, beschämen, indem du die Schuld abholst. So blickst du nicht zurück im Zorn; so bist du unterwegs. Unterwegs nach vorn. Politik kennt keine weißen Flecke. Politik kennt keine leeren Räume. Wer nicht handelt, wird behandelt. Wo in Verträgen und Dokumenten Spielraum bleibt für Auslegungen – ob es sich um das Berlin-Abkommen handelt oder den Beschluß Nummer 242 der Vereinten Nationen zum Nahen Osten –, ringt man mit dem Partner um die Auslegung und das Anwenden. Tut man es nicht, wird der andere sich durchsetzen. Wo ein Wille ausbleibt, zurückbleibt, fehlt, dringt ein anderer vor, stellt sich ein anderer ein; verändert sich die Wirklichkeit.

Politik ist wie das Leben: Geburt und Tod; Krankheit und Genesung; frisch sein und gebrechlich werden; werden und vergehen. „In der Politik ist eine Woche eine lange Zeit", sagte mir einmal Harold Wilson.

––––––

Im Konrad-Adenauer-Haus gab – wie schon erwähnt – Gerhard Stoltenberg für die Union am 21. Juni 1999 anläßlich meines 75. Geburtstages zu meiner Überraschung diese Erklärung ab: „Im zeitlichen Abstand hat sein (Barzels) politischer Kurs ... mehr Anerkennung und Verständnis gefunden als in den Konflikten jener Zeit ... Die Weigerungen eines großen Teils der Fraktion, ihm über die weiterentwikkelten Verträge zu folgen, war ein schwerer Fehler. Nachdem die Union durch ihren Vorsitzenden maßgeblich an den wesentlichen Verbesserungen der ersten Texte beteiligt war, brachten die Verweigerer sie in der Wahrnehmung der Menschen um den Erfolg. Und es war ein weiterer Fehler, gegen den UNO-Beitritt zu votieren, da seit dem Herbst 1972 die diplomatische Anerkennung der DDR durch zahlreiche Staaten erfolgt war." Wäre das damals die Meinung der Fraktion gewesen – ich wäre nicht zurückgetreten. Vieles in meinem Leben hätte einen ganz anderen Verlauf genommen. Ich gehe so weit, diese Aussage auch auf Teile der deutschen Politik auszudehnen.

Die Fraktion wählte Karl Carstens zu ihrem Vorsitzenden und die Partei Helmut Kohl zum Parteivorsitzenden. Ich übergab Kohl eine intakte, erstarkte Partei und Carstens eine handlungsfähige, kampfeslustige Fraktion.

———

Nach meinem Rücktritt sah ich in vieler Kollegen leere Gesichter. Wie man sichern könne, daß ihnen mein Rat und meine Erfahrung erhalten blieben? Die Anregung, mich zum Ehrenvorsitzenden der CDU zu machen, lehnte ich ab: Ich sei noch nicht 50 Jahre alt, und wir hätten schon zwei Ehrenvorsitzende: Konrad Adenauer und Ludwig Erhard. Der Parteitag in Bonn beschloß am 12. Juli 1973, daß ich in der Führung der Union weiterhin mitwirken solle. Der neue Vorsitzende erledigte diesen Beschluß auf besondere Weise: Ich erhielt keine Einladungen zu den Sitzungen von Präsidium und Bundesvorstand. An den Sitzungen des Fraktionsvorstandes, zu denen ich eingeladen wurde, nahm ich, wenn es möglich war, teil.

Die Unterlagen weisen aus, daß ich erst ab 1975 – nach dem Mannheimer Parteitag und aufgrund einer Intervention von Konrad Grundmann im Namen der nordrhein-westfälischen Union – wieder an den Beratungen des Partei-Präsidiums teilnahm. Auf diesem Parteitag meldete ich mich „nach einer arbeitsreichen Zeit als ,freischaffender Künstler zum Dienst in geordneten Verhältnissen zurück'". So das Protokoll.

Heute weiß ich, ich gebe das auch zu, daß ich zur Zeit meines Rücktritts zermürbt war. Man hatte mir nicht – wie Ärzte und Freunde annahmen, als mein Rücken ernsthaft erkrankte – das „Rückgrat gebrochen"; auch hat mir die Politik nicht zu oft abgefordert, strapaziös „Rückgrat zu zeigen" (so Ute, meine Frau) – nein: Ich war müde und zermürbt, hatte wohl auch Anlaß einzurechnen, künftigen Kämpfen gesundheitlich nicht mehr genügend gewachsen zu sein.

Mir schien, ich hätte schon genug gewagt. Ich hatte viel Kraft verbraucht mit den politischen Querelen, im Kampf mit Brandt für die Zukunft eines wiedervereinigten Deutschlands; die Bundestagswahl 1972 hatte ich verloren – ein wenig auch durch mangelnde Unterstützung aus dem eigenen Lager, vor allem aber, weil Willy Brandt als strahlender „Friedensfürst" mit seiner jugendlichen Truppe fast unschlagbar war. Ich hatte die Türe zur deutschen Einheit offengehalten, die diplomatischen Beziehungen zu Israel hergestellt, die Union auf Kurs und zusammengehalten, gesellschaftspolitisch neue Pflöcke eingerammt, das Kunststück – gegen Adenauers Prophezeiung, die Union tauge nicht als Opposition – fertiggebracht, mit dieser Union eine schlagkräftige Opposition aufzubauen ...

Und nun gingen Mißgunst und Unverstand schon wieder um: Eine Front im eigenen Lager baute sich auf – nicht gegen Konrad Adenauer, nicht gegen Ludwig Erhard, nicht gegen Gerhard Schröder, diesmal gegen mich. Ich war des Streites so müde wie mangelnder Unterstützung und unausgegorener „Argumente". Kurzum: Ich war innerlich schon zurückgetreten, bevor der Anlaß sich einstellte! Und die vielen, die mich nach jeder Schlappe fröhlich als „ewiges Stehaufmännchen" feierten, hätte ich gern einmal vorher an meiner Seite gesehen.

Es waren nicht immer „die anderen", welche die weniger erfolgreichen Etappen meines langen politischen Lebens verursacht haben. Durch diese Widrigkeiten habe ich gelernt, eigene Fehler zu erkennen, mich selbst an die Nase zu fassen und – dabei zuversichtlich zu bleiben.

Oft dachte ich zurück an die Mahnungen, die mir der alte westfälische Oberpräsident Gronowski bei meinem Antrittsbesuch anläßlich meiner ersten Bundestagskandidatur im Jahre 1957 in Paderborn mit auf den Weg gegeben hatte: „Wer auf den Marktplatz geht, muß wissen, daß es da Hunde gibt, die an ihm ihr Bein hochheben!" Und: „Sie werden mehr Sorgen bekommen als ein Hund Flöhe hat."

Ein Vers des Ulrich von Hutten kam mir, zur rechten Zeit, beim Lesen in den Sinn:

„Ich hab's gewagt
dem Land zulieb
– und werd' des End's erwarten."

———

Auch in diesem Jahr 1973 ließ der Frühling im Mai die Bergwiesen in und um Grainau blühen und strahlen. Diese Luft zu atmen, tat der Seele wohl. Auf dem Wege in die Berge machte ich Station in München, um eine schon seit Monaten getroffene Verabredung mit der Redaktion einer Münchner Zeitung einzuhalten. Mit Neugier und betont freundlich wurde ich empfangen. Am Ende unserer Diskussion fragte die Moderedakteurin (so wurde sie vorgestellt): „Sie haben nun zehn Jahre lang eine Fraktion geführt, der CDU und CSU angehören. Wie geht das so lange gut mit uns Bayern?"

Es gelang dieser schönen jungen Frau mit ihrer Frage wachsame Aufmerksamkeit in der Runde zu wecken. Ich antwortete: „Das Zusammenwirken mit den Bayern ging insgesamt gut. Dabei habe ich drei Punkte zuerst gelernt, dann besonders beachtet: Erstens, wenn die Bayern sich streiten, was vorkommt, misch' dich nicht ein, halt' dich da raus – sonst hast du sofort alle vereint gegen dich! – Zweitens, denk' dran und befolge den Rat: Du mußt die Grundsätze so hoch halten, daß man immer noch drunter durch kann! – Drittens, sei immer der Realität des Spruches gewiß: In Treue ziemlich fest!" Die Redakteure lachten, sie verstanden mich gut. Einer von ihnen, ein älterer, geleitete mich zur Ausgangstür. Ob ich mich an meinen Ausspruch „Deutschland braucht Bayern!" aus den ersten Monaten meiner Arbeit als Fraktionsvorsitzender erinnerte, den ich im Festzelt im Kreise Miesbach zur Freude der Anwesenden geprägt hatte? „Ja, natürlich, gerne", erwiderte ich knapp, ging zum Auto und fuhr, preußisch, fort. Dieser Herr hätte wohl gerne ein paar Worte mit mir gewechselt; das bemerkte ich leider zu spät.

Die ganze Geschichte kam mir erst auf der Rückfahrt in Erinnerung: Es war mein erster „Einsatz" als „Preuße" in einem Wahlkampf in Bayern. Ich wußte, daß eine bayerische Zeitung mich den ganzen Tag über – mit der Frage, ob ich da „ankomme" – begleiten und beobachten, dann darüber berichten werde. Für den Abend stand eine „Versammlung" im „Festzelt" auf dem Programm. Als ich da eintraf, qualmte und lärmte es. 3000 Bayern auf so engem Raum! Hautnah. Krachledern. Mir schien, das Bier dampfe aus dem Zelt, aus den Bänken, aus den Körpern – knieoffen, wadenfrei und oben geöffnet. Mir verschlug der Dunst den Atem. Ich wurde an einen „Vorstandstisch" geleitet, erhielt dort den Ehrenplatz, auch einen Ehrenkrug – aber nicht das Wort zu einer Rede. Tänze und Grußworte und immer wieder Blaskapellen wechselten sich ab und Goaßlschnalzer. Wie sollst du da reden, Gehör finden, durchkommen? Wie „ankommen"?

In mir stieg eine Beklemmung auf, die ich bisher nicht kannte. Ich hatte mir (zum „Redner des Jahres" gewählt) angewöhnt, mich auch selbst für einen guten Redner zu halten. Vor Tagen erst hatte ich im Curio-Haus in Hamburg störende Zwischenrufer, die Anstoß an meinem Satz nahmen „Wir haben unser Latein gelernt!", zum Schweigen gebracht mit der Metapher, „ut exempla docent". Aber nun im

Dunst des Bierzelts von Miesbach? Zwischen Schuhplattlern, röckeschwingenden jungen Frauen und Blaskapellen? Plötzlich, wie durch Nebel von kräftigen Armen geleitet, stand ich hinter dem weiß-blauen Rednerpult, hörte den Tusch der Bläser, die einleitenden Worte des Vorsitzenden. Ich empfand – Andersgläubige mögen bitte verzeihen –, ein Schutzengel half mir, als ich begann: „Warum ich als Preuße hier zu Ihnen rede? Sie wissen es. Ich spreche es aus: Deutschland braucht Bayern!" Das war nicht erwogen, nicht vorbereitet, nicht so vorgedacht. So redete es spontan aus mir. Der Dunst verwandelte sich sofort in eine hellauf begeisterte, jubelnde und klatschende Menge.

Gewiß hätte ich diese Wahrheit – keine Mehrheit der Union in Bonn ohne die Stimmen aus Bayern, kein Adenauer, kein Erhard ohne die Bayern –, hätte das wohl normalerweise so ausgedrückt und mit Zahlenvorgängen, Demoskopie und Demographie untermauert. Die Stimmung riß mich hin zu diesem Ausbruch – und der hatte den Vorteil, die Wahrheit plastisch und besser auszudrücken.

Diese glückliche Minute von Miesbach wirkte nach: In einem späteren Wahlkampf plakatierte die CSU „Deutschland braucht Bayern!" Und sie druckte Plakate, die zwar meinen Kopf zeigten, nicht aber meinen Namen nannten. Darunter war nur in großen Lettern zu lesen: CSU. Das wurde als Identifikation verstanden! – In einer kritischen Stunde während der Beratungen der Fraktion – Franz Josef Strauß hatte mich attackiert – trug plötzlich ein fintenreicher Mitarbeiter dieses Plakat durch die Reihen. Das half. Für den Tag.

In Grainau besuchte mich bald nach der verlorenen Bundestagswahl Clemens-August Andreae. Er kam aus Innsbruck und suchte das Gespräch unter Freunden, da so vieles sich ereignet hatte. Wir tranken eine von den Flaschen „Moet Chandon", die mir Henri François-Ponçet auch im Namen seines Freundes Graf Chandon zur „Belebung" nach der Wahlniederlage geschenkt hatte.

In Österreich, so kam Clemens-August zur Sache, seien viele von meinem Wahlsieg ausgegangen, nachdem sie die Fernsehdebatte mit Willy Brandt am Donnerstag vor der Bundestagswahl gesehen hätten. An der Ruhr sei gerade diese Auseinandersetzung ganz anders angekommen, entgegnete ich. „Wie kann dieser junge Herr Doktor nur ‚unseren Willy‘ so kritisieren?" Diese Stimmung habe überwogen. Es sei wohl so gewesen, daß meine „Kompetenz-Kompetenz" größer gewesen sei als das, was Meinungsforscher „Sympathie-Werte" nennen. „Wenn du das selbst zur Sprache bringst", merkte Clemens an und holte einen etwas abgegriffenen Zeitungsausschnitt aus der Zeit vor meiner Aufstellung zum Kanzlerkandidaten aus seiner Mappe. Er gab mir den Text. Es war ein Aufsatz von Johannes Gross in der katholischen Wochenzeitung „Publik". Leider hatte Clemens vergessen, das Datum auf diesen Ausriß zu schreiben. Ich las:

„Niemand bestreitet, daß Barzel der beste Fraktionsvorsitzende ist, den die CDU/CSU je gehabt hat, ja der effizienteste Fraktionsvorsitzende in der Geschichte des Bundestages überhaupt. Niemand leugnet die funktionierende Intelligenz des Mannes und seine Artikulationsfähigkeit. Niemand spricht ihm taktische Gewandtheit ab und die Gabe des raschen Entschlusses. Bei so vielen Vorzügen und der hervorragenden Stellung, die er bereits innehat und zu der faktisch die Oppositionsführung gehört, wäre es für die CDU/CSU das natürlichste der Welt, den wohlerprobten Politiker zum Mann an der Spitze zu machen – wenn ihm nicht eines fehlte: das Talent, die Sympathie der Menschen zu erringen, zumindest das Talent, seine Partei davon zu überzeugen, daß er es doch besitze."

Gespannt wartete Clemens-August auf meine Reaktion. Ich nickte und erinnerte, daß wir beide ja schon vor mehr als einem Jahr die demoskopischen Probleme meiner Kanzler-Kandidatur offen und freundschaftlich erörtert hätten. Damals sei der Befund so gewesen: „Sach-Kompetenz" für mich: sehr gut, „Sympathie-Werte": noch befriedigend. Jedoch hätte kein anderer von der Union bessere „Werte". „Johannes Gross schrieb, was offenbar viele empfanden." So meine Antwort. Ich halte sie auch jetzt noch für richtig.

———

Nach dem Rücktritt hieß es für mich: Was nun? Die Rückkehr in meinen Beruf als Ministerialrat schied aus. Das Gesetz verbot, daß Abgeordnete, die früher Beamte waren, diesen erlernten Beruf wieder ausüben, wenn sie als Bundesminister amtiert hatten.

Ich war erst 49 Jahre alt und ein großes Arbeitspensum gewohnt. Zu meinem Pech hatten gerade die Finanzbehörden, rückwirkend, die Aufwandsentschädigungen für Vorsitzende und Geschäftsführer der Bundestagsfraktionen voll der Steuerpflicht unterstellt. So stand ich mit 125 883,45 DM Steuerschulden da.

Viele interessierten sich für mich. Ich hatte studiert, Examen vorzuweisen, Erfahrungen und ein anerkanntes Urteil in vielen Sachen; war drinnen wie draußen bekannt. Große Firmen und internationale Organisationen fühlten bei mir vor. Brandt, Scheel und Alex Möller drängten mich, in der Europäischen Gemeinschaft Mitglied der Kommission oder Botschafter zu werden.

Ich scheute vor dem Gedanken, wieder abhängige Arbeit leisten zu sollen oder Einschränkungen in meiner politischen Betätigung hinnehmen zu müssen. Mein Freund Albert Paul, Rechtsanwalt in Frankfurt, mir nicht nur im Wintersport in Garmisch eng verbunden, ermunterte mich lebhaft, doch in seiner Kanzlei mitzuarbeiten. Ich nahm dieses Angebot gerne an. Die Arbeit machte Spaß. Ich lernte viel dazu und freute mich des freieren Lebens.

Am 12. Juni 1973 hielten wir in Bonn den 21. Bundesparteitag ab. Ich gab als scheidender Parteivorsitzender den Rat: „Ich wünsche der neuen Führung Gelassenheit, wenn

Sie *persönliche Ungerechtigkeiten mit Rücksicht auf das Ganze erdulden* müssen, vor allem jene unverzichtbare Solidarität und Kameradschaft, ohne die es keinen politischen Erfolg gibt. Wer führt, steht im Streit, wenn er etwas taugt. Wer für andere ganz vorn im Streit steht, der muß nicht nur den Kopf und den Rücken frei, sondern hinter sich nichts als kraftvolle Unterstützung haben. Dies ist die allerwichtigste Reform, die wir miteinander brauchen."

Wieder Abgeordneter

Mit und gegen Schmidt

Nach meinen Rücktritten vom Partei- und vom Fraktionsvorsitz empfand ich meine Lage als zwiespältig: Der Rücktritt schmerzte, weil er auch Folge von Niederlagen war, die
mir beigebracht, aber auch von mir bewirkt worden waren.
Zugleich fühlte ich mich befreit von Rücksichten und
Zwängen, die politische Führung mit sich bringen. Ich mußte wieder lernen, was anderen selbstverständlich ist: Auf eigenen Füßen zu stehen, selbst zu telefonieren, Briefe zu fran-
kieren, Zug- und Flugverbindungen heraussuchen usw. Vor
allem: Ich mußte nicht mehr Kraft und Zeit darauf verwen-
den, Leute zu treffen, denen ich ohne diese Ämter nie hätte
begegnen wollen; war nicht mehr abhängig auch von fremd-
bestimmten Zeitplänen. Ich genoß die nun moderatere Be-
wachung. Sie diente natürlich meiner Sicherheit, aber ich
empfand sie doch oft – bei allem Takt der ausführenden Beamten – auch als Einengung, ja als Aufsicht. Mich verblüffte
zum Beispiel die Frage eines Garmischer Polizisten, wie ich
heute nachmittag in München zurechtgekommen sei. Er hatte – amtlich und schriftlich – meinen Tagesablauf bekommen.
Anderen freilich galten die Aufwendungen der Sicherheits-
behörden zu ihrem Schutz als Ausweis ihrer Wichtigkeit.

Meiner Familie und meinen Freunden sagte ich: Ich müsse und werde nun durch ein langes und dunkles Tal zu
gehen haben. Öffentlich erklärte ich auf dem Abschieds-
empfang, den Helmut Kohl im Konrad-Adenauer-Haus am
24. Oktober 1973 für mich gab, daß ich wiederkehren werde – „certus an, incertus quando" (gewiß daß, ungewiß
wann). Beides war die Wahrheit.

Kurt Biedenkopf, Kohls früherer Generalsekretär, nun
Manager bei der Firma Henkel, entschuldigte seine Absage
zu diesem Empfang mit einem Brief vom 20. Oktober 1973:

„Sehr verehrter, lieber Herr Barzel!
Eine schon lange geplante USA-Reise hindert mich daran, am 24. 10. am Empfang zu Ihren Ehren teilzunehmen. So möchte ich Ihnen auf diesem Wege sagen, daß ich mich schon bisher bemüht habe und auch in Zukunft bemühen will, an der Entwicklung der CDU in dem Sinne weiter mitzuarbeiten, den Sie als Vorsitzender geprägt haben. Ich freue mich, Sie nach meiner Rückkehr einmal sehen zu können.
Mit allen guten Wünschen und herzlichen Grüßen
Ihr Kurt Biedenkopf"

Ich konnte nicht ahnen, an welchem „Spiel" mit ganz anderem Inhalt er beteiligt war. Im Jahre 1980 verzichtete ich zu seinen Gunsten auf den Spitzenplatz der Landesliste der CDU von Nordrhein-Westfalen zur Bundestagswahl.
Ich nutzte die Gelegenheit dieses Empfanges, möglichst vielen Gästen, auch Helmut Kohl und Walter Scheel, meinen Freund Albert Paul aus Frankfurt als meinen „neuen Arbeitgeber" vorzustellen. Ich war, wie ich bereits am 16. August 1973 im Parteivorstand (das Tonband-Protokoll hält das fest) und am 27. August 1973 auch gegenüber der Bundestagspräsidentin Annemarie Renger schriftlich mitgeteilt hatte, in die große Anwalts-Kanzlei Dr. Dr. Paul und Paul in Frankfurt am Main aufgenommen worden, um dort – wie ich dem „Spiegel" auf dessen kritische Nachfrage erklärte: „zu arbeiten, Geld zu verdienen und Steuern zu zahlen". Wir waren ein offenes, auch öffentlich beachtetes Arbeitsverhältnis eingegangen. Das „Handelsblatt" vom 26. Oktober 1973 schrieb: „Derweil wurde er Mitarbeiter in einer Anwaltspraxis in Frankfurt. In seiner freien Zeit erstellt er Gutachten und übernimmt Beratungen. Dazu bringt er genügend Erfahrungen aus der gesetzgeberischen Tätigkeit mit. Außerdem ... Barzel muß als 49jähriger Ministerialrat a. D. an seine Zukunft denken. Er kann nicht wie ein als Abgeordneter beurlaubter Beamter automatisch wieder

in den Staatsdienst zurück. Hier gibt es eine Regel im Ministergesetz, die vorschreibt, daß ehemalige Minister nicht mehr in den Staatsdienst zurück können. – Das Europa-Gerücht (Barzel sollte angeblich als Kommissar zur Europäischen Gemeinschaft in Brüssel gehen, wie viele wollten) bleibt im Schwange."

Diese präzisen Mitteilungen sind nötig, weil Helmut Kohl am 7. November und am 25. November 1984 im Zusammenhang mit der „Flick-Affäre" fälschlich gesagt hat, von meiner Arbeit in der Kanzlei Paul sei ihm „mit absoluter Sicherheit nichts bekannt" gewesen. Diese Falsch-Aussage, darüber wird noch zu berichten sein, bereitete mir erhebliche Schwierigkeiten; sie stellte mich in falsches Licht.

Die Arbeit mit und in der Kanzlei machte Spaß, forderte auch heraus, ließ mich vieles dazulernen, eröffnete neue Horizonte. Und: Meine politische Unabhängigkeit wurde nicht beeinträchtigt.

Ich legte ungefähr fünfzig Schriftsätze und Gutachten vor, zum Beispiel zu Themen wie:

– künftiges Unternehmensrecht,
– Statut einer europäischen Aktiengesellschaft,
– Vereinbarkeit des Gesetzentwurfes der Bundesregierung zur Mitbestimmung mit dem Freundschafts-, Handels- und Schiffahrtsvertrag zwischen der Bundesrepublik Deutschland und den Vereinigten Staaten von Amerika vom 29. Oktober 1954,
– Stellungnahme für die amerikanische Handelskammer in Deutschland zu diesem Problem,
– zur Kontrolle des internationalen Kapitalverkehrs.

Zu den Klienten zählten namhafte Firmen aus dem In- wie aus dem Ausland. Die Firma Flick gehörte ebenso dazu wie die „Bank für Gemeinwirtschaft" des DGB und die Chase-Manhattan-Bank. Wir wurden – fälschlicherweise – in die Probleme der sogenannten „Flick-Affäre" einbezogen. Der Verdacht auf Steuerhinterziehung war geweckt worden. Einige wähnten, einem Scheingeschäft auf die Spur gekommen zu sein. Die Kanzlei wurde durchsucht, Akten beschlagnahmt. Diesem Skandal, der im Parlament wie in der Justiz mit Freispruch endete, muß ich leider einige Seiten widmen. Er gehört zu meinem Leben.

———

Axel Springer, keineswegs immer einer Meinung mit mir, erwies sich als Freund. Er erinnerte daran, wie er mich publizistisch nach meiner aufsehenerregenden Rede mit Hilfe seiner Sonntagszeitungen 1966 aus New York über den Atlantik hinweg „sicher nach Hause geholt" habe. Nun bot er mir an, mich wieder über seine „Brücke" zurückzuholen, also in seinen Blättern Kolumnen schreiben zu lassen, wann immer ich wollte, wozu ich mich äußern mochte. Welch Angebot! Wir hatten oft gesprochen über viele meiner öffentlichen Einlassungen, auch über seine Reden. Durch die gemeinsamen Erfahrungen mit „unserem" Freikauf waren wir uns sehr nahegekommen.

Timmchen gefiel meine Rückkehr zum Journalismus besonders. So sahen wir Licht am Ende des Tunnels – statt des befürchteten langen Marsches ins Ungewisse. Nie kann ich den Freund Axel Springer vergessen, nie den Verleger, der mich einfach schreiben ließ, obwohl wir uns zuweilen – zum Beispiel im Kampf um Willy Brandts Ostpolitik – mehr stritten, als unsere übliche Geneigtheit zu bedächtigem Urteil es gestattete. Auch er erklärte damals, mich nicht mehr zu verstehen, geschweige meine Meinung zu teilen. Ich war ja für den Moskauer Vertrag – freilich mit Änderungen, für die ich kämpfte.

„Wer schreibt, bleibt!" sagt der Volksmund in Deutschland. Da ich schrieb und gedruckt wurde, marschierte ich nicht auf dem abschüssigen Weg ins Abseits. Kurzum: Diese Zeit als Kolumnist und Jurist, als Abgeordneter und Politiker ohne Amt tat mir wohl. Da ich stets angestrengt gearbeitet, zu oft ein überanstrengendes Leben geführt hatte, wirkte diese neue Arbeit wie eine „Erholungspause". Ich

nutzte diese „Pause", um mich geistig wie körperlich zu re-
generieren.

————

Am 16. Mai 1974 wählte der Deutsche Bundestag Helmut
Schmidt mit 267 gegen 225 Stimmen zum Bundeskanzler.
Die deutsche Politik brauchte eine ordnende, mit Sachkun-
de und Augenmaß leitende Hand – und die Sozialdemokra-
tie eine neue Hoffnung. Helmut Schmidt gab beides – acht
Jahre lang! Er stutzte das Programm der Bundesregierung
und das der sozialliberalen Koalition auf das Mögliche zu-
sammen. Bald wurde Walter Scheel Bundespräsident, und
Hans-Dietrich Genscher avancierte zum ersten Mann des
Koalitionspartners FDP, als Vizekanzler und Außenminister.
Die deutsche Politik gewann wieder berechenbare Kontu-
ren.

Im In- wie im Ausland fand der erneute Kanzlerwechsel
in Deutschland ein breites Echo. Wir debattierten auch im
Parlament. Ich meldete mich vorher zu Wort und erklärte
öffentlich, dieser neue Kanzler sei eine „Herausforderung"
und ein „respektabler Gegner". Das paßte nicht allen in
meiner Fraktion. Unser Fraktionsvorsitzender Karl Carstens meinte, der „Kanzleranzug" sei für Schmidt „zu groß".
Der Fraktionsvorstand debattierte über Art und Inhalt der
Aussprache zur ersten Regierungserklärung des neuen Bundeskanzlers. Natürlich sollte Carstens die erste Rede halten.
An dieser Stelle rief Berthold Martin dazwischen: „Und dann
Rainer Barzel!" Es werde in der Öffentlichkeit erwartet, daß
„die zwei" in dieser Debatte aufeinanderträfen.

Es wurde so entschieden. Im Parlament ist es ja nicht so,
wie es scheint: Man meldet sich, geht zum Rednerpult und
nimmt das Wort. In Wirklichkeit gibt es da – unter Vorsitz
des Bundestagspräsidenten – im Ältestenrat getroffene Ab-
sprachen über Termin und Dauer, auch über die Struktur
der Debatte. Da werden Redezeiten verteilt. An den Parlamentarischen Geschäftsführern geht auch da nichts vorbei!

So stand ich zu meiner Freude auf der Liste. Am Schluß dieser Rede wandte ich mich direkt an den Bundeskanzler (20. Mai 1974): „Sie reden vom Machbaren und vom Möglichen, ohne zu sagen, möglich wozu und machbar warum. Sie reden nirgendwo von einer Perspektive, von einer Konzeption, vom Sinngehalt der Einschränkungen und Opfer – zu all dem – warum Verzicht, wofür – kommt kein Wort. Kein kulturrelevantes Wort kommt in Ihrer Regierungserklärung über Ihre Lippen. Und der Stabilitätsbegriff schrumpft auf den rein materiellen Stabilitätsbegriff zusammen ... Herr Bundeskanzler, wenn Ihr Vorgänger das nach der einen Seite übertrieben hat, müssen Sie doch nun nicht in das andere Extrem fallen. Ich hatte eigentlich – und dies ist eben das persönliche Wort – vom ersten Bundeskanzler der Bundesrepublik Deutschland, der wie ich zur Kriegsgeneration gehört, etwas mehr erwartet: Ein Wort zu den *geistigen Spannungen* dieser Zeit, zu unseren Erfahrungen, zu dem, was wir jungen Menschen hier und in der DDR über den *Vorrang von Menschlichkeit* vor jeder Politik zu sagen haben ... Sie haben in ‚Die Zeit‘ von ‚Gift‘ gesprochen, ‚wenn man Unsicherheit und Zweifel säe‘ ... Im französischen Wahlkampf ... spielte das Argument eine ausschlaggebende Rolle, ein politischer Führer dürfe nicht nur verwalten ... er müsse ‚inspirateur‘ und ‚orienteur‘ sein ... Mit diesem Einstand ... haben Sie die Führung abgegeben."

Aus diesem Debattenbeitrag ergab sich für Schmidt und mich reichlich Stoff für persönliche Gespräche. Der Bundeskanzler hatte seine Prinzipien und hielt daran fest: Es sei nicht Sache des Staates, „geistige Führung" zu beanspruchen oder auszuüben. Zu leicht überschreite er dabei die ihm gesetzten Grenzen, öffne Ideologien, auch „Staatszielen", Tür und Tor, beeinträchtige die Freiheit der Meinung, der Andersartigkeit, der Selbstverwirklichung. Der Pfad von der Erziehung zur Umerziehung sei immer schmal.

Schmidt war, so mein Eindruck, nie ein Sozialist. Und die Soziale Marktwirtschaft lehnte er ab, wo sie im Gewande der

Ideologie auftrat. Wir waren und sind einig, daß es keinesfalls Aufgabe des Staats, auch nicht des Parlaments oder der Regierung sei, in Fragen der Religion, der Kunst, der Meinung, des Geschmacks „geistig zu führen". – Mit meiner Ansicht, der Staat habe aber die Pflicht, die Grundwerte des Grundgesetzes zu pflegen und ihre Beachtung zu fördern, fand ich nur partiell und verhalten Zustimmung. Schmidt scheute die latent gegebene Gefahr, der Staat könne dabei zu leicht die ihm gesetzten Grenzen überschreiten. Unser Disput blieb, fand auch im Bundestag statt, vor allem am 4. April 1981 und am 1. Oktober 1982. Natürlich wirkte Bundeskanzler Schmidt als – wie man es in Frankreich fordert – „orienteur" wie als „inspirateur" – durch seine Haltung, seine Vernunft, seine Disziplin. Er scheute nur die großen Worte.

———

Meinen 50. Geburtstag am 20. Juni 1974 wollte ich nicht in Bonn verbringen, weil ich mit manchem noch nicht fertig war; weil ich vielleicht wegen der Erfahrungen im Zusammenhang mit meinem Rücktritt Gesten und Worte für falsch, Glückwünsche für unaufrichtig gehalten hätte. Es hatte sehr scherzhaft geklungen, oft Beifallsorkane ausgelöst, wenn ich in öffentlichen Versammlungen auf die häufige Frage nach meinen Plänen geantwortet hatte: „Sehen Sie: Ich bin in der Lage eines Mannes, den seine Freunde gebeten haben, bei der Olympiade im 100 m-Lauf zu starten und zu gewinnen. Nachdem ich Training und Vorentscheidungen gut überstanden hatte, ging es zum Endlauf. Ich kam gut vom Start weg. Ich lag mit Brustbreite vorn vor meinen härtesten Konkurrenten. Dann: plötzlich, drei Schüsse von hinten ins Knie! Aus! … Das Knie muß erst verheilen, dann muß ich stehen, gehen, laufen lernen und üben, üben, üben …" Das klang nur wie ein Scherz. Mir war das bitterernst, so fühlte ich mich.

Am Vortag des Geburtstags aßen wir festlich mit Familie

und einigen Freunden bei „Ria" zu Abend. Ludwig von Danwitz hielt eine launige Rede. Helmut Schmidt gesellte sich zu späterer Stunde – von sich aus – dazu. Am Tage selbst starteten wir in meine ostpreußische Heimat. Unterwegs nach Braunsberg erreichten wir Stettin. Uns knurrte der Magen, und die Gelenke waren steif von der langen Autofahrt. Im Hotel „Orbis Continental" ging ich zum Oberkellner in den Speisesaal, bat um einen Tisch für vier Personen. „Sind Sie von einer Delegation?" fragte er zurück. „Nein, aber wir sind gerade von weither angereist und sehr hungrig", antwortete ich. „Es tut mir leid", beschied mich der freundliche Herr im Smoking, „alles ist reserviert." Ich sah, offenbar begierig und fragend, auf eine festliche, opulent gedeckte Tafel für zwölf Personen – Gläser, Teller, Blumen, Bestecke und Knabbereien luden ein. Diese stumme Frage verstand der Oberkellner nur zu gut. Er schüttelte den Kopf und sagte: „Mein Herr, diesen Tisch können Sie leider nicht bekommen, er ist vorbereitet. Herr Barzel kommt." Ich stellte mich vor, wir lachten, und ich bekam den ersten Wyborowa-Wodka. Man hatte es sich nicht anders vorstellen können, als daß ich mit Troß und Gefolge reiste.

———

Helmut Schmidt machte Willy Brandt den Parteivorsitz nicht streitig. Wir diskutierten, ob das richtig sei; ob er den Parteivorsitz neben dem Amt des Regierungschefs anstreben solle. Wir wogen das Für und das Wider ab. Dafür sprach, daß klare Verhältnisse immer besser seien; Spannungen mit seiner Partei könne auch er nicht ausschließen. Auch die „Kanalarbeiter" der SPD-Fraktion unter Egon Franke warben für beide Führungsposten in seiner Hand. Ich warf die Frage auf, ob er (Schmidt) der Solidarität und Loyalität seines Parteivorsitzenden (Brandt) hinlänglich gewiß sein könne.

Wir erwogen auch, der Trennung der beiden Ämter den

Vorzug zu geben. Das Schicksal Ludwig Erhards, dessen Kanzlerschaft ins Schlingern geriet, weil er zugleich Parteivorsitzender geworden war, mahnte. Ich hatte Erhard abgeraten, auch den Parteivorsitz anzustreben und zu übernehmen, weil es ziemlich leicht sei, durch Gerede einen Parteivorsitz zu beenden, aber sehr schwer, einen Kanzler zu stürzen. Wackle ein Parteivorsitzender, der zugleich Kanzler sei, so werde auch die Kanzlerschaft bald ihrem Ende zugehen. Und einem wackelnden Bundeskanzler helfe es wenig, wenn er zugleich Parteivorsitzender sei. Jetzt, im nachhinein, hält Schmidt es für einen Fehler, damals den Parteivorsitz nicht erstrebt und übernommen zu haben.

Später gab ich Wolfgang Schäuble den Rat, den Fraktionsvorsitz zu behalten, aber keinesfalls auch noch den Parteivorsitz zu wollen und zu übernehmen! Für ihn wäre wohl alles anders gekommen, wenn Volker Rühe und nicht er Parteivorsitzender nach Kohl geworden wäre! Die nötige „Aufklärung" wäre nicht zuerst seine Sache gewesen!

Bei einem Besuch fiel Schmidt auf, daß ich schmerzhafte Probleme mit meinem Rücken hatte. Er schickte mir am gleichen Tage seinen Militärarzt zur Untersuchung und Konsultation! Natürlich nahm ich mich seiner an, als er – ausgerechnet in Koalitionsschwierigkeiten – einen Herzschrittmacher bekam. Aus früheren Partnern waren wir, ohne je ein Wort darüber zu verlieren, Freunde geworden. In seinen sehr persönlichen Erinnerungen mit dem schönen Titel „Weggefährten" schreibt Schmidt 1996: „Die zeitweilig fast tägliche Zusammenarbeit zwischen Barzel und Schmidt hat auch nach dem Ende der Großen Koalition noch Früchte getragen ... Wir haben in altgewohnter Kollegialität über seine und unsere Probleme miteinander gesprochen ... Der Leser wird verstehen, daß ich nach den hier angedeuteten Erfahrungen Sympathie und Freundschaft für Rainer Barzel empfinde."

Helmut Kohl versetzte mir und anderen einen bösen Tief-
schlag, als er im Frühjahr 1974 erklärte: „Wir müssen als
Partei fähig sein, den Mai 1972 innerlich zu überwinden ...
Wir müssen davon ausgehen, ... daß die Verträge abgeschlossen sind gegen uns und gegen unseren Willen, aber sie
sind geltendes Recht." Das bestrafte alle Mühen um die ver-
besserten Verträge mit Hohn und setzte das Ergebnis herab.
Wollte er das, oder hat er es nicht begriffen? Ich war damals
empört, und viele kamen mit dem Bauch voll Zorn zu mir.
Später, am 20. Juni 1994, erklärte er: „In den harten Auseinandersetzungen um die Ost-Verträge war es das Verdienst von Rainer Barzel, daß die Verträge mit Moskau und
Warschau als ein ‚modus vivendi' und nicht, wie die östlichen Vertragspartner wollten, als endgültige Teilungsver-
träge verstanden werden konnten ... Es ist sein Verdienst,
daß die Verträge nicht als Schritte auf dem Wege einer end-
gültigen Anerkennung der Teilung Deutschlands ausgelegt
werden konnten."

Kohl konnte 1989 aufgrund dieser geänderten Verträge
durch die offene Türe den Weg zur deutschen Einheit gehen!

Einen anderen Schlag verpaßte uns Franz Josef Strauß.
In einer Rede in Sonthofen am 18. und 19. November 1975
entwarf er eine für mich als Parlamentarier und Demokraten unannehmbare Strategie für die Opposition: „Da können wir nicht genug an allgemeiner Konfrontierung schaffen ... Da muß man die anderen immer identifizieren damit,
daß sie den Sozialismus und die Unfreiheit repräsentie-
ren ... Dieses Europa kann nicht gesund werden, wenn
nicht die Bundesrepublik Deutschland ... ein Stabilitätsfak-
tor erster Ordnung wird ... Das kann aber nur aufgehen, ...
wenn die Krise so stark wird, daß aus der Krise ein heilsa-
mer Schock erwächst."

Strauß hatte mit der Spaltung der Union, mit der Abson-
derung der CSU von der CDU gedroht, war damit auch bei
der CSU nicht durchgedrungen. Er hielt aber das Gerede

von der gegen die CDU gerichteten „vierten Partei" aufrecht, da die CDU ihm zu schlapp schien; er förderte
„Freundeskreise der CSU" innerhalb der CDU.

Kohl nahm es hin, als „zweitbester Kandidat" zum Kanzlerkandidaten ausgerufen zu werden, und das auch noch
selbst vor der Presse mitteilen zu müssen! Der „beste Mann"
sei eigentlich Franz Josef Strauß. „Die Union bot ein Bild der
Zerrissenheit", so stellt es der Historiker Wolfgang Jäger
fest.

———

Während des Wahlkampfs 1976 schrieb ich, gelangweilt,
nachts – immer wieder in einer anderen Stadt, in einem anderen Hotel, immer in einem fremden Bett – eine „Fibel für
Wahlkämpfer beiderlei Geschlechts":

Fünf Wähler

I
Warum so erhaben?
So entrückt und entfernt?
– Ganz anders als sonst?

Geht es um uns?
Geht es um Euch?

II
Er hat sie alle angehört,
hat niemanden dabei gestört.
Sie las Programme und Papiere,
studierte alles bis um viere

Was wähl' ich nur?
Die meinen dies und jene das.
Wem glaub' ich nur? Es ist kein Spaß:

An meiner Stimme hängt vielleicht,
daß es zum Guten doch nicht reicht!

Wen wähl' ich nur?
Warum macht Ihr mir's auch so schwer:
Ich vor Getu' das Wort nicht hör!
Warum so selten klar und schlicht:
Da sag ich ja und dazu nicht?

Was wähl' ich nur?
So schau ich mich noch einmal um.
Wen? Was? Warum?

III

Sie kratzen und sie balgen sich.
Sie treten und bespucken sich.
Sie loben und sie spreizen sich.
Sie brüllen und beleuchten sich.

Wozu?
Sie geben und sie zieren sich.
Sie spotten und sie mögen sich.
Sie lärmen und sie spielen sich.
Sie brüsten und sie rühmen sich.

Warum?
Sie messen Bezugstangenten
und proben Tangentenbezüge.
Sie machen das Mögliche machbar
und machen das Machbare möglich.

Für wen und für was?
Nennt uns die Gründe!
Gebt uns die Ziele!
Sagt uns wozu und warum!
Für wen und für was!

IV

Den find' ich gut.
Den möcht' ich wählen.
Was der so tut,
– d'rauf kann man zählen.

Und dies' Programm
gefällt mir sehr:
Nur nicht der Mann
– den nicht auf Ehr'!

Die da und der da
und das da, auch das da:
Da sag' ich gern' ja.

So ein Dilemma:
Ja zum Programm?
Nein zu dem Mann?

Und den ich da mag
– ist in der anderen Partei?
So spaltet's mich arg …

Warum nicht diesen von denen
und das von den anderen?
Falsche Liste, Partei?
Es reißt mich entzwei.

V

Wozu wählen?
Stimmen zählen?
– Mitgestalten?
Bleibt beim Alten!
Die da oben!

Parteienstreit?
Sind nicht entzweit.
Am Schluß geschieht,
was dort beliebt.
Die da oben!
Ob rot, ob blau,
ob grün, ob grau:
Die sind sehr schlau.
Nabelbeschau ...
Die da oben!

———

Nach der Bundestagswahl 1976, die Schmidt gewann, gab es einen Zusammenstoß zwischen Kohl und mir. Ich hatte ihm gesagt, daß ich mich in diesem Wahlkampf, in dem es auch um ihn ginge, ebenso anstrengen werde wie vier Jahre zuvor, als ich der Spitzenkandidat gewesen sei; ich wolle aber nicht in seine „Mannschaft" als künftiger Minister eintreten. Gleichwohl erschienen in den Zeitungen Listen, die auch meinen Namen enthielten. Bei nächster Gelegenheit stellte ich ihn zur Rede. Es war in Dortmund bei der Besprechung vor der Großkundgebung, mit der traditionell unser Bundestagswahlkampf eröffnet wurde. Kohl erwiderte auf meine Vorhalte: Das ginge gar nicht anders, ich hätte Rang und Namen, die Union und auch er könnten es sich „schlichtweg" nicht „erlauben", mich „im Abseits" stehen zu lassen. Er werde, auf Befragen, antworten: „Rainer Barzel wird der nächste Bundestagspräsident." Wir konnten unsere knappe Unterhaltung nicht zu Ende bringen. Er beendete sie mit Händedruck und dem Satz: „So werden wir es machen."

Nach der Wahl sprachen wir darüber in seinem Büro im obersten Stockwerk des Konrad-Adenauer-Hauses in Bonn. Ich stellte Kohl zur Rede, weil er, ohne mit mir zu sprechen, Karl Carstens als Bundestagspräsidenten nominiert hatte. Welche Begründung er habe und geben werde, wollte ich wissen; denn nun stünde ich im Zwielicht. Er wich aus und wieder aus. Dann beendete ich diese offenbar sinnlose Begegnung: „Ich bin entsetzt! Ich habe es nicht für möglich gehalten, daß der Vorsitzende der Christlich-Demokratischen-Union sein Wort bricht." Grußlos ging ich. Ich war noch nicht ganz in Grainau angekommen, da mußte ich in Zeitungen lesen, daß ich viele Berater-Verträge nebenher hätte, „um Geld zu verdienen". Ich hatte keine! Aber der Schuß traf. Er kam – wie ich heute weiß – aus Kohls sehr naher Umgebung.

Später ließ Kohl sich hierzu so vernehmen: Ich hätte das mißverstanden. Diese Zusage habe nur gegolten für den Fall des Wahlsieges ...

———

Claudia war ein zartes Mädchen, das schönste von allen, wie ich empfand. Sie war randvoll von Fröhlichkeit, kletterte später mit mir auf die Berge, lief Schlittschuh, sang, tanzte, lachte gern, wollte in die Werbung, studierte Psychologie, betreute mich in meinen Wahlkämpfen.

Am 3. April 1975 heiratete sie den jungen Witwer Klaus Schumacher aus der Seidenstadt Krefeld, einen Betriebswirt, der in den USA und in Wien studiert hatte und ein begabter Eishockeyspieler war. Am 21. November 1975 gebar sie ihren Sohn Sebastian. Sie hatte danach nicht mehr genug Kraft zum Leben, das sie am 27. März 1977 tragisch beendete.

Zwei Tage zuvor hatte sie, beim Familiengeburtstag für meine schwerkranke Mutter (25. März 1977) in Köln, Sebastian auf den Arm genommen und sich zu Klaus gestellt, um von sich aus zu sagen: „Sieh her, Omamamütter – eine glückliche Familie!" Dieses Bild im Herzen reiste ich Tags darauf nach Wien zu Bruno Kreisky, mußte dort die Nachricht vom Tode meiner geliebten Tochter annehmen ... Was Timmchen und ich fühlten, läßt sich immer noch nicht in Worte fassen.

Mein Schwiegersohn Klaus kümmert sich aufs Sorgsamste um Sebastian und Nicole, seine Tochter aus seiner ersten Ehe. Sebastians Wunsch, Sportredakteur zu werden, ließ sich aus Gesundheitsgründen nicht verwirklichen. Er studiert an der Marquett-Universtät in den USA Medienwissenschaft, wird als herausragender Eishockeyspieler in den Zeitungen von Milwaukee gelobt. Wir verstehen uns gut.

―――――

Im Jahre 1977 wurde ich zum Vorsitzenden des Wirtschaftsausschusses im Deutschen Bundestag gewählt und kehrte so vom 20. Januar 1977 bis zum 7. März 1979 an meine erste parlamentarische Wirkungsstätte zurück. Ich denke besonders gerne an diese Arbeit. Im Ausschuß herrschte eine kollegiale Atmosphäre, viel Sachverstand war am Werk. Graf Lambsdorff fiel ebenso auf wie Peter Schmidhuber. Ich verminderte meine Arbeit in der Kanzlei. Wir setzten deshalb meine Bezüge herab.

Dieser Ausschuß ist – in unserer freien Wirtschaft – nicht überlastet mit Gesetzgebungsarbeiten. Sein Vorsitzender kann seinen Rat und seine Meinung auch in die Gestaltung der Wirtschaftspolitik einbringen, mit der Deutschen Bundesbank sprechen wie mit der Kommission der Europäischen Gemeinschaft in Brüssel.

Ich nutzte diese Möglichkeiten und denke mit hohem Respekt an Karl Clasen, den Präsidenten der Deutschen Bundesbank. In Brüssel war ich oft zu Gast. Dort wußte man sehr gut, daß ich zweimal das Angebot bekommen (und ausgeschlagen) hatte, Mitglied der Kommission zu werden. In Brüssel traf ich alte Bekannte aus meiner Zeit mit der Montan-Union in Luxemburg und in Straßburg. Leider mußte ich die schöne Arbeit als Vorsitzender des Wirtschaftsausschusses aufgeben, weil meine Probleme mit dem Rücken überhand nahmen (7. März 1979). Ein Vor-Sitzender muß zumindest sitzen können ... auch lange und diszipliniert.

Nach dem Tode von Carlo Schmid berief mich Bundeskanzler Helmut Schmidt auf Vorschlag von Hans-Dietrich Genscher am 1. Februar 1980 zu dessen Nachfolger als Koordinator für die deutsch-französischen Beziehungen. Diesen interessanten Posten gab ich auf, weil ich am 18. Dezember 1980 zum Vorsitzenden des Auswärtigen Ausschusses gewählt wurde. Mir schien es nicht angemessen, als einer der Kontrolleure der Bundesregierung zugleich für sie zu arbeiten. Diesen Vorsitz übte ich bis zum 4. Oktober 1982 aus. Ich wurde auch Präsident des herausragenden deutsch-französischen Instituts in Ludwigsburg. Die Zusammenarbeit mit Robert Picht machte Spaß.

Die deutsch-französische Zusammenarbeit ist fundamental für die deutsche Politik, auch für Europa und den Westen insgesamt. Bei der Beratung des deutsch-französischen Vertrages im Deutschen Bundestag erklärten am 25. April 1963 Konrad Adenauer und Herbert Wehner fast gleichlautend im Parlament: „Hitler und Krieg wären beiden Völkern und der Welt erspart geblieben, wenn beide Völker sich schon damals zusammengefunden hätten." Inhalt des deutsch-französischen Vertrages ist die Absicht, in der Politik zu „gleichgerichteten Haltungen" zu kommen.

Mein französischer Kollege André Bord war, wie ich auch, Soldat im Zweiten Weltkrieg gewesen, später Mitglied der Regierung de Gaulle. Wir verstanden uns auf Anhieb, arbeiteten erfolgreich, wurden und sind Freunde. Françine und André Bord zeichneten und zeichnen Intelligenz, Höflichkeit, Sachkunde und europäische Gesinnung aus. 1982, als ich wieder Mitglied der Bundesregierung war, legte ich dieses Amt nieder. 1986 wurde ich auf Vorschlag von Hans-Dietrich Genscher durch Kabinettsbeschluß zum zweiten Male mit diesem Amt betraut und übte es bis Ende 1990 aus. Wir erinnern uns beide gerne an freundschaftliche Konsultationen auch in Grainau.

Auf unsere gemeinsame Initiative ging eine wesentliche Erweiterung der Zusammenarbeit zurück: Von beiden Regierungen wurden Bord und ich beauftragt, Vorschläge zur Gestaltung des 25. Jahrestages der Unterzeichnung des deutsch-französischen Vertrages im Januar 1988 zu machen.

So wurden ein Finanzrat, ein Umweltrat, ein Rat für Energie, Forschung und Technik, auch ein Verteidigungsrat ins Leben gerufen. Die für diese Bereiche zuständigen Minister aus Paris und aus Bonn treffen und beraten sich seither nach fest vereinbarten Fahrplänen.

Präsident Mitterand überreichte mir nach meinem Ausscheiden als Koordinator Orden und Urkunde als „Großoffizier der Ehrenlegion". Er wußte das in Bonn im Kanzleramt und in Anwesenheit des französischen wie des deutschen Kabinetts zu zelebrieren.

Helmut Schmidt hat die deutsch-französische Freundschaft fortentwickelt, die ersten Direktwahlen zum Europäischen Parlament ermöglicht und, zusammen mit Giscard d'Estaing, den Grundstein zur Europäischen Währungsunion gelegt. Ich habe einmal – bei Schmidt zu Besuch und trotz des Anrufs aus Paris zum Bleiben aufgefordert – mitangehört, wie vertrauensvoll die beiden sich zu diesem Thema, auf englisch, unterhielten. Der deutsche Bundeskanzler wurde zu den Treffen der „Großen Drei" – USA, Frankreich, Großbritannien – als Vierter geladen. Deutschland gewann Gewicht.

Ich besuchte den Botschafter Italiens in Bonn, um ihm für Rom zu sagen: Italien gehöre dazu – zumal mir nicht ganz wohl sei, allein Deutschland mit am Tisch dieser drei atomar gerüsteten Staaten zu wissen; auch sei Italien, anders als die Bundesrepublik Deutschland, Gründungsmitglied der NATO.

Schmidt hat sich auch sehr nachhaltig um Polen bemüht. In diesem Punkt waren wir ganz und gar einer Meinung. Ich hatte mich schon, wie bereits mitgeteilt, im Jahre 1963 beim Treffen der Schlesier in Köln für die Verständigung mit Polen eingesetzt.

In der SPD kam Unlust an der Regierungsverantwortung auf. Am 11. Dezember 1979 brachte ich im Deutschen Bundestag rechtsstaatliche Entgleisungen auf dem letzten SPD-Parteitag zur Sprache und fragte: „Wie fühlt sich ein Bundeskanzler, der den Eid auf die freiheitlich-demokratische Grundordnung unseres Grundgesetzes geleistet hat, der sich als Sozialdemokrat für diesen Staat ein Leben lang abgerackert hat, der – wie ich weiß – mit uns glaubt, daß dies der beste, der menschenwürdigste, der sozialste und freiheitlichste Staat unserer Geschichte ist; wie fühlt sich der, und wie fühlen sich seine Minister, wenn seine Genossen auf dem Parteitag zu Berlin nach Worten, die ich jetzt zitieren werde, in frenetisch-befreienden Jubel ausbrechen? Hier die Worte, gesprochen auf dem SPD-Parteitag, quittiert mit dem größten Jubel des Parteitages: ‚In einem Augenblick, wo die Grundrechte des einzelnen in diesem Land gefährdet sind wie niemals zuvor seit der Befreiung von nationalsozialistischer Herrschaft, gefährdet durch die Folgen offener und geheimer Zensur und durch bürokratische Einschüchterung: ein ‚Kursbuch‘ im Gepäck an der Grenze, ein amnesty-international-Paket im Spind, ein Marx-Zitat in der Klausur, ein aufmüpfiges Gedicht im Lesebuch, einerlei ob von Grass oder von Goethe, eine Annonce zugunsten eines entlassenen Kollegen in der örtlichen Zeitung: Wie leicht verstößt heute einer gegen jede FDGO (freiheitlich-demokratische Grundordnung), die für einen Großteil der kritischen Generation längst zu einer Panzerfaust des Staates geworden ist …‘ So sprach Professor Jens unter dem lebhaftesten Beifall der Genossen. Ob wohl, verehrte Kolleginnen und Kollegen, einer von den dort Wortberauschten daran gedacht hat, unsere Ordnung, auch diese Sozialdemokratie, diesen Kanzler, gegen diese Schmähungen unseres Staates und seiner Beamten und Institutionen in Schutz zu nehmen? Ob wohl einer den Mut hat, den Herrn Rhethorikprofessor zu fragen, ob es unter seinem wissenschaftlichen Rang sei, hier Roß und Reiter zu nennen? Denn die Vorwürfe sind ungeheuerlich. Oder sprach er nur so daher, weil es ihm gerade so paßte, als l'art pour l'art sozusagen?" Diese Debatte offenbarte die Spannungen in der SPD, auch die zu ihrem Bundeskanzler.

———

Die nächste Bundestagswahl (1980) warf ihre Schatten voraus. Strauß wurde unser Spitzenkandidat. Kohl hatte vergeblich den niedersächsischen Ministerpräsidenten Ernst Albrecht favorisiert. Nach einem Besuch in München unterstützten Katzer und ich Strauß, weil er gesellschaftspolitisch aufgeschlossener war. Mein Tagebuch hält im Juli 1980 diese Eintragungen fest:

„FJS, nun unser Spitzenkandidat, bat mich, in seiner ‚Mannschaft' mitzumachen und den ‚Bereich von Wirtschaft bis Außenpolitik' abzudecken. – Kohl intervenierte, versuchte, diese Berufung zu verhindern. FJS setzte sich durch. – Stoiber bat in unserer ‚Mannschaftssitzung' um Zustimmung zu dieser Aussage für die letzten Wochen vor der Wahl: ‚Moskau will Schmidt, Deutschland wählt Strauß.' Ich protestierte: Man könne leicht dagegensetzen: ‚Paris will Schmidt'."

———

Nach der Bundestagswahl vom 5. Oktober 1980, die Helmut Schmidt gegen Strauß gewann, wählten die Kolleginnen und Kollegen mich am 18. Dezember 1980 zum Vorsitzenden des Auswärtigen Ausschusses.

Am Tage nach dieser Wahl meldete Helmut Schmidt sich persönlich am Telefon, um sich mit besten Wünschen zu erkundigen, wie es Timmchen ginge …

Der Tod von Claudia am 27. März 1977 hatte uns anhaltend erschüttert. Nichts half darüber hinweg. Nicht Freunde, nicht Bücher, keine Musik, auch keine Reise, keine Arbeit. Wir sprachen über Claudia und Sebastian, erfreuten uns guter Erinnerungen. Aber Trauer zehrt. Im Jahre 1979 begann Timmchen zu kränkeln. Wir suchten in München wie in Köln ärztlichen Rat und Hilfe. Als der Professor bestätigte, er könne Leukämie nicht ausschließen, wirkte das wie ein Schlag.

In all diesen Jahren war uns das Glück zuteil geworden, im geschilderten Auf und Ab meines, also unseres politischen Lebens, eine Ehe zu führen, wie Spiecker sie uns in seinem Hochzeitstelegramm gewünscht hatte. Timmchen fühlte sich ganz ausgefüllt als die Frau an meiner Seite. Und ich empfing von ihr guten Rat, Kraft, Humor und frohen Sinn auch in Unbilden. Jeder Tag begann mit dem gemeinsamen Frühstück. Dabei mußte ich täglich versuchen, eine kritische Wählerin zu überzeugen, kam so gewappnet ins Büro.

Nun das! Das Ende unserer Zweisamkeit? Ein Jahr lang pflegte ich Timmchen in Grainau, fuhr sie nach München in die Klinik. Mein Freund Henri François-Poncet und mein Fahrer Rudolf Heiliger halfen wie Timmchens Bonner Freundinnen Helga und Uta, wie Lotte und Hans Thaut in Garmisch. In keinem Augenblick wich die Gewißheit des nun bestimmten Endes – Tag um Tag wie Nacht um Nacht. Diese Wochen im Angesicht des Todes führten uns noch inniger zusammen. Mit letzter Kraft flüsterte sie „Danke", als sie am 25. Oktober 1980 in meinen Armen starb.

Bonn trug sie wie eine Königin in ihr Grab, nahe dem von Claudia. Viele kamen, Abschied zu nehmen von einer Frau, von der sie wußten, daß sie fröhlich war, modern und gläubig.

————

Es gab im Parlament aufrichtiges Mitgefühl für meine Lage nach dem Tode von Timmchen. Herbert Wehner sprach es am 18. September 1981 im Deutschen Bundestag aus: „Herr

Kollege Barzel, Sie tun mir leid ... Ich bin froh gewesen, als Sie sich am Anfang dieser Periode wählen ließen und Wert darauf gelegt haben, Vorsitzender des Auswärtigen Ausschusses zu werden. Ich bin auch heute noch der Meinung: Gut, daß der Mann, den ich sehr bedaure, für vieles, was er in den vergangenen Jahren hat ertragen müssen, eine wirkliche Möglichkeit hat ... Ich freue mich bei aller Gegnerschaft, daß er wieder etwas gefunden hat, das ihn aus – mir sehr verständlichen – Leiden herausgeführt, die ihm aufgelegt gewesen waren. Nehmen Sie das bei allem, was wir aneinander auszusetzen haben, bitte ernst."

Über die Gründe, die Herbert Wehner veranlaßten, so zu sprechen, wurde gerätselt, auch gelächelt. Mich überraschte dieses Echo mehr als der Vorgang im Parlament. Später offenbarte Wehner, wie er das meinte und daß er das sehr ernst meine. Über seinen Abschied aus Bonn habe ich in meinem Buch „Geschichten aus der Politik" ausführlich berichtet. Ich habe das nachgelesen. Es stimmt so auch jetzt. Helmut Schmidt bestätigte diese Einstellung Wehners zu mir 1996 in seinen Erinnerungen.

1980/1981 hatte ich nicht mehr die Kraft, noch mal „voll ins Geschäft zu gehen", wie ich meinem Freund Clemens-August Andreae bei dessen Besuch in Bonn erklärte. Zugleich war ich in Sorge wegen der außenpolitisch bröckelnden Koalition. Ihr Drang nach Moskau gefiel mir immer weniger. Ich hatte und habe nichts gegen die Sozialdemokraten, unsere Wettbewerber – außer ihrem anderen Programm, ihrer anderen Politik. Die Große Koalition habe ich gewollt und zu ihrem Erfolg beigetragen; die sozial-liberale Koalition ohne Feindschaft begleitet; ihre Deutschlandpolitik unnachsichtig bekämpft.

Mein Bemühen damals hatte auch zum Ziel, die Koalitionsbande zwischen SPD und FDP zu lockern. Dazu sah ich eine Chance aus dem nun erforderlichen, ständigen Kontakt zu Außenminister Genscher. Noch vor meiner Wahl zum Ausschußvorsitzenden besuchte ich auf dessen Bitte den Bundeskanzler. Unser Hauptthema war Polen. Schmidt war da mit dem Herzen engagiert. Dann redeten wir über Persönliches, sprachen – im wahrsten Sinne des Wortes – über Gott und die Welt. Schmidt dozierte ein wenig über Monet und Manet, nachdem wir uns darauf verständigt hatten: Das schönste an Washington ist die National Gallery.

Genscher besuchte mich und sagte sofort zu, in die erste Beratung des Ausschusses zum Bericht und zur Diskussion zu kommen. Nach meinen Notizen fragte mich Genscher beiläufig: „Eine sehr viel andere Politik würden wir zusammen doch auch nicht machen?" „Doch", antwortete ich, „nämlich die Politik, welche auch Sie – außer der Außenpolitik – wirklich wollen, also auch Wohnungsbau, Kernenergie, Entbürokratisierung".

———

Polen, Nahost und Israel, auch USA und Frankreich wurden wichtige Themen im Ausschuß. Wir hörten den Kanzler und die militärische Führung zur Frage der atomaren Überrüstung der Sowjetunion mit neuen Raketen. Deutsche Panzer für die Saudis? Und Israel? U-Boote für Pinochet? Oft hatten wir mehr Fragen als Antworten. Ich schrieb regelmäßig Kolumnen für Axel Springer. Mancher Gedanke wurde im politischen Bonn aufgenommen, andere kritisch zurückgewiesen.

Aus meinen Notizen:

Februar 1981: Aus Washington ist Ärgerliches zu vernehmen. Dort artikuliert sich eine Sorge, die man „Schwedilisation" nennt: Neutralismus plus Sozialismus in Europa, auch in Deutschland.

Noch Februar 1981: Mit einer Kolumne fordere ich den Kanzler auf, endlich als Lotse in den Wirrnissen seiner Partei zu wirken: „Kapitän gesucht!" Ob es wirken wird? – Besorgte Besucher, auch Freunde aus Frankreich, wie Jean François-Poncet, der frühere Außenminister, auch der Bankpräsident aus Island, ein guter Bekannter, fragen: Was ist mit Deutschland los? Deutsche Besucher in den USA werden so schon am Flughafen kritisch befragt. März 1981: Die Türkei wird zum Problem. Wir entsenden eine Delegation, die besorgt berichtet. – Die französische Botschaft äußert Ärger über einen abgesagten Kohl-Besuch. – Genscher kommt mit ernsten Sorgen vor seinem Besuch in Washington. Er hatte SPD-Kollegen gesagt, er hoffe, dort nicht als ein „Isolierter" agieren zu müssen. Ich stärke ihm den Rücken: „Sie haben hier in Bonn eine Mehrheit!"

Verstärkt durch unsere subtile Beratung im Auswärtigen Ausschuß zur Nachrüstung, tief beeindruckt von den Argumenten und der Haltung des Generalinspekteurs der Bundeswehr, Jürgen Brandt, in dieser Sitzung, wurde der historische Rang der Schmidtschen Entscheidung zur Nachrüstung gegen die nukleare Gefahr aus der Überrüstung der Sowjetunion mit ihren neuen, auf uns richtbaren Raketen, deutlich. Zugleich mußte ich erkennen, daß die Mehrheit der SPD in dieser Frage bröselte; daß hierdurch Helmut Schmidt und seine insoweit konstruktive Politik beschädigt wurden; daß wegen dieser Fragen Risse in der Regierungskoalition entstanden.

Auch diese Lage bestärkte mich, den Vorsitz im Auswärtigen Ausschuß mit Energie und Umsicht auszuführen. Ich habe dazu beigetragen, den Nachrüstungsbeschluß des Parlaments zu fassen und durchzusetzen, der auch zum Ende der sozial-liberalen Koalition in Bonn führte.

Mir war nach allen Einsichten, Informationen und Erfahrungen klar, daß die Sowjetunion die verstärkte westliche Aufrüstung – schon aus Gründen ihrer Wirtschaftskraft und ihrer aufgezeigten Produktivitätsprobleme – nicht aushalten werde. Ich war glücklich, als US-Präsident Reagan, ein großer Mann von historischer Statur, nach Berlin kam und dort, flaniert von den Botschaftern Frankreichs und Großbritanniens, vor dem Brandenburger Tor ausrief: „Herr Gorbatschow, machen Sie dieses Tor auf!" Schließlich hatten wir zur Zeit der Großen Koalition die NATO-Strategie im

Harmel-Bericht genau auf diesen Punkt ausgerichtet: Entspannung durch Freiheit in Deutschland und für Deutschland.

———

Die Geschichte nahm ihren Lauf: Der Deutsche Bundestag wählte am 1. Oktober 1982 Helmut Kohl statt Helmut Schmidt zum Bundeskanzler. Es ist wahr: Ich habe Kohl damals vorgeschlagen! In den Tagen vor dieser Kanzlerwahl war die sozial-liberale Koalition zerbrochen. Genscher und die FDP beharrten aus guten Gründen auf dem Nachrüstungsbeschluß der NATO. Und zugleich war in der SPD die Gegnerschaft zu eben dieser Politik angewachsen. Als Bundeskanzler Helmut Schmidt nach der Massendemonstration im Bonner Hofgarten seine Politik kraftvoll im Deutschen Bundestag vortrug, verweigerte sein Parteivorsitzender den Beifall.

Ich habe mich damals, sachlich interessiert, umgehört. Meine Notizen halten fest: Diese Koalition geht nicht mehr. Offenbar sieht auch der Pate der sozial-liberalen Koalition, Walter Scheel, keine Möglichkeit mehr, zu beleben, was sich verbraucht hat.

Genscher wurde damals, auch von Klaus Bölling, übel mitgespielt. In der Debatte zum Kanzlerwechsel im Deutschen Bundestag 1982 gelang mir ein Befreiungsschlag: „Hut ab vor Herrn Genscher!" rief ich in den Bundestag. Kräftiger Beifall unterstrich diesen Ausruf. Es war schon dramatisch – und für mich aufwühlend –, daß ausgerechnet ich am 1. Oktober 1982 die Rede zum Konstruktiven Mißtrauensvotum gegen Bundeskanzler Schmidt hielt. Ich habe ihn – von mir aus – besucht, als sich nach allen Informationen das Ende seiner Kanzlerschaft anzudeuten begann. Ich fand einen gefaßten Kanzler vor. Er sei mit Gott und auch mit sich im reinen.

Ich war bereit, diese mir schwere Rede zu halten, weil mir sehr daran gelegen war, das Ende der Regierung

Schmidt darzustellen und zu begründen mit der Wahrheit und ohne Beschädigung der deutschen Außenpolitik: Die SPD ließ ihren Kanzler buchstäblich allein im Regen stehen. Willy Brandt nahm den sozialdemokratischen Kanzler – als Parteivorsitzender! – nicht in Schutz, als dieser zum Beispiel von Oskar Lafontaine und Erhard Eppler herabsetzend angegriffen wurde. Er demonstrierte mit den Massen, die gegen Schmidts Nachrüstungsbeschluß opponierten.

Der Geschichte gefiel es, daß gerade dieser Beschluß, den Kohl dann durchsetzte, zum Ende des Kommunismus beitrug, die Entspannung förderte, zum Ende der Ost-West-Spannung führte und so auch zur deutschen Wiedervereinigung!

Um dieses Kapitel in diesem Buch zu schreiben, habe ich meine Notizen und meine Unterlagen für diese Rede zum Konstruktiven Mißtrauensvotum vom 1. Oktober 1982 nochmals und mit besonderer Sorgfalt nachgelesen. Mit Nachdruck hob ich hervor: „Wenn Sie nun aus dem Amt scheiden, Herr Bundeskanzler, dann ist daran nichts so sehr schuld wie Ihre eigene Partei!" Eine neue Mehrheit für eine neue Politik habe sich zusammengefunden und werde zur „Normalität" zurückkehren, indem die „stärkste Fraktion den Kanzler stellt".

Die deutsche Sozialdemokratie, geführt von Willy Brandt, sei „regierungsunfähig" geworden. Die alte Koalition aus SPD und FDP sei vor allem „aus außenpolitischen Gründen zerbrochen". „Wer", so wandte ich mich an den Kollegen Brandt, „die mögliche Abrüstung verhindert oder erschwert, indem er westliche Positionen unterläuft, der verhindert nicht nur die Abrüstung, der erhöht die Gefahr. Die neue Mehrheit ist ja nicht zufällig die, welche – gegen die deutschen Sozialdemokraten – diesen freien Staat in den Schutz und die Sicherheit des Bündnisses gebracht hat".

Ich habe dann präzise die soziale, wirtschaftliche und finanzielle Lage der Bundesrepublik Deutschland kritisch behandelt und gemahnt: „Unser Volk steht vor der Entscheidung, entweder eine Anstrengung zu machen wie nach 1945 und in den fünfziger Jahren oder zweitklassig zu werden." An Brandt gewandt, erinnerte ich an unsere Auseinandersetzung nach seiner ersten Regierungserklärung: „Ihre Politik, die sich zu Beginn so billig macht, wird uns am Schluß allen zu teuer kommen! Der Schluß ist da! Es ist zu teuer!" Dann kam dieser wunde Punkt: „Ich unterlasse es selbst in dieser Stunde, etwa die Herren Eppler oder Lafontaine noch zu zitieren oder aus dem Buch von Baring die Belege vorzulesen. Es ist bitter für Sie. Man hat Ihnen übel mitgespielt. Sozialisten haben, Herr Bundeskanzler, Ihr Gesicht zu zerkratzen gesucht. Herr Kollege Brandt, Sie haben dann als Parteivorsitzender den Schirm gespannt, als diese Beleidigungen kamen. Aber dieser Schirm war so löchrig, daß immer noch genug Spritzer auf den amtierenden Bundeskanzler durchkamen. Herr Kollege Brandt, bevor Sie anderen ‚Verrat' vorwerfen oder andere so öffentlich anprangern lassen, prüfen Sie selbst Ihre Haltung zu Ihrem Nachfolger."

Ich war zufrieden, daß der Fraktionsvorstand mich bat, im Bundestag diese Rede zu halten. So konnte ich dazu beitragen, daß seitens der Opposition nichts Verletzendes gegen Helmut Schmidt vorgetragen und außenpolitisch Kontinuität gewahrt wurde.

Keiner hat später zutreffender und freundschaftlicher meinen weiteren politischen Weg kommentiert als Helmut Schmidt. In seinen Erinnerungen heißt es: „Seine Partei hat ihn nach dem verlorenen Mißtrauensantrag, gegen Willy Brandt, alles in allem, sehr unkameradschaftlich behandelt ... Natürlich hat Barzel Ehrgeiz gehabt, wie wohl anders? Aber er hat seine deutschlandpolitischen Überzeugungen höher gestellt als seine persönlichen Interessen. Er ist von meiner eigenen Partei oft sehr anzüglich bekämpft worden. Aber nicht nur meine Frau und ich haben zu ihm gehalten; noch 14 Tage vor dem Unfalltod Frau Henselder-

Barzels haben wir zu viert in unserer Wohnung in Hamburg zu Abend gegessen. Auch Herbert Wehner hat ihm gezeigt, daß ihm frühere Injurien später leid getan haben ... Wir sind immer noch parteipolitische Gegner, aber immer noch kann man sich auf das Wort des anderen verlassen. Aus Zuverlässigkeit haben sich Kollegialität und Freundschaft entwickelt."

Ich berichte auch von diesem Kanzlerwechsel – wie von denen zu Erhard, zu Kiesinger, zu Brandt und später zu Kohl –, weil es wohl eine Aufgabe meines politischen Weges war, diesen mitzugestalten. Und wohl auch, weil vieles ganz anders war, als es erscheint und vielfach ins Bild gesetzt wird – in Wahrheit nicht frei von Verständnis für den anderen im parlamentarischen Wettbewerb.

Natürlich bestimmt die Majorität, welche aus Wahlen folgt, was geht und was nicht; aber das war nie die einzig gültige Kraft zur Gestaltung der Wirklichkeit! Menschliche Beziehungen und Würdigungen spielten eine entscheidende Rolle.

Helmut Schmidt hat die Rede, die ich zu seinem Sturz im Deutschen Bundestag hielt, nicht nur gehört – er hat sie auch richtig gewürdigt. In dem zitierten Buch schrieb er: An meiner Freundschaft „hat auch die Tatsache nichts geändert, daß er (Barzel) es gewesen ist, der im Oktober 1982 den Konstruktiven Mißtrauensantrag der CDU/CSU gegen mich begründet hat, wo Barzel den Schwerpunkt seiner Argumente auf die innere Schwäche der SPD legte, besonders auf die zerstörerische Wirkung Erhard Epplers ... und auf die Eppler abschirmende Wirkung Willy Brandts ...".

Schmidt und ich sahen uns nicht regelmäßig; es hatten sich auch keine festen Punkte für unsere Gespräche herauskristallisiert. Wir treffen uns heute noch von Zeit zu Zeit, sprechen besonders oft – und kritisch – über Deutschlandpolitik.

Als Helmut Schmidt Ehrenbürger Bonns wurde, trug mir die Stadt die Ehre an, die Laudatio zu halten. Die Zusage fiel mir leichter als das Schreiben meiner Festrede. Schmidt hätte mir um den Preis unserer Freundschaft nie verziehen, wenn ich den Hanseaten zu persönlich vorgestellt, gar offenbart hätte, wie nahe wir uns standen. Ich hatte ihm einmal – ganz unter uns – gesagt, er laufe in Bonn herum wie in einer Ritterrüstung, damit nur ja keiner ihn wirklich erkenne, ja in sein Wesen sehen könne; und manchmal klettere er, so verkleidet und versteckt, auch noch in einen Panzerwagen. Die Rettung kam, als ich in meiner Bibliothek in Grainau wieder einmal ein Buch suchte. Statt des gesuchten kam mir Marc Aurel ins Blickfeld. Ich wußte, daß Schmidt diesen Römer besonders schätzte. Wir hatten über die Säule nahe dem Forum in Rom gesprochen, die von seinen Taten berichtet wie auch von seiner Schrift „An sich selbst", mit der sich dieser Kaiser und Philosoph als Stoiker ausweist. Ich schloß mit dieser Sentenz des Marc Aurel: „Los der Könige ist es, schlechten Dank zu ernten."

Auch zu Hans-Dietrich Genscher blieb ein Verhältnis von völliger Offenheit – er genierte sich zum Beispiel nicht, mich direkt ins Gesicht zu fragen, ob es wahr sei, daß ich wieder an einer neuen Großen Koalition bastele (es gab immer wieder solche Gerüchte!). Eine besondere Verbundenheit zwischen uns hat alle Aufs und Abs der Bonner Politik überstanden und wurde durch herumgereichte Mißverständnisse nur bestärkt. Auch insoweit war, so Genscher, Verläßlichkeit die Basis.

In seiner Tischrede beim Essen zu meinem 65. Geburtstag erzählte Genscher den staunenden Gästen diese Geschichte, die er später in seinen „Erinnerungen" so preisgab: „Ein gutes Verhältnis hatte ich zu Rainer Barzel und zu dem Parlamentarischen Geschäftsführer der CDU/CSU, Will Rasner. 1972 lud mich Rasner eines Tages zum Abendessen in sein Haus ein, was nie zuvor geschehen war. Er eröffnete das Gespräch mit den Worten: ‚Rainer Barzel und ich möchten Ihnen gegenüber aufrichtig sein. Unter der Bedingung,

daß Sie davon keinerlei Gebrauch machen. Folgende Kollegen von Ihnen werden in den nächsten Tagen zu uns über-
treten ...' Barzels und Rasners Vertrauen ehrte mich freilich
nur bedingt, denn diese Ankündigung war ein schwerer
Schock. An die Vereinbarung, über die Mitteilung nicht zu
sprechen, hielt ich mich. Wir hätten ohnehin niemanden
umstimmen können."

Wieder Minister

Timmchen hatte auf dem Sterbebett unseren Freunden Klaus Oertel, Henri François-Poncet und Clemens-August Andreae immer wieder und mit Nachdruck ans Herz gelegt, ich müsse unbedingt wieder heiraten. Zu leicht könne bei mir aus Einsamkeit Eigenbrötelei werden. Geraume Zeit nach ihrem Tode spürte auch ich, daß es nicht gut sei, allein zu sein.

Am 24. Mai 1982 heiratete ich Dr. Helga Henselder aus dem Moseldorf Winningen, Geschäftsführerin im Bundesverband für den deutschen Groß- und Außenhandel. Zuerst war ich ihr anläßlich meines Vortrags zur Asta-Wahl an der Kölner Universität – sie war die Vorsitzende – begegnet. Sie hatte über Wirtschaftsprobleme in Nordafrika promoviert. Dort hatte sie auch studiert und gute Freunde gewonnen. Bald nach unserer Hochzeit wurde sie zur Vorsitzenden der deutschen Welthungerhilfe gewählt. Mit Engagement, Sachkunde und viel Zeitaufwand erfüllte sie dieses Amt. Auf einer Fahrt, die sie zuerst zu einem Vortrag in Göttingen und dann zu Weihnachtsferien nach Grainau führen sollte, verunglückte sie am 15. Dezember 1995 tödlich.

Die Polizei kam. Der Beamte wollte nur *im* Hause mit mir sprechen. Er machte ein unheilvolles Gesicht. Ob etwas mit meiner Frau sei? frage ich spontan. „Ist sie tot?" Der Beamte nickte. Ich bekam einen Schock. Der Polizist blieb und rief meinen Arzt. Dr. Wiesmeier kam sofort. Er verständigte Bruni Reindl. Beide ließen mich für Stunden nicht allein.

Ich hatte Schwierigkeiten, die folgenden Tage mit ihren Zwängen und Bedürfnissen durchzustehen. Der treue Rudolf Heiliger kam mit seinem eigenen Auto aus Bonn, um mir zur Seite zu stehen und mich nach Bonn zu bringen. Wir fuhren über Winningen ...

Seite an Seite hatten Helga und ich die geschilderten Höhen und Tiefen meines politischen Lebens durchlebt. Sie gab mir festen Halt, als andere wackelten. Ihr plötzlicher Tod traf mich ins Herz.

Nach der Beerdigung in Winningen und dem Totenamt in Bonn, dem Seelenamt in Grainau (dem ich wegen eines Kollapses fernbleiben mußte), suchte ich neuen Mut zu finden. Ich reiste nach Jerusalem. Meine Freunde dort nahmen mich, ich muß schon sagen, brüderlich auf.

———

Meine Neigung, nach der Wahl Kohls zum Bundeskanzler 1982, Mitglied seiner Regierung zu werden, war minimal. Ich hatte zu viel erlebt, auch wenig Vertrauen in Kohl. Er beschwor mich, wieder Deutschland-Minister zu werden. Ich sei der letzte für Deutschland als Ganzes zuständige Bundesminister Konrad Adenauers gewesen. Es werde der deutschen Politik wohl anstehen, mich in das mir vertraute Amt zurückzurufen. Auch hätte ich, betonte Kohl, im ganzen Westen Ansehen, und auch in Moskau, Warschau und Ost-Berlin einen guten Namen. Es wäre insgesamt unverantwortlich, aus persönlichen Gründen darauf zu verzichten, diese „Trümpfe für Deutschland" auszuspielen. Ich überschlief dieses Angebot.

Am nächsten Tag sagte ich zu. Zu meiner Überraschung wollte der designierte Bundeskanzler mir vorschreiben, wer mein Parlamentarischer Staatssekretär werden solle! Ich reagierte so höflich wie bestimmt: Nach geltendem Recht sei es Sache jedes Bundesministers, sich selbst einen Parlamentarischen Staatssekretär auszusuchen, diesen zu ernennen und auch zu vereidigen. Kohl war überrascht, erwiderte aber: „Bitte." Ich stellte meine personellen Forderungen: Ottfried Hennig als Parlamentarischen Staatssekretär, Ludwig Rehlinger als beamteten Staatssekretär und Kurt Plück als Ministerialdirektor für die operative Deutschlandpolitik. Kohl stimmte zu, registrierte aber meine Weigerung zu seinem Personalvorschlag sehr wohl. So kehrte ich am 4. Oktober 1982 in das Ministerium zurück. Es hieß nun „Bundesministerium für innerdeutsche Beziehungen". Brandt hatte ja den gesamtdeutschen Auftrag aufgegeben. Die schöne Aufgabe, das deutsch-französische Institut in Ludwigsburg zu leiten, gab ich auf, da mir das mit meiner Berufung in die Bundesregierung unvereinbar zu sein schien.

An der Spitze des Ministeriums herrschten ungeordnete Verhältnisse: Der Schlüssel für den Minister fehlte, im Haushalt gab es erhebliche Ungereimtheiten, ein Teil des Ministerbüros war offensichtlich auch als Schlafraum benutzt worden, meine Vorgänger hatten keinen Kontakt zum Personalrat gesucht, die Chefsekretärin des Staatssekretärs war nicht imstande, ein Diktat aufzunehmen. Es kam zu einem – von mir selbst bedauerten, aber unvermeidlichen – Prozeß gegen meinen Amtsvorgänger Egon Franke wegen Verdächtigungen im Zusammenhang mit Finanzproblemen beim „Freikauf". Er wurde freigesprochen. Hermann Höcherl leistete ihm anwaltlichen Beistand. – Der Prozeß gegen Ministerialdirektor Hirth war unausweichlich. Er wurde wegen fehlender vier Millionen DM Haushaltsgelder zu einer Freiheitsstrafe von drei Jahren und sechs Monaten wegen Untreue in Tateinheit mit Betrug verurteilt.

Noch vor der Regierungserklärung besuchte ich Berlin, ging auch in den Ostteil der Stadt, besichtigte demonstrativ Unter den Linden das wieder errichtete Denkmal für Friedrich II., bekräftigte in einem Interview die Kontinuität der Deutschlandpolitik, suchte die in der DDR von einigen gewollt geweckte Befürchtung, nun ginge es zurück zum „Kalten Krieg", zu zerstreuen. Die Führung der DDR trat solcher Befürchtung entgegen, indem sie in ihrer Presse Notiz von diesem Bundesminister nahm. Das war neu! Für die DDR gab es diesen Minister eigentlich gar nicht, weil es ihn nicht geben durfte!

In Berlin machte ich dem Regierenden Bürgermeister Richard von Weizsäcker einen Besuch. Beim Herausgehen fragten mich Journalisten, ob ich nun in die DDR führe.

„Nein!" antwortete ich. Ich führe in den Ostteil Berlins. Viele erstaunten über diese klare Sprache, die ja Ausdruck von Politik und inzwischen ganz ungewohnt war. Ich wollte auch so den gesamtdeutschen Anspruch und die offene deutsche Frage unterstreichen.

Genscher fragte mich noch beim Bundespräsidenten, alsbald nach unseren Ernennungen, was er morgen in New York bei der UNO seinem DDR-Kollegen Oskar Fischer, mit dem er verabredet sei, erklären solle. Ob er mitteilen könne, daß Erich Honecker in Bonn willkommen sei? „Ja", antwortete ich. Dem Bonner DDR-Vertreter Moldt machte ich Besuch. Ihn verwirrte diese Initiative. Ich sagte zum Abschied: „Auf gute Zusammenarbeit im Interesse Deutschlands!". Er nahm zwar meine angebotene Hand, erwiderte aber: „Auf gute Zusammenarbeit!" Der Konflikt war offenkundig.

Hans Otto Bräutigam, unserem Vertreter in der DDR, versicherte ich, daß ich es gerne sähe, wenn er nach dem Regierungswechsel im Amt bleibe. Ich bestätigte alle Verabredungen, die Bonner Dienststellen mit solchen der DDR getroffen hatten. Das wirkte in Ost-Berlin als Zeichen guten Willens und zeugte von Kontinuität.

Auf unserer Seite führte das zu Irritationen. Deshalb drang ich auf baldige Beratung im zuständigen Bundestagsausschuß. Mein Bericht erstaunte rundum, weil ich den Begriff „Kontinuität", über den gestritten wurde, umfassender definierte: „Vor zwanzig Jahren, als ich von Konrad Adenauer zum Bundesminister für Gesamtdeutsche Fragen berufen wurde, habe ich angefangen, mit dem Wort Adenauers ernst zu machen, daß für uns das Menschliche an erster Stelle steht und daß wir über vieles mit uns reden lassen, wenn es um die bessere Lage der Menschen geht. Damals haben wir, mit Adenauers klugem Verständnis, in aller Stille angefangen, die schlimmsten humanitären Fälle zu lösen – im Kontakt mit der Regierung der DDR. Erst als ich schon lange aus dem Amt geschieden war, wurde die Sache aus durchsichtigen Motiven publik ..."

Ich erinnerte an die Friedensnote Ludwig Erhards, an den Harmel-Bericht und die Initiativen des Kanzlers Kiesinger zum Gewaltverzicht, auch an dessen Briefwechsel mit dem DDR-Ministerpräsidenten. „Kontinuität schließt die Arbeit früherer Regierungen ein, reicht aber sehr viel weiter zurück – in unsere Geschichte im allgemeinen, in die Präambel unseres Grundgesetzes und in das über alle Legislaturperioden kontinuierlich geführte Bemühen der glänzendsten Köpfe unseres Parlaments, die Sache unseres vom Schicksal geschlagenen Vaterlandes und Volkes zu wenden."

Auch hier hat Kurt Plück zu diesem Achtungserfolg wesentlich beigetragen. Ich bestand darauf, daß er als Mitglied der von Philipp Jenninger, dem Staatsminister im Kanzleramt, geführten Delegation an den Gesprächen in Ost-Berlin teilnahm – ausgewiesen als Angehöriger des von mir geführten Bundesministeriums. Nach den Verabredungen mit der DDR durch die Regierung Brandt war das Bundeskanzleramt für solche Kontakte zuständig. Eine etwas wirre Konstruktion! Die DDR habe darauf bestanden ...

Egon Bahr riet, mich zusätzlich im Kanzleramt anzusiedeln. Ich wollte das nicht, schon weil das Kabinett, dem ich angehörte, eine befristete Amtszeit hatte, und Kompetenzfragen zu Beginn bestimmt in der Sache nicht weiterführten. Natürlich kam es auch zu den üblichen Rangeleien zwischen dem Kanzleramt und uns. Meine guten Beziehungen zu Philipp Jenninger hat das nicht beeinträchtigt.

Drinnen und draußen wurde mit Bedacht registriert, daß die neue Bundesregierung wieder vom ganzen Deutschland, nicht von den „zwei deutschen Staaten", sondern von „zwei Staaten in Deutschland" sprach. Ein kritischer Besucher fragte bei mir nach. Ich bat ihn an meinen Schreibtisch. Auf dem lag, voll ausgebreitet, die amtliche Zeitung der DDR. Sie war überschrieben: „NEUES DEUTSCHLAND. ZENTRALORGAN DER SOZIALISTISCHEN EINHEITSPARTEI DEUTSCHLANDS". „Die sprechen, wie Sie sehen", betonte ich dem Besucher gegenüber, „von Deutschland! Gleich zwei Mal! Und wir sollen das nicht dürfen?!" Wie ich erfuhr, bekam man „drüben" Kenntnis von dieser Begebenheit. Ich mußte solche Art kritischer Nachfragen fortan nicht mehr beantworten.

Die Mitarbeiter im Ministerium gingen zumeist davon aus, daß erst die sozial-liberale Bundesregierung für den „Freikauf" verantwortlich und dafür zu loben sei. Rechtsanwalt Wolfgang Vogel, der DDR-Verhandler aller humanitären Probleme, kam. Wir begrüßten uns – sichtbar für viele, im Vorzimmer – als das, was wir waren: alte Bekannte! Ich hatte ja diese Politik mit ihm begonnen. Ludwig Rehlinger wurde wieder mit dieser Arbeit beauftragt. Ich mahnte: Haltet die Preise! Kein Freikauf rein Krimineller zur Devisenbeschaffung für die DDR! Rehlinger leistete seine Arbeit wieder mit Umsicht und Erfolg.

Die, man wird es kaum glauben, schwerste Arbeit leistete Kurt Plück: Unter Mühen und mit engagierter Beharrlichkeit gelang es, in die „Ständige Konferenz der Kultusminister" eingeladen zu werden. Das war eine Hochburg fester föderaler Strukturen. Und wir wollten „nur" über den Beitrag der Schulen zum gesamtdeutschen Bewußtsein sprechen …

———

Die Bundesregierung insgesamt hatte viel mit dem Ausgleich des Bundeshaushalts zu tun. Das Wort „Erblast" wurde erfunden. Die Beratungen im Kabinett verliefen sachlich und kollegial. Der Bundeskanzler trug – anders als in der Partei – knapp und genau vor, schätzte keine langatmigen Statements. Das meiste, was zu entscheiden anstand, war gut vorbereitet und lag schriftlich vor.

Auf unserem Gebiet kamen wir gut voran in Sachen Berliner S-Bahn, fanden eine gute Einstellung zum „Luther-Jahr", das in Ost und West so ganz unterschiedlich angegangen wurde. Ich wurde gebeten, zu diesem Jubiläum in Marburg – dort, wo 1529 das Streitgespräch Luther – Zwingli stattgefunden hatte – einen Vortrag zu halten, der gedruckt und beachtet wurde. Mit den FDP-Ministern – Genscher, Lambsdorff und Ertl – entwickelte sich ein Verhältnis guter Kollegialität.

Mehr und mehr richteten sich unser aller Blicke auf die zum 6. März 1983 vorgezogene Bundestagswahl. Da galt es, so Kohl, den Regierungswechsel vom Wahlvolk bestätigen zu lassen. Mit Nachdruck hat er die verkürzte Amtszeit seiner ersten Bundesregierung gewollt, weil seine Kanzlerschaft aus einem „Konstruktiven Mißtrauensvotum" während der laufenden Wahlperiode hervorgegangen wäre. Ich fand das weder zwingend noch überzeugend, weil, fürchtete ich, auf diese Weise ein Parlament und die Mandate der Abgeordneten verkürzt, die Vertrauensfrage zur Parlamentsauflösung mißbraucht und das grundgesetzliche Mißtrauensvotum mit dem Hautgout des Unappetitlichen versehen wurde.

Die Union und die FDP siegten in der vorgezogenen Bundestagswahl. Das Ergebnis: CDU/CSU 48,8 Prozent; SPD 38,2 Prozent; FDP 7,0 Prozent und Grüne 5,6 Prozent.

Ich war bereit und richtete mich darauf ein, meine Arbeit als Deutschland-Minister fortzuführen. Mit Genugtuung hatte ich die Tatsache registriert, daß die SPD-Opposition meinem Haushalt im Deutschen Bundestag zustimmte.

Es bleibt festzuhalten: Zur Gründung der DDR hatte Stalin in einem Telegramm vom Oktober 1949 an die Führung der DDR dieses aggressive Ziel betont: „Wenn Sie so den Grundstein für ein einheitliches, demokratisches und friedliebendes Deutschland legen, vollbringen Sie zugleich ein großes Werk für ganz Europa."

Wie schwierig der Umgang mit der Moskauer Siegermacht war, mußten die westlichen Siegermächte alsbald nach Kriegsende, noch vor Ausbruch des „Kalten Krieges", erfahren. Harry S. Truman, Präsident der USA, hat dazu in seinen Memoiren präzise berichtet und der Sowjetunion „Obstruktion" vorgeworfen. Alle, auch wir in Deutschland, mußten die Erfahrung machen, daß das entscheidende Moskauer Politbüro unter „demokratisch" und „friedlich" etwas anderes verstand als der Westen. Sie benutzten diese schönen Worte, um alle Nichtkommunisten als Feinde von Demokratie und Frieden zu verleumden. Nur Kommunisten und deren Regierungen galten für sie als „friedlich" und „demokratisch". Sie wurden zu „Volksdemokratien" ernannt. Hinter diesem Wort wurde die Realität versteckt: die „Diktatur des Proletariats".

Die Bundesregierung in Bonn und deren Politik wurden stets als friedensfeindlich und undemokratisch bezeichnet. In seiner Note vom 10. März 1952 verlangte Stalin ein vereintes Deutschland, in dem „Organisationen, die der Demokratie und der Sache der Erhaltung des Friedens feindlich sind, nicht bestehen" – also das Verbot zum Beispiel der „revanchistischen" CDU. Die DDR sollte beweisen, daß Kommunismus auch für entwickelte Industrieländer „paßt". Stalin ordnete der DDR die Rolle der Speerspitze in Europa und gegen Europa zu – dem wichtigsten Part für die „Weltrevolution"!

Gegen diesen machtvollen Anspruch stand unser deutsches Bemühen um Einheit und Freiheit. Es stand auch gegen die im Ausland weitverbreiteten Vorbehalte gegen ein wiedervereinigtes Deutschland, weil sie damit die Furcht vor einer deutschen Vorherrschaft in Europa verband.

Bundestagspräsident

Zur hellen Freude weniger und zum Entsetzen vieler waren am 6. März 1983 auch „Die Grünen" in den Deutschen Bundestag gewählt worden. In Bonn – auch in unserem Fraktionsvorstand – grassierte die Sorge, nun würde das Parlament zum Ort von Obstruktion und Randale. Viele erinnerten daran, daß der Verfall der Weimarer Republik mit der Zerstörung der guten Sitten im Deutschen Reichstag begonnen habe. Man schrieb auf, was NSDAP und Kommunisten damals alles angestellt hätten, zitierte die Erfahrungen und Mahnungen von Paul Löbe, dem langjährigen Reichstagspräsidenten. Der Bundestag geriet ins Zentrum von Befürchtungen, auch von Neugier. Von einigen wurde gefordert, im Bundestag eine schärfere Geschäftsordnung einzuführen. Ich widersprach: Die geltende Geschäftsordnung biete alle nötigen Handhaben; auch sei es nicht gut, die Angst vor „grün" auf diese Weise vorsorglich auszudrücken. Was „stark" neu formuliert werde, werde als Schwäche und Unsicherheit angesehen werden. Ich ging das Problem auf meine Weise an und las von und über die Grünen, was ich nur auftreiben und lesen konnte.

In guter Erinnerung an Herbert Gruhl, dem ich in Fraktion und Partei beigestanden hatte, als er – auch wegen seines Buches „Ein Planet wird geplündert" – in Bedrängnis geriet, las ich sein Buch nochmals und lernte viel dabei. Ich schrieb an Heinrich Böll, der Sympathie für die Grünen geäußert hatte: „Ich hoffe, daß diese ,Neuen' nicht durch schlechtes und unparlamentarisches Benehmen das Anliegen, das sie ins Parlament getragen hat, diskreditieren." Mit dem Parlament sei es wie mit der Sprache: Man benutze sie zum Streit wie zur Zusammenarbeit. Wie die Sprache die Basis für beides sei, verhalte es sich auch mit den Regeln des Parlaments. Böll antwortete: „Ihre Form ist von ihren Inhalten bestimmt. Ich hoffe, daß Sie Primäres nicht an Sekundärem scheitern lassen."

Kollegen und Kolleginnen aus allen Fraktionen ermunterten mich, jetzt als Bundestagspräsident zur Verfügung zu stehen. Da sei ein erfahrener, langjähriger Fraktionsvorsitzender richtig am Platze. Plötzlich, Volker Rühe beriet gerade mit mir eine aktuelle deutschlandpolitische Frage, stand Helmut Kohl in meiner Türe, füllte die Öffnung ganz aus. Rühe ging sofort, Kohl wollte – nur unter uns und in höchstem Maße vertraulich – vorfühlen, ob ich bereit sei, Präsident des Deutschen Bundestages zu werden. Das sei jetzt eine wichtige Aufgabe, das sei „zentral". Das sei ehrenvoll, entgegnete ich, aber da kämen auch auf meine Frau umfangreiche Pflichten zu; deshalb müsse ich das zuerst mit ihr besprechen. „Aber bitte streng vertraulich!" mahnte Kohl und ging.

Alsbald rief meine Frau mich im Büro an: Was das solle „mit Bundestagspräsident"? Aus dem Kreis um Kohl habe man sie angerufen. Olaf von Wrangel rief an und fragte ebenso nach. Meinhard Graf Nayhaus fragte alsbald „im Auftrage der Chefredaktion von Bild", was an dem Gerücht mit dem Bundestagspräsidenten dran sei. Ich wich aus. „Dann werden wir das so publizieren. Wir haben das aus dem Kanzleramt." Ich stimmte zu, diese Aufgabe zu übernehmen. Der Einzug der Grünen in den Bundestag schuf ja Probleme, die es zu lösen galt. Ich wurde nominiert und gewählt.

Seit der Bundestagswahl vom 6. März hatten die Grünen es verstanden, aufs vielfältigste auf sich aufmerksam zu machen: Sie tagten im Freien, weil sei – angeblich – keine Beratungszimmer erhielten. Sie verlangten Fahrräder zum Transport und Müsli auf der Speisekarte. Sie raunzten und maulten in jedes Mikrofon ihren Frust über das „betonierte Bonn", das ihnen fast die Aufnahme verweigere. Ich erklärte nochmals, daß die Geschäftsordnung des Deutschen Bundestages gut sei und ausreiche, die parlamentarische Arbeit angemessen zu gestalten. Ich sähe keinen Anlaß, wegen der „grünen Gefahr" irgend etwas zu verschärfen. Im Bundestag werde nun – so das Gerede rundum – unsere Staatsform erprobt, verteidigt oder beschädigt. Da werde sich entscheiden, wie es mit unserer Demokratie weitergehe. Und ob überhaupt! Das alles – und vieles mehr – konnte und mußte ich lesen und hören.

Ich machte mir ein eigenes Bild und hielt am 25. März 1983 in meinen Tagebuchnotizen fest: „In diesem Grün stecken Aufbruch zu neuen Ufern, Spontaneität, unbefriedigte Emotionen und Protest ebenso wie Schläue, Arroganz, Intoleranz wie braun und rot ... Revoluzzer sind diese Grünen wohl nicht. Aber auch keine Blumenkinder. Herausfordernd und besserwissend, wenig diskutant scheinen sie; laut und anspruchsvoll, triefend von ignoranter Intoleranz ... Ob sie so oder so angezogen kommen, mit oder ohne Blumen einziehen, korrekte oder dumme Anreden wählen werden – darüber werde ich nicht streiten. Stilbrüche werden ihnen selber schaden, Rechtsbrüche werde ich nicht hinnehmen. Und ich werde sie zwicken und zwacken, falls sie der Autorität des Präsidenten oder gar der Würde des Parlaments und der Ernsthaftigkeit unserer Arbeit Abbruch tun wollen. Das halte ich wohl länger aus – und so viel Witz wie die hat doch noch unser griesgrämigster Hinterbänkler."

Ich las ihre Veröffentlichungen. Über „Gemütswerte wie Heimat, Fürsorge, Menschlichkeit" dachten sie nach, forderten sie auch ein. Ihre Selbstdarstellung eignete sich nicht, einfach mit einer Handbewegung beiseite geschoben zu werden: „Die Erfahrung der Jüngeren, zu spät gekommen zu sein bei der allgemeinen Verteilung von Wohlstand oder auch nur sinnvoller Arbeit, vom einstigen Wirtschaftswunder nur noch die Wunden zu erben, die es Landschaft und Luft, den Gewässern, dem Boden und vor allem der Gefühlswelt geschlagen hat." Es gehe nicht mehr um Klassenfragen, sondern um Gattungsfragen, um Fragen des Überlebens der Menschheit schlechthin.

Das wog, wie ich meinte und meine, mehr als die Forderung nach „Rotation" und „imperativem Mandat", also nach der „anderen Republik". Die Mehrheit für diese Republik stand ja, war gerade in Wahlen überzeugend bestätigt. Es lag, so empfand ich, auch ein wenig an mir, diese Mehrheit behutsam durchzusetzen – und: den Versuch zu wagen, die Grünen für diese Republik zu gewinnen!

Petra Kelly forderte schrill: „Wir möchten dieses starre, sterile Parlament voller inkompetenter, elitärer Männer im Pensionsalter eben auch gerne verändern – irgendwie und irgendwann und ein bißchen." Im Parlament, einem „Schaufenster", werde Politik nicht gemacht, sondern verkauft.

Auf denn! Zum Kampf um dieses „Bißchen". Mit 407 von 509 Stimmen wurde ich am 29. März 1983 zum Präsidenten des Deutschen Bundestages gewählt.

———

Bald zeigten die Grünen immer weniger vom Ethos ihrer Gründung. Die Öffentlichkeit machte sich überwiegend ein anderes Bild: Den Abgeordneten der Grünen traute man alles zu. Blumen, Jeans, Turnschuhe, offene Kragen im Parlament, das schien vielen die „Alternative" zu unserem gesitteten und geordneten Gemeinwesen. Andere wähnten, dies sei der „Untergang des Abendlandes", die „Revolution" durch Mißbrauch der Institutionen und Zerstörung mit der tödlichen Waffe der Lächerlichkeit.

Ich dachte weniger an die Geschäftsordnung als an diese Waffen: Höflichkeit, Gelassenheit, Strenge, Güte und Witz. Mich störe textilhaft zur Schau getragene Gesinnung nicht, betonte ich. Nicht Anzug und Ordnung, sondern das freie Wort und die unabhängige Gewissensentscheidung – das sei das Maß des Parlaments. Auch liebte ich, Enkel eines Gärtners, Blumen, erklärte ich, als sie mit Blumen einzogen – und fügte hinzu: Keine Blumentöpfe aber, die seien als Wurfgeschosse tauglich wie die Tintenfässer im alten Reichstag ...

In meiner Eröffnungsrede ging ich direkt auf unsere Probleme zu: „Keiner hier hat ein besseres Mandat als ein anderer ... Am Schutz der Minderheit findet auch die Mehrheit ihre Grenze. Diesseits dieser Grenze aber muß die Mehrheit entschließen, entscheiden, durchsetzen ... Zur Mehrheit führt der Weg der Kompromisse. Unterwegs dahin sind Humor und Witz erwünscht. Ernsthaftigkeit findet, wie ich meine, nicht in betulicher Erstarrung ihren Ausdruck. – Warum verschweigen, meine Kolleginnen und Kollegen, daß manche in der Welt, viele in Deutschland und wohl alle hier im Hause das veränderte Gesicht dieses neuen Deutschen Bundestags beschäftigt? Viele Erwartungen gelten dem Inhalt, zahlreiche Befürchtungen der Form. Mit der Form hier ist es wie mit unserer deutschen Sprache: Wir brauchen sie alle, um zugleich zusammenleben und über Inhalte streiten zu können. – Wir alle hier wissen: Die Rücksicht auf das Recht des anderen ist die unerläßliche Bedingung des Friedens nach innen wie nach außen. Friedfertigkeit und gute Nachbarschaft beginnen zu Hause, auch hier im Hause."

An dieser Stelle gab es Beifall von den Grünen. Da wußte ich: Das wird gut werden! Und als sie dann bei meinem Satz – ich wünschte dem Deutschen Bundestag, „daß unsere Werktagsarbeit mit unseren Sonntagsreden übereinstimmt" – geradezu jubelten, da war mir klar: Die sind für diese Demokratie zu gewinnen. Der Hoffnungsschimmer war berechtigt. Aber der Alltag forderte immer wieder unsere Energie wie unseren Einfallsreichtum.

————

Eigentlich hätte ein Abgeordneter der Grünen Alterspräsident des Deutschen Bundestages werden sollen, Herr Vogel, ein früherer Beamter des Reichsinnenministeriums; er war als Spitzenkandidat der Grünen in Nordrhein-Westfalen, deren Landesvorstand er angehörte, in den Deutschen Bundestag gewählt worden. Nun kam er ins Gerede, da er der NSDAP wie der SA formal angehört haben sollte. Seine Partei drängte ihn, das Bundestagsmandat nicht anzunehmen, zumal er als Alterspräsident fungieren solle. Mit dieser bräunlichen Vergangenheit ging man schonungslos um! So war der Hannoveraner Egon Franke der Älteste. Der war ein Anti-Nazi, bewährter SPD-Mann, früherer Bundesminister und Chef der einflußreichen Riege der „Kanalarbeiter" der SPD-Bundestagsfraktion. Sie sagten von sich selbst, sie seien „Freunde sauberer Verhältnisse". Franke lehnte ab, da sich – wie schon berichtet – die Justiz mit ihm befaßte. Also wurde Willy Brandt Alterspräsident.

Am 29. März 1983 leitete er meine Wahl zum Präsidenten des Deutschen Bundestages. Bald schwor Helmut Kohl den Amtseid in meine Hand. Ironie der Geschichte? – Zu Vizepräsidenten wurden gewählt Annemarie Renger (SPD), Richard Stücklen (CSU), Richard Wurbs (FDP) und Heinz Westphal (SPD).

An dieser Stelle möchte ich eine schöne Geschichte einschieben (wir werden unseren Faden nicht verlieren): Am 19. Oktober 1965 eröffnete Konrad Adenauer als Alterspräsident den 5. Deutschen Bundestag. Er wurde, so das Protokoll, mit „lebhaftem Beifall" begrüßt. Er dankte und erklärte, das als „einen guten Anfang für die ganze Legislaturperiode betrachten" zu wollen. Dann erklärte er: „Nach der Übung dieses Hauses eröffnet ... das älteste Mitglied ... die Session. Ich bin am 5. Januar 1876 geboren. Darf ich fragen, ob ein älteres Mitglied – Dame oder Herr – da ist? Ich stelle fest, daß ich ganz offenbar einzig bin." Das klang so launig, daß Carlo Schmid den Bundestag zu „Heiterkeit und Beifall" mitriß.

Helmut Thielecke, der bedeutende Hamburger Theologe, gratulierte mir zu meiner Wahl mit seinem Buch „Lachen der Heiligen und Narren" und schrieb: Mein Amt sei so etwas „wie eine weltliche Kanzel – auch nicht ganz ohne seelsorgliches Sprechzimmer für die Abgeordneten". Hinsichtlich der Grünen plädierte er für Humor und empfahl, im Bundestag eine Kleidervorschrift einzuführen: Zivil oder Uniform. Einige, „bei denen sich mangelndes Stilempfinden mit einem textilhaft ausgedrückten Status confessionis verbindet …, trügen eben einen ‚Dienstanzug' …".

––––––––

Petra Kelly, eine vom Triumvirat der Grünen, wirkte leidend, Otto Schily, ihr Partner, irrlichterte (noch?). Dagegen wirkte Marielouise Beck-Oberdorf, die Dritte im Bunde, vital, intelligent und kontaktstark. Um so mehr schüttelte ich den Kopf, als ich in der „Frankfurter Rundschau" vom 20. April 1983 ihr Interview las: Bonn sei ein einziger Betonapparat, Haß schlüge ihnen entgegen, in ihrem eigenen Chaos stecke Ordnung, und Joschka Fischer werde „vielleicht der Wehner unserer Fraktion sein".

Fischer war Parlamentarischer Geschäftsführer. Ein Pfiffikus. Listig und kenntnisreich kämpfte er im Ältestenrat, hielt uns manchmal auf, legte die Geschäftsordnung eigenwillig aus und bestand immer wieder auf „mehr Redezeit". Die richte sich nach der Stärke der Fraktionen, hielt ich ihm immer wieder entgegen – und die bestimmten die Wähler. So sei das. Auf Wohlwollen und Meinung des Präsidenten komme es da gar nicht an.

Es kam zu Querelen mit den Grünen: Sie klebten Propaganda-Plakate so an die Fenster ihrer Bundestagsbüros, daß sie von der Straße her lesbar waren (7. Juni 1983). Ich bat Herrn Fischer zu mir und verlangte, diese Plakate zu entfernen. Im Bundestag werde im Plenarsaal und vom Rednerpult aus mit dem Wort gerungen. Dafür sei das Parlament als neutraler und meinungsoffener Ort zu pflegen, damit jede Meinung zu ihrem Gehör komme, auch zu ihrem Recht kommen könne. Ich klebe mir auch nicht „Gelobt sei Jesus Christus", Schrift nach außen, an meine Fenster. Würden diese Plakate der Grünen nicht entfernt, so werde morgen der Ordnungsdienst des Deutschen Bundestages seines Amtes walten – auf meine Weisung. Das müsse er in der Fraktion erörtern, so verabschiedete Fischer sich.

Nach einer guten Stunde bat er um einen Termin und kam mit dieser Botschaft: Die Fraktion habe beschlossen, nichts zu entfernen. „Dann wird der Ordnungsdienst des Bundestags diese Arbeit übernehmen, und ich werde morgen um 11 Uhr eine Pressekonferenz zu dem Vorfall geben. Dabei werde ich betonen, daß Sie und Ihre Kolleginnen und Kollegen gewählt seien, Ihr Anliegen hier im Parlament einzubringen, offenbar aber nicht imstande seien, Ihre Meinung durch Anträge und Fragen in parlamentarischen Debatten auf den Weg zu bringen." Die Plakate waren bald entfernt.

Weniger glimpflich verlief die „Jugendfrage-Stunde" am 18. Mai 1983 – der Bundestag lud über die Fraktionen Jugendliche ein zum Meinungsaustausch mit Abgeordneten im Plenarsaal. Ich fand diese Einrichtung vor, die ich als „Parlamentsspielerei" ablehnte, aber nicht mehr absagen konnte.

Plötzlich gab es Randale im Saal und auf der Besuchertribüne. Transparente wurden entrollt, Geschrei erhob sich, Farbbeutel flogen, trafen den Bundesadler, auch mich und eine junge Besucherin aus der Schweiz, die neben mir saß, um mir zu assistieren. Türen wurden eingetreten. Dank der handfesten Saaldiener kehrte bald Ruhe ein. Ich sagte durch mein Mikrofon: Hier werde mit dem Wort gearbeitet, nicht mit Farbbeuteln!

Bonn war erregt: Rote Farbe auf dem Bundesadler – das geht zu weit, sagte mir Herbert Wehner im Zorn. Ich erklärte auf eine Frage: „Ich bin verpflichtet, den Gästen Sicherheit zu geben. Stellen Sie sich vor, dieser Farbbeutel, der mich getroffen hat, hätte die Schweizer Schülerin, die neben mir saß, vielleicht im Gesicht getroffen? Sie wäre vielleicht erblindet oder beschädigt?" Mit Ausnahme der Fraktion „Die Grünen" billigten alle Fraktionen ausdrücklich meine Leitung dieser Sitzung. Joschka Fischer war im Ältestenrat nicht bereit, die Vorkommnisse zu entschuldigen. Dieser Parlamentarische Geschäftsführer der Grünen lernte schnell und suchte sich gediegenen Rat bei den beamteten Experten des Parlaments. Er bemühte sich, uns anderen das Leben schwerzumachen. Das gelang wenig, weil Fischer bald seine Kraft und seine Intelligenz den Querelen innerhalb seiner Gruppe zuwenden mußte. Seine Biographie war kaum bekannt, spielte zumindest keine Rolle.

Oft wird es auch langweilig, wenn man da oben „im Stuhl" (so heißt das) thront, zuhört und die Kolleginnen und Kollegen anders sieht, nämlich von vorne und ins Gesicht. So begann ich im „Stuhl" Tagebuch zu schreiben – und Gedichte. Dieser „Stuhl" hat es in sich. Er ist ein wichtiges Instrument für die Arbeit im Parlament: Erhebt sich während einer strittigen Debatte der Präsident, steht und geht, so ist die Sitzung unterbrochen. Eine wichtige Waffe in kritischen Situationen! Diese kündigten sich von außerhalb des Bundestages an: 14. Mai 1983, Grüne am Alexanderplatz in Berlin mit Transparenten. Sie werden verhaftet. Entsetzen bei den Grünen! Hatte doch das „Neue Deutschland", Amtsblatt der DDR, gerade erst die Parlamentsrede der Abgeordneten Beck-Oberdorf abgedruckt! 16. Mai: „Mehr Phantasie für den Frieden!" fordern 25 000 evangelische Christen in Erfurt. Eine öffentliche Debatte über Widerstand, über Legalität und Legitimität war entstanden und nicht mehr zu übersehen oder zu überhören. Mein Tagebuch enthält am 19. Mai 1983 diese Eintragung: „Heute früh eine intelligente und stellenweise brillante Rede des früheren Juso-Vorsitzenden

Gerhard Schröder. Er plädiert für illegale Gewalt gegen illegitime Mehrheitsentscheidungen, erhebt das eigene Urteil in strittigen politischen Fragen zum Maßstab der ,Legitimität'. Er formulierte: ,Legitim ist danach mehrheitlich entschiedene Politik nur dann, wenn sie in laufender Auseinandersetzung mit Opposition und öffentlicher Meinung konkretisiert und den sozialen und ökonomischen Wandlungen angepaßt wird und zwischen widerstreitenden Zielen stets und ständig Kompromisse gesucht werden.'" Das ist natürlich etwas anders als die Mehrheitsdemokratie. Im Tagebuch betone ich: Wählerwillen? Gewissensfreiheit? Nichts davon! Sie stellen die Demokratie auf den Kopf, machen – solange sie die Mehrheit nicht haben – ihre Minderheitenmeinung ... zum Maß aller Dinge. Sozialdemokratisch ist das wohl nicht mehr! Ob es grün ist?

Günter Grass blies am 29. April 1983 in einem Interview mit der „Zeit" ins Feuer: Da nach wie vor von den Großmächten gegen die Völker in Polen, Afghanistan und in Mittelamerika Gewalt ausgehe; da er eine Politik erkenne, „notfalls durch den Einsatz nuklearer Gefechtsköpfe" „die Weltwirtschaftskrise zu beheben"; da die USA unter der gegenwärtigen Führung „die militärische Überlegenheit" anstrebten und „einen nuklear geführten Krieg für gewinnbar" hielten; da mithin „die Politik der führenden Großmacht des Westens gemeingefährlich wird" und „keiner demokratischen Impulse mehr fähig" sei; da zudem auch die deutsche Regierung „weder die Kraft noch den Willen zur westeuropäischen Selbständigkeit" hätte; da es sich so verhalte, stelle sich jedem, „dem wortwörtlich das eigene Leben und auch das Leben des Gegners lieb" sei, „die Frage, ob er Widerstand leisten will".

Er, Günter Grass, sehe sich, weil er „zum Westen gehöre" und sich „für den Freiheitsbegriff der westlichen Demokratie ausspreche", zum Widerstand verpflichtet. Dieser Widerstand müsse gewaltlos sein, aber den Ungehorsam einschließen. Diese Thesen wiederholte Grass seither häufig.

Hierzu mein Tagebuch: Gewissenhaftigkeit zeichnet wissenschaftlich den Intellektuellen aus, präziser Umgang mit den Fakten muß stets der moralischen Empörung vorausgehen. Beides läßt Grass außer Acht. Seine Gleichsetzung der Weltmächte, den Austausch von Ursachen und Wirkungen, seine haltlosen Unterstellungen, mit denen er die Politik der USA karikiert und verteufelt – das alles degradierte diesen engagierten Schriftsteller zum Pamphletisten. Der erste Schuß wird kein westlicher sein, hatte Reagan hier im Bundestag gesagt. Und wir haben Frieden, weil Westeuropa und die USA gemeinsam handeln! Aber Grass' Wort macht die Runde, wird zur verklärten Wahrheit erhoben. Und es wirkt. Wirkt zugunsten des aufkeimenden nationalen Sozialismus. So einfach ist das: Du erklärst die andere Meinung und Haltung für „gemeingefährlich" und bist im Recht, darfst nicht, mußt widerstehen. Demokratie, Wahlen, Mehrheit – nichts da: Mein Bauchnabel regiert als Mitte des „Rechts"!

Wie gut da die Worte des souveränen Richard Löwenthal (SPD), auch in der „Zeit" (27. Mai 1983) zu lesen: „Es ist tief erschreckend, wenn jemand, der die letzten fünfzig Jahre hier in Deutschland miterlebt hat, den Unterschied nicht machen kann zwischen dem Widerstandsrecht gegen die Diktatur und einem Widerstand gegen demokratisch beschlossene Maßnahmen der Verteidigung gegen eine andere Diktatur. Ich glaube, daß der Versuch eines solchen Widerstandes wahrscheinlich die bisher ernsteste Probe auf die Stabilität der immer noch jungen Demokratie der Bundesrepublik bedeuten würde."

Die Verkehrung und Vernebelung der Wahrheit à la mode, wie à la Grass, haben wir mit zu verantworten. Vom deutschen Boden dürfe kein Krieg mehr ausgehen, das sagen wir noch. Seit 1945 sagen wir das. Auch die DDR sagt das, obwohl sie in die Tschechoslowakei einmarschierte, ohne Widerspruch sagt sie das.

1945 sagten wir auch: Auf deutschem Boden dürfe nie

mehr eine Diktatur entstehen! Wer sagt das noch? Und: Wer sagt noch, was Franz Böhm 1957 mit wahrhafter Unbefangenheit so ausdrückte?: „Ich betone noch einmal: Die schwerste Gefahr, die uns heute bedroht, ist nicht die Gefahr der Atombombe, sondern die Gefahr des totalitären Staates, der heute die einzige Ursache davon ist, daß wir vor der Gefahr der Atombombe zittern müssen." Moral gesucht! Und: Kämpferische Demokraten. Ich schrieb für mich einen rechtstheoretischen Aufsatz über Widerstand, angelehnt an meinen erwähnten Aufsatz (1951) für Rudolf Peschel. Diese Konzentration, so war es auch diesmal, entspannte mich.

Meine Wahl zum Präsidenten des Deutschen Bundestages führte dazu, daß Helmut Kohl nun nicht mehr umhin konnte, mich satzungsgemäß zu den Sitzungen des Parteipräsidiums einzuladen. Er mußte nun ertragen, mich wieder kraft Amtes im Präsidium der CDU zu sehen und – gelegentlich – auch zu hören.

So wie ich es mit Kohl erlebte, ist es in den obersten Führungsgremien der CDU, auch nicht bei Adenauer, noch nie zugegangen: Kohl führte nicht, er herrschte. Er nahm stets den großen Teil der Redezeit in Anspruch und trug weitschweifig vor.

Am 31. Januar 1984 gab ich im „Amtshaus" des Bundestagspräsidenten einen Empfang zu Ehren von Hans Katzer. Er wurde 65 Jahre alt. Das Haus faßte kaum die vielen, vielen Gratulanten. Einige kamen, weil Kohl sich geweigert hatte, Hans Katzer einen Geburtstagsempfang im Adenauer-Haus zu geben! Immerhin war Hans Katzer einer der Gründer der CDU, Vorsitzender der Sozial-Ausschüsse und erfolgreicher Bundesminister für Arbeit und Sozialordnung in den Kabinetten Erhard und Kiesinger. Die Gewerkschaften zeichneten ihn mit dem Hans-Böckler-Preis und die Unternehmer mit dem Ludwig-Westrick-Preis aus.

Es gab auch anderes zu tun: Die Grünen stiegen um vom Fahrrad in die Dienstautos des Deutschen Bundestages. Das Berliner Abgeordnetenhaus lud mich ein, im Plenum des Berliner Parlaments eine Ansprache zu halten. Man befürchtete Proteste und Verwicklungen, da Berlin nach dem Willen der West-Mächte nicht zum Bund gehörte, diese Einladung also dem Status Berlins nicht entspräche. Ich hielt meine Ansprache im West-Berliner Parlament. Nichts geschah. Die Mächte nahmen es hin! Nicht alle Abgeordneten waren damit einverstanden, daß ich diese Einladung annahm. Ich stand ja unter erheblichem Druck derer, die mich aufs entschiedenste bedrängten, alsbald offizielle Beziehungen zur Volkskammer der DDR aufzunehmen. Ich wollte, so erklärte ich, zuerst besondere Beziehungen zur „Assemblé Nationale" in Paris – die gab es noch nicht – herstellen und die Frage „Volkskammer" mit den Westmächten besprechen, was ich nach der Rechtslage auch müsse. Diese sahen „keine Notwendigkeit, der DDR entgegenzukommen". Vermutlich nahmen sie auch deshalb meine Rede im Abgeordnetenhaus von Berlin hin. Die SPD ging ihren eigenen Weg. Sie lud den Präsidenten der Volkskammer zum Besuch (mit öffentlichem Getöse) nach Bonn ein.

Ich ging – nach dieser Rede im Abgeordnetenhaus von Berlin – einen Schritt weiter: Im (privaten) „Deutschland-Haus" in Berlin hingen die Fahnen aller deutschen Länder. Ich ließ sie im Reichstag aufhängen. Bald lud ich Gäste zu amtlichen Essen in den Reichstag.

In Bonn bat ich – je für sich – die Vorsitzenden der Bundestagsfraktionen zum Mittagessen. Die Grünen entschieden, daß Marielouise Beck-Oberdorf meine Einladung annähme, weil ich nicht mit allen ihren drei Sprechern essen wollte. Zu ihr sagte ich: „Sie sind hier, weil wir etwas falsch gemacht haben. Sie sind herangewachsen in einer Wirklichkeit, die wir verantworten – soweit Politik das kann. Bitte bringen Sie die Anliegen, die Sie hierher gebracht haben, parlamentarisch zur Sprache. Machen Sie bitte nicht alles falsch, indem Sie diese Anliegen durch Spektakel und schlechtes Benehmen diskreditieren."

Zum 17. Juni hielt Bundespräsident Carstens eine exzellente Rede im Bundestag. Die Grünen blieben fern! Sie mahnten die Menschenrechte in der Türkei, in Südafrika und in Chile an. Über die Mauer in Berlin sahen sie nicht. Damals.

Am 9. Juli besuchte mich der Bundeskanzler. Überraschend. Er bat – vertraulich – um einen deutschlandpolitischen Rat. Er wolle der DDR einen Kredit geben. Was ich davon hielte? Ich sei dafür, antwortete ich, falls die Gegenleistung stimme. Von der Rolle des Franz Josef Strauß sagte der Kanzler nichts. Er erwähnte nur, auch die CSU sei dafür.

Bei Kaiserwetter hatte ich am 18. Juli 1983 die „Kieler Woche" zu eröffnen. Fröhliche Massen, bunt in der Sonne, vor dem Rathaus. Wir, die „Honoratioren", traten auf den Balkon. Ich sollte eröffnen. Da schrillte mir ein Pfeifkonzert entgegen, und ein Transparent wurde plötzlich aufgerollt: „Keiner will Rainer!" Hexenkessel! Oberbürgermeister und Ministerpräsident ließen mir gerne den Vortritt ... Nun schrie es mir lauthals und feindlich entgegen. Dagegen sprach ich ins Mikrofon: „Als bei der Marine Gelernter weiß ich es zu schätzen, daß Sie für mich Seite pfeifen." Jubel verdrängte das Geschrei, das Transparent war weg, und Beifall brandete auf. –

Auch das gab's: Bundesbauminister Oskar Schneider meldete sich am 21. Juni 1983 an. Der Besuch sei dringlich. Das Parlamentsgebäude sei, so teilte er amtlich mit, baurechtlich und feuerpolizeilich nicht mehr sicher. Wenn ich ein Kino betriebe? fragte ich. Das wäre längst baupolizeilich geschlossen! So die Antwort. Schöne Bescherung ... Wenig später erreichte mich ein Brief des Kölner Regierungspräsidenten Antwerpes, durch den er das Gebäude des Bundestages zu Bonn unter Denkmalschutz stellte ...

Zwei Wahrheiten? Gewiß. Aber eine Antwort war nun

nötig. (Am 30. Oktober 1992 wurde ein neuer Plenarsaal eingeweiht – und technischer Mängel wegen bald wieder geschlossen.) Der letzte Sitzungstag vor der parlamentarischen Sommerpause 1983 war der 24. Juni. Er geriet zur Zitterpartie: Gegen 13 Uhr bezweifelten die Grünen die Beschlußfähigkeit des Hauses. Vermutlich, das ergab ein Blick in das schwachbesetzte Plenum, hatten die Antragsteller recht. Ich ordnete – nach Rücksprache mit meinen Schriftführern – einen „Hammelsprung" für 13.15 Uhr an. Eine Mehrheit fand sich ein. Die Grünen sahen aus wie die betrogenen Betrüger, denn sie hatten mit ihrem – zulässigen – Antrag eine interfraktionelle Vereinbarung gebrochen.

Ich hielt dieses Resümee unserer ersten Halbzeit in meinem Tagebuch fest: „Der Angriff auf das Parlament verläuft sich in einem arbeitswilligen Bundestag, der – leider – nicht fröhlicher geworden ist."

Vor den Sommerferien gab ich ein Essen. Da auch Helmut Schmidt zugesagt hatte, zitierte ich in meiner Tischrede Marc Aurel: „Da suchen sich die Menschen Stätten, um sich zurückzuziehen. Aufenthalt auf dem Lande, an der See, im Gebirge ... Doch ist all solches Verhalten kindisch, während es doch möglich ist, sich in jeder Stunde, wenn man will, in sich selber zurückzuziehen. Denn der Mensch zieht sich nach keiner anderen Stätte zu größerer Ruhe und Ungestörtheit zurück als in seine eigene Seele ... Erneuere dich selbst."

Tagebuch, 7. September 1983: Die Grünen kämpfen durch Hungerstreik gegen die heraufziehende Entscheidung zur Nachrüstung. Einige waren schon arg mitgenommen. Ich half mit Sprudelwasser ...

Acht Tage später reist der Regierende Bürgermeister von Berlin, Richard von Weizsäcker, entgegen dem Rat aus Bonn zu DDR-Chef Honecker nach Ost-Berlin – ohne den Ständigen Vertreter der Bundesrepublik Deutschland! „Aus Berlin darf kein drittes Deutschland werden!" Das hatten wir zur Zeit der Bundesregierung Willy Brandt gefordert. Vorher schon hatte ich, wie berichtet, Willy Brandt als Regierenden Bürgermeister gehindert, selbständige Berliner Außenpolitik zu demonstrieren und Chruschtschow in Ost-Berlin zu besuchen. Auch die Bundesregierung Helmut Schmidt hatte seinerzeit dem Regierenden Bürgermeister Berlins, Jochen Vogel, dringend abgeraten, Honecker ohne den Ständigen Vertreter Bräutigam in Ost-Berlin zu besuchen.

Am 26. September 1983, wird herausgehoben berichtet, daß Richard von Weizsäcker in Wittenberg eine Rede habe halten dürfen. Man erlaubte Weizsäcker in Wittenberg zu sprechen! Welch Entgegenkommen! Wofür? Aus dieser Rede: „Daß es einfach unaufrichtig ist, jeweils einer Seite das absolut Gute und Richtige, der anderen Seite aber das absolut Böse und Falsche zuzurechnen. Die Sowjetunion kann sich wirklich bedroht fühlen durch westliche Atomwaffen …" Von Kohl kein Wort dazu.

———

War das alles schon genug, brachte Ärger und Arbeit, so verstärkten die Grünen, weil der Tag der Entscheidung über den NATO-Doppelbeschluß näherrückte, ihre Agitation. Der „Hauptausschuß der Grünen" beschloß am 8. Oktober 1983: „den Prozeß einer massenhaften Aufkündigung der Staatsloyalität einzuleiten". Ich brachte diesen Beschluß im Ältestenrat zur Sprache. Fischer suchte das abzuschwächen, widerrief aber nicht. Ich wurde unmißverständlich deutlich: „Hier im Deutschen Bundestag wird das keine Chance haben und, falls versucht, im Keim erstickt werden." Der Ältestenrat stimmte dieser Haltung zu.

Am 21. Oktober 1983 kam es zur großen Demonstration in Bonn. In meinem Buch „Geschichten aus der Politik" (1987) habe ich davon erzählt:

„Am Vormittag des 21. Oktober 1983, einem Samstag, gerieten wir mitten unter die angereisten, nun aufmarschierenden Demonstranten gegen die Nachrüstung. Wir wollten in Godesberg einkaufen und dann durch den Kottenforst spazieren. An beiden Vorhaben ließen wir uns durch die Tausende nicht stören, wurden auch nicht gestört. Wir hörten kein böses Wort, erlebten – den Einkaufskorb wie die Plastiktüten in Händen – keinerlei Bedrängnis. Nur ‚Rainer'-Rufe gab es. Auf SPD-Plakaten warb Willy Brandt mit dem Motto: ‚Ohne Frieden ist alles andere nichts.' Die Organisationskraft mit Ordnern, Lautsprechern, Disziplin imponierte. Da war alles bedacht, alles geplant, wurde alles geleitet. ‚Wir brauchen nun Leute für die Kette zwischen dem Bahnhof und dem Theaterplatz', rief einer, eher bittend, mit zarter Stimme über die Lautsprecher der Jazz-Kapelle. Und bald war die Kette geschlossen.

Jeans und Turnschuhe und Kinderwagen, Freundlichkeit und Zuwinken bestimmten das Bild. Nicht Haß oder aufdringliche Zudringlichkeit. Die ‚Menschenkette' reichte bis zur sowjetischen Botschaft, oberhalb der Godesburg gelegen. Wir fuhren da – eine Straßenseite war frei – entlang. Allein und privat fuhren wir in unserem Audi. Hunderte standen da und demonstrierten.

Nach unserem erholsamen Spaziergang im Kottenforst fuhren wir die vor kurzem noch von Menschen überquellende Straße bergab. Leer war nun alles. Und sauber. Sauberer als sonst. Wir sahen einen jungen Mann, nur durch Buttons als Sympathisant der Protestierer ausgewiesen, der allein, einsam, ohne beifälliges oder kontrollierendes Publikum, die Straße inspizierte. Einen großen blauen Plastiksack trug er. Einen, wie man ihn bei der Müllabfuhr kaufen kann. Fröhlich ging der Jüngling die Straße bergab, nahm hier noch eine Kippe, da ein Tempo-Taschentuch auf, steckte es in die Plastikfolie. Wir lassen keinen Dreck zurück! Danach handelte der Einsame.

Den miesesten Dienst leistete der. Dabei fröhlich. Unsichtbar für seine Freunde säuberte er das, was andere etwa noch übersehen hatten. Alleine tat er das. Ohne Kameras, ohne Beachtung, Lob oder Kontrolle."

Die Diskussion über die Nachrüstung beherrschte die Öffentlichkeit und immer mehr auch private Gespräche. In Den Haag hatten 500 000 Menschen „gegen die Raketen" demonstriert. Die französischen Sozialisten, in Paris mit den Kommunisten in der Regierung, warben für die Nachrüstung. Bischof Lohse (EKD) schaffte Klarheit. Widerspruch: ja – Widerstand: nein. Moralische Ächtung schaffe diese Waffen nicht aus der Welt: „Sie müssen durch politisches Handeln überflüssig gemacht werden." Der Botschafter der Sowjetunion, Semjonow, besuchte mich, suchte ein ausführliches Gespräch und bat, doch auf jeden Fall (!) zu seinem Jahresempfang zu kommen. Ich sagte zu und ging auch hin. Dort drängte ich ihn, doch bitte unsere Beziehungen nicht auf die Raketenfrage einzuengen. Wir hätten langfristige Zusammenarbeit in sehr vielen Bereichen verabredet und seien interessiert, das auszubauen.

Radikale Gruppen der „Friedensbewegung" kündigten an, sie seien des bisherigen „Kasperle-Theaters" überdrüssig, ihr Ziel sei am 21. November das Rednerpult des Deutschen Bundestages.

In alle diese Aufgeregtheiten und Vorbereitungen, zur Sicherheit auch im Bundestag, sagte ich an verschiedenen Stellen: „Der freiheitliche Rechtsstaat muß sich auch in einer so spannungsgeladenen Atmosphäre von gepanzerter Staatsgewalt unterscheiden!"

―――

Die erregteste und wohl auch wichtigste Sitzung, die ich als Bundestagspräsident vorzubereiten und zu leiten hatte, galt dem NATO-Doppelbeschluß, eben der sogenannten „Nachrüstung". An dieser Frage war die Regierung Schmidt/Genscher zerbrochen – und genau an dieser Stelle mußte nun

Helmut Kohl sich bewähren. Die Augen der Welt richteten sich auf Bonn! Es war der 21. November 1983.

Bundeskanzler Schmidt hatte die Überrüstung der Sowjetunion mit Mittelstreckenraketen, die auf Europa zielten, erkannt und in der NATO auf die Tagesordnung gesetzt. Am 12. Dezember 1979 faßten die NATO-Staaten den Beschluß, der als sogenannter „Doppelbeschluß" in die Geschichte einging. Nachdem die westliche europäische Staatenwelt und die dort stationierten US-Soldaten von sowjetischen SS 20 und 22-Mittelstreckenraketen bedroht wurden und das westliche Militärbündnis keine passende Waffe als Antwort parat hatte, kam es zu folgender Entscheidung: Sollten die Sowjets die auf Europa gerichteten Raketen umstationieren, so würde man seinerseits auf Nachrüstung verzichten (erster Teil), andernfalls plane man die Stationierung von NATO-Mittelstreckenraketen in Deutschland und den Benelux-Ländern (Teil zwei). Leider mußte der zweite Teil des Beschlusses Realität werden, 1983 wurden tatsächlich Raketen aufgestellt.

Konkret wurden Pershing-II und Cruise Missiles verwendet. Die Cruise Missile galt als besonders intelligente Rakete, da sie ihre Flugbahn dem überflogenen Terrain anpaßte. Auch die Pershing-II, die oft als höchstentwickelte Land-zu-Land-Rakete der US-Army bezeichnet wurde, steuerte sich selbst durch Vergleich von Radarbildern. Die Rakete wurde nach Abschluß der Entwicklung im Jahre 1983 stationiert. Die Pershing-II wurde aufgrund des ENF-Vertrags (1987) wieder abgebaut und 1991 verschrottet.

Am 21. November 1983 sollte – und wollte – der Deutsche Bundestag diesem „NATO-Doppelbeschluß" zustimmen. Ich bekam Briefe und Telefonanrufe: Wie ich auch nur dazu beitragen könne, einen solchen Beschluß, der zum Kriege führen werde, fassen zu lassen. Manche Abgeordnete hatten Mühe, an den „Mahnwachen" der Friedensbewegung vor ihren Familienwohnungen vorbei und durch sie hindurch nach Bonn zu reisen und durch Demonstrationen überhaupt ins Parlament kommen zu können. Drohungen wurden ausgestoßen, Familien belästigt, Versammlungen gesprengt und Reden gestört. Nie habe ich im Deutschen Bundestag eine erregtere Atmosphäre erlebt.

Die Sicherheitsbeamten hatten mich gewarnt: Es werde zu Demonstrationen vor der Bannmeile, die den Bundestag sichert, kommen. Das Ziel dieser Gegner der NATO-Politik sei es, in die Bannmeile einzudringen, möglichst auch ins Parlament, um dort vom Rednerpult ihre andere Botschaft lauthals und fernsehwirksam an die Demonstrierenden zu verkünden. Das Rednerpult des Parlaments ist natürlich ein lohnendes Ziel. Da kann der Redner, dem Strafrichter fast ganz entzogen, wenn er dem Bundestag angehört, von drinnen via Fernsehen seinen Freunden draußen Zuspruch geben – und Handlungsanweisungen. Die Belagerer draußen und ihre Freunde drinnen hatten den gewichtigen Vorteil der Initiative und der Überraschung. Und auf unserer Seite störten Kompetenzen und Eifersüchteleien: die Bundesregierung hier, die Landesregierung dort, der Bonner Polizeipräsident dazwischen und in allem der Deutsche Bundestag!

Weil dieser auch als Gesetzgeber an die verfassungsmäßige Ordnung gebunden ist, war ich entschlossen – die Fraktionen wußten das –, jedem Redner das Wort zu entziehen, der das Recht des freien Wortes mißbrauchte, um zu Rechtsbruch aufzufordern oder diesen zu begrüßen.

Ich eröffnete die Sitzung und las so verhalten wie möglich die nötigen Regularien und Mitteilungen vor. Auf der – von der Mitte her gesehen – linken Seite des Parlaments setzten vor allem grüne Abgeordnete sich nicht. Sie blieben stehen. Mit Bedacht blickte ich in diese Richtung, bekam aber keinen Augenkontakt. Also sagte ich so ruhig wie möglich: Normalerweise sitze der Bundestag, wenn er berate. Der Bundestag arbeite so, daher das Wort „Sitzung". Wenn aber einige Kolleginnen und Kollegen dem ersten Redner ihre besondere Aufmerksamkeit erweisen wollten, indem sie seine Rede im Stehen anhörten, ihm also auf diese Weise ihre besondere Reverenz erweisen möchten, so würde mich das nicht stören. Das wirkte, als ich betonte: „Das Wort hat der Herr Bundeskanzler", und man setzte sich.

Kohl hielt eine starke Rede. Störer versuchten, auf der Tribüne Transparente zu entrollen. Ich ließ das nicht zu. Die Koalition applaudierte nachdrücklich. Die Debatte verlief strittig und auf hohem Niveau.

In der Mittagspause besuchte ich die Polizisten, die durch ihren Einsatz die Entscheidung des Bundestages ermöglichten. Ich setzte mich zu ihnen, während sie ihre Erbsensuppe aßen. Ein Korporal, nach meiner unmaßgeblichen Einschätzung, sagte mir: „Natürlich sichern wir die Freiheit des Parlaments. In der Sache, die Sie beraten, bin ich auf der Seite der Demonstranten. Die Waffen, um die es geht, sind doch sehr gefährlich." „Und Ihre Pistole?" fragte ich zurück. „Nein! Das ist doch meine." So die rasche Antwort.

Mir wurde berichtet, daß draußen, noch außerhalb der Bannmeile, eine starke Demonstration aufzog. Auch von Bombendrohungen unterrichtete man mich. Nervenkrieg! Bald mußte ich die Meldung entgegennehmen, die Bannmeile sei durchbrochen, die Demonstranten seien bis zur Parlamentarischen Gesellschaft – auf die gegenüberliegende Straßenseite des Bundestages also – durchgedrungen und drängten weiter.

Diese Meldung erreichte uns bald alle auf diese Weise: Der Abgeordnete Burgmann von den Grünen meldete sich zur Geschäftsordnung, bekam sofort das Wort und beantragte, die Beratung und Entscheidung zu vertagen. Er komme gerade von draußen, da demonstriere und protestiere das Volk gegen den Bundestag. Ein Wasserwerfer der Polizei habe ihn naßgespritzt. Er bäte um Vertagung, um sich eine trockene Hose anziehen zu können. (Nachzulesen im Amtlichen Protokoll des Deutschen Bundestages über seine 35. Sitzung in der 10. Wahlperiode am 21. November 1983.)

Der Abgeordnete Bastian von den Grünen, Freund Petra Kellys, beklagte beredt „die offensichtliche Unangemessenheit des Polizeieinsatzes in dieser Stadt am heutigen Tage", rechtfertigte die „Mahnwachen vor den Abgeordnetenwohnungen" und erklärte an die Adresse der Demonstranten draußen vom Rednerpult des Parlaments aus via Fernsehen: „Wir danken unseren Freunden draußen für ihr persönliches Engagement und für ihr demonstratives Bekenntnis gegen die beabsichtigte Stationierung von Atomwaffen." Das war im Parlament zu hören. Draußen nicht. Ich hatte das Außenmikrofon des Redners ausgeschaltet, mich selbst aber eingeschaltet, und erklärte mit Verstärker: „Herr Abgeordneter Bastian, ich erkläre hiermit: Der Präsident des Deutschen Bundestages dankt den Ordnungskräften, die diese freie Debatte und Entscheidung möglich machen."

Helmut Schmidt hielt eine eindrucksvolle, kurs-konsequente Rede. Brandt klatschte nicht. In Berlin hatte ich zuvor Klaus Bölling getroffen, ihn auf die Peinlichkeit – der Politiker, der den Nachrüstungsbeschluß bewirkt hatte, sollte nicht reden – dieser bevorstehenden Debatte für uns alle, für die SPD, für ihren früheren Kanzler, aufmerksam gemacht: Kohl vollende jetzt, was Schmidt gewollt habe. Und nun dürfe er nicht einmal im Parlament reden?

Bölling antwortete auf diese Vorhaltung preußisch knapp: Das werde sich regeln. Die SPD sei schließlich die SPD ... Später – am nächsten Tage – gab Dieter Haack im Namen getreuer Freunde aus der SPD als persönliche Erklärung nach § 31 unserer Geschäftsordnung eine „Erklärung" im Bundestag ab, mit der er die von der SPD-Fraktion abweichende Haltung begründete.

Rückschauend: So wurde die SPD gerettet. Der Nachrüstungsbeschluß nämlich, sagte später auch Gorbatschow, leitete die fundamentale „Wende" zwischen Ost und West ein. So fiel der ganze Ruhm nicht allein Helmut Kohl zu, der – das muß betont bleiben! – die Nachrüstung durchsetzte. –

Die Debatte zog sich hin, auch am nächsten Tage. Es war

verabredet und beschlossen, sie um 19 Uhr zu beenden und dann abzustimmen. Die Grünen fanden den Trick, das zu verlängern: Unsere Geschäftsordnung erlaubt im § 31 jedem Abgeordneten, eine persönliche Erklärung zur Abstimmung abzugeben. Ich widersetzte mich dem Mißbrauch nicht und erteilte 25mal das Wort nach § 31 der Geschäftsordnung. Ich wollte keinen Vorwand liefern! Diese schwere Entscheidung bedurfte subtiler Korrektheit.

So kam es noch zu zwei Ordnungsrufen, die Otto Schily als letzter Redner provozierte. Warum er den dritten Ordnungsruf – mit der Folge des Ausschlusses von der Sitzung – nicht riskierte, weiß ich nicht. Das hätte der Sache wie der Debatte und der Entscheidung am Schluß einen faden Geschmack gegeben.

Die Grünen wollten bei Bekanntgabe des Ergebnisses der Abstimmung Plakate hochhalten und das Kampflied singen: „We shall overcome". So bat ich Kollegen aus Westfalen und Niedersachsen, sich in all ihrer Stämmigkeit vorne hinzustellen (schließlich hatten zu Beginn die Grünen auch unbeanstandet gestanden) und bei Abgabe des Ergebnisses der Abstimmung kräftig zu klatschen, was auch geschah. Die andere Demonstration drang deshalb nicht durch.

Westminsterlich war auch das nicht. Aber so nötig wie erfolgreich – auch für den Frieden drinnen und draußen. Das Ergebnis der Abstimmung: 286 dafür, 225 dagegen, 1 Enthaltung.

Die Grünen wirkten nach diesem 21. November 1983 ermüdet und abgeschlagen. Noch einmal versuchten sie ihr Heil (17. Januar 1984): Die Abgeordneten Gottwald, Reents und die Fraktion reichten schriftlich eine „Kleine Anfrage" ein. Darin fragten sie: „Plant die Bundesregierung gewisse Maßnahmen zu ergreifen, die den außerehelichen Beischlaf von Regierungs- und Ministerienangehörigen als Sicherheitsrisiko minimieren, indem sie zum Beispiel die zu kontaktierenden Personen vor dem Beischlaf sicherheitsüberprüft?"

Ich habe diese „Anfrage" nicht zugelassen. Ein schlechter Scherz oder Zeichen neuer Kampfbereitschaft? So fragte ich mich damals.

Mein Tagebuch vom 9. Mai 1984 hält über die Grünen fest: „Machen die Grünen schlapp? Sie verzehren ihre Kräfte in Gezänk unter sich. Ist ihr Ansturm – schon! – mehr verpufft als abgeschlagen?

Eigentlich schade. Ich hatte gehofft, sie würden sich zuerst mit meiner Hilfe die Hörner einrennen, aber dann zur nötigen wie möglichen ökologischen Herausforderung ansetzen, also Anträge stellen und aufwühlende Debatten bewirken und selber führen. Deutschland hätte es nötig! Außer plätscherndem Gesäusel und aufmerksamkeit-haschender Betriebsamkeit war da nichts. So verraten sie ihre Wähler und enttäuschen vieler Menschen, auch meine, Hoffnung.

Liegt es daran – im Parlament wirkt die Rede (!) –, daß sie zu ökologischen Fragen keinen überzeugenden Redner haben? Kelly, Schily sprechen zu anderen Fragen, fordern heraus, finden Gehör. Auch zu Frauenfragen dringen die Grünen durch. Aber zu ‚grün', zur Ökologie?"

———

Meine beiden Vorgänger Carstens und Stücklen hatten sich in der Diätenfrage taub gestellt. Es ist die mit Abstand unpopulärste Frage an jedes Parlament, das auch darüber entscheiden muß! Es gibt keinen anderen Gesetzgeber! Und ohne Gesetz gibt es kein Steuergeld. Hinzu kam, daß der Um- oder Neubau des Bundestagsgebäudes auf der Tagesordnung stand – und natürlich Geld kostete.

Ich ließ mich von der zuständigen Verwaltung des Deutschen Bundestages sorgfältig unterrichten. Demnach hatte es sieben Jahre lang keine Diätenerhöhung mehr gegeben. Keine andere Gruppe von Einkommensbeziehern in der Bundesrepublik Deutschland, ob öffentlich oder gewerblich, hatte einen solchen Verzicht geleistet. Die Mitglieder des Bundestages hatten, so das Statistische Bundesamt, durch das „Einfrieren" der Diäten ein reales Minus von dreißig Prozent an Kaufkraft zu tragen.

Es kostete Mut, in meinen Berichten festzustellen, daß die Diäten nach den Maßstäben des Grundgesetzes, des Abgeordnetengesetzes und des Urteils des Bundesverfassungsgerichts „nicht angemessen" seien. Ich schlug eine maßvolle Erhöhung vor, die ich so begründete: „Die Entschädigung muß dazu beitragen, daß dem Deutschen Bundestag Persönlichkeiten angehören, die bereit und fähig sind, diese Arbeit zu leisten und dieser Verantwortung gerecht zu werden. Die Qualität unseres freiheitlichen Rechtsstaates und der deutschen Politik hängt auch ab von der Qualität seines Parlamentes." Der Bundestag stimmte zu.

Ich wies auf das Urteil des Bundesverfassungsgerichts vom 5. November 1975 hin. Die Prügel für diese so unpopuläre wie notwendige Haltung bekam allein ich.

––––––

Ich hatte nun auch als Präsident des Deutschen Bundestages Erfahrungen gesammelt und begann über Fragen der meines Erachtens nötigen Parlamentsreform intern zu diskutieren. Ich machte – „gelernter Ministerialrat", der ich immer noch war – dazu eine schriftliche Vorlage:

DER PRÄSIDENT   Bonn, 23. März 1984

Streng vertraulich

I.

Im ersten Arbeitsjahr des 10. Deutschen Bundestages standen im Vordergrund unseres Bemühens
– die Behauptung der Parlamentarischen Demokratie nach innen und nach außen,

– der Beginn der nötigen Bauarbeiten,
– die Beseitigung des Diätenstops.
Eine Änderung der Geschäftsordnung erwies sich erfreulicherweise nicht als notwendig.

II.

Die Unzufriedenheit vieler Mitglieder des Deutschen Bundestages wie zahlreicher kritischer Begleiter unserer Arbeit mit dem tatsächlichen Ablauf unserer Plenarsitzungen wächst. Zu lange Redezeiten und der Vorrang für die Bundes- und Landesminister werden zunehmend beklagt. Das trägt zur oft unbefriedigenden Präsenz im Plenum bei. Hierzu sind interfraktionelle Gespräche im Gange. Ich schlage dem Präsidium vor,
– zunächst auf genaue Einhaltung der Geschäftsordnung zu achten,
– den Zeitpunkt der Plenarsitzungen zu erörtern und
– diese Fragen in die Debatte über den Deutschen Bundestag einzubeziehen.

III.

Art und Ordnung unserer Arbeit werden mehr von Minderheitenrechten etc. bestimmt als aus unseren organisatorischen Erkenntnissen und Bedürfnissen.

Die Arbeit der Mitglieder des Deutschen Bundestages ist unvergleichbar. Sie ist außerhalb des Erfahrungsschatzes der meisten unserer Mitbürger. Reisen wie Zeitunglesen und Telefonieren ist Arbeit. Das Bundesverfassungsgericht hat in seinem Urteil vom 5. November 1975 festgestellt:

„Der Umfang der Inanspruchnahme durch das Mandat ist so stark gewachsen, daß der Abgeordnete in keinem Fall mit der im Arbeitsleben sonst üblichen und allgemein als Fortschritt empfundenen wöchentlichen Regelarbeitszeit von 40 Stunden seine Verpflichtungen bewältigen kann. Er wird im Parlament durch Plenar- und Ausschußsitzungen, in der Fraktion und

Partei durch Sitzungen und Arbeiten sowie im Wahlkreis durch Veranstaltungen der verschiedensten Art, nicht zuletzt durch Wahlvorbereitungen und Wahlversammlungen, in Anspruch genommen. So sehr er theoretisch die Freiheit hat, seine Aktivitäten in diesen drei Bereichen nach eigenem Ermessen bis über die Grenze der Vernachlässigung seiner Aufgabe hinaus einzuschränken, in der Praxis kann er sich dies aus den verschiedensten Gründen nicht leisten. Deshalb sind nach den Bekundungen der Experten in der mündlichen Verhandlung für Bundestagsabgeordnete, die neben ihrer Abgeordnetentätigkeit noch versuchen, ihrem Beruf wenigstens teilweise nachzugehen, Wochenarbeitszeiten zwischen 80 und 120 Stunden und für Landtagsabgeordnete, die ihrem Beruf nachgehen, Wochenarbeitszeiten zwischen 60 und 100 Stunden typisch und unvermeidbar."

Der Kritik am leeren Plenarsaal wie an den Diäten muß entgegengewirkt werden. Unsere Öffentlichkeitsarbeit ist in den Dienst dieser Bemühungen zu stellen. Ich habe eine anerkannte PR- und Werbefirma um kritische Prüfung und praktische Vorschläge gebeten.

IV.

Unsere parlamentarische Demokratie hat sich bewährt, weil unser Volk sie angenommen hat. Unsere Verfassungswirklichkeit weist aber noch Erscheinungen auf, die aus der konstitutionellen Monarchie erklärt werden können, heute aber im Blick auf unsere Staatsform wie auf Rang und Würde des Parlaments problematisch sind. Ich nenne:
- Herausgabe der Zeitschrift „Das Parlament" durch die Bundesregierung,
- Betreuung von Besuchergruppen der Mitglieder des Deutschen Bundestages durch die Bundesregierung,
- Ernennung des Präsidenten des Bundesrechnungshofes

durch den Bundespräsidenten auf Vorschlag der Bundesregierung,
- Vorlage des Haushalts des Deutschen Bundestages durch
die Bundesregierung,
- Unzureichende Wertung der Fraktionen in Ordensange-
legenheiten,
- Immunität von Abgeordneten bei Strafverfolgung im Ausland,
- Planstellenstruktur und Amtsbezeichnungen in der Bun-
desverwaltung.

Diese Liste ist unvollständig. Ihre Punkte sind von unter-
schiedlicher Bedeutung. Ich möchte eine Anstrengung wagen, wenigstens einiges nach und nach zugunsten des Parlaments zu verändern.

Es gelang durchzusetzen, daß der Deutsche Bundestag am
20. September 1984 eine Debatte über sein „Selbstver-
ständnis" führte. Am Ende dieser Aussprache beschlossen
wir, einen Ausschuß einzusetzen, der diese Fragen weiter
beraten und Vorschläge machen sollte. Man wählte mich
zum Vorsitzenden.

Im Mai 1984 brachte die Union auf ihrem Stuttgarter Parteitag einen Antrag ein, der Steuersünder wegen Parteispenden amnestieren sollte. Man wählte – ich war im Parteipräsidium wegen anderer Pflichten an dem Vormittag, als
das geschah, nicht anwesend – ein Verfahren, das geradezu
Kritik wie Aufmerksamkeit erzwang: Die Vorschrift sollte an
den Paragraphen eines ohnehin zur Beratung anstehenden
Steuergesetzes angeklebt werden. Dieses Verfahren trug das
schlechte Gewissen auf der Stirn! Das Vorhaben scheiterte.

Wie ein Einpeitscher drängte Heiner Geißler sich durch
die Reihen: Daß da nur ja alle zustimmten!

Krank in Bonn, Tagebuch, 6. Februar 1984: Irgendwann muß jeder noch mal zur Beerdigung. Dann nicht wieder. Tagebuch, Bonn, 23. Februar 1984: Ich hatte der SPD angeboten, Herbert Wehner zu ehren, indem er morgen, Donnerstag, sich auf die Ehrentribüne setze und ich, erfreut über die Anwesenheit unseres früheren Alterspräsidenten, ihm zum Jerusalemer Ehrendoktor gratuliere. Jahn und Porzner, Parlamentarische Geschäftsführer der SPD-Bundestagsfraktion, kamen: Das werde sich nicht mehr realisieren lassen ... Wehner sei hinfällig. Die Polizisten erkennten ihn nicht mehr, fragten ihn nach Ausweis und Einladung, als er zur kürzlichen Ehrung zum israelischen Botschafter kam.

23. Mai 1984 Tagebuch: Bundesversammlung in der Beethoven-Halle in Bonn. Es verlief glanzvoll, und Richard von Weizsäcker wurde zum Bundespräsidenten gewählt (832 von 1028 Stimmen).

Zuvor hatte es Querelen gegeben: Die Wählbarkeit der Kandidatin der Grünen, die Schriftstellerin Luise Rinser, wurde öffentlich angezweifelt, weil sie in Rom lebe. Ich ließ sie amtlich befragen. Ergebnis: Sie habe eine Wohnung in München, da erledige sie ihre Arbeit mit dem Verlag, mache ihre Interviews usw. Ich entschied – nach dieser Befragung –, sie sei wählbar. Aufatmen ringsum!

In meiner Rede sprach ich von „unserer liebenswerten Republik", die offen sei für Neues und zum Besseren.

Zu meinem 60. Geburtstag schenkten mir die Grünen einen Kaktus. Dieser sei zwar noch stachelig, aber er könne und werde noch Blüten treiben ... In Paderborn feierte man mich als neuen Ehrenbürger.

Rechtsanwalt Vogel gratulierte auf seine Weise aus Ost-Berlin. Er teilte die Freigabe eines Sohnes mit, den dessen Mutter, die sich an mich gewandt hatte, lange Zeit vergeblich gesucht hatte.

Seit diesem Geburtstag enthält mein Tagebuch keine Notizen mehr, welche die Grünen betreffen.

Ich bat den Bundestag am 25. Oktober 1984, einen anderen Präsidenten zu wählen. Der „Skandal" – eine Intrige, hatte mich zu Fall gebracht. Darüber werde ich im folgenden berichten.

Was sonst immer: Der Kaktus blüht.

Zu meinem Ausscheiden als Präsident des Deutschen Bundestages schrieb mir Antje Vollmer, damals Sprecherin der grünen Fraktion: „Ganz besonders aber möchte ich Ihnen danken, daß Sie unserer Fraktion gegenüber ein fairer Präsident gewesen sind. Damit ist uns in Ihnen auch ein Stück parlamentarischer Kultur nahegebracht worden."

In meinem Keller in Grainau ruht mein Tagebuch über diese Zeit. Es trägt den Titel: „Es grünt im Hohen Haus".

Die Arbeit mit dem Deutschen Bundestag konnte ich so nur leisten, weil die Verwaltung des Parlaments erstklassig arbeitete, mit- und vorausdachte! Mein besonderer Dank gilt Helmut Schellknecht, Harald Seidel, Gerhard Rakenius, Hans-Christoph Besch, Joseph Bücker und Christel Fassbender. Dann betreute mich mit Umsicht und Eifer Sigrid Schneider – und weiterhin Rudolf Heiliger.

Sturz

Viel wohlwollende Aufmerksamkeit widmeten mir die Medien und das amtliche Bonn zu meinem 60. Geburtstag am 20. Juni 1984. Als „Mann ohne Affären" wurde meine politische Lebensleistung gewürdigt. Dieser Glanz zum Geburtstag war von kurzer Dauer. Am 5. Oktober 1984 besuchten mich die Vorsitzenden des Flick-Untersuchungsausschusses des Deutschen Bundestages, Langner und Penner, um mich als Zeugen vorzuladen. Von der „gekauften Republik" schrieben und sprachen damals die Medien. Nun wurde ich da mit hineingezogen.

Im Frühjahr 1983, am 28. April, hatte der Deutsche Bundestag diesen Untersuchungsausschuß eingesetzt. Sein Auftrag: Aufzuklären, ob seitens der Firma Flick versucht worden sei, „auf Mitglieder der Bundesregierung oder des Bundestages mit dem Ziel Einfluß zu nehmen, steuerliche Begünstigungen (für die Firma Flick) zu erreichen oder zu sichern".

Mitglieder der Regierung Schmidt gerieten in Bedrängnis, weil zu ihrer Zeit die Steuer-Entscheidung gefallen war. Eine besondere Beziehung seines Nachfolgers Helmut Kohl zu dieser Firma geriet, auch im Zusammenhang mit Parteispenden, ins Blickfeld. So hatten Regierung wie Opposition ein Interesse, zwar öffentlich Geräusch zu machen, aber möglichst die öffentliche Aufmerksamkeit auf den anderen zu lenken.

Aus den Akten des Ausschusses ergäbe sich, so die Besucher, der Verdacht, ich hätte im Zusammenhang mit meiner Arbeit in der Kanzlei Paul auf die damals heißumstrittene Steuerbefreiung der Firma Flick durch die Bundesregierung Einfluß genommen. Auch Fragen nach Steuerhinterziehung und Scheinarbeit zur verdeckten Parteienfinanzierung müßte nachgegangen werden.

Ich war fassungslos! Ich bestand darauf, alsbald gehört zu

werden. Zum ersten Male nach dem Tode meiner Frau Kriemhild hatte ich wieder ernsthafte gesundheitliche Probleme. Ich nahm in Gegenwart der Kollegen Langner und Penner ein Medikament, da mir diese Unterstellung auf den Magen schlug. Die Herren verabschiedeten sich mit der Erklärung, von sich aus nicht an die Presse zu gehen. Das Telefon klingelte, als sie noch in der Türe waren. Der „Spiegel" wollte wissen, was „an alledem dran" sei. Ich antwortete: „Meine Arbeit bei der Frankfurter Kanzlei ist ordnungsgemäß angemeldet, Zeitungen wie das ‚Handelsblatt' (26. Oktober 1973) haben ausführlich darüber berichtet. Es ist ja wohl erlaubt zu arbeiten, Geld zu verdienen und Steuern zu zahlen."

Ich erhielt am Samstag, dem 6. Oktober 1984, einen Vorabdruck des „Spiegel" vom folgenden Montag, 8. Oktober 1984. Da mußte ich eine Geschichte lesen, die mich in falsches Licht setzte: Die Unterlagen ließen vermuten, daß die Honorare von der Kanzlei Paul, in der ich arbeitete, als verdeckte Unterhaltszahlung für den Ex-Parteivorsitzenden Rainer Barzel dienten. Eine Vermutung genügte!? Welche „Unterlagen"? Mir waren solche „Unterlagen" nicht bekannt.

Die „Welt am Sonntag" druckte auf meine Bitte am 7. Oktober 1984 meine Erklärung: „Ich habe von Flick kein Geld bekommen. Auf die Frage der Steuerbefreiung für Flick habe ich keinen Einfluß genommen."

Am selben Tag, vor der leider unaufschiebbaren Abreise mit einer Bundestagsdelegation zum Staatsbesuch in Spanien, schrieb ich an Dr. Albert Paul: „Ich kenne die Anwürfe gegen mich ebensowenig wie die ominöse, angeblich ‚nachgelieferte' Akte ... Du kennst die Strafprozeßordnung, die hier ... sinngemäß gilt, besser. Was hier vorliegt ist Inquisition: Eine ‚Akte' kommt aus dem Dunkeln – und schon ist der Rufmord geschehen."

Diese Zeilen offenbaren – auch heute noch – meine Erregung, auch meine ohnmächtige Wut. Wenn ich das jetzt nachlese, komme ich zu dem Schluß, daß ich damals wohl „außer mir" gewesen bin. Mein Steuergeheimnis war plötzlich verletzt. Von Datenschutz nichts zu spüren. War ich vogelfrei? Die Beweislast wurde umgekehrt: Aber wie verteidigt man sich gegen Lügen, die offenbar nur den Zweck haben konnten, meinen guten Ruf zu untergraben? In den Medien wurde ich überwiegend vor-verurteilt, obwohl es weder eine solche Tat noch einen Täter gab. Da ich die obskuren Vorhaltungen nicht kannte und mir auch Akteneinsicht nicht gewährt wurde, konnte ich mich nicht verteidigen. Und gerade der Bundestagspräsident kann nicht einfach zu einer Pressekonferenz bitten, wenn er vor einen Untersuchungsausschuß des Parlaments geladen ist!

Zunächst war die Rede von „Fragen" an Barzel, daraus wurde der „Verdacht", dann das „Zwielicht", bald die „Affäre" und schließlich der „Fall" Barzel. Der Kanzlei erging es ähnlich. Dort waren – unter fadenscheinigen Vorwänden, die sich als falsch erwiesen – Akten beschlagnahmt worden. Einige dieser Papiere gelangten in die Presse. Albert Paul stellte Strafantrag gegen Unbekannt. Er kam in die Lage, die beschlagnahmten Papiere nicht mehr zu besitzen! Wie konnte er da eine Verteidigung aufbauen? Erst zwei Jahre später stellte sich heraus, daß wir durch die Akten entlastet wurden.

Der „Spiegel" vom 15. Oktober 1984 heizte weiter an: Die „Affäre um Barzel" werde immer mehr „zu einer Affäre des Kanzlers". Unterlagen der Staatsanwaltschaft legten den Verdacht nahe, daß Barzel den lukrativen Job 1973 nur erhalten habe, um den Posten als Parteivorsitzender der CDU zu räumen – für Helmut Kohl. Der Kanzler könnte den Fall nutzen, um Barzel loszuwerden und durch den ungeliebten Fraktionschef Dregger zu ersetzen … Vermittelt und eingefädelt sei der „Deal" von Kurt Biedenkopf.

Alfred Dregger, Fraktionsvorsitzender der CDU/CSU im Deutschen Bundestag, sagte zu mir, es gehe vor allem darum, den Kanzler zu schützen; denn dieser sei schließlich

„unser erster Mann". Sollte ich etwa für den bedrängten Kanzler den Kopf hinhalten? Nicht nur die „Flick-Affäre" und seine Spendenprobleme bedrängten den Kanzler. Er sah in mir offenbar immer noch einen Rivalen und fühlte sich herausgefordert durch mein wachsendes öffentliches Ansehen. Am 16. Oktober 1984 kam es zu einer kurzen Aussprache in der Fraktion zu meinem „Fall". „Zunächst" müsse man „zu seinem Freund (Barzel) stehen!" So beendete Kohl diese Diskussion. Zunächst! Alfred Dregger wies dieses „Zunächst" sogleich nachdrücklich zurück.

Peter Quai, Korrespondent der CDU-nahen Zeitung „Kölnische/Bonner Rundschau", berichtete mir – wie andere auch –, sie seien aus dem Adenauer-Haus aufgefordert worden, „endlich gegen mich aufzudrehen". So war in der „Bonner Rundschau" am 17. Oktober 1984 zu lesen: „Dem Kanzler sei das Thema Barzel äußerst unangenehm. Er wolle sich aber nicht nachsagen lassen, er nehme irgendeinen Einfluß auf Barzels Verbleiben im Amt oder auf den möglichen Abgang des Bundestagspräsidenten." Damit war der Bann gebrochen! Kohl selbst hatte die Diskussion um mein Ausscheiden eröffnet. Zu meinen Magenproblemen kamen ernsthafte Herzrhythmusstörungen hinzu.

———

Am 18. Oktober 1984 gab die Firma Flick eine Erklärung ab: Das Beraterhonorar für die Kanzlei sei „nichts Außergewöhnliches", zumal diese „erhebliche Leistungen erbracht habe". „Die Welt" hielt außerdem fest, daß der Wirtschaftsausschuß sich „unter Barzels Vorsitz mit dem Thema Steuerbefreiung nicht befaßt habe". Ich dachte: Das ist unmißverständlich; das genügt. Schließlich suchen sich Klienten aus freien Stücken ihre Anwälte aus.

Gleichwohl wurde von außen durch die Medien die Anti-Barzel-Stimmung angeheizt und schwappte über ins Bundeshaus, traf dort auch auf Neid und Mißgunst, Rivalität und Richtungsstreit. Die vielfach gescholtene „Stimmungsdemokratie" fand nun auch in Beratungszimmern des Bundestages statt. Nicht nur der Anstand, auch der Verstand wurde oftmals ausgeschaltet.

Die Fraktion tagte am 18. Oktober 1984. Wegen meines angegriffenen Gesundheitszustandes nahm ich – nach Rücksprache mit meinem Arzt und dem Fraktionsvorsitzenden Dregger – an dieser Sitzung nicht teil, – auch, um mich auf meine Zeugenvernehmung im Untersuchungsausschuß vorzubereiten. Ein Beispiel der eingetretenen Verwirrung trug der Abgeordnete Eylmann, ein als kühl geltender Jurist, vor: Barzel solle sich vor dem Ausschuß erklären – aber nicht mehr als Präsident! Er müsse vorher sein Amt niederlegen! Dregger wies das zurück. Mein Kollege George beantragte „Schluß der Debatte!" Die Fraktion stimmte diesem Antrag sofort zu.

Mein Gesundheitszustand verschlechterte sich. Wenige Freunde kamen, suchten mich aufzurichten, mir zu helfen, nahmen wahr, wie angeschlagen ich war. Es tat weh, einige von denen, die sich besonders heftig zu mir und an mich gedrängt hatten, die ich gefördert hatte, nun an meinem Hause vorbeigehen zu sehen. Um so wohltuender waren die wenigen Besucher. Meine Frau Helga war meine wichtigste Stütze. Meine Mitarbeiter hielten zu mir, erzählten mir, wie schwer sie es jetzt im Bundestag hätten als „Barzelianer".

Hans Katzer und Olaf von Wrangel traten mir wirklich zur Seite, auch Meinhardt Graf Nayhauss. Fair verhielten sich die Kollegen Dregger, Waigel und die Fraktionsjustitiare Mikat und Kreile. Parlamentarische Demokratie aber lebt von parlamentarischer Unterstützung!

––––––

CDU-Generalsekretär Geißler gab in einem Brief an die Partei vom 19. Oktober 1984 die Parole aus: „Es geht um Ehre und Ansehen des Bundeskanzlers." Was war mit meinem Ansehen, meiner Ehre, der Beschädigung des Parlaments? Ich war wegen falschen Verdachts vorverurteilt – ohne gehört worden zu sein. Ich war so wütend, daß ich kurz davor war, aus der Politik auszusteigen. Dregger sagte mir in diesen Tagen, er habe seinem Sohn wegen dieser Vorgänge abgeraten, in die Politik zu gehen. In mir regte sich – maßvoll – Kampfgeist: Ich werde das durchstehen! So mein Vorsatz.

Der Bundeskanzler war in die Schußlinie geraten, nicht nur wegen Unklarheiten hinsichtlich der Parteispenden der Firma Flick an ihn, sondern auch durch Bekanntwerden eines angeblichen Briefes von Kurt Biedenkopf, damals Geschäftsführer der Firma Henkel, an Helmut Kohl vom 10. Mai 1973, dessen Kopie Herr von Brauchitsch von der Firma Flick erhalten hatte. In diesem Brief, den ich damals nicht kannte, soll Biedenkopf mir „Führungsversagen" hinsichtlich des UNO-Beitritts vorgeworfen haben! Dabei hatten, wie schon erwähnt, nach einem Gespräch mit mir die Ministerpräsidenten der Union den Beitritt zur UNO ebenso empfohlen wie die Kommission der Fraktion, die ich unter dem Vorsitz von Karl Carstens eingesetzt und die mit großer Mehrheit den Beitritt empfohlen hatte! Selten ist in der Union die Antwort auf eine politische Frage mit größerer Sorgfalt demokratisch erwogen worden!

Der völlig unberechtigte Vorwurf war mir schleierhaft: „Führungsmangel?" Und: Warum schrieb er das an mir vorbei? Warum hintenherum? Das roch nach Kampagne!

In seinem Brief soll Kurt Biedenkopf empfohlen haben, mich durch Helmut Kohl als Parteivorsitzenden und Gerhard Schröder als Fraktionsvorsitzenden zu ersetzen. Biedenkopf legte seinem Brief einen Redeentwurf für Kohl zu Fragen der Mitbestimmung bei! Es sei, so steht es da, „entscheidend", daß Kohl diese Rede möglichst bald und ungekürzt halte. Natürlich dürfe Barzel „keinesfalls zum ‚Sozialfall' werden!"

Mir verschlug es die Sprache, als ich das im Oktober 1984 zu lesen bekam! Elf Jahre später! Nie war ich, nie empfand ich mich als „Sozialfall". Ich war doch sehr wohl imstande, aufgrund meiner Ausbildung und meiner Lebenserfahrung selbst für mich und meine Familie zu sorgen! Diese Ungeheuerlichkeit, ich brauche Sozialhilfe, brachte mich vollends um den Schlaf, hatte ich doch die Angebote, nach Brüssel zu gehen oder eine Botschaft zu übernehmen, abgelehnt! War ich doch zu Paul gegangen, um durch eigene Arbeit für meine Familie und mich sorgen zu können!

Es roch nach Böswilligkeit, als aufgrund dieses Briefes die „Frankfurter Allgemeine" mir unterstellte, ich hätte mich selbst zum „Sozialfall" erklärt! Dieser angebliche Brief erweckte – nicht nur in der Zeitschrift der „Industrie-Gesellschaft Metall" – den Eindruck, daß hier zwei Führer der Großindustrie vor dem Hintergrund der Mitbestimmungsdebatte miteinander gekungelt haben, um Einfluß auf die Entscheidungen der CDU/CSU in Deutschland zu nehmen. In dem Brief von Herrn Biedenkopf war auch die Rede davon, daß es erreicht werden müsse, „daß der rechte CDU-Flügel seine Position ohne Hilfe der CSU vertreten kann".

———

Zwei Wochen lang stand ich nun schon am Pranger und war – leider! – wie gelähmt. Am 19. Oktober erklärte Kohl auf einer Sondersitzung der CDU/CSU-Bundestagsfraktion: „Das Ganze ist natürlich eine großangelegte Verleumdungskampagne, das ist mit Händen zu greifen: um mich politisch zu Fall zu bringen."

Am 19. Oktober 1984 war im „Kölner Express", im „Kölner Stadtanzeiger", in der „Frankfurter Allgemeine", im „Handelsblatt", in die „Die Welt", in der „Stuttgarter Zeitung" und in anderen Zeitungen ähnliches zu lesen wie in der „Bonner Rundschau" vom 17. Oktober 1984. Das „Handelsblatt" vom 19. Oktober 1984 stellte lapidar fest: „Ist nun über Bundestagspräsident Rainer Barzel bereits der Stab gebrochen, bevor er im Flick-Untersuchungsausschuß Gelegenheit hatte, zu den Vorwürfen Stellung zu beziehen?" Zeitungen spekulierten bereits über Alfred Dregger oder Heinrich Windelen als meine Nachfolger, berichteten von geheimen Treffen zu Beratungen über mein politisches Schicksal. Eine Zeitung fragte mit großen Schlagzeilen, ob ich wohl am Todestag meiner Frau zurücktreten werde. Mir wurde auch berichtet: Kanzler Kohl habe Barzel fallengelassen und es vermieden, ihn in Schutz zu nehmen.

———

Am 19. Oktober 1984 bat Jochen Vogel, Fraktionsvorsitzender der SPD, mich um einen dringenden Termin. Er übergab mir aufs höflichste einen Brief mit der Aufforderung, vorerst Sitzungen des Deutschen Bundestages nicht zu leiten. Die SPD richte sich – für alle Fälle – auf eine Neuwahl des Bundestagspräsidenten ein. Und das, obwohl ich noch kein rechtliches Gehör gefunden hatte! Meine Empörung steigerte sich zur Wut! Die öffentliche Hatz und die Pressionen drohten den Deutschen Bundestag lahmzulegen. Als gewählter Präsident wurde ich behindert, meine Pflicht zu tun.

Erst am 22. Oktober 1984 – nach siebzehn endlosen Tagen – erörterte das Parteipräsidium der CDU die Lage mit mir. Es sei „halt der Neid", suchte Kohl mich zu „trösten". Ich wies alle Anschuldigungen, soweit sie mir bekannt geworden waren, zurück und verwies auf meine bevorstehende Anhörung als Zeuge im Untersuchungsausschuß. Etwas anderes blieb mir auch gar nicht übrig: Der Präsident des Deutschen Bundestages hat dessen Organen immer Vorrang zu geben!

Die „Rheinische Post" in Düsseldorf gab die Bonner Stimmung gegen mich so wieder: „Wenn Barzel auch recht hat, er muß weg!" (23. Oktober 1984) Und die „Frankfurter Allgemeine" vom gleichen Tage orakelte: „Es kann immerhin auch sein, daß Barzel die Wahrheit sagt." Mit seiner spitzen Feder karikierte E. M. Lang am 24. Oktober 1984 in der „Süddeutschen Zeitung" zutreffend den Vorgang:

BALLONFAHRER KOHL : „ LOS, MENSCH, MERKST DU NICHT, DASS WIR SINKEN ? "

© Die Neue Sammlung, München / E. M. Lang, München

Mein Freund Clemens-August Andreae reiste an, um mir beizustehen. Ich erklärte ihm, ich fühlte mich, als ob ich auf einem Schlitten säße, der in wilder Fahrt durch die Tundra rase, von gierigen Wölfen verfolgt werde, und der Lenker wie die Kameraden hätten entschieden: Einer von uns muß den Wölfen zum Fraß vorgeworfen werden, um die anderen zu retten. Ich sei als Opfer der Flick-Affäre ausersehen; ohne ein „Menschenopfer" werde es, so diese Ansicht, weder gelingen, sie zu überstehen noch den Kanzler zu halten.

———

Der Ausschuß formulierte diesen „Beweisbeschluß", der mir am 18. Oktober 1984 zugeleitet wurde: „Es soll Beweis erhoben werden zum Untersuchungsauftrag, insbesondere dazu, ob Zahlungen des Flick-Konzerns über das Büro von RA Dr. Dr. Paul, Frankfurt, an MdB Dr. Rainer Barzel geleistet worden sind oder diesen dazu veranlaßt haben, unmittelbar/mittelbar Einfluß zu nehmen auf Anträge der Firma Flick auf Steuerbefreiung." Die CSU-Kollegen Faltlhauser und Sauter stimmten diesem Antrag im Ausschuß nicht zu. Der konstruierte Zusammenhang der beiden Punkte war auch nach meiner Meinung unzulässig. Am 24. Oktober 1984 – nach 19 Tagen! – bekam ich – endlich! – Gelegenheit, mich im Ausschuß verbindlich zu äußern. Vor dem Eingang zum Bundestag gab es heftige Demonstrationen gegen mich – innerhalb der „Bannmeile", wenn ich mich recht erinnere. Aus meiner Aussage: „Ich habe weder mittelbar noch unmittelbar auf die Steuerbefreiung Einfluß genommen ... Ich habe von 1973 bis 1982 in der Praxis von Dr. A. Paul, Frankfurt, als wissenschaftlicher Mitarbeiter gearbeitet, dieses dem Deutschen Bundestag angezeigt und meine Einkünfte ordnungsgemäß versteuert. Jedem Mitglied des Deutschen Bundestages ist es unbenommen, einen Beruf auszuüben. Wie er das tut, bestimmen die Verhaltensregeln. Die sind beachtet worden."

Ich nannte dann die Themen von fast fünfzig Gutachten und Schriftsätzen, die ich für die Kanzlei ausgearbeitet hatte. Nie wäre ich auf die Idee gekommen, mich mit Kollegen aus dem Ausschuß zu beraten! Das hätte gegen die Regeln verstoßen. Ich war mir meiner Unschuld bewußt. Es wühlte mich auf, angeprangert zu sein. Zu keiner Zeit lagen belastende Unterlagen vor. Es gab sie nicht, konnte sie nicht geben, ich wußte ja, was ich gearbeitet hatte.

Ich schloß meine Aussage: „Ich habe die Fragen, die mir bekannt und öffentlich gestellt worden sind, beantwortet. Ich bin bereit, alle weiteren Fragen von öffentlichem Interesse zu beantworten, soweit sie mit dem Beweisthema und dem Beweisbeschluß zusammenhängen. Ich freue mich auf ein hoffentlich reinigendes Gewitter."

Der Vorsitzende Langner stellte nach meiner Aussage höflich und konkret der Aufklärung dienende Fragen. Dabei stützte er sich auf Papiere, die im Hause Flick und in der Kanzlei bei Durchsuchungen beschlagnahmt worden waren, die ich aber nicht kannte. So ist es die Übung. Aber was immer da vorgelegt wurde: Es waren weder Belege noch Beweise für rechtswidriges, schuldhaftes Verhalten von mir. Weder eine Tat noch ein Täter wurde erkennbar. Langner fragte auch, ob ich zwischen dem Herbst 1974 und dem Sommer 1981 „gelegentlich oder öfters Vier-Augen-Gespräche mit dem Alt-Kanzler gehabt" hätte. Er bezeichnete mein Verhältnis zu Schmidt als „gutes Bekanntschaftsverhältnis, als ein Verhältnis, das gegenseitige Respektierung verbindet". Ich bestätigte diese Feststellung. Aber: Was hatte das mit den Anschuldigungen gegen mich zu tun? Der Vorsitzende muß mir diese Reaktion angesehen haben. So schloß er die Frage an: Ob ich je mit dem Alt-Kanzler über die fraglichen Steueranträge gesprochen habe? Oder mit den Kollegen Friderichs, Graf Lambsdorff, Apel, Matthöfer oder mit deren Staatssekretären? Ich verneinte alle diese Fragen und hatte den Eindruck einer endlich sachgerechten Befragung in einem fairen parlamentarischen Verfahren.

Für die SPD stellte anschließend Peter Struck kritische Fragen, die der Aufklärung dienen sollten. Indem die SPD sich mehr und mehr gegen die Regierung Kohl wandte, lenkte sie von der Tatsache ab, daß die fragliche Steuerbefreiung zur Zeit der Regierung Schmidt erfolgt war. Von Struck wurde ich mit dem Brief von Kurt Biedenkopf vom 10. Mai 1973 an Helmut Kohl konfrontiert. Er reichte mir eine Kopie. Ich las diesen Text. Nach der Lektüre schüttelte ich den Kopf und erklärte: „Ich sehe diesen Brief vom 10. Mai 1973 jetzt – am 24. Oktober 1984! – zum ersten Male." Er sei mir „überhaupt nicht verständlich", weil ich ja bereits einen Tag vorher meinen Rücktritt vom Fraktionsvorsitz erklärt und den vom Parteivorsitz für den Tag nach der Wahl eines neuen Fraktionsvorsitzenden angekündigt hatte.

Dann kam Friedrich Bohl, Wortführer der Union im Untersuchungsausschuß, an die Reihe. Auf meine Aussage ging er nicht ein. Er eröffnete vielmehr meine Befragung, indem er von einem „Verdachtsgeflecht" sprach, das gegen mich „einen gewissen Schein" erzeugt habe. Ein Bemühen seinerseits, diesen falschen „Schein" durch Klarheit über den Sachverhalt aufzuklären, konnte ich nicht erkennen. Statt dessen sprach Bohl von „einem Eindruck, der sich halt im Raum befindet". Das muß man, auch jetzt, Wort für Wort in sich aufzunehmen versuchen! Ein „Eindruck", der sich „im Raum befindet" ... Ein Gespenst?! Nichts Belastendes, nichts Faßbares zur Hand, wird eine unbewiesene, ehrenrührige Annahme zur Waffe! Ich fühlte mich – der Ausschuß tagte öffentlich – zutiefst verleumdet! Als Bohl dann hinzufügte, ihm komme es darauf an, meine „Reaktion" auf diese Frage kennenzulernen, wirkte das auf mich wie ein Schlag unter die Gürtellinie. Ich drohte, so mein Gefühl, k. o. auf die Bretter zu fallen. Bestimmt waren mir meine Schlagfertigkeit und mein schnelles Reaktionsvermögen zeitweilig abhanden gekommen.

Es war bitter, so etwas von „meinen eigenen Leuten" erleben zu müssen. Mir schoß die Erinnerung durch den Kopf, wie ich mich für Bohl in einem hitzigen Wahlkampf auf dem Platz in Marburg gegen Geschrei und erhebliche Störungen zu seinen Gunsten durchgesetzt hatte ...

Mein Arzt Dr. Vömel hatte darauf bestanden, mich in die Sitzung zu begleiten. Er bat angesichts der Verschlechterung meines Zustandes, aus gesundheitlichen Gründen die Vernehmung nicht fortzusetzen. Seinem guten Rat folgte ich nicht.

Mir fiel es schwer, wenigstens äußerlich Ruhe zu bewahren. Ich kochte innerlich, als ich aus dem Ausschuß zum Beispiel gefragt wurde, ob die erwähnten Schriftsätze und Gutachten mir wohl aus der Feder des wissenschaftlichen Dienstes des Deutschen Bundestages zugeflossen seien. Der Vorsitzende wie auch Bohl hätten diese Frage, eine Unterstellung an einen Kollegen, zurückweisen müssen!

Noch während meiner Vernehmung verlautete aus dem Kanzleramt: Der Bundeskanzler sei „entsetzt". So wurde es tags darauf gedruckt. Entsetzt worüber? Keine Belege entkräfteten meine Aussage!

Die Vernehmung anderer Zeugen aus den Reihen der Union wie Kurt Biedenkopf und Helmut Kohl wurde seitens der Union mit der Formel abgeschlossen: „der Zeuge habe die Fragen zufriedenstellend beantwortet". Für mich gab es diese Formel nicht. Ich spürte, daß ich zum Abschuß freigegeben war, obwohl Dr. Paul, Dr. Flick und seine Herren vor dem Ausschuß klare Aussagen zu meiner Arbeit in der Frankfurter Kanzlei machten.

Das alles kam in mir wieder hoch, als ich am 29. Oktober 1984 vor der Vernehmung Kohls im Ausschuß diese Erklärung Bohls in „Bild" lesen mußte: „Kohl hat nichts zu befürchten!"

Friedrich Bohl wurde bald Parlamentarischer Geschäftsführer der CDU/CSU-Bundestagsfraktion, später Bundesminister im Kanzleramt.

Peter Struck, den SPD-Abgeordneten, späteren Parlamentarischen Geschäftsführer und Vorsitzenden der SPD-Bundestagsfraktion, kannte ich gut. Zur Zeit meiner Präsidentschaft war er einer der Schriftführer des Deutschen Bundestages. Er wurde Mitglied des Untersuchungsausschusses zur Flick-Affäre, in der ich als Zeuge geladen war. Ungefragt sagte er damals zu mir: „Die SPD-Kollegen im Ausschuß hätten nichts gegen mich. Die Probleme, die ich da hätte, kämen von ‚meinen eigenen Leuten'."

Mein Kollege Sauter von der CSU, auch Mitglied dieses Untersuchungsausschusses, bestätigte mir das. Am Tage vor meiner Vernehmung habe er in der CSU-Landesgruppe gefragt: „Wir stehen doch natürlich zu unserem eigenen Mann?" „Wir schon", habe der Vorsitzende der Landesgruppe, Theo Waigel, geantwortet.

Zuvor hatte Kohl mich gefragt, wie „die Sache" im Ausschuß stehe. Ich wisse das nicht, gab ich ihm zur Antwort,

Herr Bohl führe dort das große Wort. „Mit Bohl kann ich gut sprechen", hatte Kohl erwidert.

Während meiner Vernehmung erlitt ich heftiger werdende Herzrhythmusstörungen. Dr. Vömel bestand auf Unterbrechung. Am kommenden Tage sollte meine Zeugenvernehmung fortgesetzt werden. Wozu? Ich war gesundheitlich dazu nicht mehr in der Lage. Der Arzt blieb abends bei mir, kam am nächsten Morgen wieder und ließ es nicht zu, daß ich das Haus verließ und erneut vor den Ausschuß ginge. Paul Mikat, unser Justitiar, besuchte mich in der Wohnung. Ich zeigte ihm das Attest des Arztes Dr. Vömel und erklärte ihm, keine Kraft mehr zu haben, das Ganze fortzusetzen.

Wir setzten, da sich in Bonn nunmehr alles um den Bundestagspräsidenten und dessen angebliche Verfehlungen drehte, mithin die Arbeitsfähigkeit von Regierung und Parlament beeinträchtigt war, diesen Brief auf: „Der politische und psychische Druck gegen mich ist nun unerträglich. Der Deutsche Bundestag muß dringend von der Aufgeregtheit zu sachlicher Arbeit zurückfinden. Meiner Verantwortung bewußt, will ich dazu beitragen und bitte Sie, einen anderen Bundestagspräsidenten zu wählen."

Diese Herzrhythmusstörungen begleiteten mich für lange, lange Zeit. Wenn ich jetzt über das alles nachdenke, glaube ich, daß meine Feinde sehr wohl wußten, was sie mir antaten, mich auch gut genug kannten, um meine Reaktionen einrechnen zu können.

Ob denn diese Erklärung aus freiem Willen erfolge ... Paul Mikat, der Justitiar, unterließ es nicht, mich pflichtgemäß so zu fragen. Ich beantwortete diese Frage mit Achselzucken.

Vor meinem Haus drängten sich zu dieser Zeit Journalisten. Am Grab meiner Frau, es war ihr Todestag, wartete ein Kameramann ...

Helmut Kohl wurde bei seiner Vernehmung am 7. November 1984 gefragt, ob und wann er von meiner Tätigkeit beim Anwalt Dr. Paul erfahren habe. Er sagte aus: „Mit absoluter Sicherheit war mir der Vorgang Paul nicht bekannt." Er erklärte, „bis zu den jüngsten Presseveröffentlichungen nichts gewußt zu haben". So das Protokoll des Untersuchungsausschusses vom 7. November 1984.

Die Wahrheit, die der Leser bereits kennt: Am 16. August 1973 und 27. August 1973 habe ich in aller Form dem Bundesvorstand der CDU unter Vorsitz von Helmut Kohl mündlich und der Bundestagspräsidentin Annemarie Renger schriftlich mitgeteilt, daß ich künftig in der Kanzlei Dr. Paul mitarbeiten werde.

Auf dem baldigen Deutschlandtag der Jungen Union, auf meinen Rücktritt angesprochen, wiederholte Kohl seine Falschaussage: „Barzel habe in einer Angelegenheit, die strafrechtlich (!) nicht einmal relevant sei, einen Fehler gemacht, weil er einen Sachverhalt nicht rechtzeitig mitgeteilt hat" („Die Welt", 26. November 1984).

Das war, nach so langer Zeit, kein verzeihlicher Fehler mehr! Ich wurde in falsches Licht gestellt.

In diesem Bonner Hexenkessel war nichts zu toll, als daß es nicht für möglich gehalten und verbreitet wurde! So verstieg sich die Gerüchteküche zu der abstrusen Mutmaßung, mir sei 1973 der Vorsitz „abgekauft" worden zugunsten von Kohl, der in Sachen Mitbestimmung weniger engagiert gewesen sei.

———

Erst fast zwei Jahre später (!) hat der Untersuchungsausschuß in seinem Abschlußbericht vom 21. Februar 1986 festgestellt, es liege kein fehlerhaftes Verhalten von mir vor.

Der Frankfurter Oberstaatsanwalt Rochus stellte im September 1986 die Untersuchung gegen mich ein. Ingrid Gallmeister, Chefkorrespondentin der „Bild"-Zeitung, rief dort an, weil die CDU sich nicht äußerte: „Freispruch erster Klasse", erklärte Rochus am 2. Oktober 1986. Es fehle sowohl eine Tat wie ein Täter. Die Vorwürfe gegen mich seien „hinfällig". Penner sprach von „totalem Freispruch".

Im Bundestag gab Präsident Philipp Jenninger am 13. März 1986 folgende Erklärung ab: „Mein Amtsvorgänger, der Kollege Dr. Barzel, hat, nachdem auch ihm gegenüber Vorwürfe im Zusammenhang mit dem Gegenstand der Untersuchung erhoben worden waren, aus eben diesen Gründen der Glaubwürdigkeit und des Ansehens dieses Hauses sein Amt – wie Sie wissen – zur Verfügung gestellt. Er hat dies am 25. Oktober 1984 mit den Worten getan: ‚Der Deutsche Bundestag muß dringend zur sachlichen Arbeit zurückfinden. Meiner Verantwortung bewußt, will ich dazu beitragen und bitte Sie, einen anderen Bundestagspräsidenten zu wählen.'

Ich habe in meiner Antrittsrede am 5. November unter Zustimmung des Hauses festgestellt: Ich möchte deshalb meinem Amtsvorgänger, unserem Kollegen Dr. Barzel, an dieser Stelle ausdrücklich meine Hochachtung und meinen Respekt vor seiner Entscheidung bekunden. Mit seinem Schritt hat er ein Zeichen für die Glaubwürdigkeit unserer Ordnung und für die Fähigkeit des demokratischen Systems gesetzt, sich selbst zu korrigieren.

Meine Damen und Herren, es hat sich bei uns leider weithin eingebürgert, daß Vorwürfe gegen Repräsentanten des öffentlichen Lebens, auch gegen Kolleginnen und Kollegen des Deutschen Bundestages, die größte denkbare Resonanz finden; daß aber, wenn sich einzelne Vorwürfe als nicht berechtigt erweisen, davon in der Öffentlichkeit vergleichsweise kaum Notiz genommen wird.

Ich habe darüber nicht zu richten. Aber ich darf nach dem Ergebnis der Überprüfungen, jedenfalls was einzelne Vorwürfe gegenüber dem Kollegen Dr. Barzel anbetrifft, zweierlei feststellen:

Erstens: Der Kollege Dr. Barzel hat nicht gegen die Verhaltensregeln für Mitglieder des Deutschen Bundestages verstoßen. Er ist einer Mitteilungspflicht gegenüber dem Präsidenten des Deutschen Bundestages nachgekommen. Zweitens: Der Kollege Dr. Barzel hat zu keinem Zeitpunkt auf Entscheidungen über Anträge des Flick-Konzerns nach § 6 b des Einkommensteuergesetzes und § 4 des Auslandsinvestitionsgesetzes eingewirkt oder einzuwirken versucht. Das wird auch im Minderheitenvotum der SPD zum Ausdruck gebracht.

Meine Damen und Herren, das vor der deutschen Öffentlichkeit im Rahmen dieser Debatte festzustellen, halte ich einem verdienten Kollegen und meinem geschätzten Amtsvorgänger gegenüber für meine Pflicht."

———

Alfred Dregger hielt an meinem 65. Geburtstag am 20. Juni 1989 eine Rede auf mich. Er hatte zu einem Empfang ins Adenauer-Haus eingeladen. Dregger sagte:

„In Ihrem letzten Buch haben Sie – im Rückblick auf die Vorwürfe, die Sie vor fünf Jahren veranlaßten, Ihr Amt als Präsident des Deutschen Bundestages zur Verfügung zu stellen – von der ‚dunkelsten Stunde' Ihres politischen Lebens gesprochen.

Damals wurden Anschuldigungen gegen Sie erhoben, die sich als haltlos erwiesen haben.

Zwei Jahre haben Sie mit einem versuchten Rufmord leben müssen. Sie wurden voll rehabilitiert. Aber Ihre Rehabilitierung konnte nicht wegnehmen, was Ihnen angetan worden ist.

Wie ist es eigentlich möglich – so fragen nicht nur Sie als Betroffener, so fragen wohl wir alle –, wie ist es möglich, daß sich in einer freiheitlichen Demokratie gleichsam über Nacht ein Treibhausklima der Gehässigkeit, der öffentlichen Hatz bilden kann, in dem dann ungeprüfte, unbewiesene Vorwürfe ausreichen, um aus einem weithin geschätzten Politiker einen Vorausverurteilten zu machen?"

Gleichwohl: „Semper aliquid haeret!" (Es bleibt immer etwas hängen.) Das wußte man schon im alten Rom.

———

Wieder hieß es: Was nun? Mein Ansehen war beschädigt. Natürlich habe ich damals auch daran gedacht, „die Brocken hinzuschmeißen", wie der Volksmund sagt. Nach längeren Überlegungen wollte ich so nicht aus der Politik ausscheiden, sondern wieder Anerkennung im Volk gewinnen, Achtung auch in der Politik. Da, wo ich verwundet worden war, wollte ich wieder genesen. Ich ging hinaus, hielt Reden, stellte mich Diskussionen. Das gute Echo half. Auf Vorschlag von Hans-Dietrich Genscher berief mich die Bundesregierung am 23. April 1986 erneut zum deutsch-französischen Koordinator, dem schönsten Ehrenamt der Republik. Bundeskanzler Schmidt bat um gemeinsame Fotos.

Die Säle und Plätze der Versammlungen waren oft – wie früher – überfüllt. Warum verschweigen, daß ich aus diesem Zuspruch Kraft gewann?

Die Zeit nach meinem Ausscheiden als Präsident des Deutschen Bundestages zog sich hin. Mein Bundestagsmandat dauerte an bis 1987, und meine Arbeit als Koordinator Deutschland–Frankreich bis 1990.

Manche hatten Mühe, mich zu grüßen. Andere taten es mit besonderer Freundlichkeit. Die Bescheide des Bundestags-Untersuchungsausschusses vom 21. Februar 1986 und des Frankfurter Oberstaatsanwalts vom 2. Oktober 1986 bestätigten zwar meine Unbescholtenheit. Aber meine Arbeit war weithin unterbrochen und mein gewohnter Lebensrhythmus gestört. Madame Brigitte Schüzay, Dolmetscherin im Elysee, sagte mir: „So etwas wäre in Frankreich nicht möglich."

Zu Parteiversammlungen ging ich nicht mehr – außer in meinem Wahlkreis, der mich politisch trug und mir Kraft

... 410 ...

gab. Ich erhielt auch Einladungen, die mir besonderen Respekt erwiesen. Meine Kirche in Paderborn durchbrach den Ring des Schweigens, fand anerkennende Worte. Der Essener Kardinal Hengsbach besuchte mich so, daß viele es bemerken konnten und sollten. Auch Schmidt und Genscher durchbrachen den Kordon gegen mich.

———

Eine erneute Kandidatur zum Bundestag wollte ich nicht. Dem Lauf der Geschichte gefiel es, daß Schmidt und ich uns unabhängig voneinander entschlossen hatten, im Jahre 1987 nicht wieder zu kandidieren. Die Einsicht und Güte der Kolleginnen und Kollegen gestattete, daß wir beide am 10. September 1986 – ungewöhnlich! – uns durch Reden im Deutschen Bundestag verabschieden durften.

Aus meiner Rede: „Sie waren so freundlich, Herr Kollege Schmidt, mir ein gutes Wort zu schenken. Kein sachlicher Streit war imstande, unsere über Jahre gewachsene menschliche Beziehung zu belasten. Ich freue mich, daß Sie heute am Schluß Ihrer Rede in der Frage nach der geistigen Führung Ihre Pflöcke in die Nähe zu denen gesetzt haben, die ich in einer früheren Debatte versucht habe Ihnen nahezubringen. Natürlich hat politische Führung nicht geistige Führung zu ersetzen – das ist Sache von jedem, von den Kirchen, von Wissenschaft und Kunst –, aber, so damals meine Forderung, politische Führung muß durch Wirken und Haltung die Wertvorstellungen und -entscheidungen des Grundgesetzes gerade in der jungen Generation lebendig halten. Ich freue mich, daß wir hier offensichtlich aufeinander zugehen.

Dieser Vorrang für Geist schließt natürlich nicht aus – auch darin werden wir sicher übereinstimmen –, daß der Geist gelegentlich auch da weht, wo Politiker durch Werktagsarbeit ihre Sonntagsreden durchzusetzen versuchen. Die Vertreter des Geistes sollten auch beherzigen, daß auch in diesem Hause geistvolle und vor allem geistige Arbeit geleistet wird ... Nach dem Zweiten Weltkrieg hatten wir mit unserer Demokratie Erfolg. Sie ist stabil. Einer der Gründe dafür ist, für mich, daß Streit und Konsens sich in gutem Verhältnis zueinander eingependelt haben. Der freiheitliche und soziale Rechtsstaat braucht beides. Er braucht den Kompromiß und von Zeit zu Zeit auch den Wechsel von Regierung und Opposition.

Die Verläßlichkeit und Stabilität der deutschen Demokratie aber erfordert, daß gewisse Grundentscheidungen über Wahlen und Wechsel hinaus feststehen und gelten."

Ich habe dann Herbert Wehner zitiert, der in der historischen Debatte vom 30. Juni 1960 im Deutschen Bundestag erklärt hatte: „Die Bundesrepublik ist ein zuverlässiger Vertragspartner, gleichgültig ob die jetzige Regierung oder die gegenwärtige Opposition als Regierung die Geschäfte führt ..." Gestützt hierauf sei der SPD Regierungsfähigkeit erwachsen.

„Zum Schluß", so diese Abschiedsrede, „danke ich für dreißig nicht nur mit Terminen und Verantwortung aufgefüllte und angefüllte, sondern erfüllte, herausfordernde Jahre hier im Deutschen Bundestag. Hätte ich hier jemanden persönlich verletzt, so bitte ich, weil es nie meine Absicht war, um ein generöse Pardon".

Neues Leben

Was macht ein bekannter Politiker, wenn er eines Tages Pensionär wird? Oft wurde und werde ich das gefragt. Mir gelang es nur zum Teil, ein „ehemaliger Politiker" zu werden. Zum einen dauerte mein Amt als Koordinator Deutschland–Frankreich an, zum anderen gab es zu viele von überall her, die bei mir Auskunft und Rat suchten. Auch blieb ich durch Bücher, Vorträge und Diskussionen präsent, da ich gefragt wurde. Ich nahm mir Zeit für meine kunstgeschichtlichen Interessen hinsichtlich der Präkolumbianer und Siziliens. Da ich mich für Religion interessierte, ging ich auch der Frage nach: Wie wäre die Geschichte verlaufen, wenn die Konquistadores in Lateinamerika sich verhalten hätten wie die Wikinger in Sizilien? Die beiden Filme für das ZDF über meine ostpreußische Heimat (1987/88) und über Jerusalem (1989), die damit verbundenen Studien und Reisen forderten mich und förderten meinen Horizont.

Ich begleitete, so ich konnte, den Fortschritt der deutsch-israelischen Beziehungen, die zu begründen ich geholfen hatte, wie die Entwicklung der deutsch-französischen und der deutsch-polnischen Angelegenheiten. Auch wurde und werde ich immer wieder von Vertretern der modernen Kommunikationswissenschaft und effektiven Managements nach meinen Erfahrungen in politischer Führung befragt. Häufig melden sich Doktoranden aus dem In- wie aus dem Ausland, bitten um Auskünfte und Informationen zu juristischen, politischen und historischen Fragen. Ich helfe dann nach Kräften, lasse mich auch anregen, als Jurist weiterzuarbeiten.

An geistiger Anstrengung, und das ist das Wichtigste, fehlte und fehlt es also nicht. Und das ganz und gar Persönliche, auch Familiäre, wie das Musische sind ja nicht Gegenstand dieses Buches.

Zwei Begebenheiten haben seit meinem Ausscheiden aus dem Parlament mein Leben entscheidend beeinflußt: Am 15. 12. 1995 verünglückte meine Frau Helga. Ihr plötzlicher Tod stürzte mich in tiefe Verzweiflung. Um der Einsamkeit zu entfliehen, reiste ich nach Israel. Nach meiner Rückkehr fand ich in Grainau einen zu Herzen gehenden Brief von Ute Cremer vor. Die Tochter meiner Frankfurter Freunde Rie und Peter Hillen inszenierte gerade an den Bühnen der Landeshauptstadt Kiel. Mit Ihren Eltern war ich oft in den Bergen zusammen. Sie waren auch in Grainau und Bad Godesberg unsere Gäste gewesen. Peter Hillen war 1990, Maria Hillen 1994 gestorben. Ich rief Ute an, und wir trafen uns.

Mit ihr zu sprechen, tat wohl. Sie ist ausgezeichnet durch Herzlichkeit und einen selten analytischen Verstand, sprüht Geist und Witz, führte mich als Muse in ihre so ganz andere Welt. Über Jahre hatte sie in Rom und in den USA gearbeitet. Sie unterließ es, Trost zu spenden. Statt dessen forderte sie mich, schenkte mir so neuen Lebensmut und gab Kraft. Durch sie gewann ich wieder Zuversicht und Haltung. Am 24. Mai 1997 heirateten wir in München in der Theatinerkirche. Seitdem war und ist meine Ehe mit Ute das Wichtigste in meinem Leben. Henri war unser Trauzeuge. Vier Wochen später erkrankte er lebensgefährlich.

Ute ermunterte mich, mit ihr zusammen das Buch über mein konstruktives Mißtrauensvotum zu schreiben („Die Türe blieb offen", Bonn 1998) und mich wieder durch Interviews politisch zu Wort zu melden.

———

Politisch berichtenswert sind wohl diese Vorgänge: *Das Erste:* Es kam zur Wiedervereinigung! Mich wühlte das auf: Zu erleben, wie meine Hoffnungen und meine Erwartungen sich zu erfüllen begannen, meine Bemühungen Früchte trugen, wie die Menschen sich friedlich erhoben und abschüttelten, was sie bedrückte.

Sie, allein sie, haben das geschafft! Ich hatte das Schicksal der Ungarn vor Augen – sowjetische Panzer schossen den Aufstand zur Freiheit zusammen. Und nun diese „Montagsdemonstration" in der DDR! Ich erinnerte mich an das Massaker gegen chinesische Studenten und an den Beschluß der Volkskammer der DDR, der das billigte. Ich fürchtete Ähnliches in Deutschland.

Wieder wurde ich in Anspruch genommen. Viele erinnerten sich an meine Arbeit. Immer wieder hatte ich in den langen Jahren der deutschern Spaltung an den Text des „Briefes zur deutschen Einheit", der zum Ost-Vertragswerk gehört, erinnert. Dieser Brief verlangt, „auf einen Zustand des Friedens in Europa hinzuwirken, in dem das deutsche Volk in freier Selbstbestimmung seine Einheit wiedererlangt!" Hinwirken, nicht abwarten! So meine stete Forderung.

In der Karwoche des Jahres 1989, im März, beriet das Parlament der „Westeuropäischen Union" in Florenz über die Ost-West-Fragen, über Abschreckung und Entspannung.

Ich war eingeladen, als Sachverständiger einen Beitrag zu leisten. Das Sitzungsprotokoll vom 22. März 1989 hält daraus fest: „Leider muß ich feststellen, daß die Menschenrechtssituation in der DDR sich zuspitzt. Die Möglichkeit einer Krise ist nicht auszuschließen ... Eine solche Frage ergibt sich zum Beispiel aus der Wahrheit, daß Abrüstung allein noch nicht die Entspannung ist, daß Menschenrechtsverletzungen Spannung und Gefahr bewirken. ... Die Lage in Deutschland – und damit in Europa – würde nicht ungefährlicher, wenn das Waffenarsenal auf beiden Seiten unter Kontrolle auf zehn Prozent des Bestandes vermindert würde. Wegen der durch Unfreiheit begründeten Unzufriedenheit der Menschen, die sich schon – in Deutschland – zu aufmüpfiger Risikobereitschaft gesteigert hat, bleibt die Lage voller explosiver Tendenzen. ... In der DDR spitzt sich die Situation erneut zu. ... Die Zusammenballung von Wut über Menschenrechtsverletzungen mit unzureichendem sozialen Standard, von dem Gefühl des Eingesperrtseins bei gleichzeitiger Aussperrung von Mitsprache und Mitbestimmung – das sind Fakten von potentiell explosiver Wirkung. Sie gehen uns auch sicherheitspolitisch an ..."

Die Kollegen aus Europa nahmen das überwiegend hin als Rede des ihnen wohlbekannten Kollegen, der früher bei Adenauer Deutschlandminister gewesen war und von seinem Thema nicht loskommen konnte. Später, im Herbst 1989, meldeten sich viele: Ach, hätten wir doch im Frühjahr mehr auf Sie gehört, Sie vieles gefragt ...

Natürlich wußte auch ich nicht, mit welch friedlicher Energie unser Volk zielgerecht zu Werke gehen und wie verständnisvoll die meisten Nachbarn uns zur Seite stehen würden.

———

Im Herbst 1989 kam ich aus Israel von meinen Dreharbeiten zurück nach Bonn. Deutschland bewegte sich auf die Wiedervereinigung hin. Das elektrisierte mich. Ich mischte mich ein: Zuerst ging ich in „mein" früheres Ministerium, wurde dort gerne wieder gesehen. Ich stellte an einen bewährten, sachkundigen früheren Mitarbeiter die Frage, was die Verbesserung der Eisenbahngleise in der DDR auf bundesdeutsches Niveau – nicht die Brücken, nicht das rollende Material, nur die Schienenstränge – kosten werde. Er sah in seine Unterlagen – er hatte, wie ich wußte, seine Arbeiten wie früher zum Forschungsbeirat fortgeschrieben – und antwortete präzise: „50 Milliarden DM." Warum fragte die amtierende Bundesregierung nicht nach? So rechnete ich und erklärte öffentlich, die Wiedervereinigung werde mehr als 600 Milliarden DM kosten, und dazu müsse man die Steuern erhöhen. Aus dem Kanzleramt war nur zu hören: Der Barzel wolle den Kanzler stören ...

Dann bat ich André Bord, meinen französischen Kollegen als Koordinator, um ein dringendes Gespräch ohne Mitarbeiter. Am 19. Oktober 1989 trafen wir uns in Mainz. Ich hätte, sagte ich zu ihm, um dieses Treffen unter vier Augen gebeten, weil ich sicher sei, daß der Zug zur deutschen Einheit bereits fahre. Diese für beide Länder wichtige Einschätzung der Lage wolle ich ihm – zur geeigneten, vertraulichen Verwendung – freundschaftlich nahebringen.

Das Grundgesetz sehe zwei Wege zur deutschen Selbstbestimmung vor: Artikel 23 den Beitritt der DDR und Artikel 146 eine Nationalversammlung und eine neue Verfassung. Ich sei ganz entschieden für den Weg über Artikel 23. Alles andere dauere zu lange, schaffe Unsicherheit – eine Nationalversammlung könne alle Fragen neu stellen und neu beantworten, sei auch bedenklich im Blick auf Artikel 7 des Deutschlandvertrages, könne diesen in Frage stellen und wie eine staatliche Neugründung wirken! Ich empfahl Bord, Artikel 23 des Grundgesetzes zu studieren und in Paris auf diesen besseren Weg aufmerksam zu machen. Kohl gab damals noch dem Weg über die Nationalversammlung den Vorrang.

Frankreich hat bald diese Position – wenn denn schon die deutsche Einheit komme – unterstützt und auch gegenüber den angelsächsischen Alliierten dafür geworben. Im Kanzleramt war man noch längst nicht so weit.

Damals stand im Grunde die gesamte Politik der West-Orientierung der Bundesrepublik Deutschland zur Debatte! Die Entscheidung für den Weg über Artikel 23, über Beitritt statt Neugründung, war im besten Sinne des Wortes fundamental! In vielen Köpfen war ja immer noch die Bismarcksche Schaukelpolitik zwischen West und Ost lebendig, lebte auch die Sehnsucht nach Neutralität. Diese habe ich stets abgelehnt mit der Begründung: Wer sich innenpolitisch für den freiheitlich-demokratischen Rechtsstaat entscheide, gehöre außenpolitisch in das Lager der Freien Welt.

Schließlich suchte ich das Gespräch mit dem amtlichen Bonn, stellte auch die Frage nach der Finanzierung der deutschen Einheit und nach dem, was dem beitretenden

Teil Deutschlands zu produzieren noch bleibe. Ein hoher Kanzler-Mitarbeiter, der mich auf allerhöchstes Geheiß aufsuchte, dankte für meine Mitsorge. Alles werde sich regeln, es werde nun keine Arbeitspausen wegen fehlender Ersatzteile oder Stillstands der Produktion zum Zwecke der Lebensmittelversorgung mehr geben. Aber, erwiderte ich: „Welche Arbeit bleibt?" Auf diese bohrende Frage erhielt ich als Antwort den Hinweis auf unsere Gesetzgebung für den Fall der Arbeitslosigkeit …

Weiter schrieb ich Kolumnen: Aus der „Anschubfinanzierung" werde eine „Nach- und aus dieser eine Sonderfinanzierung" erwachsen; die erhoffte Produktivitätssteigerung in der DDR werde wenig bringen, da nicht klar sei, was dort noch produziert werden könne und solle. Die Wirtschaft der Bundesrepublik Deutschland und der Welthandel könnten mühelos den Bedarf der Bevölkerung der DDR decken. Was bleibe da für die DDR?

Ich machte Bundeskanzler Helmut Kohl darauf aufmerksam, daß Hans Katzer, auch durch seinen Schwiegervater Jakob Kaiser, in der DDR hohes Ansehen genieße, daß auch ich dort gut bekannt sei. Wir beide seien bereit, diese Vorteile durch Besuche, Reden und Diskussionen „drüben" einzubringen. Kohl winkte ab. Wir waren nicht „seine" Leute …

In meinem Buch „So nicht" (1983) habe ich – ohne Widerspruch zu finden – auch kritisch über Kohl und die Wiedervereinigung berichtet. Da ist zu lesen, daß und wie er sie aus dem Parteiprogramm der CDU herausnahm; daß er später nicht den Beitritt der DDR nach Artikel 23 des Grundgesetzes, sondern den Weg über eine langwierige und inhaltlich offene Prozedur einer neuen Verfassung vorzog; daß er bei der Wiedervereinigung – auch bei der Vereinigung mit der Ost-CDU – mehr auf die Bedeutung der DM als auf den Rang der Freiheit abhob; daß er die Frage, was eigentlich die tüchtigen Arbeiter in der DDR produzieren sollten und könnten, weder stellte noch beantwortete.

Das Präsidium des „Kuratorium unteilbares Deutschland" bat mich, vertraulich zur Deutschlandpolitik zu referieren. Am 8. November 1989 hielt ich meinen Vortrag. Wir wußten nicht, daß am folgenden Tag die Mauer fallen werde. So wurde dieser Text ein Dokument:

„1. Die Deutschlandpolitik ist auf die Hälfte ihres Inhalts reduziert worden:

a) Die Auskunft über die Befindlichkeit der Beziehungen zwischen zwei Staaten in Deutschland wie das Bemühen um Fortschritte durch kleine Schritte im Interesse der Menschen ist – so lobenswert hier viele Ergebnisse zu bewerten sind – nur ein Teil der Deutschlandpolitik.

b) Deutschlandpolitik ist die Kunst, die Tageslast der Teilung in den Griff zu bekommen sowie durch greifbare Fortschritte erträglicher zu machen und diese Schritte am Ziel der Selbstbestimmung des deutschen Volkes zu messen sowie darauf auszurichten. Also: innerdeutsche plus gesamtdeutsche Politik.

Die gesamtdeutsche Politik ist fast zum weißen Fleck verkommen, obwohl der ‚Brief zur deutschen Einheit' keinen Rechtsvorbehalt, sondern eine Handlungsmaxime formuliert: Auf einen Zustand des Friedens in Europa hinzuwirken, in dem das deutsche Volk friedlich und in freier Selbstbestimmung seine Einheit ‚wiedererlangt'.

Die Aussagen,

– die Geschichte werde die deutsche Frage beantworten wie

– die deutsche Frage stehe nicht auf der Tagesordnung der Politik

sind abwegig und genügen dieser Pflicht nicht. Abwarten genügt nicht. Hinwirken ist geboten.

c) In der DDR genießt auch die westliche Deutschlandpolitik wenig Vertrauen. Man hofft, daß es sie gibt, kennt sie nicht und nimmt bestenfalls innerdeutsche

Bemühungen, also weniger als die Hälfte des nötigen Ganzen wahr.

d) Die Verteilung der Kompetenzen innerhalb der Bundesregierung ist für eine operative Phase der Deutschlandpolitik unzureichend. Der Gesetzesbeschluß zum Haushalt des innerdeutschen Ministeriums stimmt mit der Realität nicht überein, ist eine bedenkliche Lex imperfecta.

2. Zur Wiedervereinigung:
Das Wort kommt im Grundgesetz nicht vor, wohl aber im Artikel 7 des gültigen Deutschlandvertrages. Wer sagt: ‚Von Wiedervereinigung rede ich nicht mehr‘, schwächt die Verpflichtung Frankreichs, Großbritanniens und der USA; muß sich auch nach seinem Verhältnis zum Rechtsstaat befragen lassen.

Auch die gültige NATO-Strategie (Harmel) spricht von der ‚Wiedervereinigung‘ als dem Schlüssel zur Europäischen Friedensordnung. Der NATO-Gipfel Ende Mai 1989 erhob das im ‚Brief zur deutschen Einheit‘ erklärte Ziel der deutschen Politik – wortgleich – zum Bündnisziel!

Artikel 23 des Grundgesetzes sieht weder den Anschluß der DDR an die Bundesrepublik Deutschland vor noch die Majorisierung der Bevölkerung der DDR durch die der Bundesrepublik Deutschland. Da heißt es, nachdem der Geltungsbereich des Grundgesetzes durch Aufzählung der Länder, die den Bund bilden, festgestellt ist: Das Grundgesetz ist in anderen Teilen Deutschlands ‚nach deren Beitritt‘ in Kraft zu setzen.

So ergibt sich schon aus dem Grundgesetz, daß es uns zukommt, die Freiheitsfrage in der DDR zu stellen, nicht aber Gebietsansprüche zu erheben. Wer sich so einläßt, darf nicht, der muß Minderheitenrente einfordern. (Auf das Beispiel Polens hierzu weise ich hin.)

Also: Die Deutschen in Dresden müssen leben können wie die in Köln und – selbst entscheiden."

Friedrich Vogel, mein früherer Kollege, Mitglied dieses Präsidiums, dankte für den Hinweis auf Artikel 23. Das sei der Weg. Er warb dann in Fraktion und Partei für diese Politik.

———

Am 30. Mai 1990 traf ich Manfred Stolpe. den ich schon kannte und 1984 zu Hause besucht hatte, im Berliner Hotel Kempinski. Ich sei also, begann er die Unterhaltung zur Sache, der „Erfinder" des Artikels 23 des Grundgesetzes. Man habe ihm das in Bonn kürzlich gesagt.

In diesem Sinne korrespondierte und konferierte ich mit Jacques Delors, Präsident der Kommission der Europäischen Gemeinschaft, mit Manfred Wörner, Generalsekretär der NATO, und nutzte meine Möglichkeiten als Koordinator Deutschland–Frankreich.

Als Präsident der Europäischen Gemeinschaft lud Mitterrand, der, auch durch André Bord, wahrnahm, was sich da im Nachbarland anbahnte, seine Kollegen aus der Europäischen Gemeinschaft dringend zur gemeinsamen Beratung am 18. November 1989 nach Paris ins Élysée ein. Keiner habe, so Mitterrand abschließend vor der internationalen Presse, von Wiedervereinigung gesprochen. Auf bohrende Fragen antwortete er: „Keiner, wirklich keiner, pas du tout."

Am 28. November 1989 benutzte Bundeskanzler Kohl die Haushaltsdebatte im Deutschen Bundestag zu einer grundsätzlichen, zugleich aktuellen deutschlandpolitischen Rede. In zehn Punkten faßte er sein Konzept zusammen:

„Wir sind aber auch bereit, ... eine bundesstaatliche Ordnung in Deutschland zu schaffen. (...) Wie ein wiedervereinigtes Deutschland schließlich aussehen wird, das weiß niemand. (...) Den Prozeß der Wiedergewinnung der deutschen Einheit verstehen wir immer auch als europäisches Anliegen. (...) Mit dieser umfassenden Politik wirken wir auf einen Zustand des Friedens in Europa hin, in dem das deutsche Volk in freier Selbstbestimmung seine Einheit wiedererlangen kann. Die Wiedervereinigung, das heißt die Wiedergewinnung der staatlichen Einheit Deutschlands, bleibt das politische Ziel der Bundesregierung. Wir sollten uns dieser Herausforderung der Geschichte stellen."

Die Überraschung im In- und im Ausland war groß. Der Kanzler hatte es unterlassen zu konsultieren oder wenigstens zu informieren. Selbst das Auswärtige Amt war nicht beteiligt worden. Ich kritisiere das nicht.

Die europäischen Nachbarn waren überwiegend bestürzt: Hatten sie nicht gerade in Paris im Élysée die Lage beraten – und keiner hatte von Wiedervereinigung gesprochen? Einige fühlten sich getäuscht, hintergangen; andere hatten Verständnis für den Alleingang des deutschen Bundeskanzlers in dieser historischen Lage.

Im Élysée herrschten Enttäuschung und Betroffenheit. Die Experten rügten nicht nur den – vertragswidrigen (Deutschlandvertrag, Deutschland-Frankreich-Vertrag) – Mangel an Konsultation, sondern mehr noch das Auslassen der verbindlichen Formel der Westverträge, nämlich des Artikels 7 des Deutschlandvertrages – also die Einordnung des wiedervereinigten Deutschland in die Vereinigung Europas!

Wollen die Deutschen etwas anderes? – so fragten viele kleine Poincarés in Paris. Und in London sahen sich viele in der Annahme deutscher Treulosigkeit bestätigt. Die Textanalyse ergab zudem, daß der Kanzler die Formel des „Briefes zur deutschen Einheit" – Bestandteil der Ostverträge (!) – einbezogen hatte, nicht aber die Westverträge (Artikel 7 des Deutschlandvertrages).

Seither begann die deutsch-französische Freundschaft sich für geraume Zeit abzukühlen.

Zu Beginn des Jahres 1990 veranstalteten wir zusammen mit französischen Professoren, Journalisten und Politikern im Berliner Reichstag eine Konferenz zum Thema Deutschland und Frankreich nach der Wiedervereinigung. Ich wurde von einem Franzosen gefragt, was wohl Charles de Gaul-

le, den ich ja ganz gut gekannt hätte, am Tage der deutschen
Einheit gemacht haben würde. Er wäre, so meine Antwort,
nicht wie Mitterrand vorher aus Berlin abgereist, sondern
nach Berlin angereist und wäre – alle um Haupteslänge
überragend – als erster durchs Brandenburger Tor geschrit-
ten und hätte ausgerufen: „Frankreich hat gesiegt!" Denn
Frankreich sei die Freiheit.

Eine höchst überflüssige Diskussion begann über die Frage, ob wir für die Wiedervereinigung gezahlt hätten mit einem Verzicht auf die D-Mark, ihrem Aufgehen im EURO. Es
war weithin vergessen, daß wir uns im Artikel 7 des
Deutschlandvertrages verpflichtet hatten, das wiedervereinigte Deutschland in Europa einzubringen!

Rückschauend betrachtet, erwies sich mein Entschluß,
mit meinem Ausscheiden aus dem Parlament nicht das Ende meiner Arbeit als Koordinator Deutschland–Frankreich
zu verbinden, als richtig. Meine Stimme wurde in Paris
gehört.

———

Es bleibt das Verdienst der bayerischen Staatsregierung, damals sich eindeutig für die Wiedervereinigung nach Artikel
23 des Grundgesetzes eingesetzt zu haben. Ich habe darüber im einzelnen berichtet („So nicht!", 1993, Seite 90 ff.).

Anläßlich einer weiteren Tagung im Reichstag in Berlin,
zu der auch früher Verantwortliche aus der DDR kamen,
habe ich am 9. Mai 1992 zu bedenken gegeben: „Die Gleichheit der Lebensverhältnisse im vereinten Deutschland, die
das Grundgesetz fordert, wird schneller erreicht sein als die
Übereinstimmung im Bewußtsein, weil es eine Gleichheit
der Erfahrungen nicht gibt. ... Die Ausreden so vieler Ver-
antwortlicher aus dem Westen, man habe die schlimme
Lage in der DDR nicht gekannt, auch nicht erkennen können – wie auch den Zusammenbruch des Kommunismus in
Moskau nicht vorhersehen können –, offenbaren, daß sie
ihre Akten kaum überflogen haben."

Das Zweite: Im Zusammenhang mit meinem 70. Geburtstag am 20. Juni 1994 wurde bei mir von vielen Seiten angefragt, ob ich bereit sei, zum 8. Mai 1995, dem 50. Jahrestag des Kriegsendes, den Festvortrag zu halten. Schließlich sei ich damals Soldat der deutschen Wehrmacht gewesen und hätte in diesen fünfzig Jahren der deutschen Demokratie politisch führend mitgearbeitet. Die Einladung nach Paderborn nahm ich als Ehrenbürger der Stadt an. Ich arbeitete lange an dieser Festrede. Das Echo war nachhaltig.

Ich schilderte mein persönliches Erleben im Jahre 1945 und betonte: „Die Untaten des Krieges geschahen nicht nur im deutschen Namen, sondern auch durch Deutsche ... Verantwortlich ist immer, wer zuerst die Hunde losläßt! Wer zündelt, verantwortet den Brand! Die Welt muß verstehen, daß wir nicht vergessen wollen, was geschah. Und wir müssen verstehen, daß andere nicht vergessen können, was geschah. Aufrechnen ist unmenschlich. Diesen Tod gegen jenen Tod? Diese Qual gegen jene? Dieses Unrecht gegen ein anderes? Als ob ein Mord durch einen anderen aufgerechnet, entschuldigt, gesühnt, vergolten werden könnte! Jeder ist einer zu viel, jeder ein Mensch!" Ich sagte auch: „Coventry war Unrecht – und Dresden keine Notwehr."

Ich fuhr fort: „Unsere ‚liebenswerte Republik‘, wie ich sie vor der Bundesversammlung 1984 nannte, wurde zum geachteten Partner, demokratisch, verläßlich, sozial. Weil das so war, stimmte die Welt später unserer Wiedervereinigung zu. Kaum aber war Deutschland durch Selbstbestimmung und Beitritt der Deutschen, die sich friedlich erhoben hatten, im Sinne des Grundgesetzes ‚vollendet‘ – da geschah das Tragische: Braune Fratzen, rote Fahnen und Gewalt brachen hervor, Flammen zündelten. Die Welt war entsetzt, weigerte sich, zur Olympiade nach Berlin und Rostock zu kommen."

Ich zog dieses Resümee, das breite Zustimmung fand:
„Was wir erkennen können und müssen?
Vor allem dieses:

Erstens: Gewalt löst kein Problem.
Zweitens: Frieden ist eine Sache der Menschenrechte.
Drittens: Die Rücksicht auf das Recht des anderen bewirkt Frieden. Viertens: Man kann die Herrschaft der Freiheit nicht sichern ohne die der Sitten. Und die der Sitten nicht ohne den Glauben. Wir haben eine frohe Botschaft. Das muß man erkennen können. Darum: Stimmt nicht ein in das Lied von den schweren Zeiten. Gott hat uns jetzt gewollt. Er gibt uns jetzt Kraft. Auch für morgen."

———

Das Dritte: Meinen 75. Geburtstag 1999 wollte ich mit Ute in Rom verbringen. Sie hatte dort lange gearbeitet.

Der neue CDU-Vorsitzende Wolfgang Schäuble überraschte mich mit der Einladung, mir zu Ehren einen Empfang im Bonner Konrad-Adenauer-Haus aus Anlaß meines 75. Geburtstages zu geben. Es sei, so argumentierte er, für die Union nicht möglich, diesen Anlaß zu übergehen. Meine Frau überwand mein Nein zu diesem Vorschlag. Ich sprach mit Schäuble und betonte: „Helmut Kohl wird es Ihnen nie verzeihen, wenn Sie mich im Konrad-Adenauer-Haus ehren." Schäuble antwortete kurz: „Ich bin jetzt der Parteivorsitzende."

Es gab einen stilvollen, bescheidenen Empfang aus diesem Anlaß. Gute Reden wurden gehalten – auch von Wolfgang Thierse (SPD), dem Präsidenten des Deutschen Bundestages. Die Parteizentrale der CDU druckte die Texte. Die Laudatio für die Union hielt Gerhard Stoltenberg. Er fand Worte, die mir zu Herzen gingen und gehen. Ich habe aus dieser Ansprache schon zitiert. Für die CSU würdigte Michael Glos meine Arbeit.

———

Das Vierte: Ich dachte, nun sei es genug des öffentlichen Lebens. Mein Rückzug ins Private und meine oberbayerische Abgeschiedenheit (die ich auch suchte, um dieses Buch zu schreiben) wurde jäh gestört durch die „Sache Kohl": Schwarze Kassen, Rechtsbruch!

Die öffentliche Erregung und die meiner Freunde wie langjähriger Mitstreiter schlug durch in meine Privatheit: Anrufe, Briefe, Besuche, Empörung, Ratlosigkeit. Mein Telefon stand nicht still. Viele fragten, wollten erfahren und anderen mitteilen, was ich als Vorgänger Kohls davon wisse, wie es gewesen sei, wie ich zu all dem stehe.

Mich bedrückte und bedrückt, daß Kohl in meine Hand seinen Eid auf die Verfassung geleistet hatte! Artikel 23 unseres Grundgesetzes bestimmt: „Die Parteien müssen über die Herkunft und Verwendung ihrer Mittel sowie über ihr Vermögen öffentlich Rechenschaft geben." Kohl weigerte sich, stellte sein Wort über unsere Verfassung. „Rex legibus solutus" (Der König ist an das Gesetz gebunden). So entstand unsere Rechtskultur, so die europäische Demokratie. Diese Grundnorm verletzte und verletzt Kohl.

Ein Brief erschütterte mich: Ein mir Unbekannter, CDU-Mitglied wie er schrieb, fragte bestürzt, ob er nun Mitglied einer „kriminellen Vereinigung" sei …

Ich hatte von nichts gewußt und wollte auch Kohl die Chance lassen, sich zu besinnen, hielt mich deshalb mit Kommentaren zurück. Als sich nach vier Monaten ein Gesinnungswechsel Kohls nicht abzeichnete, gab ich dem Anspruch der Öffentlichkeit, meine Meinung zu kennen, nach. Auf die Fragen von Sigmar Schilling erklärte ich der „Welt am Sonntag" (5. März 2000): „Ich mag mir immer noch nicht vorstellen, daß Kohl durch seine Handlungen Tag für Tag dieses Unrecht fortsetzt. Mit diesem Gepäck, das er der Union auflädt, wird sie nicht wieder in die Mehrheitsfähigkeit kommen."

Am 2. April 2000 forderte ich ihn, anläßlich seines 70. Geburtstages, im Fernsehen bei Sabine Christiansen

auf: „Kehren Sie in unsere Rechtsgemeinschaft zurück!"
Kohl tat es nicht. Wir alle, nicht nur die CDU, nahmen wei-
ter schweren Schaden. Wir nehmen ihn noch.
Angela Merkel lud mich ein, im April 2000 zum Parteitag
nach Essen zu kommen. Ich fuhr hin und erlebte eine herzliche, freundliche und fröhliche Aufnahme. Auch Lisbeth
Adenauer war gekommen. Sie hatte Parteitage seit langem
gemieden.
Ein besonders bewährter, langjähriger Freund aus den
USA, Klaus Oertel, wollte wissen, wie ich „das alles" sähe.
Ich erzählte ihm, vor Jahren mit Adenauer zu einer besonders zahlreich besuchten Frauenversammlung gesprochen
und endlosen Beifall für ihn erlebt zu haben. Beim Herausgehen fragte ich Adenauer, ob und was ihn jetzt bewege. Die
„gläubigen Augen" beschwerten ihn – so antwortete er zu
meiner Verblüffung. „Die sind jetzt weg", sagte ich zu meinem Freund.

———

Während ich dieses Buch schreibe, durchleidet die Union
die schwerste Krise seit ihrer Gründung. Sie hat die geistige
Führung verloren und folglich auch die politische. Ich habe
nicht wahrgenommen, daß sie über die Gründe der Wahlniederlage von 1998 ernsthaft debattiert hätte; daß sie nicht
wirklich die Fragen beantwortet hat, wie unser Sozial-Sy-
stem gesunden solle und könne; was eigentlich „global" heute bedeute; was es mit der Genproblematik auf sich habe
und wie es werden solle mit der Erweiterung der Europäischen Union nach Osten und deren zukünftiger Identität.

———

Im Dezember 1999 las ich in Hamburg aus meinem Buch
„Die Türe blieb offen". Im Anschluß fragte mich eine Dame,
die ich nicht kannte, die aber offenbar meinen Lebenslauf
recht genau studiert hatte, ob ich meinen politischen Beruf
– falls ich es nochmals und von vorne, mit der Erfahrung

meiner „Blessuren" (so nannte sie das), zu entscheiden hätte, – ob ich das noch einmal wagte? Ich antwortete: Ja! Die Dame fragte nach: Was für mich die größte und wichtigste Leistung meines Lebens sei? Das zu beurteilen, überlasse ich anderen, antwortete ich. Ich sei dankbar, fügte ich hinzu, daß ich, ohne parteiischem Geist zu erliegen, an der schönsten und zugleich schwersten Sache des Lebens mitarbeiten durfte, der Demokratie – und froh, daß ich in Deutschland Triumph erleben dürfe: Die Wiedervereinigung in Frieden und Freiheit.

––––––

Ute hat mich ermuntert, diesen Lebensbericht zu schreiben, mich dabei gefordert durch Fragen und kritische Einwände, vor allem mich gefördert durch Anregungen. So widme ich ihr dieses Buch.

Mit Zuversicht und fröhlich halten wir's mit Ulrich von Hutten, der seinen Vers „Ich hab's gewagt" mit diesem Satz abschließt: „Und werd' des End's erwarten". Die vor uns liegende Zeit soll, so bitten wir, kreativ bleiben – und miteinander, so wie wir's lieben.

Politische Laufbahn

1956–1957	Geschäftsführendes Mitglied des Landespräsidiums der CDU von Nordrhein-Westfalen
1957–1987	Mitglied des Deutschen Bundestages
1958	Wehrübung
1960	Mitglied des Bundesvorstandes der CDU Deutschlands
1962	Wiederwahl
1961–1962	Vorsitzender des „Freundeskreises der Union" im Fernsehrat des ZDF
1962–1963	Bundesminister für Gesamtdeutsche Fragen
1963–1964	Amtierender Vorsitzender der CDU/CSU-Bundestagsfraktion
1964–1973	Vorsitzender der CDU/CSU-Bundestagsfraktion
1966	„Erster Stellvertretender" Vorsitzender der CDU Deutschlands
1977–1979	Vorsitzender des Wirtschaftsausschusses des Deutschen Bundestages
1980	Koordinator für die deutsch-französische Zusammenarbeit
1980	Präsident des deutsch-französischen Instituts
1980–1982	Vorsitzender des Auswärtigen Ausschusses des Deutschen Bundestages
1982–1983	Bundesminister für innerdeutsche Beziehungen
1983–1984	Präsident des Deutschen Bundestages
1986–1990	Koordinator für die deutsch-französische Zusammenarbeit
1987	Ausscheiden aus der parlamentarischen Politik

Bücher des Autors

Fernsehfilme

Personenregister

Zarapkin, Semjon 281
Zimmermann, Ernst 255
Zimmermann, Fritz 122

Zitzmann, Karl 123
Zoglmann, Siegfried 225f.,284
Zwingli, Ulrich 361